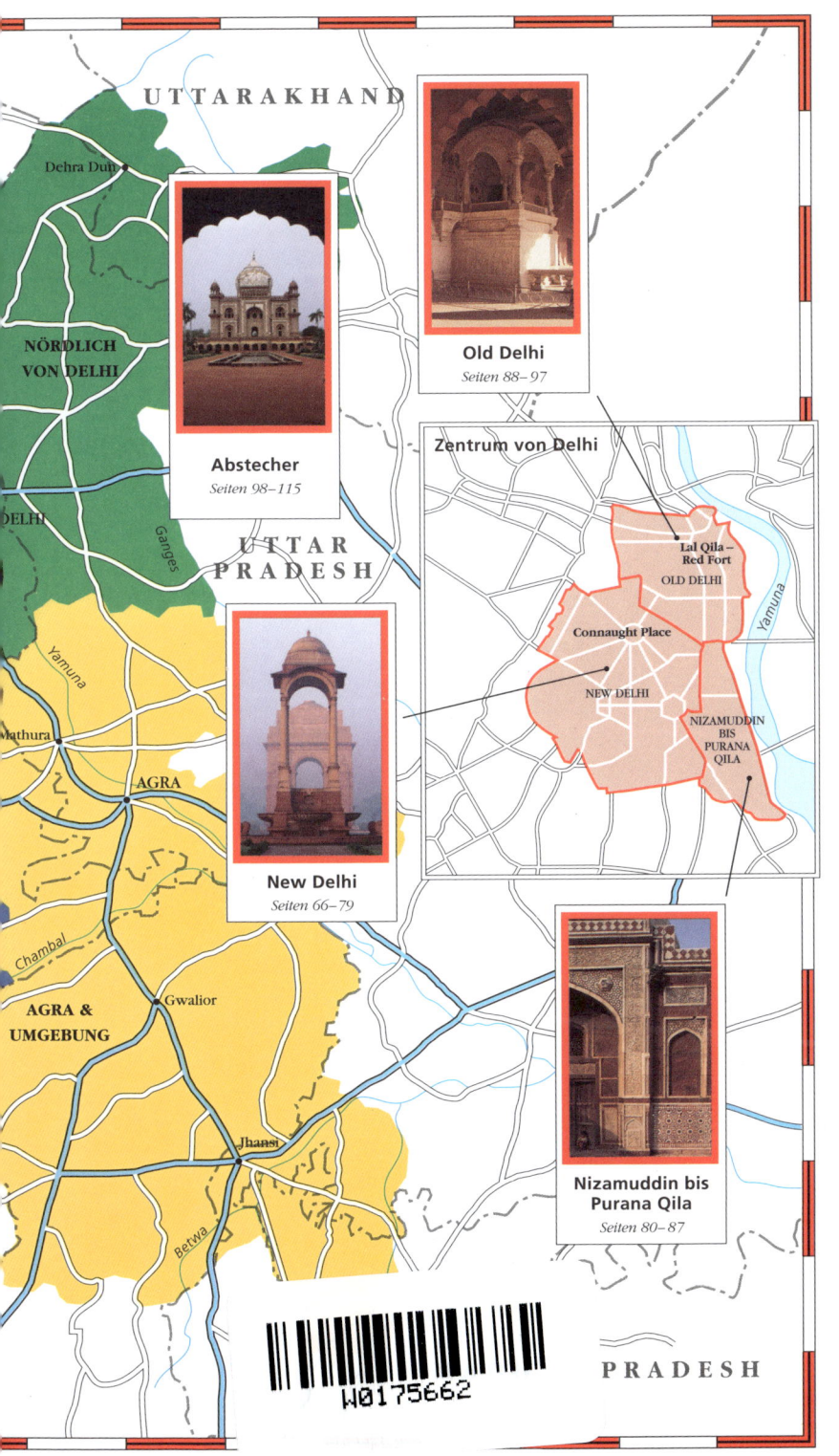

Vis-à-Vis

DELHI
AGRA & JAIPUR

Vis-à-Vis

DELHI
AGRA & JAIPUR

Hauptautoren: Anuradha Chaturvedi,
Dharmendar Kanwar und Ranjana Sengupta

DORLING KINDERSLEY
LONDON • NEW YORK • MÜNCHEN
MELBOURNE • DELHI
www.dk.com

Ein Dorling Kindersley Buch

www.traveldk.com

Produktion Dorling Kindersley India, Delhi
Managing Editor Aruna Ghose

Texte Anuradha Chaturvedi, Dharmendar Kanwar, Partho Datta, Premola Ghose, Ranjana Sengupta, Subhadra Sengupta

Fotografien Aditya Patankar, Amit Pashricha, Dinesh Khanna, Fredrick & Laurence Arvidsson, Ram Rahman

Illustrationen Ajay Sethi, Ampersand, Ashok Sukumaran, Avinash, Dipankar Bhattacharya, Gautam Trivedi, Mark Warner

Kartografie Uma Bhattacharya, David Pugh

Redaktion und Gestaltung
Dorling Kindersley India, Delhi: Alpana Khare, Ira Pande, Madhulita Mohapatra, Razia Grover, Anand Naorem, Benu Joshi
Dorling Kindersley Ltd., London: Douglas Amrine, Vivien Crump, Gillian Allen, Louise Bostock Lang, Marie Ingledew

•

© 2000, 2012 Dorling Kindersley Ltd., London
Titel der englischen Originalausgabe
Eyewitness Travel Guide *Delhi, Agra & Jaipur*
Zuerst erschienen 2000 in Großbritannien
bei Dorling Kindersley Ltd., London
A Penguin Company

•

Für die deutsche Ausgabe:
© 2004, 2012 Dorling Kindersley Verlag GmbH, München

Aktualisierte Neuauflage 2012/2013

Alle Rechte vorbehalten. Reproduktionen, Speicherung in Datenverarbeitungsanlagen, Wiedergabe auf elektronischen, fotomechanischen oder ähnlichen Wegen, Funk und Vortrag – auch Auszugsweise – nur mit schriftlicher Genehmigung des Copyright-Inhabers.

•

Programmleitung Dr. Jörg Theilacker, Dorling Kindersley Verlag
Projektleitung Stefanie Franz, Dorling Kindersley Verlag
Übersetzung Jürgen G. Scheunemann, Berlin
Redaktion Dr. Gabriele Rupp, München
Schlussredaktion Philip Anton, Köln
Satz und Produktion Dorling Kindersley Verlag
Lithografie Colourscan, Singapur
Druck South China Printing Co. Ltd., China

ISBN 978-3-8310-2096-6
4 5 6 7 8   14 13 12 11

Dieser Reiseführer wird regelmäßig aktualisiert. Angaben wie Telefonnummern, Öffnungszeiten, Adressen, Preise und Fahrpläne können sich jedoch ändern. Der Verlag kann für fehlerhafte oder veraltete Angaben nicht haftbar gemacht werden.
Für Hinweise, Verbesserungsvorschläge und Korrekturen ist der Verlag dankbar. Bitte richten Sie Ihr Schreiben an:

Dorling Kindersley Verlag GmbH
Redaktion Reiseführer
Arnulfstraße 124
80636 München
travel@dk-germany.de

◁ Taj Mahal *(siehe S. 154–157)*, vom Fluss aus gesehen
◁◁ Umschlag: Fassade des Hawa Mahal (»Palast der Winde«) *(siehe S. 186)*

Ochsenkarren vor Senffeldern

Inhalt

Benutzerhinweise **6**

Kishangarh-Miniatur

Delhi, Agra & Jaipur stellen sich vor

Vier Tage in Delhi, Agra & Jaipur **10**

Delhi, Agra & Jaipur auf der Karte **12**

Ein Porträt Delhis, Agras & Jaipurs **16**

Das Jahr in Delhi, Agra & Jaipur **38**

Die Geschichte Nordindiens **42**

Jali aus Sandstein

Nordindien

Nordindien im Überblick **134**

Nördlich von Delhi **136**

Agra & Umgebung **146**

Jaipur & östliches Rajasthan **178**

Sport und Aktivurlaub **272**

Grundinformationen

Praktische Hinweise **278**

Reiseinformationen **292**

Textregister **302**

Danksagung und Bildnachweis **316**

Literatur und Glossar **318**

Sprachführer **320**

Delhi

Delhi im Überblick **64**

New Delhi **66**

Nizamuddin bis Purana Qila **80**

Old Delhi **88**

Abstecher **98**

Ausflüge **116**

Shopping **118**

Unterhaltung **120**

Stadtplan **122**

Handbemalter Keramikteller

Zu Gast im Goldenen Dreieck

Hotels **228**

Restaurants **248**

Shopping **264**

Unterhaltung **270**

Bildnis des jungen Krishna

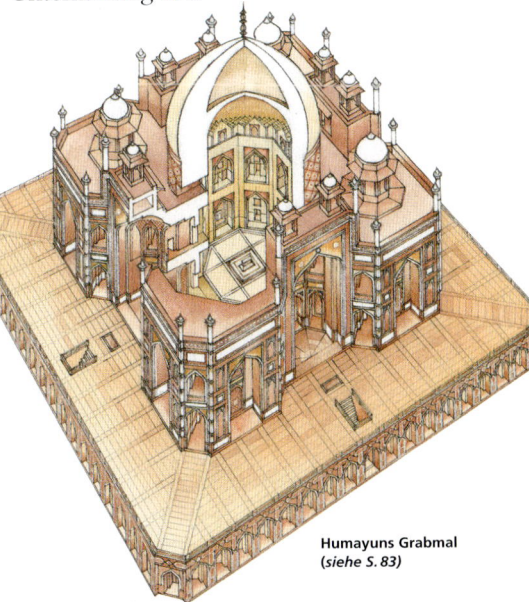

Humayuns Grabmal *(siehe S. 83)*

Benutzerhinweise

Dieser Reiseführer hilft Ihnen mit ausführlichen, nützlichen Informationen und Empfehlungen, bei Ihrer Reise möglichst viel zu erleben. Das Kapitel *Delhi, Agra & Jaipur stellen sich vor* vermittelt einen Überblick über die Region mit ihrer Geschichte und Kultur. Die *Delhi*-Kapitel und – die drei Regionalkapitel beschreiben alle wichtigen Sehenswürdigkeiten anhand von Fotos, Illustrationen und Karten. Restaurant- und Hotelempfehlungen finden Sie im Abschnitt *Zu Gast in Delhi*. Die *Grundinformationen* liefern wichtige Hinweise von den Verkehrsmitteln bis zum Telefonieren, der *Sprachführer* erklärt indische Begriffe.

Delhi

Das Zentrum von Delhi ist in drei Kapitel unterteilt. Ein viertes Kapitel, *Abstecher*, widmet sich den Sehenswürdigkeiten außerhalb von Delhi. Alle Einträge sind mit Nummern versehen, die mit denen auf der Stadtteilkarte und bei den folgenden Einträgen identisch sind.

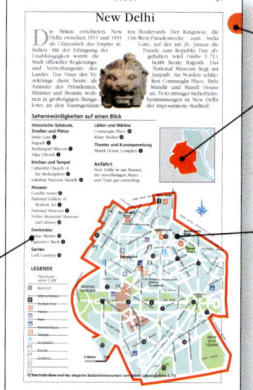

Sehenswürdigkeiten auf einen Blick listet Straßen und Gärten, Moscheen und Grabmale, Museen und Sammlungen, historische Stätten, Denkmäler und Märkte in jedem Stadtteil auf.

Sterne markieren alles, was Sie auf keinen Fall versäumen sollten.

2 Detailkarte
Aus der Vogelperspektive gewinnen Sie einen räumlichen Eindruck und können sich leicht orientieren.

Seiten mit roten Griffmarken beziehen sich auf Delhi.

Die Orientierungskarte zeigt auf einen Blick die Lage des Stadtteils, in dem Sie sich gerade befinden.

1 Stadtteilkarte
Alle Sehenswürdigkeiten sind mit Nummern auf der Stadtteilkarte eingetragen und bei Innenstadtlage auch im Stadtplan (S. 122–131) *markiert.*

Die Routenempfehlung (rot markiert) führt Sie durch die interessantesten Straßen.

3 Detaillierte Beschreibungen
Jede Sehenswürdigkeit in Delhi wird genau beschrieben – mit Adresse, Telefonnummer, Öffnungszeiten, Zugangsmöglichkeiten für Rollstuhlfahrer und weiteren Informationen.

BENUTZERHINWEISE

1 Einführung
Hier erfahren Sie etwas über Landschaft, historische Entwicklung und Mentalität einer Region.

Nordindien
Die Region um Delhi wird in drei Kapiteln dargestellt. Die sehenswertesten Städte und Orte sowie andere interessante Stätten sind jeweils auf einer *Regionalkarte* mit Nummern eingetragen.

2 Regionalkarte
Diese Karte zeigt das Straßennetz und gibt einen Überblick über die Region. Alle Sehenswürdigkeiten sind nummeriert. Zudem finden Sie nützliche Tipps für Reisen mit dem Auto, dem Zug und anderen Transportmitteln.

Farbige Griffmarken
für jede Region erleichtern Ihnen das Nachschlagen.

3 Detaillierte Informationen
Alle wichtigen Städte und andere Orte werden einzeln präsentiert. Sie sind nach der Nummerierung auf der Regionalkarte aufgeführt. Wichtige Bauten und andere Sehenswürdigkeiten werden ausführlich beschrieben.

Die Infobox
enthält praktische Informationen, die für einen Besuch hilfreich sind.

Textkästen behandeln kulturell interessante oder historische Themen.

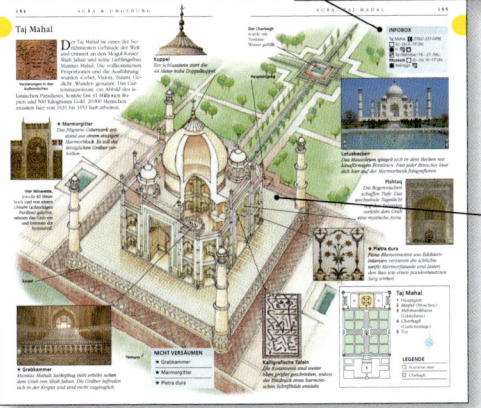

4 Hauptattraktionen
Die Hauptattraktionen werden auf zwei oder mehr Seiten gesondert dargestellt. Grundrisse und Schnittzeichnungen erleichtern die räumliche Vorstellung. Durch Museen führt ein farbiger Lageplan.

Delhi, Agra & Jaipur stellen sich vor

Vier Tage in
Delhi, Agra & Jaipur **10–11**

Delhi, Agra & Jaipur
auf der Karte **12–15**

Ein Porträt Delhis, Agras & Jaipurs **16–37**

Das Jahr in Delhi, Agra & Jaipur **38–41**

Die Geschichte Nordindiens **42–61**

Vier Tage in Delhi, Agra & Jaipur

Um alle Schätze des Goldenen Dreiecks zu entdecken, reicht ein Leben kaum aus. Mit ein bisschen Planung gewinnen Sie aber einen Einblick in die Vielfalt der Region. Die folgenden Vorschläge helfen Ihnen dabei, nichts Wichtiges zu versäumen. Es werden Ihnen die schönsten Mogul-Bauten und -Monumente sowie verlockendes Essen und unzählige Shopping-Möglichkeiten präsentiert. Mieten Sie am besten einen Wagen oder ein Taxi. Die Preisangaben beinhalten Fahrtkosten, Mahlzeiten und Eintrittsgebühren.

Pietra dura, Taj Mahal

Humayuns Grabmal in Delhi inspirierte den Taj Mahal *(siehe S. 154f)*

Ein Familienausflug in Delhi

- National Rail Museum und Nehru Planetarium
- Santushti Shopping Complex
- Humayuns Grabmal

Familie (4 Personen) ca. 5100 Rs

Vormittags
Beginnen Sie den Tag bei den alten Eisenbahnen im **National Rail Museum** *(siehe S. 104f)*. In einem Miniaturzug kann man umherfahren, manchmal wird auch die alte Patiala-Dampfeisenbahn in Betrieb genommen. Ein Muss ist die 1855 erbaute Fairy Queen, die als älteste noch funktionierende Lokomotive im *Guinnessbuch der Rekorde* steht. Anschließend besuchen Sie **Nehru Memorial Museum and Library** *(siehe S. 78)*, einst offizielle Residenz von Indiens erstem Premierminister Pandit Jawaharlal Nehru. Auf dem Anwesen steht das **Nehru Planetarium** *(siehe S. 78)*. Auf der kuppelförmigen Leinwand werden Astronomie-Shows gezeigt, durch einen Carl-Zeiss-Weltraum-Projektor schaut man in den Sternenhimmel. Auch die historische Raumkapsel Sojus T-10, die 1984 Rakesh Sharma, Indiens ersten Kosmonauten, ins All beförderte, ist zu sehen.

Nachmittags
Zu Mittag essen Sie bei **Basil and Thyme** *(siehe S. 258)* im **Santushti Shopping Complex** *(siehe S. 118)* mit einigen der besten Boutiquen der Stadt. Nach der Ess- und Shopping-Pause besichtigen Sie **Humayuns Grabmal** *(siehe S. 83)*. Indiens erstes prächtiges Mogul-Mausoleum in einem schön angelegten Garten ist ein Ort der Ruhe. Beachten Sie die Gitterarbeiten aus Stein. Auf den Grünflächen können die Kinder nach einem Tag, den sie hauptsächlich in Innenräumen verbrachten, toben.

Museen- und Einkaufsbummel in Delhi

- Historischer Spaziergang zum National Museum
- Mittagessen in den Lodi Gardens
- Crafts Museum und Shopping im Khan Market

Zwei Erwachsene ca. 4000 Rs

Vormittags
Gehen Sie morgens auf dem majestätischen **Rajpath** *(siehe S. 71)*, New Delhis Prachtstraße, zum **India Gate** *(siehe S. 71)*. Von den Grünflächen überschaut man Lutyens' herrlichen Hauptstadt-Komplex. Weiter geht es auf dem Janpath zum **National Museum** *(siehe S. 72–75)*. Zu dessen Highlights gehören die Abteilungen über die Zivilisation des Industals, über Miniaturgemälde und über indochinesische buddhistische Kunst. Nach einer kurzen Autofahrt erreichen Sie

Am India Gate kann man gut picknicken *(siehe S. 71)*

◁ Miniaturgemälde eines Rajputen-Prinzen inmitten seiner weiblichen Dienerschaft in einem Gartenpavillon

Der Taj Mahal wirkt bei Sonnenaufgang besonders erhaben *(siehe S. 154f)*

die **Lodi Gardens** *(siehe S. 79)*, wo Sie im **Lodi, The Garden Restaurant** *(siehe S. 256)* zu Mittag essen.

Nachmittags
Besuchen Sie anschließend das **Crafts Museum** *(siehe S. 86f)* mit seiner ungewöhnlichen Kunstsammlung. In den Höfen mit Schatten spendenden Bäumen können Sie sich zwischendurch ausruhen. Abends erkunden Sie im **Khan Market** *(siehe S. 79)* die Buchhandlungen, Boutiquen und Cafés.

Ein Tag in Agra

- **Sonnenaufgang am Taj Mahal**
- **Itmad-ud-Daulahs Grabmal**
- **Agra Fort**

Zwei Erwachsene ca. 2000 Rs

Vormittags
Fahren Sie möglichst am Vorabend nach Agra, um den Sonnenaufgang am **Taj Mahal** *(siehe S. 154–157)* zu sehen. Das Farbenspiel des Marmors zu dieser Stunde ist unvergesslich. Dies ist auch für die Besichtigung des Taj Mahal die beste Tageszeit, weil die Nachmittagssonne den Marmor aufheizt und man dann kaum barfuß darauf laufen kann (was aber obligatorisch ist). Mittags legen Sie eine Pause ein.

Nachmittags
Danach besichtigen Sie in **Itmad-ud-Daulahs Grabmal** *(siehe S. 158f)* das prächtige *Pietra-dura*-Interieur und die detaillierten Marmorgitter. Den letzten Tagesabschnitt widmen Sie dem historischen **Agra Fort** *(siehe S. 150)*. Shah Jahan wurde hier von seinem Sohn im Moti Masjid eingekerkert und verbrachte seine letzten Jahre mit Blick auf den Taj Mahal auf der anderen Flussseite. Verabschieden Sie sich am selben Fenster vom Taj Mahal.

Ein Tag in Jaipur

- **Prächtiges Amber Fort**
- **Paläste in Jaipur**
- **Mittagessen im Rambagh Palace Hotel**
- **Besuch eines traditionellen indischen Basars**

Zwei Erwachsene ca. 8000 Rs

Vormittags
Der Tag beginnt beim **Amber Fort** *(siehe S. 200f)* aus dem 16. Jahrhundert. Auf Elefanten reiten Sie zum Rajputen-Palastkomplex mit Höfen, Gärten und Wohngebäuden. Zurück in Jaipur, einer Stadt voll rosa Palästen, gehen Sie zunächst zum **City Palace** *(siehe S. 188f)*, in die einstige Maharaja-Familie wohnt. **Jantar Mantar** *(siehe S. 192f)* in der Nähe dient noch immer der Berechnung astronomischer Begebenheiten. **Hawa Mahal** *(siehe S. 186)* schließlich bietet eine einzigartige, wundersame Fensterfassade.

Nachmittags
Beim Mittagessen im **Rambagh Palace Hotel** *(siehe S. 195)* werden Sie wie ein Maharaja von prächtig gekleideten Kellnern bedient. Nachmittags bummeln Sie über die lebhaften Basare rund um **Badi Chaupar** *(siehe S. 184f)*. Hier gibt es bunt bedruckte Textilien, handgefertigtes Papier sowie schönen Silberschmuck. In den Juwelierläden des Johar Bazar finden Sie die berühmten *Kundankari*- und Edelsteinarbeiten.

Elefanten vor dem Amber Fort, Jaipur, warten auf Gäste *(siehe S. 200f)*

Delhi, Agra & Jaipur auf der Karte

Das »Goldene Dreieck«, die Region zwischen Delhi, Agra und Jaipur im Herzen von Nordindien, hat eine Fläche von rund 114 000 Quadratkilometern und rund 50 Millionen Einwohner. Delhi ist die Hauptstadt Indiens, Jaipur die Hauptstadt von Rajasthan, Agra eine wichtige Distrikthauptstadt in Uttar Pradesh. Delhi verfügt über einen internationalen Flughafen, Agra und Jaipur bieten inländische Flugverbindungen. Die Region weist ein gutes Straßen- und Eisenbahnnetz auf – Agra ist drei, Jaipur vier Stunden Zugfahrt von Delhi entfernt.

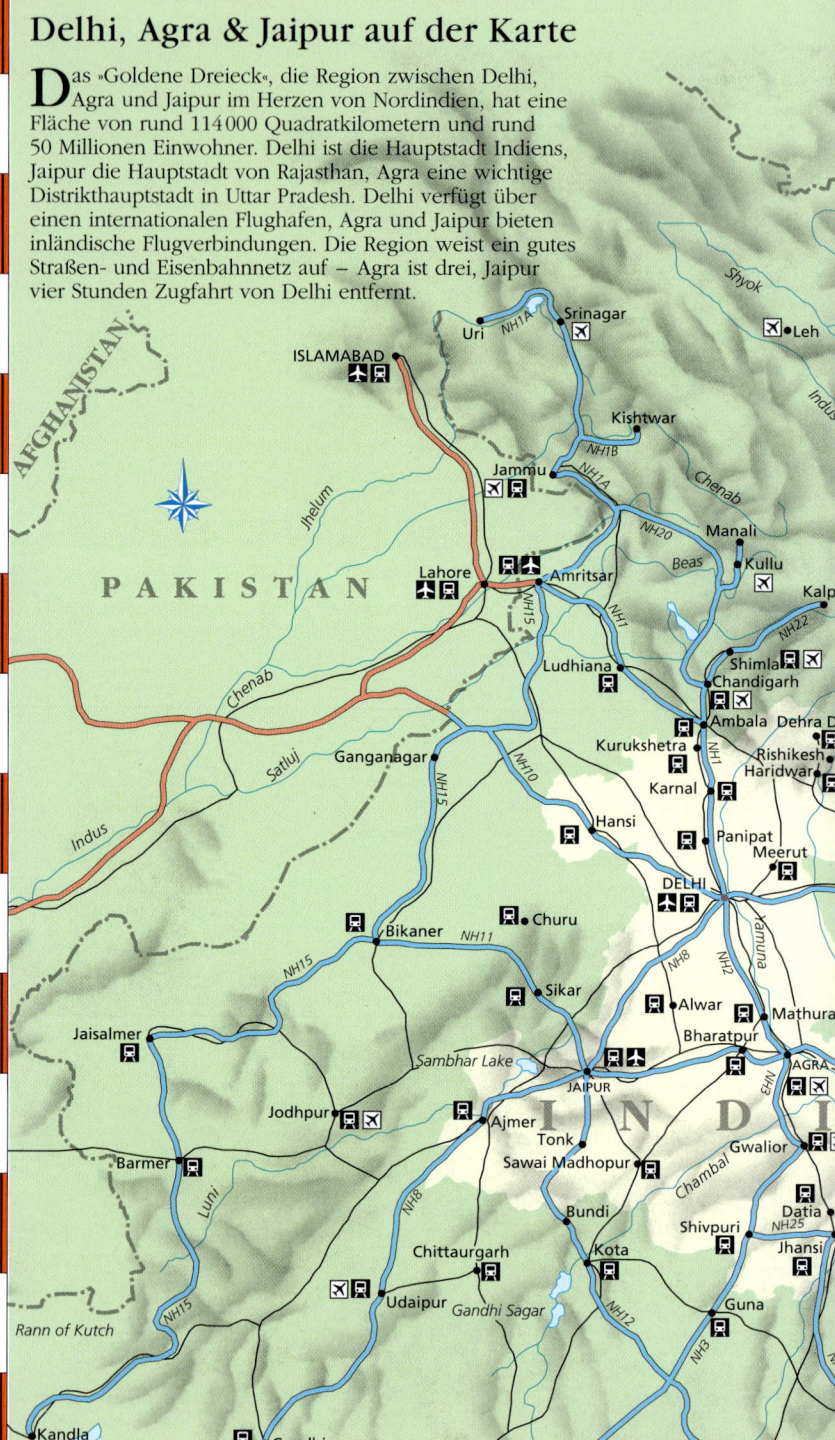

DELHI, AGRA & JAIPUR AUF DER KARTE

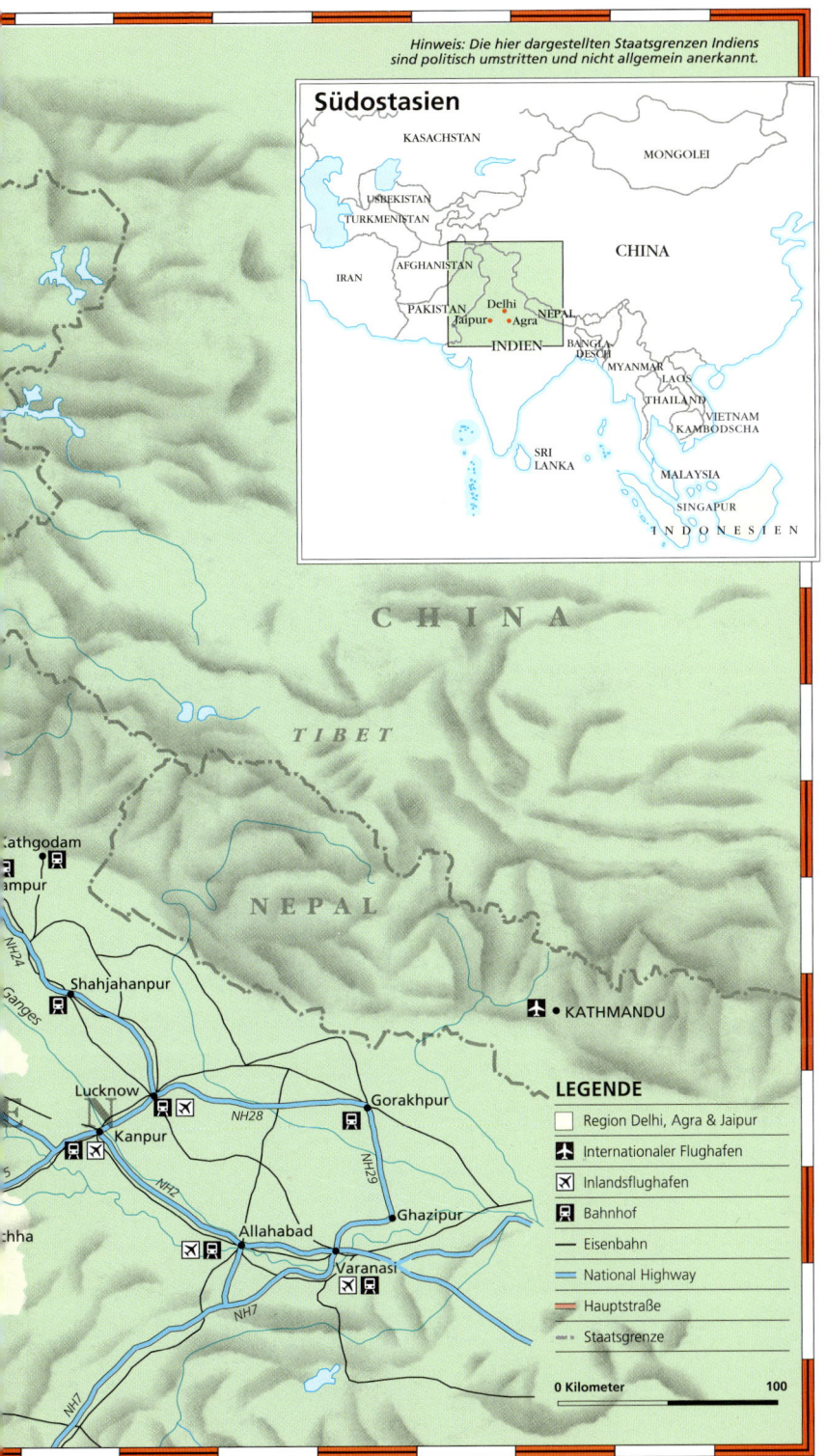

Zentrum von Delhi

Einige der beeindruckendsten Bauten Delhis kann man im Zentrum besichtigen. Die in diesem Reiseführer beschriebenen Sehenswürdigkeiten verteilen sich auf drei Stadtteile, die man zu Fuß erkunden kann: Vijay Chowk ist der Ausgangspunkt für die Besichtigung der vielen Raj-Bauten rund um Raisina Hill. Im Norden liegt die wunderschöne, lebendige Jami Masjid, sie war einst Zentrum des Mogul-Reichs und das Herz von Old Delhi. Hier treffen Tradition und Moderne aufeinander und schaffen eine faszinierende Mischung. Im Osten erstreckt sich das mittelalterliche Stadtviertel rund um das *dargah* des Sufi Nizamuddin Auliya entlang der Mathura Road zu den Ruinen von Purana Qila mit ihrer geheimnisvoll-mythischen Vergangenheit.

Vijay Chowk *(siehe S. 70)* am Fuße des Raisina Hill ist von Regierungsbauten umgeben

Der Buddha Jayanti Park *(siehe S. 104)* auf dem Ridge im Nordwesten von Delhi

Großraum Delhi

Großraum Delhi

Im Norden Delhis liegen die Universität und die historischen Stätten von Old Delhi. Der Süden rund um Qutb Minar und Mehrauli ist heute eine belebte Wohn- und Geschäftsgegend.

ZENTRUM VON DELHI

Jami Masjid *(siehe S. 92)* am Chandni Chowk ist die Hauptmoschee Delhis

Purana Qila *(siehe S. 84)*, Delhis älteste historische Stätte, zählt zu den größten Attraktionen der Stadt

LEGENDE

▨	Hauptsehenswürdigkeit
▨	Bebautes Gebiet
▨	Großraum Delhi
✈	Internationaler Flughafen
⊠	Inlandsflughafen
🚉	Bahnhof
M	Metro-Station
🚌	Busbahnhof
i	Information
👮	Polizei
✚	Krankenhaus
🛕	Tempel
🕌	Gurdwara
✝	Kirche
☪	Moschee
⚰	Grabmal
⊠	Post
—	Eisenbahn
=	National Highway
=	Hauptstraße
=	Nebenstraße

0 Meter 800

Ein Porträt Delhis, Agras & Jaipurs

Die Region Delhi, Agra und Jaipur liegt in der geografischen Mitte Nordindiens. Ihre strategisch günstige Lage an den Nord-Süd- und Ost-West-Routen machte sie zu einem Brennpunkt indischer Geschichte. Heute vermischen sich hier Historie und Moderne zu einer dynamischen Gesellschaft mit stolzen Traditionen und freier Marktwirtschaft.

Die Binnenregion wird im Norden von Bergen, im Westen von der Wüste und den bewaldeten Aravalli-Bergen eingeschlossen. Im Osten erstrecken sich in den Flussebenen fruchtbare Felder, auf denen Zuckerrohr, Weizen, Senf und Linsen angebaut werden. Weiter südlich geht die Tiefebene in die Chambal-Schluchten über, wo sich einst Räuberbanden versteckten. Eindringlinge, die über die Bergpässe der nordwestlichen Grenzen in den Subkontinent gelangten, eroberten diese Region bereits vor Jahrhunderten.

Ganesha-Maske

Historisches Erbe

Die erste Zivilisation in dieser Region war die Harappa-Kultur im 2. Jahrtausend v. Chr. Doch erst die arischen Siedler prägten im folgenden Jahrtausend die Region mit ihrer Philosophie und ihren literarischen Epen wie dem *Ramayana* und dem *Mahabharata* sowie den ersten Hindu-Königreichen. Im 1. und 2. Jahrhundert n. Chr. war die Region das Zentrum eines buddhistischen Reichs, als die Kushana-Herrscher von Taxila (heute Pakistan) aus regierten und Mathura zu ihrer zweiten Hauptstadt machten.

Männer mit bunten Turbanen auf dem Dorfplatz

◁ **Eine junge Frau aus Rajasthan arbeitet in einem Senffeld**

Ehrenmale der Könige von Bharatpur in Kusum Sarovar bei Brindavan

Nach dem Niedergang der großen hinduistischen und buddhistischen Reiche errangen Rajputen-Herrscher die Macht über Teile Nordindiens. Viele der eindrucksvollen Festungen, von denen aus diese Königreiche regiert wurden, kann man noch heute bestaunen.

Die Religion prägte hier jede Epoche: Im 13. Jahrhundert wurde der Hinduismus von der Bhakti-Bewegung beeinflusst, die persönliche Gottheiten als entscheidend ansah. Daraus entstand der Krishna-Kult, der sich ganz besonders rund um Mathura und Brindavan ausbreitete – Orte, in denen der Gott angeblich seine Jugend verbracht hatte. Zur Blütezeit der Bhakti-Bewegung eroberten Eindringlinge aus Afghanistan und Zentralasien den Norden. Delhi und später Agra wurden die Hauptstädte der islamischen Sultanate: Aus dieser Konfrontation der einheimischen mit der islamischen Kultur entwickelte sich eine einzigartige Mischkultur, die Kunst, Architektur, Musik und Küche beeinflusste und ihren Höhepunkt unter den Moguln erreichte.

Dorfschulunterricht im Freien bei Neemrana

Pax Britannica

Im 19. Jahrhundert begann der Untergang des Mogul-Reichs, der Einfluss der britischen Ostindischen Handelsgesellschaft nahm im Gegenzug zu. 1858 wurden die indischen Territorien der East India Company der britischen Krone übereignet – damit begann die 90-jährige Ära der »Pax Britannica«. Das Erbe des britischen »Raj« lebt im Verwaltungs- und Erziehungssystem des modernen Indien fort. Englisch ist heute im Vielvölkerstaat Indien die Hauptsprache.

1947 endete die britische Herrschaft, Indien wurde eine unabhängige Nation. Seitdem stellt sich das Land der Herausforderung, neue Wirtschaftszweige aufzubauen und mit gesellschaftlichen Problemen wie Analphabetismus, Armut und dem

Kastensystem fertigzuwerden. Der Bevölkerungsanstieg auf fast eine Milliarde Menschen verschärfte diese Probleme – einer der Gründe dafür, dass sich Indien in den 1990er Jahren der freien Marktwirtschaft öffnete.

Menschen und Kultur

Die Hauptstadt Indiens, New Delhi, ist eine Einwandererstadt. Nach der kriegerischen Aufteilung des Landes in Indien und Pakistan im Jahr 1947 kamen Millionen Menschen, vor allem aus dem West-Punjab, hierher. Der kontinuierliche Zustrom von Menschen aus ganz Indien ist bis heute ungebrochen: Der Großteil der 13 Millionen Einwohner Delhis kam aus wirtschaftlichen Gründen in die Stadt, da hier der Durchschnittslohn doppelt so hoch ist wie im Rest des Landes.

Ochsenkarren auf dem Land

Die Riesenstadt hat sich in ihren Vierteln dennoch kleinstädtische Freundlichkeit bewahrt. Die Familie ist noch immer der Lebensmittelpunkt, auch wenn die Clangemeinschaft langsam aufweicht. Außerhalb der Familie gibt es die regionale Gemeinschaft, die eine wichtige Rolle im sozialen und kulturellen Leben, etwa bei Hochzeiten oder Festen, spielt. Dank der vielen hier lebenden Ethnien ist Delhi eine kosmopolitische Metropole, in der Hindus, Muslime, Christen und Sikhs friedlich nebeneinanderleben. Jede Gemeinschaft hat jedoch ihre eigene kulturelle Identität bewahrt. Die Stadt ist weniger ein Schmelztiegel als eine *thali* (gemischte Platte).

Indisches Model

In Delhi, Agra und Jaipur sind zwar unterschiedliche Entwicklungsstadien erkennbar. In allen drei Städten jedoch haben die Marktwirtschaft mit neuen Konsumgütern, das Fernsehen und das Internet den Alltag verändert. Die harmonische Verbindung von Gegensätzen macht diese Region besonders interessant – Ochsenkarren fahren neben den neuesten Luxusautos, Wettervorhersagen über Satellit konkurrieren mit astrologischen Berechnungen. Jugendliche in Jeans essen im Schnellimbiss Pizza, sie sitzen aber auch im Sari oder in *dhotis* zu Hause auf dem Boden, um an traditionellen Ritualen teilzunehmen.

Eine religiöse Prozession in traditionellem Prunk in Jaipur

Flora und Fauna

Die Region im Herzen Nordindiens zwischen dem Himalaya im Norden und den Bergschluchten des Flusses Chambal im Süden bietet eine vielfältige Flora und Fauna. Im Westen erstrecken sich die Aravalli-Bergkette und die Wüste Thar, im Osten dehnen sich Flussebenen am Yamuna und Chambal aus. Früher bedeckten Wälder weite Teile dieser Gegend. Mit der Zersiedelung wurden sie auf kleine Gebiete rund um die Nationalparks reduziert. Hier leben viele seltene Tierarten wie der vom Aussterben bedrohte Tiger, das indische Nationaltier.

Der Pfau, Indiens Nationalvogel

Indische Bäume

In der Region findet man zahlreiche Baumarten. Einige von ihnen gelten als heilig, andere werden wegen ihrer heilenden Eigenschaften geschätzt.

Blätter des Banyan-Baums

Sub-Himalaya-Region
Indische Kiefern *(chir)* und *Sal*-Bäume *(Shorea robusta)* bildeten einst dichte Wälder, die das gesamte Gebiet bedeckten. Die wenigen Reste reichen dennoch als Heimstatt für viele wild lebende Tiere aus.

Trockene Mischlaubwälder
Die Klimazone liegt in den trockenen und halbtrockenen Aravalli-Bergen. Die Mischvegetation aus Busch- und Laubwäldern umfasst Akazien, Gewürzrinde und *dhak (Butea monosperma)*, Kakteen sowie Wildgräser.

Indische Elefanten sind kleiner als die afrikanischen. Sie leben am Fuß des Himalaya. Die sanften und hochintelligenten Tiere lassen sich leicht zähmen und sind äußerst lernfähig.

Sambar, Indiens größte Hirschart, wird von einem eindrucksvollen Geweih gekrönt.

Cheetal, das anmutige indische, gefleckte Rotwild, lebt in Herden in den grasbewachsenen Ebenen.

Der Tiger, das Nationaltier, ist eine geschützte Spezies. Der Holzeinschlag der Wälder macht ihn zu einer bedrohten Tierart.

Affen zweier unterschiedlicher Arten – Rhesus- und Languraffen – leben hier.

Die Indische Schlangenweihe ist ein großer Raubvogel mit einem schwarz-weißen Muster an der Unterseite der Flügel. Sie lebt in den Wäldern von Ranthambhore.

FLORA UND FAUNA

Ashoka (Saraca indica), einer der fünf heiligen Bäume Indiens, wird in der Literatur des Landes gepriesen.

Pipal (Ficus religiosa) *ist ein winterharter Baum, der überall wächst. Auch der heilige Bodhi-Baum, unter dem Buddha in Bodh Gaya die Erleuchtung fand, zählt zu dieser Art.*

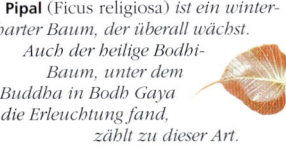

Neem (Azadirachta indica). *Der große, Schatten spendende Baum besitzt viele medizinische Eigenschaften, er wirkt antiseptisch und desinfizierend.*

Kadamba (Anthocephalus cadamba) *ist ein hoher Baum, den man mit Krishna und Brindavan assoziiert.*

Feuchtgebiete

Im Südwesten gibt es flache Binnengewässer, Marsch- und Sumpfgebiete, die von unterirdischen artesischen Brunnen gespeist werden. Hier leben Otter sowie viele Vögel und Zugvögel, die sich von Fischen und Wasserpflanzen ernähren.

Flussebenen

Diese Gebiete findet man im Süden und Osten an den Flüssen Yamuna und Chambal. Im Süden erstrecken sich öde, erodierte Schluchten. Im Osten bilden die Schwemmlandebenen einen fruchtbaren Ackergürtel. In und an den Flüssen leben zahlreiche Wassertiere.

Der Buntstorch *hat ein schwarzrosafarbenes Gefieder und sucht mit seinem langen Schnabel am Grund von Gewässern nach Nahrung.*

Gharial (Gavialis gangeticus) *ist eine Krokodilart im Ganges und seinen Nebenflüssen und nach dem Höcker (ghara) auf der langen Schnauze benannt.*

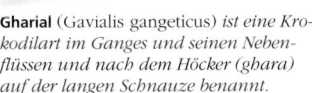

Der Darter- oder Schlangenhalsvogel *ist ein Vogel mit dunklen, glänzenden Federn, der in Marschen die Fische erst aufspießt und dann hinunterschlingt.*

Die Brillenkobra *hat eine charakteristische Zeichnung. Auch die Königskobra, die größte Giftschlange der Welt und eine der heiligen Kreaturen des Gottes Shiva, kommt in Indien vor.*

Religionen

Indien ist ein Mosaik verschiedener Religionen, die von alten Stammesglauben bis zum streng-orthodoxen Denken des hinduistischen Kastensystems reichen. Die meisten Inder sind Hindus, ungefähr 200 Millionen (20 Prozent) sind Muslime. Viele andere Religionen wie Sikhismus, Buddhismus, Jainismus und Christentum werden ebenfalls praktiziert. Jawaharlal Nehru *(siehe S. 78)* sah gerade in dieser Vielfalt die Einheit. Laut Verfassung ist das Land eine säkulare Republik, die keine Staatsreligion besitzt und Religionsfreiheit garantiert.

Symbole für Leben und Fruchtbarkeit

Sufi-Mystiker bei einem *dargah*

Hinduismus

Die Grundlagen des Hinduismus sind die vier *Veden* und die *Upanishaden*, eine ganzheitliche Sammlung von Wissen, Philosophie und Ethik. Dennoch ist der Hinduismus keine »Buchreligion«, sondern eine Lebensweise, die sich in den letzten 5000 Jahren kontinuierlich entwickelt hat.

In der Praxis huldigen Hindus einer riesigen Götterschar *(siehe S. 24f)*. Die Gesellschaft ist in vier Kasten aufgeteilt – die Oberkaste der Brahmanen (Priester), die Kshatriyas (Krieger), die Vaishyas (Kaufleute und Händler) und die unterste Kaste der Sudras (Arbeiter). Das Kastensystem begreift die Gesellschaft als organisches Ganzes, in dem jeder Teil seine Bestimmung hat.

Die traditionelle Familienstruktur sieht einen Patriarchen an der Spitze einer Großfamilie vor. Die *sanskara*, traditionelle Wertvorstellungen, sind auch heute noch ein wichtiger Teil der Erziehung, komplizierte Riten kennzeichnen die einzelnen Abschnitte des Hindu-Lebens. Die in der hinduistischen Gesellschaft hoch angesehenen Sadhus konzentrieren sich auf größere philosophische Zusammenhänge und tragen safrangelbe Gewänder, um auf diese Art und Weise auf ihre Abkehr von der materiellen Welt hinzuweisen.

Vishnus heilige Füße

Islam

Der Islam kam im 8. Jahrhundert mit arabischen Händlern in den Westen Indiens, gewann aber erst nach dem 12. Jahrhundert an Bedeutung, als er unter den muslimischen Herrschern zur Staatsreligion erklärt wurde.

Heute stellen die Muslime Indiens zweitgrößte Religionsgemeinschaft dar – trotz des großen Auszugs nach Pakistan nach der Teilung des Subkontinents 1947 *(siehe S. 58f)*. Größte muslimische Gruppen sind Sunniten und Schiiten: Letztere glauben, dass Ali, der Cousin des Propheten Mohammed, und dessen Nachkommen die wahren Imams sind. Islamische Erziehung basiert auf dem Koran und wird auch heute vom Klerus in den *madrasas* in der Nähe von Moscheen vermittelt. In Indien sind die Freitagsgebete, die der lokale Imam abhält, nur Männern zugänglich.

Der Sufismus ist weniger orthodox und eine mystische Form des Islam. Seine Lehren betonen die direkte Gotteserfahrung. Sufis glauben, dass mystische Ekstase sogar durch Musik und Tanz erreicht werden kann. Sufi-Heilige wie Nizamuddin Auliya *(siehe S. 82)* haben viele zum Hinduismus konvertieren lassen. Dieser Religionsaustausch hat zu einer Blüte von Literatur, Musik und Kunst geführt.

Sadhus, mit Asche bestreut und in safrangelben Gewändern

Sikhismus

Der Sikhismus ist eine reformistische Religion, die von Guru Nanak im 15. Jahrhundert gegründet wurde. Nicht Götteranbetung, Rituale und das Kastensystem, sondern eine gestaltlose Gottheit steht hier im Mittelpunkt. Der Sikh ist leicht an seinem Turban zu erkennen und trägt die fünf »K«: *kesh* (langes Haar), *kachha* (Unterhose), *kirpan* (Kurzschwert), *kangha* (Kamm) und *kara* (Armreif). Die Sikhs folgen den Lehren von zehn Gurus, die man in ihrem heiligen Buch, dem *Adi Granth*, im Golden Temple von Amritsar (Punjab) findet. Als Reaktion auf die religiöse Verfolgung durch die Moguln gründete der zehnte Guru, Gobind Singh, einen militärischen Orden mit den Prinzipien von *sangat* (Versammlung), *simran* (Meditation), *kirtan* (Hymnengesang), *langar* und *pangat* (Teilen und gemeinsames Essen).

Ein Sikh-Priester rezitiert Verse aus dem *Adi Granth*

Christentum

Das Christentum reicht in dieser Region bis ins späte 15. Jahrhundert zurück, als katholische Missionare mit portugiesischen Händlern nach Indien kamen. Damals siedelten sich einige armenische Christengemeinden im indischen Mogul-Reich an, da sie sich hier ein Handelsprivileg verschaffen konnten. Der Mogul-Herrscher Akbar

Gottesdienste werden häufig in der Regionalsprache abgehalten

(siehe S. 52f) lud Jesuitenpriester zu Religionsgesprächen nach Fatehpur Sikri (siehe S. 170f) ein.

Mit der East India Company breiteten sich auch protestantische Missionare im Land aus und richteten im 18. und 19. Jahrhundert Schulen und Krankenhäuser ein. Diese Missionare engagierten sich auch in Reformbewegungen, beispielsweise gegen Praktiken wie *sati* (Witwenverbrennung; siehe S. 48). Heiraten zwischen Indern und Europäern führten zur Herausbildung einer angloindischen Schicht. Während der Raj-Herrschaft (siehe S. 56f) arbeiteten Christen vor allem bei der Eisenbahn und in der Verwaltung.

Indische Christen glauben, dass der Apostel Thomas das Christentum nach Südindien gebracht hat. Um den Bewohnern den christlichen Glauben besser näherzubringen, werden heute die Gottesdienste oft in Regionalsprachen oder Dialekten abgehalten und mit einheimischen Praktiken und Ritualen durchsetzt.

Weitere Religionen

Neben diesen vier Hauptgruppen gibt es in Indien viele kleinere Glaubensgemeinschaften. **Buddhisten** begreifen sich als Nachfolger des Gautama Buddha, der die Botschaft der Gewaltlosigkeit und des Friedens verkündete. Von Indien aus verbreitete sich der Buddhismus in andere asiatische Länder, ist aber in seinem Ursprungsland kaum noch existent.

Der 14. Dalai-Lama, das geistige Oberhaupt der tibetischen Buddhisten, lebt mit seinen Anhängern in Indien im Exil und genießt weltweit hohen Respekt. Die **Jains** (auch Jainas), die Anhänger Mahaviras, sind ebenfalls pazifistisch: Sie haben strenge Fastenvorschriften und praktizieren Selbstkasteiung. Sie werden in Svetambaras (weiß gekleidet) und Digambaras (kaum bekleidet) unterteilt.

Goldene Buddhastatue

Die **Parsen** sind Anhänger von Zoroaster und kamen im 7. Jahrhundert aus Persien auf den Subkontinent. Sie sind eine kleine Gemeinschaft, die aber in der indischen Wirtschaft eine bedeutende Rolle spielte.

Die ersten **Juden** kamen um 587 v. Chr. nach Indien. Juden leben heute vor allem in Mumbai und Cochin.

Jain-Nonnen mit Mundschutz: Kein Insekt soll verschluckt werden

Indische Götterwelt

Die Welt der Hindu-Götter und -Göttinnen ist sehr verwirrend und umfasst menschenähnliche Symbole und Figuren sowie exotische Gestalten, die halb Mensch, halb Tier sind. Jeder Gott hat ein persönliches *vahana* (Gefährt) und individuelle Machtsymbole. Die Religion wird meist in Tempeln ausgeübt. Für die meisten Hindus ist jedoch das Haus mit eigenem Schrein und persönlichen Göttern der Ort für das tägliche *puja* (Gebet).

Lakshmi, *die Göttin des Wohlstands, ist auch Vishnus Begleiterin. Ihr vahana ist eine Eule.*

Shesh Nag ist das hundertköpfige Ungeheuer, auf dem Vishnu sich ausstreckt.

Narada, der Weise, begleitet Vishnu.

Ganesha, Beseitiger von Hindernissen.

Saraswati, *die Göttin des Lernens und der Musik, ist die Gefährtin Brahmas, ein Schwan dient ihr als vahana. Die Verkörperung der Reinheit sitzt auf einer Lotusblüte, mit einer Girlande aus weißen Blumen geschmückt.*

Hanuman, der Affengott, ist ein treuer Diener Ramas.

Vishnu der Bewahrer gleitet auf dem Kshirsagar (»Heiliger Ozean«), der Quelle allen Lebens, dahin.

Religiöse Symbole

Kamal (»Lotus«) ist ein vishnuistisches Symbol für Reinheit.

Chakra (»Rad«) ist das universelle Symbol für das Rad des Lebens.

Om, ein Symbol für den ersten Laut, wird zu Beginn aller Zeremonien rezitiert.

Trishul (»Dreizack«) ist ein Shiva-Symbol für Askese.

Shankh (»Seemuschel«) ist ein vishnuistisches Symbol für das Meer.

INDISCHE GÖTTERWELT

Ganesha, der elefantenköpfige Sohn Shivas, wird vor jeder wichtigen Aufgabe angerufen.

Hanuman, der Affengott (siehe S. 197), wird von jenen angerufen, die Mut und Tapferkeit brauchen.

Rama (rechts) verkörpert die Tugend und war Vishnus siebte avatara (Inkarnation). **Krishna** (links) verkörpert die Liebe und war die achte. Vishnu nahm diese avataras an, um die Welt zu retten. Die letzte avatara, kalki, wird eine neue Welt nach der heutigen schaffen.

Brahma sitzt auf einer Lotusblüte in Vishnus Nabel.

Shiva lebt auf dem Berg Kailash. Aus seinen Locken entspringt der Ganges.

Nandi, der Stier, ist Shivas Gefährte und in den Shiva-Tempeln allgegenwärtig.

Garuda ist Vishnus Gefährte und begleitet ihn auf seinen Reisen durch den Kosmos.

Parvati lebt im Himalaya zusammen mit Shiva. Die sanfte Tochter der Berge wird in unterschiedlichsten Formen verehrt, die den Kult der Devi (Göttin) ausmachen.

Durga reitet mit ihrem tödlichen Waffenarsenal auf einem Tiger und zerstört das Böse in Form des Büffeldämons Mahishasura. Sie verkörpert die kriegerische Seite der sanften Parvati.

Die Heilige Dreieinigkeit

Ein beliebtes Kalenderbild zeigt die Heilige Dreieinigkeit aus Brahma dem Schöpfer, Vishnu dem Bewahrer und Shiva dem Zerstörer. Vishnu vermittelt zwischen Brahma und Shiva. Die Welt wurde erschaffen, als die Götter und Dämonen (siehe S. 45) den Ozean aufwühlten, um den Nektar (amrit) herauszusaugen. Das heutige Zeitalter (kaliyuga) ist nur ein Stadium im unendlichen Lebenskreislauf.

Kali trägt eine Schädelkette, mit ihrer Zerstörungswut bekämpft sie das Böse. Neben Durga ist sie die Schutzheilige vieler Rajputen-Clans, für die der Kampf der Lebenszweck war.

Architekturgeschichte

Die Monumentalarchitektur spiegelt den politischen Wandel Nordindiens wider. Die unterschiedlichen Stilarten wurden auf eine besondere »indische« Weise geprägt, beeinflusst von Klimabedingungen und regionalen Bauweisen. Leider sind kaum Gebäude aus der Zeit vor dem 12. Jahrhundert erhalten, es gibt jedoch viele Bauten aus dem Mittelalter, mit dem Taj Mahal als Prunkstück. Interessant ist die Kombination hinduistischer und islamischer Baustile, die besonders gut im Zusammenspiel der sinnlichen Tempelskulpturen mit der strengen Größe islamischer Architektur sichtbar ist. Gärten, Brunnen, verkleidete Bogen und schattige Innenräume kühlen die Bauten.

Nische im Fort von Agra

Frühe Indische Architektur (bis zum 12. Jahrhundert)

Der Tempel war der gesellschaftliche Mittelpunkt einer Stadt. Frühe Hindu-Tempel, quadratisch angelegt, folgten rituellen Bauregeln. Die Götter befinden sich im heiligen Innenbereich, die Außenfassade ist üppig verziert.

Behauener Fries am *shikhara*

Der *shikhara* ist ein Spitzbogen über dem Allerheiligsten.

Der *mandapa* ist eine Vorhalle zum Allerheiligsten.

Garbhagriha, das Allerheiligste, liegt tief im Inneren verborgen.

Über dem **Eingang** befindet sich ein Türsturz mit Heiligenbildern.

Steinblöcke erhöhen den Tempel

Teli ka Mandir *(9. Jh.) bei Gwalior (siehe S. 174) ist ein seltenes Beispiel eines nordindischen Tempels dieser Zeit.*

Sultansarchitektur (13. bis 15. Jahrhundert)

Wie man echte Bogen und Kuppeln errichtet, lernten die indischen Steinmetze von den Muslimen seit dem 12. Jahrhundert. Dank des Mörtels konnte man nun sehr hoch bauen. Die bildhauerischen Kunstfertigkeiten der Hindus bereicherten wiederum die islamische Architektur.

Täfelung aus Sandstein und Marmor

Die Kuppel trägt eine aufgesetzte Wölbung.

Islamische Bogen werden von Hindu-Lotusknospen begrenzt.

Geometrische Ornamentik ist ein islamisches Stilmerkmal.

Geometrische Täfelung (Detail)

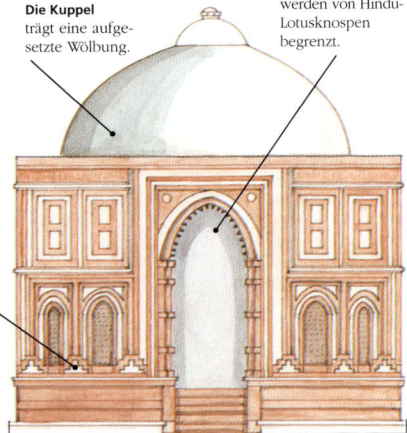

Alai Darwaza *(um 1311) in Delhi, ein wahres Schmuckstück (siehe S. 112), besitzt eine der ältesten erhaltenen Kuppeln.*

Mogul-Architektur (16. bis spätes 18. Jahrhundert)

Mogul-Gebäude symbolisieren die Machtstellung ihrer Herrscherfamilie. Sie sind aus rotem Sandstein oder aus Marmor erbaut. Typisch sind u. a. die symmetrische Form, ihr Prunk und ihre Lage in der Landschaft. Einlegearbeiten, dekorative *jali* und Spitzbogen lassen die Gebäude leicht wirken.

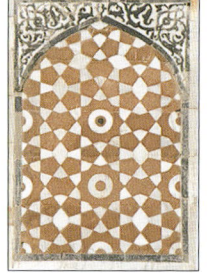

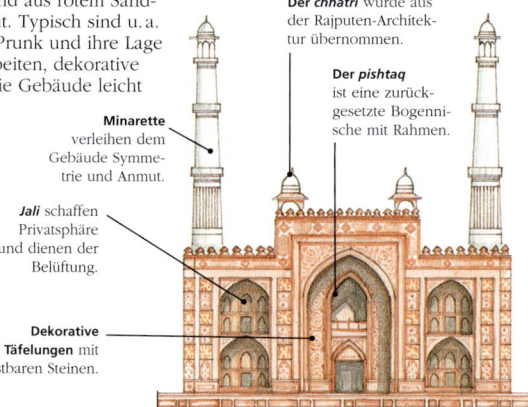

Der *chhatri* wurde aus der Rajputen-Architektur übernommen.

Der *pishtaq* ist eine zurückgesetzte Bogennische mit Rahmen.

Minarette verleihen dem Gebäude Symmetrie und Anmut.

Jali schaffen Privatsphäre und dienen der Belüftung.

Dekorative Täfelungen mit kostbaren Steinen.

Dekorative Fassadentäfelung

Eingang zu Akbars Grab bei Sikandra *(siehe S. 160)*

Kolonialarchitektur (19. bis 20. Jahrhundert)

Zur Zeit des britischen Raj wurde der europäische Stil eingeführt. Daraus entstand im 19. Jahrhundert der indosarazenische Stil, eine Mischung aus viktorianischer Gotik mit indischen Elementen, zu finden an Universitäten, in Verwaltungsgebäuden und Bahnhöfen. New Delhi, von Lutyens 1912–31 erbaut *(siehe S. 68)*, stellt das Ende dieser Phase dar.

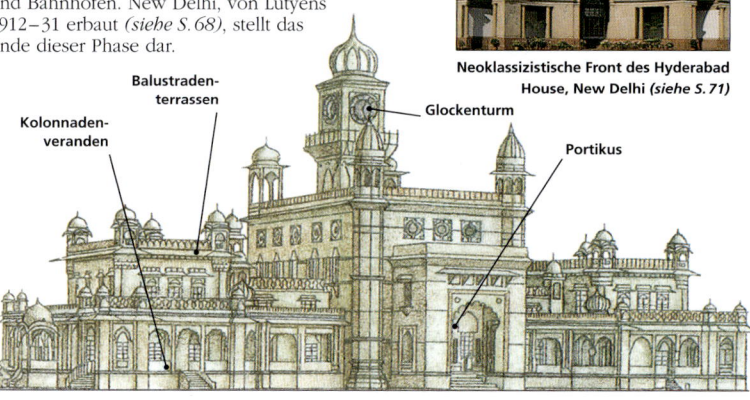

Neoklassizistische Front des Hyderabad House, New Delhi *(siehe S. 71)*

Balustradenterrassen

Kolonnadenveranden

Glockenturm

Portikus

Ajmers Mayo College, 1875 im indosarazenischen Stil errichtet *(siehe S. 219)*

Bungalows

Für Europäer errichtete Bungalows, ein architektonisches Vermächtnis des Raj, weisen breite, überdachte Veranden, eine Vorhalle und ein Balustradendach auf. Der Begriff »Bungalow« geht auf »Bangla« oder

Regierungsbungalow in New Delhi *(siehe S. 69)*

bengalisch zurück, da die Grundstruktur bengalischen Hütten entlehnt ist. Bis 1947 hatten wenige Bungalows außerhalb der Stadt fließendes Wasser oder Elektrizität, aber ihre hohen Decken und ihre schattigen Innenräume sorgten für angenehme Temperaturen. Als Herbert Baker *(siehe S. 68)* einen Bungalow für die hohen Beamten von New Delhi errichtete, tauften die Bewohner sein kaum luftdurchlässiges Gebäude »Bakers Ofen«.

Architekturstile

Marmorpodium der Jami Masjid, Delhi

Einige der schönsten Festungen und Paläste Indiens liegen im »Goldenen Dreieck«. Die Festungen dienten als Verteidigungsanlagen und bildeten regelrechte Städte, meist an strategisch günstigen Stellen oder in Flussnähe. Paläste waren Teil eines Festungskomplexes oder eigenständige Residenzen mit öffentlichen und privaten Bereichen, getrennt durch Gärten und Höfe. Zur Zeit des Raj wichen diese Paläste stattlichen Anwesen nach europäischem Vorbild. Die schönen Gartengräber – eines der prächtigsten Beispiele ist der Taj Mahal – führten die Moguln ein. Auf dem Land dagegen erkennt man die kleinen Häuser kaum: Die einfachen, preiswerten und umweltfreundlichen Gebäude verraten gleichwohl bauliches Geschick.

Festungen

Die meisten Mogul-Festungen waren Herrschersitze aus rotem Sandstein mit Marmorverzierungen und umfassten einen ganzen Stadtkomplex. Rajputen-Festungen wie Amber *(siehe S. 200f)* und Gwalior sind dagegen anders angelegt, ihre wehrhaften Bastionen dienten in erster Linie der Verteidigung.

Schutzwälle mit Schießscharten.

Der *burj* diente als Wachturm.

Gründungsinschrift am Red Fort

Das Lahore-Tor, einer der Zugänge der Festung.

Red Fort, Delhi *(siehe S. 94f)*

Paläste

Einige der eindrucksvollsten Paläste wurden im 19. Jahrhundert im Stil englischer Anwesen erbaut. Die älteren, mittelalterlichen Paläste sind Teile von Festungen mit getrennten Unterkünften für Männer (*mardana*) und Frauen (*zenana*), Landschaftsgärten und eigenen Moscheen oder Tempeln.

Das *Bangaldar*-Dach wird von Zierspitzen gekrönt.

Eine große Treppe führt zum Eingang.

Die schlichte Fassade verbirgt den Prunk und Luxus im Inneren.

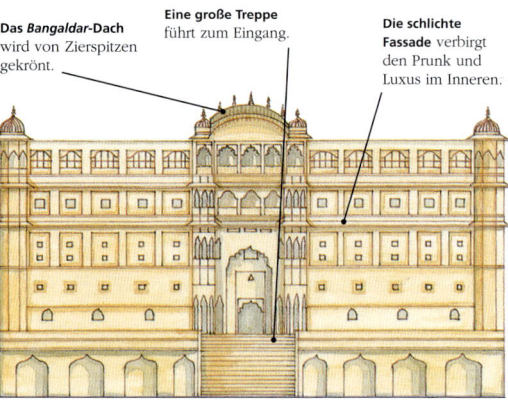

Detail eines verspiegelten Raums

Samode Palace, *im 19. Jahrhundert erbaut, dient heute als Heritage Hotel* (siehe S. 232f) *mit wunderschönen vergoldeten und verspiegelten Räumen. Die Zimmer sind im traditionellen Stil der Bauzeit eingerichtet.*

ARCHITEKTURSTILE

Gartengrab

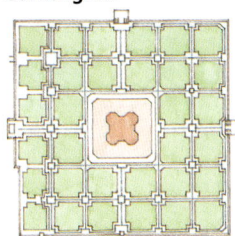

Humayuns Grabmal (siehe S. 83) ist eines der ältesten Mogul-Gartengräber, die auf einer erhöhten Säulenplatte inmitten eines *charbagh* liegen. Auffallend: die Privatmoschee und eine königliche Grabkrypta.

Der *charbagh* (siehe S. 167) ist ein terrassierter Garten rund um das Grab. Auch der berühmte Taj Mahal steht am Rand eines *charbagh*.

Die Kuppel erhebt sich über der Mitte des Bauwerks.

Kreuzgänge führen zur Krypta.

Traditionelle Häuser

Dorfbewohner leben in einfachen Häusern aus Lehm und Stroh. Die Innenräume sind kühl und schattig, die Fassaden in leuchtenden Farben gestrichen. Baumaterialien kommen vom Land selbst, Ausbesserungen finden jährlich an *Diwali* (siehe S. 37) statt.

Strohdächer sorgen für gut temperierte Innenräume.

Lehmwände, mit Stroh und Kuhdung verstärkt.

Rituelle Malereien verschönern die Lehmwände.

Haus auf dem Land, Mandawa (siehe S. 213)

Havelis

Die *haveli*, eine mehrstöckige Villa für reiche Kaufmannsfamilien, wurde um einen oder mehrere Innenhöfe gebaut, die den Mittelpunkt des häuslichen Lebens der Großfamilien darstellten. Shekhawatis bemalte *havelis* (siehe S. 212f) stellen Beispiele dieses Architekturstils dar.

Von der Terrasse überblickte man die Umgebung.

Geschützte Veranden unterteilen Wohnräume in kleinere Privateinheiten.

Haveli der Familie Bhartiya in der Gegend von Shekhawati

Glossar

Baoli Unterirdischer Treppenbrunnen wie Ugrasen's Baoli (siehe S. 76).

Burj Wohn- oder Befestigungsturm, auch Bastion.

Chajja Überhängende Traufe oder Gesims, Schutz vor Sonne und Regen.

Chhatri Offener vier- oder achteckiger Pavillon, wörtlich: Schirm.

Chhatri

Diwan-i-Aam Halle für öffentliche Audienzen.

Diwan-i-Khas Halle für Privataudienzen.

Gumbad/Gumbaz Kuppel mit Schmuckspitze; der Ausdruck bedeutet auch »Mausoleum«.

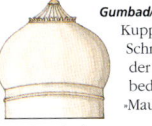

Gumbad

Jharokha Überhängendes Erkerfenster auf Stützbalken. Einige waren für öffentliche Auftritte des Herrschers gedacht.

Masjid Moschee.

Mihrab Bogennische in einer Moschee, nach Mekka ausgerichtet.

Jharokha

Minar Frei stehender Turm wie der Qutb Minar (siehe S. 112).

Mohalla Viertel, in dem Mitglieder einer Kaste leben.

Namazgah Platz in der Nähe einer Moschee für islamische Feiern.

Qila Schloss, Zitadelle.

Sheesh Mahal Raum, der verschwenderisch mit Spiegelmosaiken ausgestaltet ist; Glaspalast.

Minarett

Stambha Reich verzierte Säulen, Pfeiler oder Pfosten.

Stupa Grab- oder Reliquienhügel.

Stambha

Musik, Tanz und Theater

Die darstellenden Künste Indiens sind Ausdruck des Gebets und lebensfrohen Feierns. Musik und Tanz waren einst auf Tempel beschränkt und wurden erst weltlich geprägt, als königliche Schirmherren eigene Schulen *(gharanas)* einrichteten. Zwei klassische Formen der Region sind Kathak- und Hindustani-Musik. Der Künstler erzeugt eine Stimmung *(rasa)*, die die Zuschauer zum Mitmachen animiert, sodass die Musik sich im gemeinsamen Erleben entfaltet.

Sarangi und Bogen

Qawwalis und **bhajans** *sind religiöse Lieder mit Ursprung in den mittelalterlichen Sufi- und Bhakti-Kulten. Durch ihre Intensität beschwören sie ekstatisch die göttliche Liebe.*

Raslila, *eine volkstümliche Variante des Kathak, erzählt das Leben Krishnas. Früher spielten in der* Ramlila (unten) *und der* Raslila *nur Knaben mit.*

Die Hände werden in stilisierter Mudra-Haltung nach den klassischen Regeln des *natya shastra* eingesetzt.

Lehenga, ein langer Rock, der über einer engen Hose getragen wird, unterstreicht die Tanzbewegungen.

Ramlila *stellt die Geschichte des Epos* Ramayana *in einem Zyklus aus zehn Episoden während der Dussehra-Feiern nach (siehe S. 37).*

Hindustani-Musik

Die Ursprünge der hindustanischen Musik gehen auf etwa 3000 v. Chr. zurück. Es gibt keine feste Komposition, alles beruht auf *raga* (melodische Grundstruktur) und *tala* (rhythmische Periode), was den Spielern viel Freiraum für Improvisationen lässt. Es gibt über 100 *ragas*, die jeweils einer Tages- oder Jahreszeit zugeordnet sind – je nach den Bildern, die die Musik hervorruft. Herrscherhöfe gründeten verschiedene *gharanas*, Musikschulen, die ihren Stil nur mündlich von *guru* (Lehrer) an *shishya* (Schüler) weitergaben. Die *gharana* in Gwalior *(siehe S. 174)* soll eine der ältesten der Region sein.

Ravi Shankar, *einer der besten indischen Sitar-Spieler, brachte diese klassische Musik auch der westlichen Welt nahe.*

Amjad Ali Khan *stammt aus einer berühmten Familie von Sarod-Spielern, die den* rabab, *eine mittelalterliche Laute aus Zentralasien, modernisierten.*

MUSIK, TANZ UND THEATER

Neun rasas *(Stimmungen) werden in der Abhandlung* Natya Shastra *aus dem 4. Jahrhundert erwähnt. Erotik, Komik, Pathos, aber auch Hass, Ruhe und Herrlichkeit kommen hier zur Geltung, ob musikalisch oder malerisch. Dieses* Ragamala-*Gemälde aus dem 17. Jahrhundert (siehe S. 32f) zeigt die Morgenstimmung* raga todi.

Nautch Girl *war der herabsetzende Titel, den man den Tanzmädchen im 19. Jahrhundert gab, als Kathak nur noch Unterhaltung war.*

Schnelle Körperbewegungen erfolgen im Gleichklang mit dem Begleittrommler.

Ghungroos sind Messingglöckchen, die den Rhythmus unterstützen. Fußstampfen bringt sie zum Klingen.

Schmuck und rote Farbe an Händen und Füßen machen die grazilen Tanzbewegungen deutlicher.

Kathak
Die klassische nordindische Tanzform, die vor allem am Hof von Jaipur blühte, entstammt epischen Erzählungen *(kathas)*, die von Balladensängern erzählt wurden. Eine typische Kathak-Vorstellung besteht aus komplizierter Fußarbeit und mimischer Darstellung *(abhinaya)*, die meist eine Episode aus Krishnas Leben erzählt.

Bismillah Khan *spielte shehnai, eine zeremonielle Rohrpfeife, und machte aus ihr ein anerkanntes Konzertinstrument.*

Zakir Hussain *spielt tabla, ein Trommelpaar, das bei Musik und Tanz den Rhythmus vorgibt.*

Das zeitgenössische Theater *gründet sich auf das klassische Sanskritdrama. Beliebte Straßenstücke werden von Avantgarde- und Agitprop-Theatern aufgeführt. Die National School of Drama (siehe S. 120) spielt nicht selten indische Adaptationen von Shakespeare-Werken wie hier* König Lear.

Malerei

Vogel von Mansur

Im 16. Jahrhundert entstanden in Nordindien die Rajputen- und die Mogul-Malereistile. Der ungeheure Erfolg der Miniaturmalerei ging mit der Einführung des Papiers sowie der Förderung durch islamische und Rajputen-Herrscher einher. Die Moguln holten persische Miniaturmaler nach Indien, wo sie die einheimische Kunst kennenlernten. Eine Verschmelzung beider Stile unter Akbar, Jahangir und Shah Jahan führte zu einer künstlerischen Blüte, als Maler wie Mansur Folioblätter mit Vögeln, Blumen, königlichen Porträts und illustrierte Manuskripte herstellten. Als die Förderung durch die Moguln im 18. Jahrhundert zurückging, entstanden neue regionale Kunstzentren in Nordindien.

Jaina-Palmblätter-Handschriften *wie diese (um 1439) sind in hellen Grundfarben gehalten. Die Darstellung menschlicher Motive prägte die frühe Rajputen-Kunst.*

Ungeheuer symbolisieren die Bedrohung Krishnas bei seiner Geburt.

Frühe Mogul-Gemälde *erzählten historische Ereignisse. Dieses Blatt von Babur Nama aus dem 16. Jahrhundert zeigt Babur bei der Überquerung des Son. Mogul-Landschaften wurden wirklichkeitsgetreu wiedergegeben, anders als die romantischen Rajputen-Allegorien.*

Der Raum ist unterteilt, jeder Abschnitt ist für eine andere Episode der Geschichte bestimmt.

Rajputen-Gemälde *sind für ihre leuchtenden Farben und stilisierten Figuren bekannt. Oft tauchen klassische Texte und religiöse Figuren wie auf diesem Blatt aus dem 18. Jahrhundert mit der Rasikapriya-Romanze auf.*

Ragamalas *sind Gemäldereihen, wie eine Girlande geschlungen, die die Stimmungen einzelner ragas (siehe S. 30) zeigen. Dieses Ragini Dev-Gandhari (17. Jh.) entspricht einer frühmorgendlichen raga mit zierlichen Figuren und einem feinen Blumenrand.*

Pahari-Gemälde kommen aus den Hügel-(Pahari-)Staaten des westlichen Himalaya, wo viele Künstler aufgrund der ausbleibenden Kunstförderung der Moguln siedelten. Einen der Förderer, Raja Sansar Chand aus Kangra, kann man auf diesem Gemälde (spätes 18. Jh.) sehen.

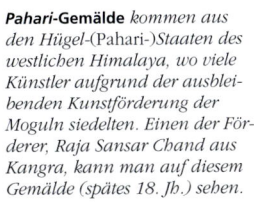

Die Natur wird metaphorisch dargestellt, wie hier in den schlangenähnlichen Blitzen.

Die Erzählfolge zeigt das Heranwachsen Krishnas vom Kleinkind zum Knaben.

Menschliche Gesichter werden im Profil ohne Perspektive dargestellt.

Farben werden aus Schmucksteinen und Pflanzen gewonnen.

Die Company-Schule blühte zur Kolonialzeit. Dieses Porträt König Edwards VII und Königin Alexandras, in indische Gewänder gekleidet, wurde von einem einheimischen Künstler als Auftragsarbeit gemalt.

Rajputen-Miniaturen

Rajputen-Ateliers – jedes mit eigenem Stil – wurden nach den Höfen ihrer Förderer *(siehe S. 215)* benannt. Rajputen-Gemälde sind erzählerisch als Hofereignis oder mythologische Geschichte angelegt wie diese Mewar-Miniatur *Krishna offenbart sich seinen Eltern als Vishnu* (18. Jh.). Anders als in der Mogul-Malerei werden Raum und Natur poetisch und nicht realistisch dargestellt. Sie erzeugen eine quasi musikalische Stimmung oder *rasa* *(siehe S. 31)*. *Baramasa*-(Jahreszeiten-) und *Ragamala*-(*Raga*-Girlande-)Gemälde sind berühmte Beispiele.

Zeitgenössische indische Kunst

Der indische Dichter, Musiker, Philosoph und Pädagoge Rabindranath Tagore (1861–1941) gilt als Wegbereiter der bengalischen Kunstrenaissance im späten 19. Jahrhundert. Sie orientierte sich an moderner indischer Kunst. Tagore bezog bewusst den reichen mythologischen Gehalt der Volkskunst in sein Schaffen mit ein. Später übernahm Amrita Shergill (1913–1941) europäische Einflüsse für die indische Kunst. Die zeitgenössische Kunst ging aus der Arbeit dieser und anderer Künstler hervor. Doch selbst beim Experimentieren mit neuen europäischen Stilen blieb die indische Identität erhalten: Moderne indische Künstler haben mit tantrischen Symbolen, Mythologie und Miniaturmalerei gearbeitet, um mit unterschiedlichsten Materialien einen lebendigen, volkstümlich-klassischen Stil zu schaffen.

Kopfstudie, Rabindranath Tagore

Indisches Kunsthandwerk

Indisches Kunsthandwerk entwickelte sich aus einer sehr engen Verbindung des Künstlers mit seiner Handwerkskunst, da manuelle Fertigkeit als Gottesgabe gilt, die vom Vater an den Sohn in ungebrochener Linie weitergegeben wird. Deshalb ist das Kunsthandwerk bis heute eine lebendige Kunstform und gleichzeitig ein weltlich wie auch religiös bestimmtes Handwerk. Indische Kunst ist seit je von anderen Völkern und Kulturen bereichert worden und in der ganzen Welt bekannt für seine Lebendigkeit und Kreativität.

Blumenmotiv

Geometrische Muster *oder* rangolis *prägen die meisten traditionellen Verzierungen.*

Lehm und Stroh gelten als heilig, da sie ein Geschenk der Mutter Erde sind.

Die kugelgleiche Topfform ist seit 2500 v. Chr. unverändert.

Die Töpferei *kam vor 5000 Jahren (siehe S. 44f) auf – eine der ältesten Produktionsformen der Welt. An der Töpferscheibe entsteht preiswerte Alltagskeramik.*

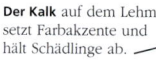

Das Rad oder *chakra* wird als Symbol des Kreislaufs von Leben und Tod betrachtet.

Der Kalk auf dem Lehm setzt Farbakzente und hält Schädlinge ab.

Der Wohnraum ist außen mit Reliefschnitzereien oder Spiegelarbeiten verziert. Ob Lehmhütte oder Palast – das indische Heim ist der Ursprungsort der meisten Kunstformen Indiens.

Farben

Die Farben werden aus der Natur gewonnen und haben entsprechende Namen. Die fünf Schattierungen von Weiß werden mit Regenwolken, dem Augustmond, der Seemuschel, der Jasminblüte und der Meeresgischt verglichen. Indigo, Krapp und Kurkuma werden wegen ihres intensiven Farbstoffs geschätzt, Blütenblätter des Plosso-Baums *(Butea monosperma)* ergeben ein sanftes Gelb, das im ländlichen Indien für die *Holi*-Feiern (siehe S. 36) benutzt wird. Jede Farbe hat eine rituelle Bedeutung: Rot wird Hochzeiten und Festen zugeordnet, Safran ist die Farbe der Krieger und Asketen, Gelb wird zu den Frühlingsfeiern von *Vasant* getragen und Grün während des Monsuns. Indische Färber *(rechts)* benutzen Pflanzen und Wurzeln.

Ein Färber bei der Arbeit

INDISCHES KUNSTHANDWERK

Der Pfau ist ein beliebtes Symbol der Könige.

Der Lotus steht für Anmut und Reinheit.

Tier- und Blumenmotive sieht man überall. Die elegantesten Blumenmotive wurden in der Mogul- und Rajputen-Malerei (siehe S. 32f) geschaffen. Die beliebten Lotus- und Pfauenmotive stammen aus der buddhistischen und hinduistischen Tempelikonografie. Diese Motive findet man in unterschiedlichsten Formen auf Textilien, Teppichen, Gemälden, Schmuck, Keramik und zardozi (siehe S. 153).

Paisley-Muster sind stilisierte Symbole für Mango und Zypresse.

Mohnblume, Iris, Narzisse und Tulpe sind von der Mogul-Kunst inspirierte Textilmotive.

Marmoreinlegearbeiten *gehen auf die Mogul-Pietra-dura (siehe S. 156f) zurück. In Agra gibt es Handwerker, deren Vorfahren noch an Mogul-Höfen arbeiteten.*

Wertvolle Steine wie Amethyst, Lapislazuli, Karneol und Jade werden von Hand in Marmor eingelegt.

Blumenmuster sind von der islamischen Paradiesvorstellung inspiriert.

Haus und Familie

Die frühesten Kunstobjekte entstanden aus den Anforderungen des Hausalltags und der Rituale und wurden für den Alltag hergestellt. Ihre Formen basierten auf religiösen Symbolen, sodass sie über Epochen hinweg verwendet wurden. Im Lauf der Zeit wurden feinere Materialien und Techniken vom Königshof übernommen, die das Kunsthandwerk raffinierter machten.

Wandgemälde sind oft von der Natur inspiriert.

Plosso-Baum-Blüte

Gewürze

Safranfarbener Kriegerturban

Ein zinnoberroter Schrein

Form und Funktion *sind im indischen Kunsthandwerk gleichwertig, deshalb zeichnen sich selbst Gebrauchsgegenstände durch hohe Ästhetik aus. Mit der Entwicklung der Baukunst verfeinerten sich Formen und Materialien im Lauf der Jahrhunderte, wie das zierliche Gitterfenster zeigt.*

Indische Feste

Die Inder lieben ihre Feste, die religiöse wie gesellschaftliche Hintergründe haben. Häufig gehen rituelles Fasten und freudiges Feiern Hand in Hand. Hindu-Feste folgen meist dem Mondkalender. Vollmond (*purnima*) und Neumond (*pradosh*) gelten als günstige Termine. Einige Feste widmen sich der Götterwelt, andere feiern alte Hirten-, Fruchtbarkeits- oder Kriegsriten. Auch die islamischen Feste werden durch den Mondkalender bestimmt, sodass die meisten Feiertage jedes Jahr zu einem anderen Datum stattfinden.

Ravana-Bildnis

Shishir (Jan–März)

Das indische Jahr beginnt fröhlich: **Lohri** und **Makar Sankranti** folgen im frühen Januar aufeinander. Ersteres wird hauptsächlich von Punjabis als Höhepunkt des Winters gefeiert, Letzteres nur in Jaipur als Feier der Sonnenwanderung vom Äquator zum südlichen Wendekreis. Meist ändert sich an diesem Tag die Windrichtung, sodass man überall Drachen steigen lässt. **Vasant Panchami** (Ende Jan) gilt als erster Frühlingstag. Im Januar feiern die Shia-Muslime **Muharram**, zehn Trauertage, an denen des Martyriums des Enkels des Propheten Hazrat Imam Hussain in Karbala (Irak) gedacht wird. Am zehnten und letzten Tag finden eindrucksvolle Prozessionen von *tazias* (Repliken seines Grabmals) statt. Hinter ihnen folgt eine Prozession von schwarz gekleideten Jungen und Männern, die sich voll religiöser Inbrunst geißeln. Im Februar feiern die Shiva-Gläubigen **Shivaratri**, die Nacht seiner himmlischen Hochzeit mit Parvati. **Holi**, einer der wichtigsten Hindu-Feiertage der Region, findet in einer Vollmondnacht statt und wird normalerweise im März als Ende des Winters gefeiert.

Zu Holi bemalt sich jeder mit Farbe

Am Holi-Abend werden Freudenfeuer angezündet, eine Puppe des Dämons Holika wird als Zeichen des Triumphs des Guten über das Böse verbrannt. Am nächsten Tag besprengt man sich mit gefärbtem Wasser und Farbpuder (*gulal*). Das Fest wurde von Krishna besonders geliebt, daher feiert man es rund um Mathura (siehe S. 161) mit Hingabe.

Vasant (März–Mai)

Das Hindu-Jahr beginnt mit *Vasant* (Frühling). Neun Fastentage (*navaratris*) gehen der Geburt des göttlichen Helden Rama (siehe S. 25) an **Ramnavami** voraus. In dieser Zeit bereitet man vegetarische Gerichte in *ghee* (geklärter Butter) ohne Knoblauch und Zwiebeln zu.

Im März feiern Muslime **Milad-ul-Nabi**, den Geburtstag des Propheten. Das Hirtenfest von **Baisakhi** am 13. April leitet mit Tanz und Gesang die Erntezeit ein. Später im April folgt **Shitala Ashtami**, ein Volksfest in Rajasthan im Gedenken an Shitala Devi, die Göttin der Pocken und eine Manifestation Durgas. Eine religiöse Feier, die zahlreiche Dorfbewohner besuchen, wird im Chaksu-Tempel (siehe S. 222) zur Besänftigung der Göttin zelebriert.

Holi-Feiern in den Dörfern um Brajbhumi bei Mathura *(Shishir)*

Grishma (Mai–Juni)

Mit zunehmender Hitze kommt die Festzeit allmählich zum Stillstand. Im Mai wird mit **Buddha Jayanti** oder **Buddha Purnima** das bedeutendste buddhistische Fest gefeiert *(siehe S. 38)*.

Varsha (Juli–Sep)

Mit dem Monsun kommt **Janmashtami**, die Geburt Krishnas in einer mondlosen Nacht. Die Feiern erreichen ihren Höhepunkt um Mitternacht, während am Tag gefastet wird.

Das muslimische Fest **Urs** wird 13 Tage in Ajmer gefeiert, im *dargah* des Heiligen der Sufis, Khwaja Moinuddin Chishti *(siehe S. 220f.)*.

Muslimische Pilger feiern das Fest Urs in Ajmer *(Varsha)*

Dussehra-Figuren *(Sharad)*

Sharad (Sep–Okt)

Diese Festsaison eröffnet **Dussehra**. Zehn Tage lang werden *Ramlilas (siehe S. 30)* abgehalten, um die Legende von Rama zu feiern. Man spielt Episoden aus dem *Ramayana* nach: die Verbannung Ramas, seines Bruders Lakshman und seiner Frau Sita. Ihr Raub durch den Dämonenkönig Ravana von Lanka und der Kampf um ihre Befreiung glorifizieren den Affengott Hanuman, der Rama im Kampf gegen Ravana half. Große Puppen von Ravana, seinem Bruder und seinem Sohn werden mit Feuerwerkskörpern gefüllt und am letzten Tag der Feiern, *Vijaya Dashami*, entzündet. Dussehra geht die Fastenzeit *Navaratri* voraus, die Bengalen als **Durga Puja** begehen. Über Bildern der Göttin Durga werden Baldachine *(pandals)* errichtet.

Im Oktober markiert **Id-ul-Fitr** das Ende des Ramadan oder Ramzan, des Fastenmonats der Muslime, der an die Zeit erinnert, als der Prophet die Botschaft des Korans von Allah erhalten hat. Der genaue Tag hängt vom Termin des Neumonds ab. Ein spezieller *namaaz* wird an Delhis Jami Masjid abgehalten. Dieses Fest wird auch Mithi (»süß«) Id genannt, da man *sewian*, eine Delikatesse aus süßen Fadennudeln, in jedem Haushalt herstellt und genießt.

Hemant (Nov–Jan)

Das Lichterfest **Diwali** kennzeichnet Ramas freudigen Einzug in die zu seiner Begrüßung erleuchtete Stadt Ayodhya. Das Fest leitet das Neujahr der Hindus ein, an dem man alte Schulden begleicht. Denn Hindus glauben, dass Lakshmi, die Göttin des Wohlstands, ihre Anhänger in dieser Nacht besucht. Man bemalt Häuser, verschenkt Süßigkeiten und spendet Geld.

Bhai Duj, zwei Tage später, ist ein Familienfest zu Ehren der Brüder, die ihre Schwestern beschenken.

Govardhan Puja oder Annakut wird in Rajasthan und Mathura gefeiert. Das Fest erinnert an den Tag, als Krishna den Berg Govardhan mit seinem kleinen Finger anhob, um das Land vor einer drohenden Sintflut, die der zornige Regengott Indra ausgelöst hatte, zu schützen.

Diwali-Feuerwerkskörper an einem Straßenstand *(Hemant)*

Am Vollmond nach Diwali zelebrieren die Sikhs **Guru Purab**, den Geburtstag von Guru Nanak, dem Begründer des Sikhismus. In Rajasthan ziehen die Feierlichkeiten anlässlich des **Pushkar-Fests** *(siehe S. 216f)* Reisende wie auch Pilger und Hirten in sehr großer Zahl an.

Papierdrachen

Im Winter werden einige heute nationale Feste, wie etwa Weihnachten und Neujahr, begangen. Viele Inder gehen anlässlich dieser Feste in Restaurants oder ausgiebig shoppen.

Das Jahr in Delhi, Agra & Jaipur

Drei Jahreszeiten, Sommer, Monsun und Winter – unterbrochen von einem kurzen, schönen Frühling und Herbst –, bestimmen den Jahresverlauf in dieser Region. Der Kalender ist angefüllt mit bunten Festen und Feierlichkeiten der einzelnen Religionen und ethnischen Gruppen. Einige Feste folgen den Jahreszeiten, andere erinnern an nationale Jahrestage und Ereignisse wie den Republic Day *(siehe S. 71)*. Die meisten Feste finden im Winter statt.

Blühende bauhinia

Sommer (März–Juni)

Von Mitte März bis Juni herrscht in den nordindischen Ebenen der heiße, trockene Sommer. Die Temperaturen im März und April fallen meist mild und wechselhaft aus, aber im Mai und Juni klettert das Thermometer bis auf 46 °C. Viele Inder ziehen dann in den Himalaya, sodass es in dieser Zeit wenige Feste gibt.

Holi *(März)*. Das ausgelassene, farbenfrohe Fest kennzeichnet das Ende des Winters. Rund um Brindavan *(siehe S. 162f)* dauern die Holi-Feiern zwei Wochen an.

Elephant Festival *(März)*, Jaipur. Zur Zeit des Holi-Festes ziehen 60 geschmückte Elefanten durch die Straßen und tragen dabei die Feiernden, die sich mit Farbbeuteln bewerfen. Im Chaugan Stadium gibt es sogar Elefantenpolo.

Nauchandi Mela *(März)*, Meerut. Dieses Fest, das am Schrein eines muslimischen Heiligen und eines Tempels abgehalten wird, soll die Einheit von Hindus und Muslimen symbolisieren. Es hat seinen Ursprung im 17. Jahrhundert, als einheimische Führer beschlossen, zwei Feste, die an beiden heiligen Stätten in Konkurrenz stattfanden, zusammenzulegen. Heute trägt das Fest eher karnevalistische Züge.

Jahan-e-Khusrau *(März)*, Delhi. Das dreitägige internationale Sufi-Musikfestival ist eines der beliebtesten Ereignisse Delhis mit Aufführungen an Humayuns Grabmal.

ITC Sangeet Sammelan *(März)*, Delhi (manchmal Kolkata). Dieses Ereignis mit klassischer Hindustani-Musik zieht viele Musikliebhaber an.

Gangaur Festival *(März/Apr)*, Jaipur. 18 Tage lang ehren junge Bräute und Mädchen Gauri, eine der Erscheinungsformen Parvatis, der Gefährtin Shivas. Mit Schmuck behangene Bilder der Göttin werden durch die Stadt getragen, begleitet von Ochsenkarren, Musikern und singenden Frauen.

Shankarlal Sangeet Sammelan *(März/Apr)*, Delhi. Dieses ist das älteste Festival klassischer Vokal- und Instrumentalmusik in der Hauptstadt.

Baisakhi *(13. Apr)*. An diesem Tag gründete Gobind Singh, der letzte Guru der Sikhs, die »Heilige Armee der Reinen«. Prächtige Prozessionen, Tänze und Feierlichkeiten sind Bestandteil dieses Ereignisses. Gleichzeitig werden der Sommer und die Erntezeit eingeleitet.

Urs *(Apr)*, Delhi. Drei Tage lang feiern die Anhänger des Sufi-Heiligen Nizamuddin Auliya *(siehe S. 82)* seinen Geburtstag mit nächtelangen Qawwalis und einer Kirmes.

Buddha Jayanti *(Mai)*, Delhi. Buddha wurde geboren, erlangte nach jahrelanger Meditation Erleuchtung und starb am Vollmond des vierten Mondmonats. In Delhis Buddha Jayanti Park finden Gebetsversammlungen statt.

Prozession von buddhistischen Lamas anlässlich von Buddha Jayanti *(Mai)*

Elephant Festival *(März)*

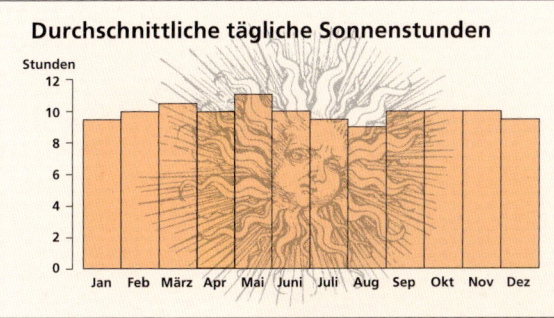

Durchschnittliche tägliche Sonnenstunden

Sonnenschein
Die Temperaturen in Nordindien reichen von mild bis drückend heiß. Wer tropisches Wetter nicht gewohnt ist, empfindet sogar Winternachmittage zur Monsunzeit als schwülwarm. Sonnenhut, Sonnenschutz und viel Mineralwasser sind unbedingt anzuraten.

Sommertheaterfestival *(Mai/Juni)*, Delhi. Theaterfestival, von der National School of Drama organisiert.

Monsun (Juli–Aug)

Juli, August und ein Großteil des September sind heiß und feucht, oft unterbrochen durch Regenschauer. Alle Zeitungen melden genau den Verlauf des Südwestmonsuns. Obwohl es in dieser Gegend nur mäßigen Niederschlag gibt, feiern die Inder die Jahreszeit.

Ein Rad schlagender Pfau kündigt den herannahenden Monsun an

Mango Festival *(Anfang Juli)*, Delhi. Das Fest wird auf dem Höhepunkt der Mangosaison abgehalten. In Nordindien gibt es 1000 verschiedene Mangosorten, die im Talkatora-Stadion ausgestellt werden.

Shehnai-Spieler in Teej

National Film Festival *(Juli)*, Delhi. Zwei Wochen lang werden preisgekrönte Filme aus der Region im großen Siri-Fort-Auditorium vorgeführt.

Teej *(Aug)*, Jaipur. Grün gekleidete Mädchen singen und spielen auf extra aufgebauten Schaukeln. Dabei wird Parvati, die Göttin ehelicher Harmonie, gefeiert. Das Fest kündigt auch den nahenden Monsun an.

Independence Day *(15. Aug)*. Ein nationaler Feiertag, der seit 1947 Indiens Unabhängigkeit von der britischen Herrschaft feiert. Der Premierminister spricht am Red Fort.

Raksha Bandhan *(Vollmond im Aug)*. Mädchen knüpfen zum Zeichen der Liebe geweihte Bänder *(rakhis)* um die Handgelenke ihrer Brüder und erhalten im Gegenzug Geschenke und das Versprechen, beschützt zu werden.

Feiern zum Unabhängigkeitstag

Janmashtami *(Aug)*. Krishnas Geburt wird in ganz Indien gefeiert. In Brindavan werden *Raslilas*, in Delhi das auf der Geschichte Krishnas basierende Tanzdrama *Krishna Katha* aufgeführt.

Nationalfeiertage
Republic Day Tag der Republik *(26. Jan)*
Independence Day Unabhängigkeitstag *(15. Aug)*
Gandhi Jayanti *(2. Okt)*

Feiertage
Shivaratri *(Feb)*
Holi *(März)*
Id-ul-Zuha *(März)*
Karfreitag *(Apr)*
Baisakhi *(13. Apr)*
Ramnavami *(Apr)*
Mahavir Jayanti *(Apr/Mai)*
Buddha Jayanti *(Mai)*
Milad-ul-Nabi *(Mai/Juni)*
Janmashtami *(Aug)*
Dussehra *(Okt)*
Diwali *(Okt/Nov)*
Guru Purab *(Nov)*
Weihnachten *(25. Dez)*

DELHI, AGRA & JAIPUR STELLEN SICH VOR

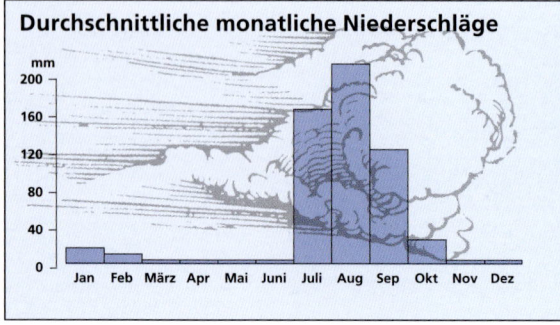

Durchschnittliche monatliche Niederschläge

Niederschläge
Abgesehen von örtlichen Schauern, fällt der Regen während des Südwestmonsuns von Juli bis September. Die Landschaft erstrahlt dann in sattem Grün. Die hohe Luftfeuchtigkeit (oft über 90 Prozent) empfiehlt diese Monate für die Ebenen Nordindiens nicht gerade als Reisezeit.

Winter (Okt–Feb)

Der Winter ist die schönste Jahreszeit. Der Monsun ist vorbei, die Luft ist klar, die Tage werden kühler. Wintersamen wie Senf und Weizen werden nun ausgesät. Am kältesten ist es zwischen Mitte Dezember und Mitte Januar, die Tage sind dennoch sonnig. Im Frühjahr ist die Hauptsaison für Hochzeiten, Paraden, Picknicks, Polo- und Kricketturniere und zahllose kulturelle Veranstaltungen.

Nationalsport Kricket

Gandhi Jayanti *(2. Okt).* Gandhis Geburtstag wird als Nationalfeiertag begangen.

Phoolwalon Ki Sair *(Anfang Okt),* Delhi. Prozession mit Blumenbannern und Gläubigen des Jogmaya-Tempels und des Sufi-Schreins von Qutbuddin Bakhtiyar Kaki. Der Höhepunkt findet im Jahaz Mahal in Mehrauli (siehe S. 110–113) statt. Musik und Gedichtrezitationen *(mushairas)* gehören ebenfalls dazu.

The IIC Experience *(Mitte Okt),* Delhi. Das India International Centre organisiert ein Fest der Künste.

Qutb Festival *(Okt),* Delhi. Ein Fest mit klassischer indischer Musik und Tanz, vom Tourismusbüro Delhis vor dem beeindruckenden Qutb Minar veranstaltet.

Dussehra *(Okt).* Neun Tage lang werden Episoden aus dem *Ramayana*, Ramas Kampf gegen Ravana, in der ganzen Region aufgeführt. Am zehnten Tag wird Vijaya Dashami, Ramas Sieg über Ravana, gefeiert. Dabei werden zahlreiche große Puppen des Dämonenkönigs, seines Bruders und seines Sohnes verbrannt. In Delhi spielt die Tanztheatergruppe Shriram Bharatiya Kala Kendra einen Monat lang das Epos nach.

Urs *(Okt),* Ajmer. Das Festival zu Ehren des Sufi-Heiligen Khwaja Moinuddin Chishti zieht Muslime und Hindus aus ganz Indien an.

Diwali *(Okt/Nov).* Öllampen erhellen jedes Haus und erinnern an Ramas Rückkehr nach 14 Jahren Verbannung. Böller krachen, und Süßigkeiten werden verschenkt. Überall gibt es Diwali-*melas* (Märkte).

Parampara-Festival *(Nov),* Delhi und Hyderabad. Kulturelles Event für Liebhaber klassischer Musik mit einigen der führenden Künstler des Landes.

Pushkar-Fest *(Nov),* Pushkar. In der Pilgerstadt findet Asiens größter Kamel- und Viehmarkt statt (siehe S. 216f).

Balloon Mela *(14. Nov),* Delhi. Das Fest fällt auf Nehrus Geburtstag und wird als Kindertag gefeiert.

Balloon Mela (Nov)

International Trade Fair *(14.–21. Nov),* Delhi. Pragati Maidan richtet das Großereignis der Industrie aus. Indische und ausländische Produkte werden gezeigt, dazu gibt es kulturelle Veranstaltungen.

Tansen Festival *(Nov),* Gwalior. Viele Künstler singen zu Ehren von Tansen, Lieblingssänger des Mogul-Herrschers Akbar und berühmtester Sänger des Landes.

Chrysanthemenschau *(1. Dezemberwoche),* Delhi. Der YWCA organisiert eine mehrtägige herrliche Blütenschau.

Kathak Utsav *(Dez),* Delhi. Vertreter der nordindischen Tanzform verzaubern ihr Publikum.

Prithvi-Theaterfestival *(Dez),* Delhi. Zwei Tage dauerndes Fest im Gedenken an Prithviraj Kapoor.

International Trade Fair (Nov)

DAS JAHR IN DELHI, AGRA & JAIPUR

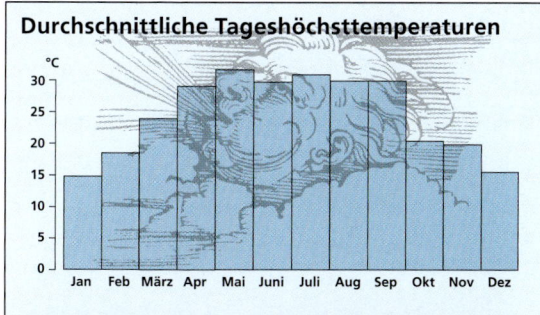

Temperaturen
In der Region steigt ab März das Thermometer bei zunehmender Trockenheit, ab Mai setzt die Hitzewelle mit heißen und staubigen Winden ein. Ab Ende Juni kündigt sich dann der Monsun an. Im Winter, von Oktober bis Februar, sind die Temperaturen am angenehmsten.

Dudelsackspieler bei der Zeremonie zum Gefechtsrückzug *(Jan)*

Weihnachten *(25. Dez)*. Ein Feiertag, der überall zum Einkaufen, Schlemmen und Feiern einlädt.
Silvester *(31. Dez)*. Alle Hotels und Clubs veranstalten Silvesterbälle.
Lohri *(13. Jan)*. Freudenfeuer, Musik und Tanz markieren den Höhepunkt des Winters.
Makar Sankranti *(14. Jan)*, Jaipur. Drachensteigen, um den Weg der Sonne vom Äquator zum südlichen Wendekreis zu feiern.
Republic Day *(26. Jan)*. Nationalfeiertag. Mit Pomp und Umzügen feiert man den Tag, an dem Indien unabhängige Republik wurde. In Delhi wird am Rajpath eine farbenfrohe Militärparade abgehalten.
Jaipur Festival *(Mitte Jan)*, Jaipur. Zehn Tage dauerndes Festival mit Musik, Tanz und Ausstellungen zur Feier des kulturellen Erbes Jaipurs und Rajasthans.
Beating Retreat *(29. Jan)*, Delhi. Eine bewegende Zeremonie, die an den Rückzug vom Gefecht erinnert. Regimentskapellen spielen vor dem aufsehenerregenden Hintergrund der North and South Blocks. Bei Sonnenuntergang bläst das Signalhorn zum Rückzug, ein Feuerwerk wird abgebrannt.
Surajkund Crafts Mela *(1.–14. Feb)*, Surajkund. Die Kunsthandwerksmesse wird an einem historischen Ort des 11. Jahrhunderts vor den Toren der Stadt abgehalten.
Internationale Yoga-Woche *(Feb–März)*, Rishikesh. Schüler und Studenten aus aller Welt besuchen am Ufer des Ganges Workshops und Seminare.
Vintage Car Rally *(Feb)*, Delhi. Die Tageszeitung *The Statesman* organisiert das Ereignis. Oldtimer fahren ab Rajpath ein 20 Kilometer langes Rennen. Ihre Eigentümer sind stilecht kostümiert.
Vasant Panchami *(Feb)*. Ein Frühlingsfest zu der Zeit, wenn die Natur in voller Blüte steht. Die Menschen sind gelb gekleidet und huldigen Saraswati.
Taj Mahotsav *(18.–27. Feb)*, Agra. Ein zehntägiges Musik- und Tanzfest in der Nähe des Taj Mahal.
Shivaratri *(Feb)*. Nächtelange Feiern kennzeichnen die Hochzeit Shivas am 14. Tag einer Halbmondphase.
Kathak Bindadin Mahotsav *(Feb)*, Delhi. Ein fünftägiges Tanzfestival, vom Kathak Kendra organisiert.
Dhrupad Festival *(Feb)*, Delhi. Führende Vertreter dieser alten musikalischen Tradition inszenieren eine Reihe von Aufführungen.

Oldtimer testen ihre Stärke an einem Hügel außerhalb Delhis *(Feb)*

Die Geschichte Nordindiens

Die Wurzeln der nordindischen Kultur liegen in den weiten Ebenen des Indus und des Ganges, wo sich um 2500 v. Chr. erste städtische Zivilisationen im Industal entwickelten. Es entstanden die mächtigen Reiche der Maurya (320–180 v. Chr.), der Kushana (30–250 n. Chr.) und der Gupta (320–550 n. Chr.), denen die großen Religionen Nordindiens, Buddhismus und Hinduismus, ihren Siegeszug verdanken.

Der Überlandhandel mit Zentralasien und dem Fernen Osten förderte Eroberungen und die Entstehung neuer Siedlungen. Interessanterweise wird Indien von »Indoi«, einem griechischen Wort für Bewohner jenseits des Sindhu oder Indus, abgeleitet. Nordindien zog Einwanderer wie Arier, Griechen, Parther, Skythen, Hunnen und Mongolen an.

Eine entscheidende Entwicklung setzte 1192 ein, als Muhammad Ghori die Rajputen aus Delhi vertrieb und das erste große islamische Reich in dieser Region gründete. Mit dem Aufstieg der Moguln im Jahr 1526 erlebte Nordindien einen Prozess gesellschaftlichen Wandels, der fast 300 Jahre andauerte und zu einer Verschmelzung indischer und islamischer Kultur führte. Die zentralistische Mogul-Herrschaft brachte Frieden und Wohlstand, Kunst und Architektur erlebten eine einzigartige Blütezeit.

Heilige Dreieinigkeit, Gupta-Epoche

Mit dem Erstarken der British East India Company im 18. Jahrhundert und dem Niedergang der Moguln begann die 200-jährige britische Herrschaft in Indien. Die Kolonialepoche, die auch die politische Einigung des Subkontinents zur Folge hatte, endete im Jahr 1947 mit der Unabhängigkeit Indiens. Heute ist Indien eine stabile Demokratie, die versucht, Probleme wie Armut und Analphabetentum mit Reformprogrammen in den Griff zu bekommen.

Eine Landkarte aus dem Jahr 1598 mit portugiesischen Handelsstützpunkten

◁ Königliche Prozession, ein Wandbild aus der Mitte des 19. Jahrhunderts, Moti Mahal, Gwalior

Frühzeitliche Zivilisationen

Die indische Zivilisation entstand zwischen 2500 und 1800 v. Chr. in den Harappa-Siedlungen am Indus. Diese hoch entwickelten Städte mit unterirdischer Kanalisation und befestigten Straßen lagen verstreut in einer Region, größer als das alte Ägypten oder Mesopotamien. Der Untergang dieser vorzeitlichen Gesellschaft ist bis heute ungeklärt. Um 1500 v. Chr. ließen sich die Arier (Sanskrit: *arya* »Edle«), die Indien über die Pässe des Hindukusch erreicht hatten, in Nordwest-Indien nieder. Heilige Texte wie die *Rig Veda* verraten viel über ihre Kultur. Um 600 v. Chr. entstanden mit der allmählichen Übernahme des weitverbreiteten Getreideanbaus neue Siedlungen im Gangestal. Viele von ihnen waren Hauptstädte unabhängiger Königreiche. Einige Städte aus dieser Zeit, wie etwa Mathura, Patna und Varanasi, existieren heute noch.

Bildnis einer Muttergottheit, Industal

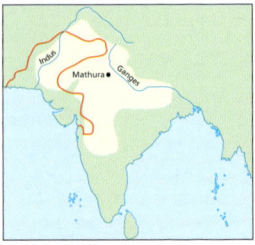

Frühe Zivilisationen

— Ausdehnung der Besiedlung des Industals

☐ Siedlungsbereich der Arier

Speerspitze aus Kupfer *(um 1500 v. Chr.)* Kupfer- und Bronzewerkzeuge fanden im Ackerbau und bei der Jagd am Indus und Ganges Verwendung.

Urne aus einer Harappa-Stätte.

Indussiegel (Baum) Über 2000 Steatitsiegel wurden im Industal gefunden, jedes mit einem Emblem und einer bis heute nicht entzifferten Inschrift.

Platte *(um 800 v. Chr.)* Bemalte graue Platte aus gebranntem Ton, schlicht und funktional, aus der Gangesregion.

ZEITSKALA

Frühe Steinzeitrelikte

		1500 v. Chr. Arier in Nordwest-Indien	1000–600 v. Chr. Spätes vedisches Zeitalter. Graue Keramik und Eisen	
	6000–1000 v. Chr. Jüngere Steinzeit			
8000 v. Chr.	6000		1000	900
8000 v. Chr. Mittlere Steinzeit	2500–1800 v. Chr. Harappa-Kultur erblüht im Industal		1000 v. Chr. Entdeckung des Eisens	950 v. Chr. Wahrscheinliche Zeit des Mahabharata-Krieges
	1800–800 v. Chr. Erste Bauernsiedlungen entstehen		1600–1000 v. Chr. Periode des *Rig Veda*	*Auszug einer Palmblatt-Handschrift des Mahabharata*

FRÜHZEITLICHE ZIVILISATIONEN 45

Religion und Ideen

Die Hindus übernehmen heilige vedische Hymnen, die das nomadische Volk der Arier zu Ehren der Natur und verschiedener Götter komponierten. Hindu-Götter und -Rituale, selbst das Kastensystem (siehe S. 22), *gehen auf arische Religion zurück.*

Artefakte der Harappa-Kultur

Harappa-Würfel im National Museum

Die schönste Sammlung von Industal-Artefakten sind im National Museum von New Delhi *(siehe S. 72f)* ausgestellt. Einige archäologische Funde, darunter vor allem graue Töpferware aus Indraprastha, die im Epos *Mahabharata* erwähnt wird, findet man in einem kleinen Museum in Delhis Purana Qila *(siehe S. 84)*. Die staatlichen Museen in Kurukshetra *(siehe S. 140)* und Mathura *(siehe S. 161)* besitzen ebenfalls Sammlungen von Statuen und archäologischen Funden, die man in dieser Region ausgegraben hat.

Spielzeugkarren zeigt den Gebrauch des Rades.

Spielzeugtiere zeugen von hoher Handwerkskunst.

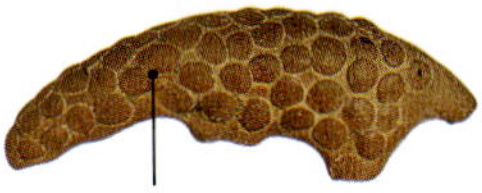

Aus gebranntem Ton formten die Harappa Objekte wie diesen Ameisenbären.

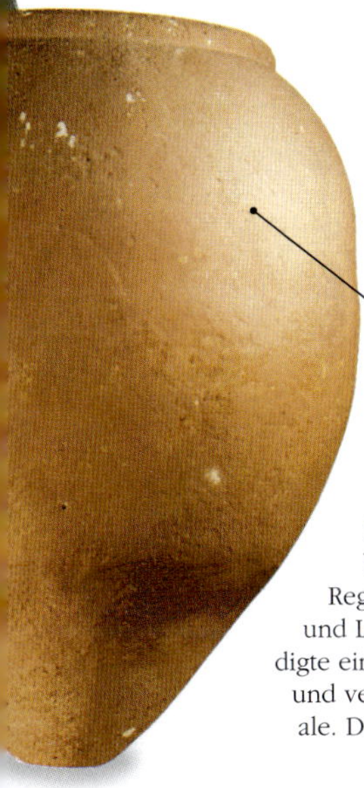

Korn lagerte man in weit offenen Gefäßen.

Harappa-Kultur

Die Industal- (oder Harappa-) Zivilisation (2500–1800 v. Chr.) besaß ein gut funktionierendes Regierungssystem, das auf Handel und Landwirtschaft basierte. Sie huldigte einer Muttergottheit und Bäumen und verwendete Wasser für ihre Rituale. Diese Harappa-Artefakte sind im National Museum zu sehen.

Der Ursprung des Lebens

Das Gemälde (18. Jh.) symbolisiert den Hindu-Mythos: Die Welt wurde erschaffen, als Götter den Ozean aufwühlten, um den Nektar (amrit) *herauszusaugen* (siehe S. 25).

600 v. Chr. Städte wie Mathura und Varanasi entstehen im Gangestal	468 v. Chr. Mahavira, Gründer des Jainismus, stirbt	327–325 v. Chr. Alexander der Große in Indien	315 v. Chr. Megasthenes, ein griechischer Gesandter, schreibt die politische Abhandlung *Indika*
	486 v. Chr. Buddhas Tod		
600	**500**	**400**	**300**
493–461 v. Chr. Ajatshatru ist König von Magadha	362–321 v. Chr. Nanda-Dynastie		321 v. Chr. Nachfolge von Chandragupta, dem Begründer der Maurya-Dynastie
600 v. Chr. Die *Upanishaden* entstehen			

Indogriechische Münzen

Antike Reiche

Kapittel der Ashokani

Das erste große Reich Nordindiens entstand unter der Herrschaft des Mauryaners Ashoka. Der seit 200 v. Chr. bestehende Austausch mit Zentralasien bestimmte die Politik nach den Mauryanern. Im 1. Jahrhundert n. Chr. regierten die zentralasiatischen Kushana ein neues Reich, das sich bis zum Gangestal ausdehnte. In dieser Zeit breitete sich auch der Buddhismus aus. Im 4. Jahrhundert konnte sich das klassische Sanskrit bei Autoren wie Kalidasa entfalten. Auch die Heilige Dreieinigkeit *(siehe S. 24f)* und der Tempelkult gehen auf die Gupta zurück.

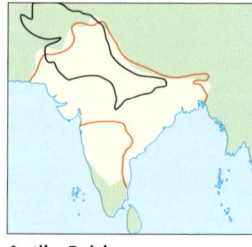

Antike Reiche
- ☐ Maurya-Reich
- — Kushana-Reich
- — Gupta-Reich

Gesprenkelter roter Sandstein wurde in der Mathura-Kunst häufig verwendet.

Buddhismus
Die friedliche Religion mit ihrer Botschaft von Toleranz und Gleichheit fand viele Anhänger, etwa den mauryanischen Herrscher Ashoka. Der Siegeszug des Buddhismus prägte die gesamte Gesellschaft, Politik und Kultur der Region.

Die menschliche Gestalt wurde ausdrucksstark dargestellt. Goldornamente und herausgearbeitete Frisuren zeigen die Hofmode jener Epoche.

Edikt des Ashoka
(3. Jh. v. Chr.)
Bedeutende historische Zeugnisse wie Edikte auf Felsen, die im Königreich aufgestellt wurden, erinnern an Ashokas Moralkodex (dhamma) und wichtige Ereignisse.

ZEITSKALA

268–232 v. Chr. Ashoka regiert	**180–165 v. Chr.** Demetrius gründet indogriechisches Reich		**78–110** Kushana-König Kanishka regiert; viertes buddhistisches Konzil in Kaschmir	
260 v. Chr. Schlacht von Kalinga; Ashoka wird Buddhist		**80 v. Chr.** Maues, Shaka-König in Nordwest-Indien		*Buddhistische Bettelschale (2. Jh.)*

200 v. Chr.	100 v. Chr.	1 n. Chr.	100	200
	185 v. Chr. Sungas regieren in Magadha	**165–145 v. Chr.** Menander, indogriechischer König, regiert über den Nordwesten	**20–46 n. Chr.** Gondophernes, indopartischer König in Taxila; der hl. Thomas kommt nach Südindien	**150** Rudradaman ist Shaka-König in Westindien; erste Sanskrit-Inschriften auf erhaltenem Material legen Zeugnis davon ab

Maurya-Skulptur

ANTIKE REICHE

Kanishka *(78–110)*
Dieser berühmte Kushana-König kam aus Zentralasien (wie Stiefel und Mantel der kopflosen Statue beweisen) und beherrschte weite Gebiete Nordindiens. Als Anhänger des Buddhismus dehnte er sein Reich über China, Zentralasien und Afghanistan an der Seidenstraße aus.

Antike Kunst

Das Government Museum in Mathura *(siehe S. 161)* und das National Museum in New Delhi *(siehe S. 72f)* besitzen Maurya-, Kushana-, Gupta- und Sunga-Skulpturen. Im Northern Ridge *(siehe S. 103)* und im Feroze Shah Kotla *(siehe S. 97)* kann man gut erhaltene Säulen aus der Zeit Ashokas sehen.

Sunga-Säule, National Museum

Yakshas und **Yakshis**, männliche und weibliche Naturgeister, wie auch das Blattwerk hinter ihnen, repräsentieren Fruchtbarkeit und Lebenslust. Sie verstärken den Eindruck der Festlichkeit und Fruchtbarkeit.

Griechisch sind das lockige Haar und die scharf geschnittenen Nasen.

Vasantasena, einer betrunkenen Kurtisane, wird aufgeholfen.

Mathura-Kunstschule

Vom 1. bis 6. Jahrhundert entwickelte sich eine bekannte Kunstschule in Mathura *(siehe S. 161)*. Geschaffen wurden Statuen von jainistischen, buddhistischen und hinduistischen Gottheiten zusammen mit weltlicher Kunst – etwa dieser Kushana-Tafel aus dem 2. Jahrhundert: *Die betrunkene Kurtisane.*

Gandhara-Skulptur

Ein eigenständiger hellenistischer Stil kam im 1. Jahrhundert n. Chr. in Gandhara im Nordwesten auf. Buddha wurde jetzt in menschlicher Form dargestellt, nicht mehr durch Symbole wie den Lotus und das chakra, *und wirkte fast klassisch-griechisch.*

Eisensäule

300–399 *Ramayana* und *Mahabharata* zusammengestellt. *Bhagavad Gita* verfasst		500–527 Hunnen kontrollieren Nordindien		630–44 Hsuen Tsang, ein chinesischer Buddhist, bereist Indien	
375–415 Chandragupta II. regiert	**399–414** Chinesischer Entdecker Fa Hsien in Indien				
300	**400**	**500**	**600**	**700**	
335 Machtübernahme Samudraguptas	**476** Geburt des Astronomen Aryabhatta		**606–47** Harsha regiert		
319–20 Machtübernahme durch Chandragupta I.; Beginn der Gupta-Dynastie	*Goldmünze von Samudragupta*			**712** Araber erobern Sind	

Bild (18. Jh.) in der erotischen Gupta-Schrift Kamasutra aus dem 4. Jahrhundert

Rajputen-Dynastien

Schild mit Sonnenemblem

Rajputen-Clans erlangten in Nord-, West- und Zentralindien im späten 7. Jahrhundert überragende Bedeutung. Sie betrachteten sich als hochstehende Kriegerkaste *(kshatriya)* und glaubten, von Sonne und Mond abzustammen. Als sie Delhi und Kannauj an die Muslime verloren hatten, konzentrierten sie ihre Macht auf das heutige Rajasthan, wo rivalisierende Clans um die Vorherrschaft kämpften. Sie waren für ihre Treue und ihr Ehrgefühl bekannt und daher von den Mogul-Herrschern als Verbündete begrüßt.

Rajputen-Dynastien

☐ *Rajputen-Reiche*

Prithviraj Chauhan, Ajmer
Der letzte Rajputen-Herrscher Delhis wurde 1192 von Muhammad Ghori besiegt. Der Qutb Minar und eine Moschee wurden über seiner Zitadelle Rai Pithora erbaut.

Turbane weisen auf Herkunft und Status einer Person hin.

Prunkparaden waren ein wichtiges Element der Rajputen-Herrscher.

Glaubensvorstellungen
Rajputen-Herrscher förderten den Hinduismus und verehrten Kriegsgötter wie Hanuman (siehe S. 197) und Shakti. Sie waren auch produktive Erbauer schöner Tempel.

Sati-Stätten
Handabdrücke weisen auf Stätten hin, an denen Frauen ihren verstorbenen Gatten lebendig ins Totenfeuer folgten. Diese grausame Praxis, sati *genannt, ist seit 1829 verboten.*

ZEITSKALA

736 Dhilika (Delhi) wird vom Rajputen Tomaras gegründet

760 Die Palas herrschen über Bengalen und Bihar

800–1036 Gurjara-Pratiharas herrschen in Kannauj

750	775	800	

Inschriften des Rajputen-Herrschers Raja Chachuka (11. Jh.) auf Kupferplatten

800 Der hinduistische Philosoph Shankaracharya kritisiert Buddhismus und Jainismus

Ein Rajputen-Hofgewand

RAJPUTEN-DYNASTIEN

Rajputen-Kunst
Rajputen-Herrscher waren große Förderer von Architektur und Malerei. Diese Miniatur (18. Jh.) aus Jaipur zeigt Rajputen-Frauen beim Polospiel (siehe S. 195).

Man Singh I. von Amber

Der Rajpute war ein treuer und früher Mogul-Verbündeter, eines der »neun Juwele« (navaratna) an Akbars Hof. Bündnisse sicherten den Frieden und ermöglichten die Mischung von Hinduismus und Islam, vor allem in der Architektur.

Baldachine wurden von einem Gefolge aus Sippenangehörigen getragen.

Der Herrscher symbolisiert die höchste Ritterlichkeit und Tapferkeit.

Waffen gehören zu jedem Rajputen.

Kunst der Rajputen

Das Amber Fort *(siehe S. 200f)* und das Dschungelfort bei Ranthambhore *(siehe S. 224f)* sind zwei berühmte Forts aus der Rajputen-Zeit in dieser Gegend. Die Museen im Stadtpalast von Jaipur *(siehe S. 188–191)* und Alwar *(siehe S. 206)* zeigen Privatsammlungen. Das National Museum in New Delhi besitzt Miniaturgemälde *(siehe S. 32f)*, Skulpturen und Schmuck von den Rajputen.

Fort in Amber *(siehe S. 200f)*

Eine königliche Prozession

Rajputen-Prinzen genossen in den Augen ihres Clans einen göttlichen Status. Rajputana, wörtlich »Land der Prinzen«, umfasste einst 21 Königtümer rivalisierender Clans, wie z. B. der Sisodias (Mewar), Kachhawahas (Amber und Jaipur), Rathors (Marwar und Bikaner), Haras (Kota und Bundi), Chauhans (Ajmer) und Bhattis (Jaisalmer).

883–1026 Die hinduistischen Shahis regieren in Kabul und im Punjab

973–1192 Die Chahamanas von Sakambhari regieren in Ajmer, Rajasthan

974–1238 Die Chalukyas regieren in Anhilwad in Gujarat

| 875 | 900 | 925 | 950 | 975 |

916–1202 Die Chandellas regieren in Bundelkhand und erbauen die Khajuraho-Tempel in Zentralindien

Phad, ein Volksgemälde der Rajputen

974–1233 Die Paramars herrschen in Dhar, Zentralindien

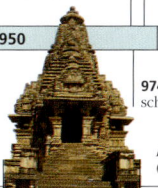

Khajuraho-Tempel (10. Jh.)

Sultanat von Delhi

Astrolabium

Der sagenhafte Reichtum Indiens lockte arabische Händler und Raubritter wie Mahmud von Ghazni an. Der Sklavengeneral Muhammad Ghoris, Qutbuddin Aibak genannt, ließ sich in Nordindien nieder und gründete die Mamluken-(Sklaven-)Dynastie. Die ihr folgenden muslimischen Herrscher der Khiljis, Tughlaqs, Sayyids und Lodis wurden Sultane von Delhi genannt. Ihr Reich bestand bis zum frühen 16. Jahrhundert und prägte durch neue Techniken und Sitten das kulturelle und städtische Leben weiter Teile Indiens.

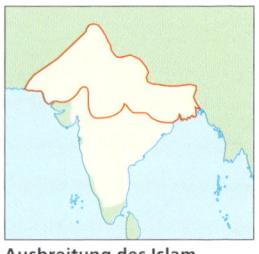

Ausbreitung des Islam
— Mamluken-Reich (1236)
☐ Tughlaq-Reich (1335)

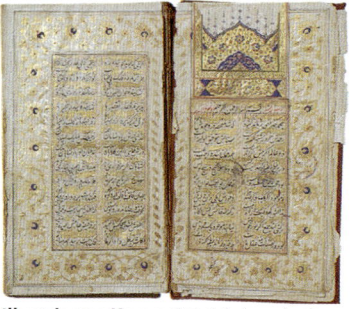

Illustrierter Koran *(17. Jahrhundert)*
Muslimische Herrscher führten die Kalligrafie ein. Sie zierte königliche Erlasse, Manuskripte und Koranabschriften sowie Gebäudefassaden.

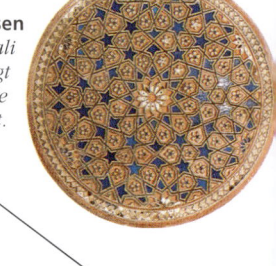

Keramikfliesen
Jamali Kamali (siehe S. 111) zeigt schöne Beispiele islamischer Kunst.

Qutbuddin Aibak baute das erste Geschoss des Qutb Minar und eine Moschee als Zeichen seines Siegs über die Rajputen.

Quwwat-ul-Islam, »Macht des Islam«, war die erste Moschee der Gemeinde in Delhi.

Madrasa und Grab von Alauddin Khilji

Persisches Rad
Das Wasserrad kam mit der Herrschaft der Muslime auf. Die einfache Technik wird in ländlichen Gebieten bis heute zur Bewässerung eingesetzt.

ZEITSKALA

1000–1027 Mahmud von Ghazni unternimmt 17 Raubzüge

1175–1206 Invasion von Muhammad Ghori

1206–10 Qutbuddin Aibak, Gründer der Mamluken-Dynastie, errichtet den Qutb Minar

1221 Mongolen unter Dschingis Khan fallen in Nordwest-Indien ein

| 1050 | 1100 | 1150 | 1200 | 1250 |

1192 Verteidigung von Prithviraj Chauhan in der zweiten Schlacht von Tarain durch Muhammad Ghori

1210–36 Iltutmish regiert

1236–40 Razia regiert, die erste weibliche Herrscherin Delhis

1266–86 Balban regiert

Waffenausrüstung der Sultane

SULTANAT VON DELHI

Feroze Shah Tughlaq
fügte 1368 die obersten Geschosse hinzu.

Iltutmish,
Qutbuddins Nachfolger, baute das zweite und dritte Geschoss.

Alai Darwaza wurde 1311 von Alauddin Khilji erbaut.

Nizamuddin Auliya
Unter den Einwanderern aus Zentralasien befanden sich auch Sufis, weise Mystiker. Die Miniatur (17. Jh.) zeigt Nizamuddin Auliya (siehe S. 82) und den Dichter Amir Khusrau, die metaphysische Liebe, Poesie und Musik zu religiöser Anbetung erhoben.

Relikte des Sultanats von Delhi

Die Mehrauli-Gegend *(siehe S. 110–113)*, Hauz Khas *(siehe S. 106)*, Tughlaqabad *(siehe S. 114)*, Feroze Shah Kotla *(siehe S. 97)*, Purana Qila *(siehe S. 84)* und die Lodi Gardens *(siehe S. 79)* zeigen die unterschiedlichen Architekturstile. Das National Museum *(siehe S. 72f)* besitzt eine schöne Sammlung von Artefakten aus dieser Zeit.

Begampuri Masjid *(siehe S. 109)*

Musik
Amir Khusrau, Dichter und Musiker, soll die mehrsaitige sitar *und den* Raga-Stil *in die nordindische Musik eingeführt haben.*

Qutb Minar
1192 erbaute Qutbuddin Aibak den Qutb Minar *(siehe S. 112)* sowie eine Moschee, um die islamische Herrschaft zu feiern. Die Lithografie (19. Jh.) zeigt einen Teil des Qutb-Komplexes, der auf den Überresten einer Rajputen-Zitadelle in Mehrauli entstand *(siehe S. 110f)*.

–93 Marco Polo ist Südindien

96–1316 uddin Khilji, großer neral, Bauherr und walter, regiert

1320–1414 Tughlaqs in Delhi

Tughlaq-Münze

1398 Invasion Timur des Lahmen in Delhi

1414–51 Sayyids von Delhi

1451–1526 Lodi-Herrschaft, letztes Sultanat in Delhi

302 Neue Hauptstadt bei Siri erbaut

0–1320 Khiljis herrschen in Delhi

Bara Gumbad, ein Lodi-Grab (15. Jh.)

Großmoguln

Kochgefäß aus der Mogul-Zeit

Die Moguln zählten im Mittelalter neben den Ottomanen in der Türkei, den Safaviden im Iran und den Tudors in England zu den bedeutendsten Dynastien. Mehr als 200 Jahre lang kontrollierten sie den Subkontinent, schufen ein stabiles Verwaltungssystem und gründeten eine reiche Kultur mit einer hinduistisch-islamischen Stilmischung. Als Förderer von Kunst und Architektur ließen die Moguln Sanskrit-Texte ins Persische übersetzen. Märkte und Städte florierten während ihrer Herrschaft.

Reich der Moguln

☐ Mogul-Reich gegen Ende des 17. Jahrhunderts

Die Adelshierarchie mit ihren Rängen legte der Herrscher fest.

Buland Darwaza in Fatehpur Sikri
Buland Darwaza (siehe S. 173) wurde 1572/73 zur Feier von Akbars Sieg über Gujarat errichtet und gehört zum Erbe der bis heute sichtbaren Mogul-Architektur.

Rajputen-Prinzen waren oft loyale Verbündete. Shah Jahans Großmutter war eine Rajputen-Prinzessin.

Mogul-Kunst
Ein rubinverzierter goldener Teelöffel, Jahangirs Weinschale aus Jade, ein goldbeschichteter Gla-Huka-Kopf und viele Miniaturgemälde (siehe S. 32f) sind interessante Beispiele der verschwenderischen Kunstliebe der Moguln.

ZEITSKALA

Babur, der erste Mogul-Herrscher

1526 Babur besiegt Ibrahim Lodi in Panipat

1530 Tod von Babur; sein Sohn Humayun folgt ihm nach

1539 Sher Shah Sur besiegt Humayun in Chausa

1540–55 Sur-Sultane regieren in Delhi

1556 Tod Humayuns; Nachfolger wird sein Sohn Akbar

Jahang[ir]

| 1525 | 1550 | 1575 | 1600 |

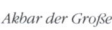

Akbar der Große

1569 Humayuns Grabmal in Delhi errichtet

1571–85 Fatehpur Sikri erbaut

1605 Tod von Akbar; sein Sohn Jahangir tritt die Nachfolge an

GROSSMOGULN

Ordnung und Symmetrie
Die »Zivilisierung des Landes« unter den Moguln folgte stets diesen beiden Prinzipien – ob in Landschaftsgärten oder in der Rechtsprechung wie z. B. für die Verteilung der Einkünfte.

Mogul-Reich in Indien
Fatehpur Sikri *(siehe S. 170–173)* und der Taj Mahal *(siehe S. 154f)* gehören zu den schönsten Beispielen der Mogul-Architektur. Rund um Delhis Lal Qila – Red Fort *(siehe S. 94f)* findet man mehrere Mogul-Relikte. Wichtige Sammlungen mit Kunst, Handschriften, Münzen, Schmuck, Prunkkleidung und Waffen präsentieren das National Museum in Delhi *(siehe S. 72f)* und das City Palace Museum von Jaipur *(siehe S. 188f).*

Halskette

Shah Jahan und sein Sohn *(vorn)* erhalten von einem Adligen ein Geschenk.

Diwan-i-Khas, für besondere Audienzen des Herrschers genutzt.

Gewänder und Turbane zeigen Status und Religion.

Eine Absperrung trennt den Herrscher von niederen Staatsdienern.

Militärorganisation
Alle höheren Beamten (mansabdars) *erhielten ein bewaffnetes Gefolge* (sawars) *und ein von der Stellung* (zat) *abhängiges Gehalt.*

Shah Jahans Hof
Die Pracht des Mogul-Hofs entfaltet sich auf diesem Gemälde aus dem 17. Jahrhundert. Es zeigt Shah Jahan und den Adel in strikter hierarchischer Ordnung um den Thron. Mogul-Herrscher saßen in einer erhöhten Nische und liebten prunkvolle Hofrituale, um ihre überlegene politische Position bei Staatsgeschäften zu unterstreichen.

---

2 Grab von d-ud-Daulah Nur Jahan in a erbaut

1638–48 Shah Jahan baut neue Hauptstadt bei Shahjahanabad, Delhi

1659 Aurangzeb zum Herrscher gekrönt

1707 Tod von Aurangzeb, dem letzten Großmogul

625 | 1650 | 1675 | 1700 | 1725

1652 Taj Mahal vollendet

1627 Shah Jahan tritt Thronfolge an

Der Taj Mahal

Aurangzeb

Europäische Händler, Kolonisatoren und Söldner

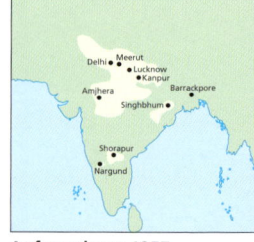

Aufstand von 1857

- ☐ Region mit Angriffen auf die britische Herrschaft
- • Hauptschauplätze des Aufstands

Sahib und Mahut

Nach der Plünderung Delhis 1739 durch Nadir, den Schah von Persien, verloren die Moguln ihre Macht recht schnell an regionale Herrscher, europäische Söldner und die East India Company. Sie betrieb seit den 1690er Jahren den Gewürz- und Baumwollhandel. Ihr wirtschaftlicher Erfolg führte zu ihrem Aufstieg als politische Kraft, die das gesellschaftlich-politische Machtgefüge verschob. Ihre Handelsmethoden und ihre Politik bewirkten jedoch gesellschaftliche Instabilität, die sich im Aufstand von 1857 entlud.

Niedergang der Moguln
Nadirs Plünderung von Delhi (siehe S. 92) war das Signal für die Erhebung der Jats und Marathen. Suraj Mal Jat (siehe S. 166) füllte das Fort von Bharatpur mit Mogul-Schätzen.

Ein britischer Offizier tötet einen Rebellenführer.

Sepoys widersetzten sich aus religiösen Gründen der Benutzung von Tierfett auf Gewehrkugeln.

Ausbeutung
Eine Lithografie (19. Jh.) zeigt die Verarmung von Baumwollbauern durch die Masseneinfuhr billiger britischer Stoffe.

Indische Rebellen folgten den verärgerten Prinzen, verloren den Krieg jedoch.

ZEITSKALA

Nadir Shahs Kampfaxt

1757 Clives Sieg in der Schlacht von Plassey begründet die Vorherrschaft der Company in Bengalen

1761 Ahmad Shah Abdali bekämpft die Marathen in der 3. Schlacht von Panipat

1750 — **1775**

1739 Nadir Shah fällt in Delhi ein

1764 Schlacht von Buxar, die Company erhält die Diwani von Bengalen und das Recht, Steuern einzutreiben

Marathen-Soldat

1771 Marathen besetzen Delhi

1770 Bengalische Hungersnot

EUROPÄISCHE KOLONISATOREN

»Nabob« mit Konkubinen
Der Name geht auf »Nawab« zurück und bezeichnete Beamte, die durch den Baumwoll- und Gewürzhandel der East India Company reich wurden. Sie imitierten die feudale Lebensweise der indischen Prinzen, wie das Gemälde zeigt.

Die Ebenen Nordindiens waren die Hauptschauplätze der Gefechte.

Sänften brachten aufständische Prinzen und Adlige zu Schlachtfeldern.

Indische Sepoys
Die Handelsinteressen der Company wurden durch eigenes Militär wie die »Sepoys« genannten indischen Infanteristen geschützt.

Europäisches Indien
Sardhana *(siehe S. 142)* besitzt eine von Begum Samroo, der indischen Frau des europäischen Söldners Walter Reinhardt, erbaute Kathedrale. Hier wurden die ersten Schüsse des Aufstands von 1857 abgegeben *(siehe S. 142)*. Die Cantonments in Meerut und Agra, der Friedhof von Agra *(siehe S. 152f)* und die St James's Church in Delhi *(siehe S. 101)* wurden ebenfalls in der Zeit des Indischen Aufstands angelegt.

Kathedrale von Sardhana *(S. 142)*

Aufstand der Sepoys bei Fatehpur
Die Lithografie einer heftigen Schlacht zeigt Sepoys und indische Anführer, die von Truppen der East India Company angegriffen werden. Der Indische Aufstand von 1857 gilt als erster indischer Unabhängigkeitskrieg, der sich gegen die Kolonialherrschaft richtete und die Macht der East India Company schwächen sollte.

William Jones wird erster Präsident Asiatic Society of Bengal

1857/58 Indischer Aufstand

1803 Delhi von den Briten erobert

1853 Erste Eisenbahn von Bombay (Mumbai) nach Thana

1829 *Sati* wird abgeschafft

| 1800 | 1825 | 1850 |

1835 Die Company prägt eigene Münzen ohne den Namen des Mogul-Herrschers

1856 Annexion von Oudh führt zu heftigen öffentlichen Protesten gegen die Company

Königin Victorias Bild auf einer Münze der Company

Oudhs Nawab Wajid Ali Shah

Pax Britannica

Victoria-Kreuz

Der Grundstein britischer Herrschaft in Indien, »Raj« genannt, wurde nach dem Indischen Aufstand gelegt, der die Unbeliebtheit der East India Company bewiesen hatte. Ein Gesetz von 1858 beendete die Herrschaft der Company, Indien wurde nun als Britisch-Indien Teil des Empire und durch einen Vizekönig der britischen Krone regiert. Der Raj war viktorianisch-konservativ geprägt und hatte wirtschaftlichen Profit sowie politische Kontrolle zum Ziel. Gleichwohl führte er auch zur politischen Einigung des Subkontinents, etablierte das westliche Bildungs-, Verwaltungs- und Rechtssystem und bescherte Indien ein Eisenbahnnetz sowie ein funktionierendes Postwesen.

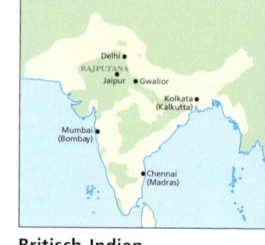
Britisch-Indien
☐ *Britisches Gebiet, 1858*

Verwaltung
Gut 2000 britische Beamte, Mitglieder des »Indian Civil Service«, kontrollierten mehr als 300 Millionen Inder. Indiens »Steel Frame« sicherte die Ordnung auch in den entlegensten Gegenden.

Indische Diener in Livree stellen eine Mogul-Prozession nach.

Old Delhi ist nur im Hintergrund zu sehen.

Memsahib und Schneider
Trotz des Klimas änderten die Briten ihren Kleidungsstil nicht. Kinder wurden zu Hause unterrichtet. Indisches Personal ermöglichte einen luxuriösen Lebensstil.

ZEITSKALA

Lord Canning, erster Vizekönig

1858 Victoria ernennt Lord Canning zum ersten Vizekönig

1859 Rücknahme der »Doctrine of Lapse«, die zum Aufstand 1857 führte

1861 »Council Act« zur indischen Verwaltung verabschiedet

1865 Telegrafenverbindungen nach Europa werden eingerichtet

Lord Dalhousie, Verfasser der berüchtigten Doctrine of Lapse (siehe S. 319)

1875

1876 Victoria ernennt sich zur Kaiserin von Indien

1877 Lyttons Durbar in Delhi

Ein Sahib auf Reisen
Die Briten errichteten ein ausgedehntes Eisenbahnnetz, das Reisen und Handel erleichterte. Diese Lithografie (19. Jh.) zeigt eine Reise erster Klasse – »nur für Weiße«.

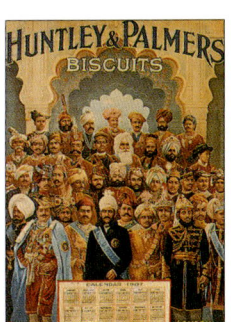

Raj-Küche
Kebabs, Curry und Reis wurden Teil der britischen Küche, westlich orientierte Inder aßen nun Kekse zum Tee: Den kulinarischen Kulturaustausch zeigt diese Keksdose aus dem frühen 20. Jahrhundert.

Herausgeputzte Elefanten tragen Raj-Beamte.

Schaulustige verfolgen die Parade vom Straßenrand aus.

Britisches Indien
Raisina Hill und Umgebung *(siehe S. 68 f)*, St John's College in Agra *(siehe S. 152)* und das Mayo College *(siehe S. 219)* in Ajmer sind einige von vielen eindrucksvollen Beispielen für die britische Kolonialarchitektur. Auch das Universitätsviertel *(siehe S. 103)* ist ein Ort, der mit dem Raj verbunden wird.

Detail am India Gate *(siehe S. 71)*

Delhi Durbar, 1903
Das Bild zeigt Lord Curzons Festzug durch Delhis historische Straßen, den Delhi Durbar, den er 1903 abhielt, um die Krönung von Edward VII in London zu feiern. Pompöse Umzüge wurden regelmäßig veranstaltet, um die Macht der Briten zu demonstrieren.

1878 Allgemeiner Press Act

1885 Gründung Indischer Nationalkongress

1878–80 Zweiter angloafghanischer Krieg

1883/84 Illbert-Bill-Kontroverse

1899 Curzon wird Vizekönig

1900

Lord Curzon, Vizekönig 1899–1905

1904 Ancient Monuments Preservation Act

1905 Teilung Bengalens durch Curzon löst landesweit Proteste aus

Unabhängigkeitsbewegung

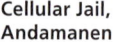

Gandhis Spinnrad

Die Gründung des Indischen Nationalkongresses 1885 verschaffte den Indern ein Forum, in dem sie ihre Unabhängigkeit forderten. Vordenker der Bewegung war Gandhi, dessen Botschaft der Gewaltlosigkeit und der wirtschaftlichen Autonomie alle Kasten und ethnischen Gruppen auf ein gemeinsames Ziel einschwor. Die Bewegung wurde rücksichtslos unterdrückt, doch in den 1930er Jahren verloren die Briten die Kontrolle. Geschwächt durch den Zweiten Weltkrieg und unter internationalem Druck entließ Großbritannien Indien 1947 in die Unabhängigkeit.

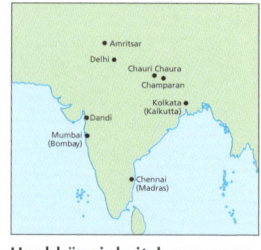

Unabhängigkeitsbewegung
- Wichtige Schauplätze der Unabhängigkeitsbewegung

Khadi, selbst gewebter Stoff, wurde als patriotisches Symbol getragen.

Round Table Conference (1931)
Die Briten versuchten mit Gandhi, begleitet von der Mitstreiterin und Dichterin Sarojini Naidu, zu einer Einigung zu gelangen.

Große Massen zeigten ihre Unterstützung. Gandhi einte erstmals alle Kasten und ethnischen Gruppen.

Die Polizei kontrollierte Versammlungen, Zuhörer wurden brutal geschlagen.

Cellular Jail, Andamanen
Hunderte Freiheitskämpfer wurden von den Briten hierherverschleppt, viele wurden gehenkt oder starben an Malaria. Heute ist das Gefängnis ein Nationaldenkmal mit dem Namen Kala Pani (»Schwarze Gewässer«).

ZEITSKALA

Rabindranath Tagore

1907 Kongress spaltet die Surat in Gemäßigte und Extremisten

1913 Rabindranath Tagore gewinnt Literaturnobelpreis

1914 Kanada verweigert Indern an Bord der *Kamagata Maru* die Einreise

1915 Home Rule League von Annie Besant gegründet

1910 — 1920

1906 Muslimliga in Dhaka gegründet

1908 B. G. Tilak, ein prominenter Nationalist, wird wegen Volksverhetzung zu sechs Jahren Deportation verurteilt

1917 Gandhi übernimmt den Fall von Indigobauern in Champaran, Bihar

1919 Die Polizei feuert auf eine unbewaffnete Menge am Jallianwala Bagh in Amritsar, Punjab

1920 Gandhi: Bewegung der Nichtzusammenarbeit

UNABHÄNGIGKEITSBEWEGUNG

New Delhi
New Delhi wurde 1911 Hauptstadt des Raj. Das alte Foto zeigt das Parlamentsgebäude, das »Legislative Assembly Building«.

Geschichte der Unabhängigkeit

Die National Archives *(siehe S. 71)* und Gandhi Smriti *(siehe S. 78)* zeigen eine Dauerausstellung über die Unabhängigkeitsbewegung. Wandtafeln zu diesem Thema findet man auch im Jawahar Pavilion in Pragati Maidan *(siehe S. 85)*. Das Teen Murti House *(siehe S. 78)* gibt einen Einblick in Nehrus Leben.

Gandhi verkündete seine Freiheitsbotschaft auf öffentlichen Versammlungen.

Nehru und Jinnah
Zwei Anwälte, die sich Gandhis Bewegung anschlossen und in Indien sowie Pakistan nach der Unabhängigkeit als Idole galten.

Gandhi Samadhi, Rajghat *(siehe S. 97)*

Teilung (1947)
Bei der Teilung des Subkontinents in Indien und Pakistan gab es tief greifende Umsiedlungen, die zu gewalttätigen Aufständen in vielen Gemeinden führten.

Mahatma Gandhi

Gandhi, Mahatma (»Großer Geist«) genannt, kehrte 1915 aus Protest gegen die Apartheid aus Südafrika nach Indien zurück. Er reiste quer durch Indien und entfachte eine gewaltfreie Bewegung des zivilen Ungehorsams gegen die britische Kolonialherrschaft.

1930–32 Gandhi führt den Dandi-Salzmarsch und die Bewegung des zivilen Ungehorsams an

Subhash Chandra Bose und Männer der Indischen Nationalarmee

1948 Ermordung Mahatma Gandhis

1940 Die Muslimliga nimmt den Pakistanbeschluss an

| 1930 | | 1940 | |

1942 »Verlasst Indien«-Bewegung

1939 Rücktritt der Kongressminister

1947 Indische Unabhängigkeit

Nehru wird von Lord Mountbatten als erster Premierminister vereidigt

ungalow in Delhi aus den 1930er Jahren

Das moderne Indien

Im Jahr 2007 feierte Indien 60 Jahre Unabhängigkeit. Jawaharlal Nehru, der erste Premierminister, legte den Grundstein für einen modernen Nationalstaat mit einer demokratischen, säkularen Politik, einer starken Industrie und einer Planwirtschaft sowie strikter außenpolitischer Neutralität. Indien hat 1,1 Milliarden Einwohner, die 18 verschiedene Sprachen sprechen. Zwar sind Analphabeten- und Arbeitslosenrate hoch, doch soziale Probleme werden von der freien Presse und dem Parlament engagiert aufgegriffen. Die zwei Hauptparteien sind die Kongresspartei und die nationalistische Bharatiya-Janata-Partei (BJP).

Indische Flagge

Bevölkerungszahlen
Bevölkerung

New Delhi wurde zwischen 1911 und 1933 von Lutyens und Baker erbaut.

Ländliches Indien
Mehr als die Hälfte der Bevölkerung lebt in Dörfern. Ein Alphabetisierungsprogramm für Erwachsene hilft gegenwärtig benachteiligten Gruppen, vor allem Frauen.

Die Nehru-Familie
Jawaharlal Nehru, hier mit seiner Tochter Indira Gandhi (nicht verwandt mit Mahatma Gandhi) und ihrem Sohn Rajiv Gandhi. Alle drei waren indische Premiers. Rajivs italienischstämmige Witwe, Sonia Gandhi, ist Vorsitzende der Kongresspartei.

Die indische Flagge ist eine Trikolore in Safran, Weiß und Grün mit dem *chakra* (Rad) im Zentrum.

ZEITSKALA

1952 Erste allgemeine Wahlen

1953 Mount Everest von Hillary und Tenzing bestiegen

1964 Tod des ersten Premierministers Jawaharlal Nehru

1971 Krieg mit Pakistan, Geburtsstunde von Bangladesch

1977 Die Janata-Partei regiert, erste Koalition ohne die Kongresspartei

1984 Ermordung von Indira Gandhi, Sohn Rajiv Gandhi folgt als Premierminister nach

| 1960 | 1965 | 1970 | 1975 | 1980 | 1985 |

1955 Bandung-Konferenz der Nichteinmischung

1950 Indien wird Republik

1962 Indien-China-Krieg

1965 Krieg mit Pakistan

1966 Indira Gandhi wird Premierministerin

1974 Erste Atomversuche, Pokhran

1975 Indira Gandhi erklärt unpopulären Notstand

1980 Indira Gandhi kehrt als Premier zurück

1982 Indien entsendet Wissenschaftsteam in die Antarktis

DAS MODERNE INDIEN

Industrielle Entwicklung
Nehru gilt als Vordenker der indischen Industrialisierung, für ihn waren Fabriken die neuen Tempel. Heute ist Indien eine wichtige Industrienation mit gut ausgebildeten Facharbeitern.

Kricket
Das von den Briten eingeführte Spiel ist heute der Nationalsport der Inder. Sachin Tendulkar, der »kleine Meister«, ist für viele der größte Schlagmann seit Donald Bradman.

Die indische Armee zählt zu den größten der Welt.

South Block und sein Pendant North Block wurden um den Raisina Hill errichtet.

Demonstrationen
Die Demokratie zeigt sich in Protesten (dharna), bei denen Frauen eine wichtige Rolle spielen. Diese Narmada-Bachao-Aktivisten vereinen Frauen und umgesiedelte Stämme im Kampf gegen den von der Weltbank finanzierten Narmada-Staudamm.

Republic Day Parade
Mit einer prachtvollen Parade wird am 26. Januar die Republikgründung 1950 gefeiert. Eine farbenprächtige Flugshow, Tänze und Paradewagen zelebrieren Indiens demokratisches System. Der Präsident nimmt die Feiern auf dem Rajpath ab.

Aravind Adiga
Für den Roman Der weiße Tiger *erhielt Adiga (*1974) 2008 den Man Booker Prize. Das Buch schildert ein Indien, das ökonomisch aufblüht, aber korrupt und der Zwei-Klassen-Gesellschaft verhaftet bleibt.*

V.P. Singh wird Premierminister; Ankündigung der Reservierung von öffentlichen Arbeitszen für untere Kasten

1998 Die hindu-nationalistische Bharatiya-Janata-Partei (BJP) kommt an die Macht

2007 Pratibha Patil wird erste Präsidentin von Indien

2009 Der Oberste Gerichtshof entkriminalisiert Homosexualität

| 90 | 1995 | 2000 | 2005 | 2010 | 2015 | 2020 |

1992 Zerstörung der Babri Masjid im Staat Uttar Pradesh führt zu Aufständen im Bezirk

1991 Rajiv Gandhi ermordet; New-Liberalization-Politik unter Premierminister Narasimha Rao

2001 Erdbeben in Gujarat

2004 Manmohan Singh wird Premierminister; Kongresspartei wird stärkste Kraft

2010 In Delhi finden die Commonwealth Games statt

1999 Konflikt mit Pakistan und Kaschmir bei Kargil; 13. Gesamtwahlen: erneut BJP-geführte Regierung

Frau an der Wahlurne

Delhi

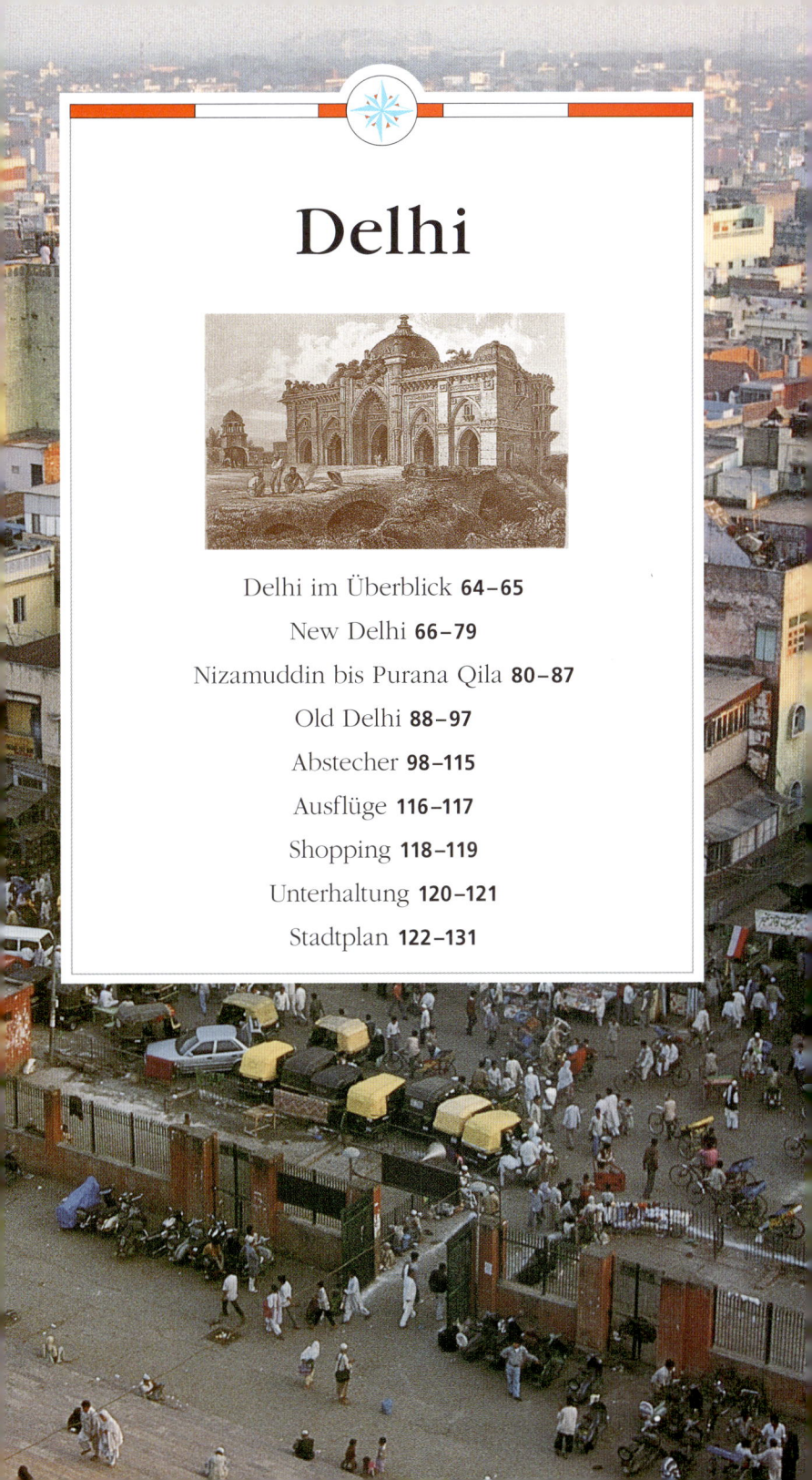

Delhi im Überblick **64–65**

New Delhi **66–79**

Nizamuddin bis Purana Qila **80–87**

Old Delhi **88–97**

Abstecher **98–115**

Ausflüge **116–117**

Shopping **118–119**

Unterhaltung **120–121**

Stadtplan **122–131**

Delhi im Überblick

New Delhi wurde von den Briten in den 1930er Jahren am Fluss Yamuna gegründet und ist die jüngste von mehreren historischen Städten an diesem Ort. Die laute und chaotische Großstadt Delhi mit 16,5 Millionen Einwohnern und endlosen Hüttensiedlungen, aber auch gehobenen Vororten bietet etliche Bauten aus der spannenden Stadtgeschichte. Sehenswert sind Museen und Galerien mit beeindruckenden Sammlungen. Die Läden locken mit allerlei Kunsthandwerk. Mit seinen Tanz-, Musik- und Kunstangeboten ist Delhi eine Kulturmetropole.

Jami Masjid (siehe S. 92) *ist die größte Moschee Asiens mit lebendigen Basaren in den Nebenstraßen.*

Connaught Place (siehe S. 76) *wurde in den 1930er Jahren als ringförmiges Einkaufszentrum New Delhis rund um einen Park erbaut. In den eleganten Kolonnaden sind Geschäfte und Büros untergebracht.*

NEW DELHI
Seiten 66–79

Rashtrapati Bhavan (siehe S. 70) *ist der Amtssitz des indischen Präsidenten. In der Kolonialepoche diente der von Edwin Lutyens auf der Spitze des Raisina Hill errichtete Bau als Sitz des Vizekönigs. Auf den Treppen finden staatliche Festumzüge statt.*

Das National Museum (siehe S. 72–75) *bietet Indiens umfangreichste antike Sammlung. Das Sunga-Relief aus dem 2. Jahrhundert zeigt eine trauernde Frau und gehört zur faszinierenden Skulpturenabteilung.*

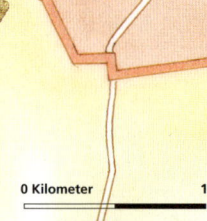

0 Kilometer 1

◁ Dichter Verkehr in den engen Straßen von Old Delhi an der Jami Masjid *(siehe S. 92)*

DELHI IM ÜBERBLICK

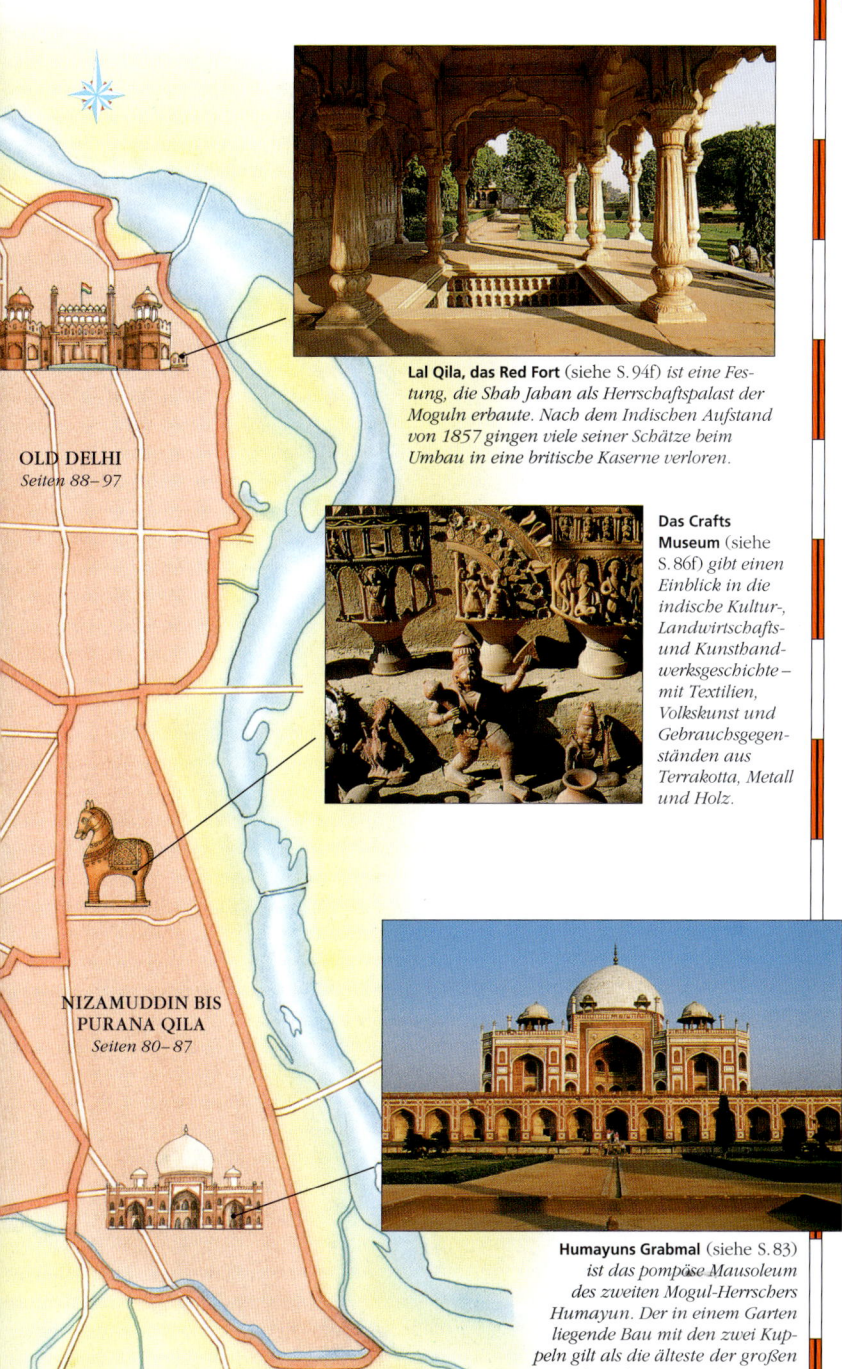

OLD DELHI
Seiten 88–97

Lal Qila, das Red Fort (siehe S. 94f) *ist eine Festung, die Shah Jahan als Herrschaftspalast der Moguln erbaute. Nach dem Indischen Aufstand von 1857 gingen viele seiner Schätze beim Umbau in eine britische Kaserne verloren.*

Das Crafts Museum (siehe S. 86f) *gibt einen Einblick in die indische Kultur-, Landwirtschafts- und Kunsthandwerksgeschichte – mit Textilien, Volkskunst und Gebrauchsgegenständen aus Terrakotta, Metall und Holz.*

NIZAMUDDIN BIS PURANA QILA
Seiten 80–87

Humayuns Grabmal (siehe S. 83) *ist das pompöse Mausoleum des zweiten Mogul-Herrschers Humayun. Der in einem Garten liegende Bau mit den zwei Kuppeln gilt als die älteste der großen Mogul-Grabstätten in der Region.*

New Delhi

Die Briten errichteten New Delhi zwischen 1911 und 1931 als Glanzstück des Empire in Indien. Mit der Erlangung der Unabhängigkeit wurde die Stadt offizieller Regierungs- und Verwaltungssitz des Landes. Das Haus des Vizekönigs dient heute als Amtssitz des Präsidenten, Minister und Beamte wohnen in großzügigen Bungalows an den baumgesäumten Boulevards. Der Kingsway, die Ost-West-Paradestrecke zum India Gate, auf der am 26. Januar die Parade zum Republic Day abgehalten wird *(siehe S. 71)*, heißt heute Rajpath. Das National Museum liegt am Janpath. Im Norden schließen Connaught Place, Birla Mandir und Mandi House an. Trotz strenger Sicherheitsbestimmungen ist New Delhi der imposanteste Stadtteil.

Wasserspeier

Sehenswürdigkeiten auf einen Blick

Historische Gebäude, Straßen und Plätze
India Gate ❻
Rajpath ❹
Rashtrapati Bhavan ❶
Vijay Chowk ❷

Kirchen und Tempel
Cathedral Church of the Redemption ❸
Lakshmi Narayan Mandir ⓫

Museen
Gandhi Smriti ⓮
National Gallery of Modern Art ❼
National Museum ❺
Nehru Memorial Museum and Library ⓭

Denkmäler
Jantar Mantar ⓬
Ugrasen's Baoli ❾

Garten
Lodi Gardens ⓯

Läden und Märkte
Connaught Place ❿
Khan Market ⓰

Theater und Kunstsammlung
Mandi House Complex ❽

Anfahrt
New Delhi ist mit Bussen, der zuverlässigen Metro und Taxis gut erreichbar.

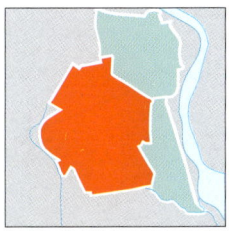

LEGENDE

- Detailkarte *siehe S. 68f*
- Bahnhof
- Metro-Station
- Busbahnhof
- Polizei
- Post
- Krankenhaus
- Tempel
- Gurdwara
- Kirche
- Grabmal

◁ **Das India Gate und das elegante Baldachinmonument von Edwin Lutyens** *(siehe S. 71)*

Im Detail: Rund um Vijay Chowk

Die öde Gegend rund um den Raisina Hill wurde für den Bau der neuen indischen Hauptstadt ausgewählt. In dem heute grünen, bewachten Viertel residieren der indische Präsident, Minister und Beamte sowie das Parlament und die Ministerien. Die traditionelle politische Hierarchie des britischen Empire, die sich im Städtebau widerspiegelt, gilt bis heute: Minister und Staatsbeamte leben in großzügigen Bungalows an baumgesäumten Boulevards rund um den Rashtrapati Bhavan, wo keine Hochhäuser erlaubt sind. Vom Vijay Chowk aus hat man eine großartige Aussicht, große Bäume und Brunnen säumen den Rajpath bis zum India Gate.

★ Vijay Chowk
Zwei rote Sandsteinbrunnen mit Obelisken flankieren den Platz mit seiner schönen Aussicht. ❷

Der North Block mit einer öffentlich zugänglichen Central Hall.

Sansad Bhavan ist auch als Parliament House bekannt.

Iron Gates
Die Eisentore zwischen zwei reich verzierten Sandsteinpfosten sind Kopien eines Tors, das Lutyens im englischen Chiswick sah. Rashtrapati Bhavan liegt westlich davon.

LEGENDE
– – – Routenempfehlung

Sir Edwin Landseer Lutyens

Secretariat-Bauten werden auf Buschland errichtet

Der Architekt Edwin Landseer Lutyens (1869–1944), 1938–44 Präsident der Royal Academy, wurde 1911 mit der Planung der neuen indischen Hauptstadt beauftragt. Er und sein Partner Herbert Baker bauten 20 Jahre lang an einer Stadt, die westlichen Klassizismus mit indischer Ornamentik verband, klassische englische Formen mit Neo-Mogul-Gärten an imposanten Sichtachsen und grünen Verkehrsinseln. Der Bau wurde durch den Ersten Weltkrieg und einen Streit zwischen Baker und Lutyens verzögert, die Kosten ließen Mahatma Gandhi über den »weißen Elefanten« seufzen. Ironischerweise residierten die Briten hier nur 16 Jahre lang.

★ South Block
Das Büro des Premierministers und das Verteidigungsministerium liegen in diesem stark bewachten Komplex.

NEW DELHI: RUND UM VIJAY CHOWK

Sunehri Bagh
Die leicht gekrümmte Straße führt zu einem hübschen Kreisverkehr mit einer einfachen Moschee (18. Jh.) eines pir namens Sayyid Sahib. Schatten spendende Bäume stehen hier wie überall an den Boulevards.

Zur Orientierung
Siehe Stadtplan 4

Kreisverkehr
Auf den wunderschön gestalteten Verkehrsinseln verbringen viele Arbeiter ihre Mittagspause.

0 Meter — 25

Kamaraj-Statue
Kamaraj war 1963–66 Präsident der Kongresspartei.

★ Boulevards mit Bungalows
Strenge Bauvorschriften schützen die ursprüngliche Architektur der kolonialen Bungalows an den Straßen des Viertels.

NICHT VERSÄUMEN

- ★ Boulevards mit Bungalows
- ★ South Block
- ★ Vijay Chowk

Stadtplan Delhi *siehe Seiten 122–131*

Rashtrapati Bhavan hinter Lutyens' verzierten Eisentoren

Rashtrapati Bhavan ❶

Stadtplan 4 E2. ☎ (011) 2332 0005. ✆ Mo, Mi, Fr, Sa 9.30–11, 14–16 Uhr; obligatorisch, nur mit tel. Anmeldung. **Wachwechsel** ☎ (011) 2301 3592. Apr–Okt: 8 Uhr; Nov–März: Sa 10 Uhr. **Kitchen Museum** ☎ (011) 2301 3592. ⏲ wie bei Führung. **Mughal Gardens** ⏲ Feb–März.

Der als Residenz für den Vizekönig von Edwin Lutyens *(siehe S. 68)* errichtete Bau war als Zentrum des britischen New Delhi geplant. Heute ist er der offizielle Amtssitz des Präsidenten. Der Bau auf dem Raisina Hill ist ein architektonisches Meisterwerk des 20. Jahrhunderts auf zwei Hektar Fläche. Die Kuppel des aus Kupfer und Sandstein erbauten Doms ist 55 Meter hoch. Das Anwesen verfügt über Innenhöfe und Bankettsäle, doch Schmuckstück ist die majestätische Durbar Hall, in der wichtige Staatszeremonien abgehalten werden. Der Saal liegt direkt unter der Kuppel und bildet die Mitte des H-förmigen Baus. Einst diente die Rundhalle als Thronraum.

Im **Kitchen Museum** sieht man, wie im Rashtrapati Bhavan vor und nach der Unabhängigkeit Indiens gekocht, serviert und gespeist wurde.

Im Westen des Anwesens befinden sich die **Mughal Gardens**. Diese Terrassengärten mit Wasserläufen und Brunnen erstrecken sich über drei Ebenen und finden ihren Abschluss in Lutyens' »Schmetterlingsgarten«, dessen Blumen viele Schmetterlinge anziehen.

Jaipur-Säule

Vijay Chowk ❷

Stadtplan 4 F2. **N Block** ⏲ Mo–Fr 9–18 Uhr. **Sansad Bhavan** ⏲ 11–17 Uhr. Besucher nur außerhalb der Sitzungsperioden.

Das Gebiet, in dem der Rajpath auf den Raisina Hill trifft, wird Vijay Chowk genannt und ist als einschüchternder Aufstieg zum Haus des Vizekönigs angelegt. Hier findet alljährlich am 29. Januar die »Beating Retreat«-(Rückzug-vom-Gefecht-)Zeremonie statt *(siehe S. 41)*.

Auf der abgeflachten Spitze des Raisina Hill erheben sich die beiden fast identischen, eindrucksvollen **Secretariat**-Bauten von Herbert Baker, die als North und South Block bekannt sind: In den lang gestreckten, klassizistischen Gebäuden sind das Innen-, das Finanz- sowie das Außenministerium untergebracht. Die ehrwürdige Central Hall im North Block (links, wenn man vor dem Vijay Chowk steht) kann besichtigt werden.

Nördlich des Vijay Chowk errichtete Baker 1919 das runde **Sansad Bhavan** (Parliament House) für das indische Parlament. Hier wurde kurz nach der Unabhängigkeit auch die indische Verfassung ausgearbeitet. Heute treten hier das Rajya Sabha (Oberhaus) und das Lok Sabha (Unterhaus) in den Sitzungsperioden zusammen. Die oft hitzigen Debatten des Unterhauses finden in der Central Hall statt.

Sansad Bhavan (Parliament House), in dem die indische Verfassung ausgearbeitet wurde

Hotels und Restaurants in Delhi *siehe Seiten 234–236 und 256f*

Cathedral Church of the Redemption ❸

Church Rd. **Stadtplan** 4 E1.
📞 *(011) 2309 4229.* ⬤ *tägl. 8–12, 16–18 Uhr.*

Beim Bau dieser beeindruckend schönen Kirche ließ sich Architekt Henry Alexander Medd (1892–1977) von der Kirche Il Redentore in Venedig inspirieren, deren Namen sie auch bekam. Das 1931 geweihte Gotteshaus war ein wichtiger Baustein der britischen Stadtplanung. Erbaut wurde sie als anglikanische Hauptkirche für die höheren britischen Beamten New Delhis. Heute gehört sie zur Diözese des Bischofs der Church of Northern India. Unter den Gedenktafeln im Inneren findet sich auch eine, die den Architekten ehrt.

Die neoklassizistische Cathedral Church of the Redemption

Rajpath ❹

Stadtplan 5 A2. **National Archives**
📞 *(011) 2338 3436.* ⬤ *Mo–Fr 9.30–18 Uhr.* ⬤ *Feiertage.* **Indira Gandhi National Centre for the Arts** 📞 *(011) 2338 9216.* ⬤ *Mo–Fr 9–17.30 Uhr.*

Die fast vier Kilometer lange, von Zierkanälen und Springbrunnen gesäumte Prachtstraße wird für Paraden genutzt. An Sommerabenden bummelt hier halb New Delhi entlang.

Die **National Archives** an der Kreuzung zum Janpath sind ein Staatsarchiv. Gegenüber liegt das **Indira Gandhi National Centre for the Arts** (IGNCA) mit seiner Bibliothek seltener Handschriften. Es veranstaltet indische und internationale Ausstellungen und Kongresse.

National Museum ❺

Siehe Seiten 72–75.

India Gate ❻

Stadtplan 5 B2.

Am östlichen Ende des Rajpath wurde das neun Meter breite India Gate zur Erinnerung an die im Ersten Weltkrieg gefallenen indischen und britischen Soldaten und die Toten der Schlacht in der Nordwest-Provinz und des dritten Afghanischen Kriegs errichtet. Eine ewige Flamme ehrt unbekannte Soldaten, die 1971 im Krieg zwischen Pakistan und Indien starben.

Gegenüber dem India Gate erhebt sich ein Baldachin aus Sandstein. Die dort nach dem Tod von König George V aufgestellte Statue findet man heute im Coronation Park *(siehe S. 103)*. Rund um das Tor liegen elegante Häuser der einstigen indischen Prinzen wie das Hyderabad House, die Jaipur, Bikaner, Patiala und Baroda Houses.

India Gate

National Gallery of Modern Art ❼

Jaipur House, nahe India Gate.
Stadtplan 5 C2. 📞 *(011) 2338 2835/8874.* ⬤ *Di–So 10–17 Uhr.* ⬤ *Mo, Feiertage.*
http://ngmaindia.gov.in

Jaipur House, die einstige Residenz der Maharajas von Jaipur, ist eines der größten Museen für moderne Kunst in Indien. Die riesige Sammlung umfasst Grafiken, Gemälde und Skulpturen von der Mitte des 19. Jahrhunderts bis zur Gegenwart. Es sind u. a. Arbeiten von britischen Landschaftsmalern wie Thomas Daniell sowie frühe indische Künstler wie Tagore, Jamini Roy, Amrita Shergill und Raja Ravi Varma ausgestellt. Zu den Werken zeitgenössischer Kunst zählen Arbeiten von M. F. Husain, Ram Kumar, K. G. Subramanyam und Anjolie Ela Menon. Im Museumsladen kann man Drucke der Gemälde erstehen.

Republic Day Parade

Inder lieben Paraden. Seit Gründung der Republik Indien 1950 zieht die Parade am Republic Day (26. Januar) trotz des kühlen Wetters Tausende Schaulustiger an. Präsident, Premierminister und andere Würdenträger nehmen die Parade der Soldaten in ihren strahlenden Uniformen verschiedener Regimenter aus Heer, Marine und Luftwaffe ab. Bunt gekleidete Schulkinder, Heimatschutzsoldaten und andere marschieren im Gleichschritt zur rhythmischen Musik der Militärkapellen. Am beliebtesten sind das Camel Corps mit seinen Kamelen und die fantasievollen Festwagen, die jeweils einen indischen Bundesstaat repräsentieren. Eine Flugparade der indischen Luftwaffe beendet das Spektakel.

Aufmarsch bei der Republic Day Parade

National Museum ❺

Mädchen (2500 v. Chr.)

Fünf Jahrtausende indischer Geschichte kann man im National Museum und seiner Sammlung von fast 200 000 indischen Kunstobjekten durchstreifen. Der Kern dieser Sammlung, rund 1000 Exponate, wurde 1948/49 für eine Ausstellung der Royal Academy nach London gebracht. Nach der Rückführung wurden sie in der Durbar Hall im Rashtrapati Bhavan gezeigt, bis der heutige Bau 1960 fertiggestellt war. Die Sammlung der Relikte aus dem Industal und die Schätze der Seidenstraße gehören zu den schönsten der Welt. Da das Museum sukzessive renoviert wird, kann es sein, dass einige Objekte nicht ausgestellt sind.

★ Dara Shikohs Hochzeitsprozession
Ein Mogul-Miniaturgemälde (18. Jh.) mit Gold- und Naturpigmentfarben.

★ Nataraja
Diese Chola-Statue (12. Jh.) des kosmischen Tanzes des Gottes Shiva ist das Highlight der südindischen Bronzearbeiten.

Das Stammesleben in Nordost-Indien illustriert eine Ausstellung mit Trachten, Schmuck und Holzschnitzereien.

Schmuckabteilung

Erdgeschoss

★ Kubera
Die seltene Darstellung eines Hindu-Gottes als Kushana-Fürst des 2. Jahrhunderts (siehe S. 46f) mit zentralasiatischen Zügen in der großen Sammlung der Mathura-Kunst.

Serindian-Sammlung

Fast 700 Jahre nach Ende der Seidenstraße leitete der britische Archäologe Sir Aurel Stein zwischen 1900 und 1916 Expeditionen, um Schätze auszugraben. In der Zentralasiatischen Sammlung des National Museum sind seine Funde aus der Wüste Taklamakan ausgestellt: Seidenmalereien, buddhistische Schriftstücke und wertvolle Zeugnisse des Lebens an der Handelsroute.

Seidengemälde, 7./8. Jahrhundert

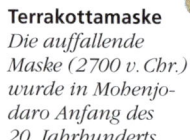

Eingang

Terrakottamaske
Die auffallende Maske (2700 v. Chr.) wurde in Mohenjodaro Anfang des 20. Jahrhunderts ausgegraben.

NEW DELHI: NATIONAL MUSEUM

Aurangzebs Schwert
Das persönliche Schwert des Mogul-Herrschers Aurangzeb entstand 1675 im indo-persischen Stil mit eingravierten Koran-inschriften.

INFOBOX
Janpath. **Stadtplan** 5 A2.
(011) 2301 9272. Di–So 10–17 Uhr. Mo, Feiertage.
zusätzl. Gebühr.
11.30, 14.30, 16 Uhr.
Filme, Vorträge, Vorführungen und Sonderausstellungen.
www.nationalmuseumindia.gov.in

Goldbrokat
Der seidene Hochzeitssari entstand im 19. Jahrhundert in Varanasi und ist mit Mustern aus Goldfäden gewebt.

Zweiter Stock

Die Abteilung für Münzen und indische Handschriften zeigt eine sehr gute Münzsammlung und die Entwicklung der indischen Schrift.

★ Illuminierter Koran
Ein herausragendes Beispiel islamischer Kalligrafie. Der vergoldete Koran (18. Jh.) gehört zu einer Sammlung, die auch einen Koran in alter kufischer Schrift aus dem 8. Jahrhundert umfasst – einer der ältesten seiner Art weltweit.

Kurzführer
Die Sammlungen werden auf drei Stockwerken, nach Thema, Epoche und Stil geordnet, präsentiert. In der Eingangshalle sind Skulpturen aus verschiedenen Landesteilen zu sehen. Das Museum verfügt über eine Bibliothek und einen Saal, in dem regelmäßig Kino und Vorträge angeboten werden (Zeiten in den Tageszeitungen). Informationen über Kataloge und Souvenirs erhält man an der Kasse im Foyer. Die Dauerausstellung wird mitunter neu geordnet, um eine breite Vielfalt zu zeigen, hinzu kommen Sonderausstellungen.

Stadtplan Delhi *siehe Seiten 122–131*

Erster Stock

LEGENDE
- Industal-Kultur
- Antike und Mittelalterskulpturen
- Chola-Bronzekunst
- Buddhistische Kunst
- Indische Miniaturen
- Dekorative Kunst
- Schriften und Wandgemälde
- Zentralasiatische Antiquitäten
- Textilien, Waffen, Rüstungen und Musikinstrumente

NICHT VERSÄUMEN
- ★ Dara Shikohs Hochzeitsprozession
- ★ Illuminierter Koran
- ★ Kubera
- ★ Nataraja

National Museum: Sammlungen

Das Museum zu Geschichte und Kultur Indiens erstreckt sich auf drei geräumigen Stockwerke rund um einen achteckigen Innenhof. Die 30 Abteilungen zeigen beeindruckende Sammlungen mit Skulpturen, Gemälden, Schmuck, dekorativer Kunst und Stoffen – die jeweils besten Beispiele verschiedener Stile und Epochen aus allen Regionen des indischen Subkontinents.

Kushana-Skulptur (2. Jh.)

Industal-Kultur

Ausgrabungen in den 1920er Jahren in Harappa und Mohenjodaro (heute Pakistan) brachten Überreste einer hoch entwickelten städtischen Kultur aus der Zeit 2500–1800 v. Chr. im Industal *(siehe S. 44f)* zutage. Die Museumsabteilung mit Relikten aus diesen Stätten gehört zu den besten der Welt. Zwar waren die Kupfer- und Bronzearbeiten der Induskultur nicht so aufwendig wie Arbeiten der späteren mesopotamischen oder ägyptischen Hochkulturen, doch Figuren wie das *Tanzende Mädchen* (um 2500 v. Chr.) oder ein weiblicher Torso verraten künstlerisches Geschick. Ausgestellt sind auch Specksteinsiegel, wahrscheinlich für Kaufleute und Beamte. Erwähnenswert ist die Harappa-Keramik – von Töpfen bis hin zu Spielzeug, Perlen, Ketten und Gewichten.

Antike und mittelalterliche Skulpturen

Sechs Abteilungen im Erdgeschoss zeichnen 1500 Jahre Entwicklung indischer Bildhauerei nach. Zu den ältesten Stücken gehört eine Terrakotta-Fruchtbarkeitsgöttin (3. Jh. v. Chr.) aus Mathura. Aus Amaravati in Andhra Pradesh (1. Jh.) stammt eine herausragend gestaltete Tafel einer Darstellung des heute verschwundenen Reliquienturms *(stupa)*. Den Kushana-Fries (2. Jh.) von Vasantasena, einer berauschten Kurtisane *(siehe S. 46f)*, kann man als amüsante Kritik am Hofleben verstehen. Die großartige Gandhara-Kunst mit ihrem hellenistischen Stil zeigt die Entstehung menschlicher Formen in der nordindischen Bildhauerkunst im 1. Jahrhundert n. Chr. Die fein verzierten Statuen sind die ersten Darstellungen Buddhas als Mensch. Nach den steinernen Hindu-Tempeln und Bildnissen der Gupta-Epoche (3.–5. Jh.) entstanden im Süden und Osten regionale Stile. Weitere Abteilungen zeigen die Kunst der Pallava-, Chalukya- und Hoysala-Dynastien.

Bronzen

Indische Bronzearbeiten wurden im Feingussverfahren als Alternative zu steinernen Tempelstatuen hergestellt, vor allem in Südindien unter den Chola- und Pallava-Dynastien. Idole aus Bronze, eine Legierung aus acht Metallen auf Kupferbasis, waren leichter als Stein und konnten zu Hause angebetet oder zu Festprozessionen mitgenommen werden. Die Sammlung deckt 600 Jahre ab, vom 5. bis zum 11. Jahrhundert. Highlight ist eine Chola-Nataraja aus dem 10. Jahrhundert, die den Gott des Tanzes, Shiva, bezeichnet: Die Skulptur zeigt ihn den Chaturatandava tanzend, eine klassische Darstellung seines kosmischen Tanzes von Leben und Tod. Der Flammenkreis um den Tänzer symbolisiert den Kosmos.

Eine weitere Chola-Bronze, *Kaliyamardan Krishna*, ist eine Studie zur Haltung und Balance des jungen Gottes Krishna, der auf dem Brillenmuster der fünfköpfigen Schlange Kaliya tanzt und triumphal den Schwanz hält.

Devi, Bronze (15. Jh.)

Handschriften und Wandmalereien

Unter den vielen seltenen Handschriften des Museums findet sich das *Bustan-e-Sadi* (1502), eine der wenigen datierten illustrierten Schriften aus dem Indien vor Beginn der Mogul-Epoche. Blätter des *Babur Nama*, einer Biografie des ersten Mogul-Herrschers aus dem 16. Jahrhundert, dokumentieren den Stil der frühen Mogul-Malerei. Das *Rig Veda Samhita* (1514) und eine schöne Stoffrolle (18. Jh.) des *Bhagvat Purana* sind ebenfalls zu sehen. Ausgestellt ist auch eine einzigartige *Jagdszene* (um 1810) aus der Kota-Malschule, die man im Jhala Singh Haveli in Kota, Rajasthan, fand.

Jain-Votivtafel (2. Jh.) aus Mathura

Dekorative Kunst

Die unglaubliche Vielfalt der indischen dekorativen Kunst wird in zwei benachbarten Abteilungen ausgebreitet. Selbst Gebrauchsgegenstände wie ein silberner Rosenwasserwedel aus Delhi oder eine blau-grün emaillierte Hookah-Base (18. Jh.) aus Rajasthan sind individuell verziert. Dank des adeligen Mäzenatentums stellten Künstler unzählige Kunstobjekte je nach Geschmack ihrer Auftraggeber her: Ausgestellt sind u. a. ein Arabeskenblumenmotiv an einem Mogul-*degcha* (Kochtopf), fein geschnitzte Elfenbeinstatuen und elegante *Bidri*-Produkte mit Silbereinlegearbeiten aus Hyderabad.

Durga tötet den Dämonen Raktabija, Malwa, um 1640

Bidri-Schmuckkästchen aus dem 18. Jahrhundert

Indische Miniaturen

Mehr als 350 Gemälde aus einer Sammlung mit 18 000 Werken präsentiert diese neue Abteilung. Dazu gehören einige Mogul-Meisterwerke aus der Jahangir- und Shah-Jahan-Epoche, so die berühmten Bilder *Jahangir hält das Madonnenbild* (um 1620) und *Kamelkampf* (um 1615–20). Aufschlussreiche Porträts der Mogul-Herrscher Babur, Jahangir und Shah Jahan sowie von Höflingen wie Tansen, dem legendären Musiker an Akbars Hof, lassen die Epoche lebendig werden.

Sehenswert ist auch eine Auswahl mit Werken der *Ragamala*-Serie, die die Stimmung eines jeden *raga* beschwören. Die Rajasthani-Miniaturen zeigen mystische Hindu-Motive, vor allem die Liebe zwischen Krishna und Radha. Die Kishangarh-Gemälde *Boot der Liebe* und *Radha und Krishna*, beide aus der Mitte des 18. Jahrhunderts, illustrieren die Poesie und Schönheit dieser zeitlosen Liebe. Daneben gibt es Jagdgemälde aus Kota mit einer realistischen Darstellung der Natur. Hofmaler wie Mewar schufen detailreiche Bilder königlichen Lebens.

Basholi-Gemälde mit ihren intensiven Farben und feine Porträts aus Guler sind Teil der großen Sammlung von Pahari-Werken aus den nördlichen Bergstaaten Indiens. Dekkan-Kunst aus Hyderabad, eine Mischung von islamischem und indischem Stil, brachte Meisterwerke wie *Picknickgruppe* aus dem frühen 18. Jahrhundert hervor. Ausgestellt sind auch spätere Schulen aus den Provinzen sowie Kunst der East India Company aus der Mitte des 18. Jahrhunderts.

Zentralasiatische Antiquitäten

Sir Aurel Steins Sammlung mit Schätzen *(siehe S. 72)*, die er an der sagenumwobenen Seidenstraße im chinesischen Turkestan entdeckte, bilden den Kern dieser Sammlung. Darunter findet man Seidengemälde (3. Jh.) und eine Karawanenszene (10. Jh.) auf Papier. Letztere stammt aus dem chinesischen Dunhuang und erinnert an die Romantik jener Zeit. Fragmente eines anderen berühmten Seidengemäldes, *Damen in einem Garten* aus Astana, zeigen reich gekleidete Damen inmitten von Blüten.

Textilien, Waffen und Rüstungen, Musikinstrumente

Die Textiliensammlung zeigt einen Querschnitt indischer Webtechniken, darunter die weltberühmten Gold- und Seidenbrokatarbeiten von Varanasi aus der Mogul-Epoche, *ikat* und Knüpfbatiken aus Andhra Pradesh und Gujarat sowie bengalische *Kantha*-Stickarbeiten in Hohlsaumstich. Sehenswert sind auch die handgestickten *rumals* aus Golconda von 1640.

Die Waffen- und Rüstungsabteilung zeigt bemalte Nashornschilde des Rajputen-Herrschers Maharana Sangram Singh aus dem 18. Jahrhundert. Die Ausstellung der Musikinstrumente umfasst einige über 200 Jahre alte Objekte, u. a. ein *tanpura* (Saiteninstrument) mit Elfenbeineinlagen aus dem 18. Jahrhundert. Die Sammlung stiftete vor allem Sharan Rani, ein berühmter *Sarod*-Spieler.

Jamawar-Umhang (17. Jh.)

Mandi House Complex ❽

Stadtplan 2 D5.
Triveni Kala Sangam Tansen Marg. (011) 2371 8833. Mo–Sa 9.30–17 Uhr. Feiertage.
Rabindra Bhavan Ferozeshah Rd. (011) 2338 6626.
Kamani Auditorium Copernicus Marg. (011) 2338 8084.
Sri Ram Centre Safdar Hashmi Marg. (011) 2371 4307.
National School of Drama Bhagwan Das Rd. (011) 2338 9402.
Mehr über **Tickets** siehe **Unterhaltung** Seiten 120 f.

Das Mandi House diente als Palast eines kleinen Fürstentums in Himachal Pradesh und beherbergt heute die Büros des staatlichen Fernsehzentrums. Zu dem Komplex gehören die gesamten umliegenden Kultureinrichtungen.

Die verschiedenen Kunstgalerien von **Triveni Kala Sangam** präsentieren zeitgenössische Kunst. Auf einer Freiluftbühne werden Tanz und Theater inszeniert. Bekannte Künstler und Schriftsteller sieht man oft in dem beliebten Café. Einladend ist auch eine Buchhandlung mit indischer Kunstliteratur.

Das staatliche Kunstzentrum **Rabindra Bhavan** umfasst die drei nationalen Akademien für Literatur (Sahitya Akademi), Kunst und Bildhauerei (Lalit Kala Akademi) sowie Darstellende Kunst (Sangeet Natak Akademi). Alle Einrichtungen verfügen über Bibliotheken und verkaufen auch Reproduktionen und Postkarten.

Im Lalit Kala findet die internationale Triennale-Ausstellung mit Malern und Bildhauern aus über 30 Ländern statt. Ausstellungen mit Fotografien, Grafiken und Keramik werden ebenfalls hier abgehalten.

Das **Kamani Auditorium**, das **Sri Ram Centre** und die **National School of Drama** zeigen Theater, klassische Konzerte und Tanzvorführungen. Die beiden letztgenannten Einrichtungen haben eigene Ensembles, die Stücke in Hindi, Urdu und verschiedenen Regionalsprachen aufführen.

Ugrasen's Baoli im Herzen von New Delhi

Ugrasen's Baoli ❾

An der Hailey Rd. **Stadtplan** 2 D5.

Den Treppenbrunnen erreicht man, wenn man auf der Hailey Road nach links in eine Gasse abbiegt, direkt vor dem Generalkonsulat von Malta. Ein kurzes Stück den Weg hinauf stößt man rechter Hand auf eine alte Steinmauer. Der *baoli* liegt hinter einem engen Tor. Es ist meist geschlossen, der *chowkidar* öffnet es.

Der Bau gilt als einer der schönsten Treppenbrunnen Delhis und stammt wahrscheinlich aus dem 15. Jahrhundert. Einer populären Legende nach ließ ihn im 14. Jahrhundert Raja Ugrasen erbauen, ein Vorfahre der Aggarwal-Gemeinschaft, um Reisenden Wasser und Obdach zu bieten.

Kleider mit Spiegelschmuck am Janpath

Connaught Place ❿

Stadtplan 1 C4. **Läden** Mo–Sa 10.30–20 Uhr. So, Feiertage.

Robert Tor Russell, einer der Architekten von New Delhi, entwarf diesen herrschaftlichen Platz, der nach dem Herzog von Connaught, einem Onkel von König George V, benannt ist. Elegante palladianische Bogengänge und stuckverzierte Kolonnaden erinnern bewusst an die britischen Terrassen in Cheltenham und Bath. Die ersten Geschäfte öffneten hier im Jahr 1931 mit Namen wie »Empire Stores«, um sich von den indischen Läden im Gole Market oder Chandni Chowk abzugrenzen.

Im Innenkreis – heute offiziell Rajiv Chowk genannt – befinden sich etwa ebenso viele Büros wie Läden. Der äußere Ring heißt Indira Chowk. Die Läden bieten eine bunte Mischung – von Reisebüros, Banken und internationalen Markengeschäften bis zu den allgegenwärtigen Souvenirläden. Zwar hat der Connaught Place seit einigen Jahren gegenüber anderen lokalen Märkten an Anziehung eingebüßt, aber die schattigen Arkaden bieten eine angenehme Atmosphäre und laden zum Bummeln durch die Buchstände ein. Außerdem gibt es hier etliche Restaurants und Kinos. Die Grünfläche in der Mitte ist

Connaught Place, der britische Einkaufskomplex in New Delhi

Hotels und Restaurants in Delhi siehe Seiten 234–236 und 256 f.

NEW DELHI

Die astronomischen Geräte aus Ziegel und Gips in Jantar Mantar

einer Metro-Station gewichen. Der vor einigen Jahren angelegte Central Park umfasst ein Amphitheater, Blumenwiesen und 21 Brunnen.

Beliebte Einkaufsgegenden in der Nachbarschaft des Connaught Place sind der State-Emporia-Laden in der **Baba Kharak Singh Marg** und die Stände am Janpath.

Lakshmi Narayan Mandir ⓫

Mandir Marg. **Stadtplan** 1 A4.

Der bekannte Industrielle B.D. Birla baute diesen Lakshmi Narayan geweihten Tempel im Jahr 1938. Mahatma Gandhi nahm hier am ersten *puja* teil, da der Tempel einer der ersten ohne Kastenbeschränkung war. Die Anlage wird meist Birla Mandir genannt. Sie ist ein typisches Beispiel zeitgenössischer indischer Tempelarchitektur.

Den Hauptschrein erreicht man über einige Marmorstufen. Er zeigt Bildnisse von Vishnu und seiner Hauptfrau Lakshmi. Darüber ragen ocker- und kastanienbraune *shikharas* (Tempeltürme) empor. Nebenschreine rund um den Innenhof sind Radha-Krishna, Hanuman, Shiva und Durga *(siehe S. 24f)* geweiht. Die Wände zieren Inschriften aus Hindu-Texten, oft mit englischen Übersetzungen, sowie Malereien aus dem *Mahabharata (siehe S. 141)* und dem *Ramayana (siehe S. 37)*.

Ein ruhiger Park mit einem Marmorpavillon und einem großen *dharamshala* (Ruhehaus) an beiden Enden umgeben den beliebten, sehr gepflegten und sauberen Tempel, der einen Besuch wert ist.

Der beliebte Tempel Lakshmi Narayan Mandir

Jantar Mantar ⓬

Sansad Marg. **Stadtplan** 1 C5.

Dieses Observatorium baute Sawai Jai Singh II. von Jaipur 1724 nach einem Auftrag des damaligen Mogul-Kaisers Muhammad Shah. Der Maharaja war ein begeisterter Astronom, dem die existierenden Instrumente zu ungenau waren, um Finsternisse und Planetenpositionen berechnen zu können, die für die zeitliche Festlegung seines *pujas* und anderer heiliger Rituale notwendig waren. Daher baute er fünf Observatorien *(siehe S. 192f)* mit ausreichend großen, fest montierten und damit vibrationsfreien Instrumenten. Dazu gehören das Samrat Yantra, ein rechtwinkliges Dreieck, dessen Hypotenuse parallel zur Erdachse ausgerichtet ist. Im Grunde funktioniert es wie eine riesige Sonnenuhr: Zwei steinerne Quadranten zu beiden Seiten messen den Schatten. Weitere Instrumente sind das Jai Prakash Yantra, Jai Singhs Erfindung, die den Zeitpunkt der Tagundnachtgleiche im Frühling überprüft, das Ram Yantra, das die Höhe der Sonne misst, und das Misra Yantra, ein Instrumentenset für verschiedene Zwecke. Das Observatorium liegt heute verlassen in einem Park inmitten von Hochhäusern.

Stadtplan Delhi *siehe Seiten 122–131*

Nehru Memorial Museum and Library im Teen Murti Bhavan

Nehru Memorial Museum and Library ⓭

Teen Murti Marg. **Stadtplan** 4 E3.
📞 (011) 2301 5191. **Museum**
⭘ Di–So 9–18.30 Uhr. ⬤ Feiertage.
Nehru Planetarium 📞 (011) 2301 4504. 🎬 **Vorführungen** 11.30, 13.30, 15, 16 Uhr.
www.nehrumemorial.com

Jawaharlal Nehru wohnte einst als Premierminister (1947–64) in diesem Haus, das damals Teen Murti Bhavan hieß. Nach seinem Tod wurde es in ein Nationaldenkmal umgestaltet, mit einem **Museum** und einer Bibliothek.

Ursprünglich diente der Bau als Residenz des Befehlshabers der britischen Truppen in Indien. Es liegt daher direkt südlich von Rashtrapati Bhavan und wurde von Robert Tor Russell, dem Architekten des Connaught Place sowie des Eastern und Western Court am Janpath, entworfen. Mit seiner Teakholztäfelung und den gewölbeartigen Empfangsräumen folgt es dem klassischen Stil von Lutyens.

Nehrus Schlaf- und Arbeitszimmer sind seit seinem Tod unverändert geblieben und wirken wie das ernste Herz des Anwesens. Interessant sind die Bücherregale mit Nehrus Privatbibliothek, einer Mischung aus englischen Klassikern, Buchclubausgaben und Studien zum Kalten Krieg. Das Haus hat in der modernen indischen Geschichte eine besondere Bedeutung, da hier neben dem damaligen Amtsinhaber auch zwei spätere Premierminister lebten – seine Tochter Indira Gandhi und sein Enkel Rajiv. Mutter und Sohn fielen beide Attentaten zum Opfer *(siehe S. 60f).*

Auf dem Gelände befinden sich zudem das **Nehru Planetarium** und das quadratische **Kushak Mahal**, eine Jagdhütte, die im 14. jahrundert von Tughlaq-Sultan Feroze Shah *(siehe S. 97)* in Auftrag gegeben wurde.

Vor dem Haus steht das Denkmal Teen Murti (»Drei Statuen«) im Gedenken an die gefallenen Soldaten der indischen Regimenter im Zweiten Weltkrieg.

Teen Murti Memorial

Gandhi Smriti ⓮

Tees January Marg. **Stadtplan** 4 F3.
📞 (011) 2339 2710/2709. ⭘ tägl. 10–17 Uhr. ⬤ Mo, Feiertage. 🚫 📷

Am 30. Januar 1948 um 11 Uhr ermordete Nathuram Godse Mahatma Gandhi, als dieser zu seinem täglichen Gebetstreffen in das Haus der Familie Birla *(siehe S. 77)* ging. Heute erinnert ein schlichter Sandsteinblock an jene Stelle.

Das Haus dient jetzt als Museum über Gandhis Leben und seine letzten Stunden. Die Gestaltung orientiert sich an Gandhis Philosophie – eine Mischung aus politischen Grundsätzen und gesundem Menschenverstand. Einige gläserne Dioramen mit Puppen erzählen die Geschichte seines Lebens anhand entscheidender Momente: die Trennung von seinen Eltern, die Reise nach England oder den Tod seiner geliebten Frau Kasturba. Die von Gandhi bei Delhi-Aufenthalten bewohnten Räume sind sehr schlicht und vermitteln einen Eindruck seines Schaffens. Im Garten führen in roten Sandstein eingelassene Fußabdrücke zum Ort des Attentats.

Im Museumsladen gibt es preiswerte Ausgaben von Gandhis Schriften und Kleidung aus *khadi*, dem einfachen, zu Hause hergestellten Stoff, den Gandhi stets trug und der zum Symbol der Unabhängigkeitsbewegung *(siehe S. 58f)* wurde.

Lodi Gardens ⓯

Stadtplan 5 A4. ☐ tägl. Sonnenauf- bis -untergang.

Die Lodi-Gärten liegen mitten in den Wohnvierteln New Delhis. Sie wurden 1936 auf Geheiß von Lady Willingdon, der Gattin des Vizekönigs, angelegt. Einst standen hier zwei Dörfer – deren Bewohner wurden umgesiedelt, um Platz zu schaffen für Grünflächen und Wege zwischen den Grabmalen der Sayyid- und Lodi-Dynastien aus dem 15. Jahrhundert.

Im Park steht die Brücke **Athpula** (wörtlich »acht Pfeiler«) aus dem 17. Jahrhundert am Eingang an der South End Road. Im Westen liegen die Überreste der **Grabstätte von Sikandar Lodi** (reg. 1489–1517), die ein achteckiges Grabmal inmitten eines verwilderten Gartens umfasst. Die türkisfarbenen Fliesen und die Kalligrafie kann man im Inneren der Stätte nur mehr erahnen.

Südlich des Grabmals stößt man auf **Bara Gumbad** (»Große Kuppel«) und **Sheesh Gumbad** (»Verglaste Kuppel«): Die Namen der hier bestatteten Adligen sind längst vergessen, dennoch ist Bara Gumbad ein imposantes Gebäude mit einer Moschee aus dem Jahr 1494 sowie einem *mehmankhana* (Gästehaus). Das Sheesh Gumbad verdankt seinen Namen den glänzenden, türkisfarbenen Fliesen und blauen Kalligrafietafeln an den Wänden. Neueren Forschungen zufolge ist dies das Grab von Bahlol Lodi.

Das **Grab von Muhammad Shah** (reg. 1434–44), dem dritten Herrscher der Sayyid-Dynastie, gilt als das älteste im Garten: Die Kuppel des achteckigen Baus wird von einem *chhatris* umgeben, *jalis* standen einst zwischen den Säulen. Die Gräber gehörten dem Sultan und seinen engsten Hofadligen.

Heute ist der Park mit seinen baumgesäumten Wegen, den Blumenbeeten und dem gepflegten Rasen für die Einwohner von Delhi die »grüne Lunge« der Stadt. Es ist zweifellos einer der schönsten Parks der Stadt, beliebt bei Joggern, Yoga-Anhängern und unzähligen Familien, die hier am Wochenende Picknicks veranstalten.

Muhammad Shahs Grabmal

Khan Market ⓰

Subramaniam Bharti Marg.
Stadtplan 5 B3. **Läden** ☐ Mo–Sa 10.30–20 Uhr. ⬤ So.

Der Markt entstand in den frühen 1940er Jahren für die britischen Truppen, die in der eilig errichteten Kaserne auf dem Lodi Estate wohnten. Der Khan Market ist nach dem bekannten Pathan-Nationalisten und Sozialreformer Dr. Khan Sahib benannt, dem Bruder von Khan Abdul Ghaffar Khan (1890–1988), dem »Gandhi der Grenze«. Beide Männer werden wegen ihres Einsatzes für die Unabhängigkeit bei den kriegerischen Stämmen der Nordwest-Provinz (heute in Pakistan) gerühmt.

Auf dem beliebten Markt kaufen Inder und Ausländer ein, die seine große Auswahl an indischen und westlichen Produkten zu schätzen wissen: Es gibt u. a. Steingut, Kuchen und Hundeleinen. Exklusive Boutiquen verkaufen Schmuck und Designerkleidung, verlockend sind auch die Geschäfte für Saris und Anokhi *(siehe S. 266)*, die handbedrucktes Leinen und Kleidung verkaufen. Außerdem gibt es sehr gute Schuhläden und Buchhandlungen, z. B. Bahri & Sons, Full Circla und Faqir Chand's, einen der ältesten Läden des Markts. Reizvoll sind die Lebensmittel- und Blumenläden. Wer Hunger verspürt, sollte eine Kleinigkeit in einem der besten Delikatessenläden Delhis, Sugar & Spice, probieren. Beliebte Cafés sind Barista, Café Turtle und Market Café.

Athpula (17. Jh.), die Brücke am Eingang zu den Lodi Gardens an der South End Road

Stadtplan Delhi siehe Seiten 122–131

Nizamuddin bis Purana Qila

Das Nizamuddin-Viertel trägt den Namen eines berühmten Sufi-Heiligen aus dem 14. Jahrhundert, Nizamuddin Auliya. Das Stadtviertel wird durch die Mathura Road in zwei gegensätzliche Hälften geteilt: Ost-Nizamuddin ist mit Humayuns Grabmal *(siehe S. 83)* im Herzen eines persischen Gartens eher ruhig. West-Nizamuddin, das historische islamische Viertel rund um das *dargah* des Heiligen, ist noch heute eine lebendige, reizvolle *basti*. Das wichtige Pilgerzentrum umfasst auch die Grabmale so berühmter Dichter wie Amir Khusrau und Mirza Ghalib, außerdem die Grabstätten von Jahanara, der Tochter von Shah Jahan *(siehe S. 82)*, und Muhammad Shah Rangila, einem späteren Mogul-Herrscher. Das Viertel vereinigt Geschichte und Gegenwart: Die überfüllte Mathura Road schlängelt sich am Subz Burj mit der blau gefliesten Kuppel vorbei. Humayuns Grabmal und die Sundar Horticulture Nursery liegen im Westen, im Norden erstreckt sich das Wohnviertel Sundar Nagar mit Antiquitätenläden, dem Delhi Zoo und Purana Qila, dem »Alten Fort« *(siehe S. 84)*. Die verfallenden Wälle erheben sich oberhalb des Crafts Museum, des Schreins des Sufi-Heiligen Matka Pir und des Pragati Maidan. Im Osten befindet sich die Khair-ul-Manazil-Moschee von Maham Anga.

Jali-Schirm

Sehenswürdigkeiten auf einen Blick

Historische Stätte
Nizamuddin-Komplex ❶

Grabmal
Humayuns Grabmal S. 83 ❷

Denkmäler
Khair-ul-Manazil-Moschee ❹
Purana Qila ❸

Museum
Crafts Museum S. 86f ❺

Ausstellung
Pragati Maidan ❻

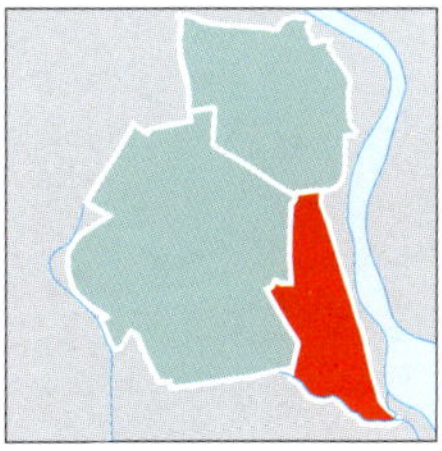

Anfahrt

Nizamuddin mit seinem Dorf und Humayuns Grabmal erreicht man mit dem Taxi oder der Fahrradriksha. Auch Purana Qila steuert man mit dem Taxi oder dem Wagen an. Purana Qila selbst erkundet man am besten zu Fuß.

LEGENDE

- Bahnhof
- Busbahnhof
- Metro-Station
- Polizei
- Tempel
- Moschee
- Grabmal

0 Meter 750

◁ Marmor- und Fliesenmuster an der Fassade der Atgah-Khan-Grabstätte in Nizamuddin *(siehe S. 82)*

Nizamuddin-Komplex ❶

Westl. der Mathura Rd. **Stadtplan** 6 D5. **Dargah** ⬤ tägl. Qawwali Do 18.30 Uhr. 🎵 Urs (Apr.).

Versammlungsplatz, Nizamuddin

Die mittelalterliche Siedlung oder *basti* ist nach Sheikh Hazrat Nizamuddin Auliya benannt, dessen Grab und Hospiz hier liegen. Nizamuddin gehörte einer Bruderschaft von Sufi-Mystikern an, den Chishtiyas (siehe S. 319), die wegen ihrer Enthaltsamkeit, Demut und Abkehr von der Politik und von materiellem Besitz verehrt wurden. Die täglichen Versammlungen zogen Reich und Arm an, die Sheikh Hazrat Nizamuddin als »Freund Gottes« betrachteten, der für sie am Tag des Jüngsten Gerichts Fürsprache leisten würde. Nizamuddin starb 1325, aber für seine Anhänger ist er der *zinda pir*, ein lebender Geist, der ihre Bitten erhört.

Bunte Verkaufsstände säumen die Gasse zu Nizamuddins *dargah*

Das Urs-Fest (siehe S. 38) wird hier an seinem Geburts- und Todestag mit *qawwalis* genannten Gesängen und *Chador*-Opfern gefeiert.

Eine gewundene Gasse führt zu Nizamuddins Grab: Zwischen den Verkaufsständen mit Blumen, *chadors*, Uhren und Drucken mit Mekka-Motiven drängen sich die Bettler. Hauptversammlungsplatz ist ein 1562 wieder aufgebauter Marmorpavillon, auf dem am Donnerstagabend Gläubige Lieder des berühmten persischen Dichters Amir Khusrau (1253–1325) singen. Frauen dürfen nur durch die *jalis* in die Kammer schauen, wo sein Grab unter einem mit Rosenblüten bestreuten Tuch ruht. Imams rezitieren hier ständig Koranverse. In dem Komplex liegen auch Schüler Nizamuddins begraben, Jahanara Begum und Amir Khusrau.

Grab des berühmten Dichters Mirza Ghalib

An der Westseite des offenen Hofs steht die rote Sandsteinmoschee Jama't Khana von 1325. Nördlich befindet sich ein *baoli* (Stufenbrunnen), der beim Bau Tughlaqabads (siehe S. 114) heimlich angelegt wurde, denn Ghiyasuddin Tughlaq hatte damals alle Bauten außerhalb seiner Stadt verboten. Der Legende nach wurde hier nachts gearbeitet, im Lampenlicht, das mit Wasser brannte, das Nasiruddin, Nizamuddins Nachfolger (siehe S. 108), gesegnet hatte. Im Süden findet man das Grab von Atgah Khan (16. Jh.), Akbars Minister und Ehemann von einer seiner Ammen, der von Adham Khan (siehe S. 113) ermordet wurde. Der offene Marmorpavillon Chaunsath Khamba (»64 Säulen«) ist in unmittelbarer Nähe. Davor steht in einem Garten das schlichte Grab von Mirza Ghalib (1786–1869). Er war einer der bedeutendsten Dichter seiner Zeit und schrieb auf Urdu und Persisch. Seine Gedichte werden bis heute gelesen. Die nahe gelegene Ghalib Academy ist ein Kunstarchiv. Die *basti* ist stets überfüllt, bewahrt aber mit erstaunlicher Würde den Glauben an seinen *pir*, den sein Schüler Amir Khusrau beschrieb als »König ohne Thron oder Krone, mit Königen, die sich nach dem Staub seiner Füße sehnen«.

Nizamuddin-Komplex

Im historischen Friedhofskomplex sind dicht bei ihrem Lehrer viele Jünger des *pir* bestattet, etwa Amir Khusrau und Jahanara Begum, die Lieblingstochter von Shah Jahan. Jahanaras Grabinschrift spiegelt die Lehre ihres Meisters wider: »Lass nichts auf meinem Grab wachsen außer Gras, denn Gras reicht für das Grab einer Niedrigen völlig aus.«

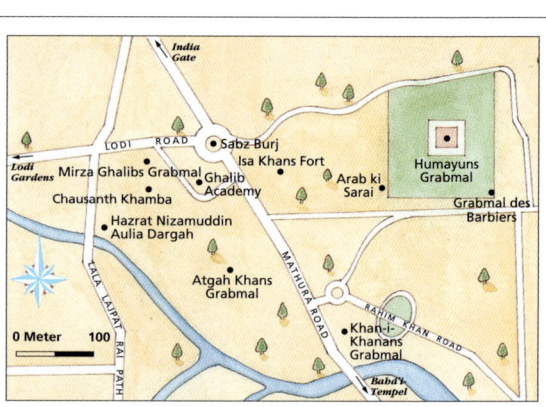

Hotels und Restaurants in Delhi *siehe Seiten 234–236 und 256f*

Humayuns Grabmal ❷

Marmorstern-Intarsie

INFOBOX

Nahe der Mathura Rd.
Stadtplan 6 D4. (011) 2435 5275. tägl. Sonnenauf- bis -untergang.

Humayun, der zweite Mogul-Herrscher *(siehe S. 84)*, ist hier bestattet, im ersten prächtigen Mogul-Mausoleum, das als Vorbild für spätere Grabstätten wie den Taj Mahal diente. Der Bau wurde 1565 von dem persischen Architekten Mirak Mirza Ghiyas im Auftrag der Hauptwitwe Humayuns, Haji Begum, gestaltet. Er wird auch »Schlafsaal des Hauses von Timur« genannt, da hier Humayuns Frauen und Dara Shikoh, Shah Jahans gelehrter Sohn, ruhen. Der Komplex umfasst das Afsarwala-Grab, das Achteckige Grab und die Moschee von Isa Khan, einem Adligen an Sher Shahs Hof, sowie das Grab von Humayuns Lieblingsbarbier. Die persischen Maurer lebten im Arab ki Sarai.

Vom Eingang zeigt sich das Grabmal in perfekter Symmetrie

Kuppel
Die imposante weiße, doppelte Marmorkuppel formt eine Halbkugel und wird von einer Kreuzblume mit persischem Halbmond gekrönt. Später – wie z. B. beim Taj Mahal – setzte man Lotus ein.

Geometrische Muster auf Intarsien

Jalis
Derartige feine Gitterwerke aus Stein wurden später typisch für den Stil der Moguln.

Grabkammer
Der weiße Marmorsarkophag ruht auf einem schwarz-weißen Marmorsockel. Das Grab selbst liegt darunter in einer dunklen, von Fledermäusen bewohnten Kammer.

Der beeindruckende Sockel ist mit roten Sandsteinbogen geschmückt und besteht aus mehreren Kammern. Dies war eine Neuerung gegenüber früheren Grabanlagen.

Stadtplan Delhi *siehe Seiten 122–131*

Purana Qila ❸

Mathura Rd. **Stadtplan** 6 D2.
📞 (011) 2435 4260. ⏰ tägl.
Sonnenauf- bis -untergang.
Museum 📞 (011) 2435 5387.
⏰ 10–17 Uhr. ● Fr. 🎫

Bootsfahrt vor Purana Qila

Purana Qila, das »Alte Fort«, steht auf einem alten Grabhügel. Ausgrabungen an der Ostmauer belegen, dass der Ort seit 1000 v.Chr. bewohnt war. Hier soll einst Indraprastha, die Pandava-Hauptstadt aus dem Epos *Mahabharata (siehe S. 141),* gestanden haben.

An dieser Stelle erbaute Humayun, der zweite Mogul-Herrscher, seine Stadt Dinpanah (»Fluchtburg des Glaubens«), nur vier Jahre nachdem sein Vater Babur die Mogul-Dynastie 1526 begründet hatte *(siehe S. 52f).* Doch seine Herrschaft endete bereits 1540, als der ehrgeizige Afghanenführer Sher Shah Sur (reg. 1540–45) sein Königreich eroberte. Als Sher Shah die Zitadelle einnahm, verstärkte er die Wälle, baute neue Anlagen und benannte sie in Shergarh um. Nach seinem Tod setzte sein Nachfolger von Humayun geschlagen, der sein Reich 1555 wieder in Besitz nahm. Heute sind von den Palästen, Quartieren und Häusern nur die Moschee von Sher Shah und die angebliche Bibliothek von Humayun übrig geblieben.

Der Yamuna floss damals an der Ostseite der Festung vorbei und bildete einen natürlichen Graben. Davon übrig geblieben ist nur ein kleiner See an der Westseite, gegenüber der Mathura Road.

Der heutige Eingang, ein massives rotes Sandsteintor an der Westmauer, das **Bara Darwaza**, ist eines der drei Haupttore. Die zweistöckige Fassade mit *chhatris* und einer steilen Rampe darunter zeigt noch Reste von Fliesen und gemeißelten Laubmotiven. **Humayuns Tor** an der Südmauer weist eine Inschrift mit den Namen von Sher Shah und dem Datum 950 AH (1543/44) auf. Im Norden sind die Reliefs des **Taliqi Darwaza** (»Verbotenes Tor«) sehenswert, auf der anderen Straßenseite erhebt sich der rote Sandsteinbau des **Lal Darwaza** oder Sher-Shah-Tores, eines der Tore zum Dorf, das sich rund um das Fort entwickelte. Die einkuppelige **Qal'a-i-Kuhna-Moschee**, die Sher Shah 1541 erbaute, ist ein schönes Beispiel des Prä-Mogul-Stils.

Chhatri mit Schmuckfliesen

Die Gebetshalle birgt fünf elegante Bogennischen *(mihrabs)* in der Westmauer. Marmor in Rot- und Weißtönen wurde für die Inschriften verwendet und stellt den Übergang von der Lodi- zur Mogul-Architektur dar. Im zweiten Stock gab es einen Gebetsraum für Hofdamen. Der Arkadeneingang an der linken Wand mit verzierten *jharokhas* war für die königliche Familie reserviert.

Der **Sher Mandal** erhebt sich südlich der Moschee: Der zweistöckige, achteckige Turm aus rotem Sandstein wurde ebenfalls von Sher Shah erbaut und später von Humayun wahrscheinlich als Bibliothek genutzt. Den Turm krönt ein achteckiger, mit weißem Marmor verkleideter *chhatri* (offener Pavillon) auf acht Säulen. Im Inneren sind Reste der Stuckverzierungen und Steinregale erkennbar, die wohl für die herrschaftlichen Bücher errichtet wurden. Hier starb der fromme Humayun am 24. Januar 1556, als er dem Ruf des Muezzins folgte, sich eilig auf die Stufen kniete, strauchelte und tödlich stürzte. Sein Grabmal sieht man vom Südtor aus.

Purana Qila erblühte als sechste Stadt von Delhi *(siehe S. 107),* einige Mauerreste zeugen noch heute von dieser frühen Besiedlungsepoche. Ein kleines **Museum** zeigt Ausgrabungsfunde aus der Umgebung.

Sher Shahs Moschee in Purana Qila

Hotels und Restaurants in Delhi *siehe Seiten 234–236 und 256f*

Über der Gebetshalle von Khair-ul-Manazil erhebt sich nur eine Kuppel

Khair-ul-Manazil-Moschee ❹

Mathura Rd. **Stadtplan** 5 C2.
◯ Sonnenauf- bis -untergang.

Diese Moschee, »das glücklichste aller Häuser«, wurde 1561 von Akbars einflussreicher Amme Maham Anga und dem Höfling Shiha-bu'd-Din Ahmed Khan erbaut. Ein Sandsteintor führt in einen ausgedehnten, von Kreuzgängen umgebenen Innenhof. Das obere Stockwerk der Moschee diente als *madrasa*. Die Gebetshalle mit fünf Bogenöffnungen krönt eine einzige Kuppel. Über dem Mittelbogen zeigt eine Inschrift Maham Angas und Shiha-bu'd-Dins Namen. Innen ist der zentrale *mihrab* mit blauer und grüner Kalligrafie verziert. Maham Anga ist mit ihrem von Akbar getöteten Sohn Adham Khan *(siehe S. 113)* in Mehrauli bestattet.

Crafts Museum ❺

Siehe Seiten 86f.

Pragati Maidan ❻

Mathura Rd. **Stadtplan** 6 D1. ☏ (011) 2331 8143. FAX (011) 2331 8142.
◯ tägl. 10–17.30 Uhr.
Hamsadhwani, Falaknuma und **Shakuntalam** ☏ (011) 2337 1849.
National Science Centre ◯ Di–So 10–18 Uhr. Feiertage.

Indiens größtes Ausstellungsgelände erstreckt sich auf 61 Hektar und dient den Ausstellungen und Messen der India Trade Promotion Organization. Auf dem Gelände kann man die Arbeit von einigen der besten Architekten des Landes bewundern: Raj Rewal gestaltete die Hall of Nations and Industries, Joseph Allen Stein schuf das World Trade Centre. Weitere bedeutende Gebäude wurden von Charles Correa, Achyut Kanvinde und Satish Grover errichtet. Alle indischen Bundesstaaten sind hier durch Pavillons vertreten, die über das weitläufige Gelände verteilt sind. Insgesamt 16 Kilometer Straße verbinden sie miteinander.

Messen finden das ganze Jahr über statt – von Textilien, Schmuck und Autos bis zu Bergbaugeräten und Lebensmitteln. Alle zwei Jahre laden die World Book Fair sowie die India International Travel and Tourism Show Teilnehmer aus aller Welt ein. Auf dem Gelände befinden sich auch der Kinderfreizeitpark Appu Ghar sowie das National Science Centre *(siehe S. 273)*. Die Kinos Falaknuma und Shakuntalam zeigen indische und ausländische Filme, im Hamsadhwani Auditorium finden Kulturveranstaltungen statt.

Blick auf den Pragati Maidan, von Purana Qila aus gesehen

Matka Pir

Reihenweise *matkas* (Steinguttöpfe) begrüßen Gäste am Schrein des Sufi-Heiligen Matka Pir. Einer Legende nach baten ein Mann und seine Frau um Hilfe, um einen Sohn zu gebären. Da sie arm waren, konnten sie nur einen kleinen Topf mit Linsen und Palmzucker anbieten: Der Heilige empfahl ihnen, den Topf in den Hof zu stellen, Gott werde schon helfen. Ein Jahr darauf war ihr Wunsch in Erfüllung gegangen, so kamen sie mit einem weiteren Topf – eine bis heute lebendige Tradition. Die Topfreihen führen über Marmortreppen bis zum *dargah* oberhalb der Mathura Road. Das Grab zieht bis heute Pilger an.

Der Schrein des Sufi-Heiligen Matka Pir

Crafts Museum ❺

Holzpuppe auf Schaukel

Seit Jahrhunderten haben indische Kunsthandwerker wie Töpfer, Weber, Maurer und Holzschnitzer praktische und zugleich ästhetische Objekte des täglichen Gebrauchs hergestellt. Um das Werk der Handwerker mit einer großen Ausstellung unter einem Dach zu fördern, wurde 1956 das Museumsprojekt gestartet. Anfang der 1980er Jahre waren es 20 000 Objekte, Kern des ersten indischen Museums für Kunsthandwerk.

Mukhalinga
Ein seltenes Phallusbildnis (linga) *aus Messing und Silber (19. Jh.) mit menschlichem Gesicht* (mukha).

★ Bandhini Odhni
Der zarte Schleier wurde vom Bhansali-Stamm in Kutch, Gujarat, hergestellt. Bei dem Batikdruck (bandhini) *entsteht das Muster durch Körner, die mit Fäden abgebunden und eingefärbt werden.*

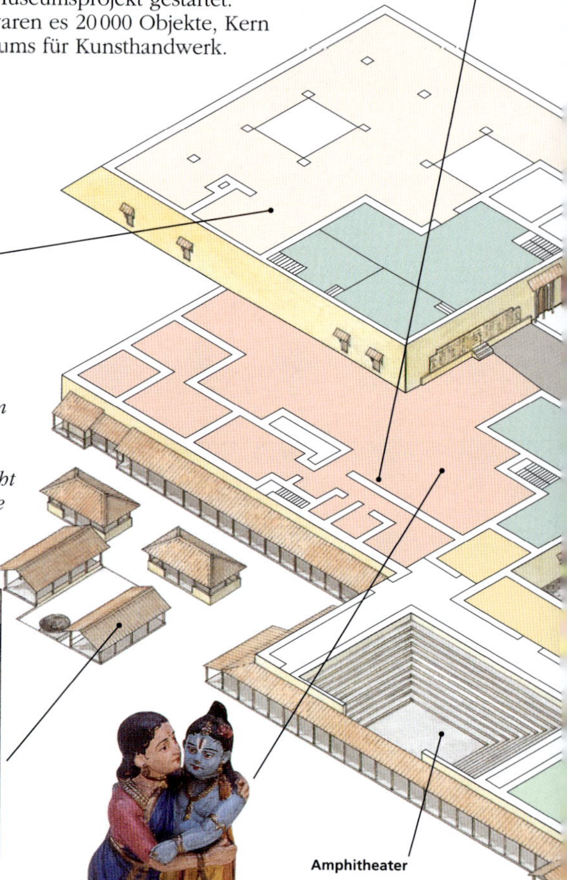

Kunsthandwerk-Shows
Kunsthandwerker aus ganz Indien zeigen hier jeden Monat (außer in der Monsunzeit) ihre Fertigkeiten.

Amphitheater

Yashoda und Krishna
Diese kleine Gipsstatue aus Südindien (Mitte 20. Jh.) ist ein interessantes Beispiel für populäre Kitschdarstellungen von Göttern und mythologischen Motiven

---

NICHT VERSÄUMEN

★ Bandhini Odhni

★ Bhuta-Figur

★ Charakku

LEGENDE

- Kunst des Adels
- Ritualkunst
- Volks- und Stammeskulturen
- Kunsthandwerk
- Textilien
- Verwaltungsflügel
- Wechselausstellungen
- Museums-Shop

CRAFTS MUSEUM

INFOBOX
Bhairon Marg. **Stadtplan** 6 D2.
(011) 2337 1887. Di–So
10–17 Uhr. Feiertage.
Handwerksvorführungen
tägl. 10–20 Uhr. Juli–Sep.
http://nationalcraftsmuseum.nic.in

Sarota
Ein Betelnussknacker (Ende 19. Jh.) aus Südindien.

★ Charakku
Diese riesigen runden Schüsseln werden aus einer Metalllegierung (»Glockenmetall«) gegossen. Sie werden noch heute bei Hochzeits- oder Tempelfeiern in Kerala für payasam (Reispudding) genutzt.

Madhubani-Gemälde
Ein faszinierendes Wandgemälde einer Hochzeit aus Naturfarben von Ganga Devi, einer berühmten Vertreterin dieser traditionellen Kunstform aus Bihar in Ostindien.

★ Bhuta-Figur
Diese lebensgroßen Holzfiguren entstanden vor 200 Jahren für den »Bhuta«-Geisterkult im südlichen Bundesstaat Karnataka.

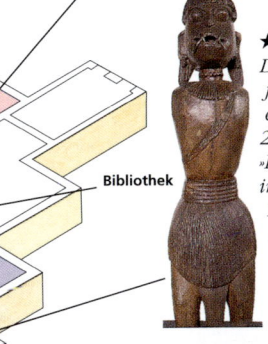

Bibliothek

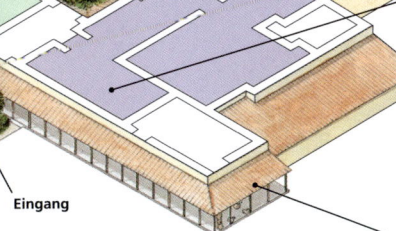

Eingang

Kurzführer
Die Ausstellungen sind auf zwei Stockwerke des Komplexes verteilt und durch Innenhöfe, die auch als Ausstellungsfläche dienen, in Abteilungen getrennt. Ebenfalls im Freien finden jeden Monat Kunsthandwerksvorführungen statt (nicht in der Monsunzeit).

Crafts Museum Shop
Der Museums-Shop des Crafts Museum verkauft eine große Auswahl indischer volkstümlicher Kunst und Textilien.

Stadtplan Delhi siehe Seiten 122–131

Old Delhi

Detail einer Tür, Red Fort

Das heutige Old Delhi war die Mogul-Hauptstadt Shahjahanabad, die Shah Jahan erbauen ließ, als er den Hof von Agra nach Delhi verlegte. Mit dem Bau wurde 1638 begonnen, zehn Jahre später waren Lal Qila (Red Fort), Jami Masjid, Chandni Chowk und die Wohn- und Handelsviertel fertiggestellt. Eine Bruchsteinmauer mit 14 Toren schützte die Stadt. Drei Tore – Delhi, Turkman und Ajmeri – sind bis heute erhalten.

Old Delhi zeichnete sich durch einen eleganten Lebensstil aus. Höflinge und Kaufleute, Künstler und Dichter, die in den *galis* (Gassen) und *katras* (Vierteln) lebten, prägten das Stadtbild. 1739 plünderte der Perser Nadir Shah die Stadt und hinterließ ein blutiges Chaos. Einen weiteren Schlag musste sie verkraften, als britische Truppen das Red Fort nach dem Aufstand von 1857 besetzten und es zu einer Garnison ausbauten, während eine Eisenbahnstrecke die Stadt in zwei Hälften teilte. Doch das Flair von Old Delhi hat all das bis heute überstanden, in den geschäftigen *galis* geht es so lebendig zu wie früher: Die Händler scheinen heute, angesichts der Hektik der modernen Gesellschaft, noch eifriger zu verkaufen als ehedem.

Sehenswürdigkeiten auf einen Blick

Moscheen
Jami Masjid ❶
Zinat-ul-Masjid ❻

Denkmäler
Feroze Shah Kotla ❽
Lal Qila – Red Fort S. 94f ❸

Historische Gebäude und Straßen
Ajmeri Gate ❹
Chandni Chowk ❷
Turkman Gate ❺

Gedenkstätte
Rajghat ❼

Anfahrt
Am einfachsten kommt man mit Taxi, Metro oder Autoriksha zum Red Fort und Chandni Chowk. Bei einem Tagesausflug erkundet man die Altstadt am besten zu Fuß oder mit einer Fahrradriksha.

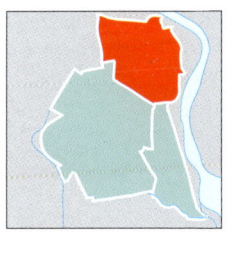

LEGENDE

	Detailkarte *siehe S. 90f*
🚉	Bahnhof
Ⓜ	Metro-Station
🚓	Polizei
✉	Post
✚	Krankenhaus
	Tempel
C	Moschee
	Gurdwara
	Kirche

0 Meter 750

◁ Der weiße Marmor-Thronbalkon Diwan-i-Aam im Lal Qila *(siehe S. 94f)*

Im Detail: Chandni Chowk

Der heutige Einkaufsboulevard diente einst als Prozessionsstrecke zwischen Lal Qila und Jami Masjid. Als die nun baumbestandene Prachtstraße im Jahr 1648 von Jahanara Begum, Shah Jahans Lieblingstochter, entworfen wurde, verlief in der Mitte ein Kanal. Chandni Chowk oder der »Silberne, mondbeschienene Platz« war von Läden und den großen Residenzen, den *havelis*, der Adeligen und Kaufleute gesäumt.

Sisganj Gurdwara
Guru Tegh Bahadur, der neunte Guru der Sikhs, wurde hier enthauptet. Der Gurdwara bezeichnet die Stelle seines Martyriums.

Sunehri Masjid
Die »Goldene Moschee« mit drei vergoldeten Kuppeln entstand 1722. Vom Dach aus beobachtete Nadir Shah am 22. März 1739 das Massaker an Delhis Einwohnern.

Fatehpuri Masjid

Nai Sarak

★ **Kinari Bazar**
Dicht gedrängte Stände bieten alle Arten von Gold- und Silberschmuck wie Armreife, Goldflittergirlanden sowie Hochzeits- und Festturbane an.

Shiva-Tempel

Karim's
In einer engen Gasse südlich der Jami Masjid liegt Delhis bestes Mughlai-Restaurant, das nach einem berühmten Koch des 19. Jahrhunderts benannt ist und von seinen Nachkommen geführt wird.

NICHT VERSÄUMEN

★ Jami Masjid

★ Kinari Bazar

★ Lahore Gate

Hotels und Restaurants in Delhi *siehe Seiten 234–236 und 256f*

OLD DELHI: CHANDNI CHOWK

★ Lahore Gate
Das eindrucksvolle Tor aus rotem Sandstein ist der Haupteingang zum Red Fort. Am Republic Day nimmt der Premierminister hier die Parade ab.

Zur Orientierung
Siehe Stadtplan 2

Dariba Kalan
In dieser Gasse wird Gold- und Silberkunst verkauft. Gulab Singhs Blumenessenzladen (siehe S. 119) liegt hier.

Spendenkasten am Bird Hospital an der Netaji Subhash Marg

★ Jami Masjid
Indiens größte Moschee erhebt sich mit Minaretten und Marmorkuppeln auf einem Grabhügel. ❶

Govt Girls Senior Secondary School
Karim's

0 Meter 25

LEGENDE
– – – Routenempfehlung

Stadtplan Delhi *siehe Seiten 122–131*

Jami Masjid, die größte Moschee Indiens, ließ Shah Jahan erbauen

Jami Masjid ❶

Bei der Netaji Subhash Marg.
Stadtplan 2 E2. ● für Nichtmuslime zur Gebetszeit und nach 17 Uhr.
📷 (gegen Gebühr).

Die riesige Moschee ließ der Herrscher Shah Jahan 1656 auf einem Felsplateau erbauen – sie wurde in sechs Jahren von 5000 Arbeitern für die unvorstellbare Summe von einer Million Rupien errichtet. Eine imposante Treppe aus rotem Sandstein führt zu den mächtigen Eingangsbogen. Dort verkaufte man zur Zeit Aurangzebs Pferde, Jongleure zeigten ihre Kunst.

Im 28 Meter breiten, quadratischen Innenhof drängen sich beim Gebet am Freitagabend bis zu 20000 Menschen. Zum Id-Fest gleicht er einem Meer aus Gläubigen. Unweit des Waschplatzes in der Mitte befindet sich die *Dikka*-Bühne. Hier wiederholte früher, als es noch keine Lautsprecher gab, ein Nachbeter die Worte des Imam, damit alle sie hören konnten.

Drei Kuppeln aus weißem und schwarzem Marmor krönen die riesige Gebetshalle. Der Mittelbogen wird von zwei Minaretten eingerahmt. Die Spitze des südlichen Minaretts bietet – nach 20-minütigem Aufstieg – einen herrlichen Blick über die Dächer von Old Delhi auf die Hochhäuser New Delhis. Frauen dürfen nur in männlicher Begleitung in das Minarett.

Chandni Chowk ❷

Stadtplan 2 D2.

Die breite Prachtstraße war früher der eleganteste Boulevard in Shahjahanabad zwischen Red Fort und Fatehpuri Masjid. Chandni Chowk ist das Herz von Old Delhi, wo sich Kommerz und Religion fröhlich mischen: Überall an der Straße sieht man Heiligenschreine, den Anfang macht der Digamber Jain Mandir. Gleich daneben liegt das Tierhospital für kranke und verletzte Vögel. Laute Rufe, Glockengeläut, Blumen und Zinnoberpuder anpreisende Händler drängen sich um den Gauri Shankar Mandir, der Shiva und Parvati geweiht ist und 800 Jahre alt sein soll. Etwas weiter, nahe am Sisganj Gurdwara, stößt man auf die Kotwali (Polizeistation). Hier fanden 1857 die britischen Vergeltungsmaßnahmen statt (*siehe S. 55*). Fast 100 Jahre zuvor geschah in der Nähe ein anderes grausames Spektakel, als der persische Oberbefehlshaber Nadir Shah 1739 vom Dach der Sunehri Masjid zusah, wie seine Männer fast 30000 Bürger Delhis umbrachten.

Der eigentliche Chandni Chowk (»Mondlicht-Platz«) ist ein offener Platz vor dem britischen Rathaus, der heutigen Hardayal-Bibliothek. Gleich dahinter befindet sich der Mahatma Gandhi Park, der in der Mogul-Epoche Begum Bagh hieß. Am Ende des reizvollen Viertels steht Fatehpuri Masjid, die Fatehpuri Begum, eine der Frauen Shah Jahans, 1650 errichten ließ. In der Nähe locken die Gewürzmärkte von Khari Baoli.

Swami Shraddhanands Statue, Chandni Chowk

Chandni Chowk ist lebendiges Geschäftsviertel und religiöses Zentrum zugleich

Hotels und Restaurants in Delhi *siehe Seiten 234–236 und 256f*

Basare in Old Delhi

Die Basare von Old Delhi sind legendär. Ein englischer Reisender, der die Basare vor über 100 Jahren besuchte, pries die »Kaschmirschals, Gold- und Silberstickereien, das Emailgeschirr, den Schmuck und die Teppiche«, die man hier fand. Auch heute erinnern die Geschäfte, die *katras* von Chandni Chowk und Jami Masjid an fernöstliche Souks. In den Gassen bieten unzählige Läden bis auf die Straße hinaus ihre Waren an – eine Einladung zum hartnäckigen Handeln.

Fahrradrikschafahrer

Khari Baoli *ist Asiens größter Gewürzmarkt und erstreckt sich über die ganze Straße, die nach einem alten Ziehbrunnen benannt ist.*

Katra Neel *erinnert an die Souks des Mittleren Ostens. Die Läden verkaufen eine große Auswahl an Textilien: Brokat aus Varanasi, Seide, Baumwolle und Voile.*

Kinari Bazar *ist auf Flitteraccessoires spezialisiert – hier kauft man die Aussteuer ein.*

Dariba Kalan *ist die Juweliergasse, wo die Zunft seit über zwei Jahrhunderten zu finden ist.*

Nai Sarak *ist bei Schülern und Studenten beliebt, da hier Schul- und Studienbücher sowie Schreibbedarf verkauft werden.*

0 Meter 500

Chawri Bazar *bietet unzählige Papiersorten, die nach Gewicht verkauft werden.*

Churiwali Gali *hat Girlanden aus Glasarmreifen, passend zu jedem Sari oder* lehenga. *Die Straße heißt auch »Gasse der Armreifverkäufer«.*

Stadtplan Delhi *siehe Seiten 122–131*

Old Delhi: Lal Qila – Red Fort ❸

Wandtafel, Diwan-i-Aam

Rote Sandsteinzinnen geben dem Lal Qila, dem »Roten Fort« der Mogul-Herrscher, seinen Namen. Shah Jahan ließ den Festungspalast 1639 in neun Jahren erbauen. 1857 wurde der letzte Herrscher, Bahadur Shah Zafar, entthront und ins Exil geschickt. Lahore Gate, einer der sechs Zugänge in das Fort, führt in den überdachten Basar von Chatta Chowk, wo einst Brokat und Edelsteine verkauft wurden. Dahinter liegt Naqqar Khana, wo früher Musiker dreimal täglich aufspielten.

Vergoldete Säule (Detail)
Der Pomp der Moguln zeigt sich im verschwenderischen Einsatz von Marmor und Gold

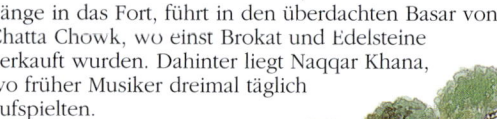

Moti Masjid
Die nach dem schimmernden Marmor benannte kleine »Perlenmoschee« wurde 1659 von Aurangzeb hinzugefügt.

★ Hamam
Das königliche Bad umfasst drei Anlagen: ein Dampfbad, eine Anlage mit Fontänen, die Rosenwasser versprühten, und schließlich ein Kaltwasserbecken.

★ Diwan-i-Aam
Dreimal täglich hielt der Herrscher in dieser Halle mit 60 Säulen Audienzen ab. Der aufwendig geschnitzte Thronbaldachin steht erhöht. Die Marmorbank diente dem Obersten Minister (wazir).

NICHT VERSÄUMEN

★ Diwan-i-Aam

★ Diwan-i-Khas

★ Hamam

OLD DELHI: LAL QILA – RED FORT

★ Diwan-i-Khas
Der legendäre Pfauenthron, einer von Shah Jahans sieben edelsteingeschmückten Thronen, war in diesem Pavillon untergebracht. Hier beriet sich der Herrscher mit Vertrauten. Wände und Säulen waren mit Edelsteinen verziert, die Decke ebenfalls mit Edelsteinen und Silber.

INFOBOX

Chandni Chowk. **Stadtplan** 2 D2.
(011) 2327 7705. Di–So 6–19 Uhr. **Ton- und Lichtshow** Feb-Apr, Sep, Okt: 20.30 Uhr; Mai–Aug: 21 Uhr; Nov–Jan: 19.30 Uhr.
Museum Di–So 10–17 Uhr.

Khas Mahal
Die königlichen Gemächer wurden vom »Paradiesstrom« unterteilt. Der Gebetsraum des Herrschers (Tasbih Khana) lag neben seinem Schlafzimmer (Khwabgah) und Wohngemach (Baithak). Von hier aus konnte er den Yamuna sehen und sich auf einem Balkon bei Sonnenuntergang den Untertanen präsentieren.

Rang Mahal
In den für Frauen reservierten, goldverzierten Gemächern steht ein Marmorbrunnen in Form einer Lotusblüte.

Lal Qila

1. Delhi Gate
2. Lahore Gate
3. Naqqar Khana
4. Diwan-i-Aam
5. Rang Mahal
6. Moti Mahal
7. Khas Mahal
8. Diwan-i-Khas
9. Hamam
10. Shah Burj (Turm)
11. Sawan (Pavillon)
12. Bhadon (Pavillon)
13. Zafar Mahal
14. Moti Masjid

LEGENDE
☐ Illustration oben

0 Meter 200

Stadtplan Delhi *siehe Seiten 122–131*

Ajmeri Gate ❹

Ajmeri Gate Rd. **Stadtplan** 1 C3.

Das Ajmeri-Tor ist eines von 14 Toren Shahjahanabads. Es hat über 300 Jahre überstanden und steht heute inmitten des stets überfüllten Geschäftszentrums von Delhi. Schräg gegenüber vom Ajmeri Gate sind das **Grabmal** und die **Madrasa von Ghazi-ud-Din** zu finden. Ghazi-ud-Din Khan war zur Regierungszeit des sechsten Mogul-Herrschers Aurangzeb und seines Sohns Mir Qamar-ud-Din ein wichtiger Höfling. Letzterer begründete jene Dynastie, die den Bundesstaat Hyderabad bis zur Unabhängigkeit im Jahr 1947 regierte.

Die eindrucksvolle rote Sandstein-*madrasa* umfasst Arkaden und eine Moschee an der Westseite. Sie wurde Ende des 17. Jahrhunderts gegründet und galt als eine der vornehmsten Koranschulen Delhis. Ab 1824 war sie als angloarabische Schule bekannt: Hier wurde Englischunterricht erteilt. Britische Lehrer führten Mathematik und wissenschaftliche Texte ein, die dann in Urdu übersetzt wurden. Ghazi-ud-Dins marmornes Grabmal liegt am südlichen Ende der Moschee. Zwar ist der Bau heute verkehrsumtost, dient aber als Gotteshaus. Die Moschee mit ihren drei Kuppeln wird stark frequentiert, Studenten eilen

Die *madrasa* von Ghazi-ud-Din

über den Innenhof, gestreifte Handtücher hängen von den Balkonen der Herbergen, wo sich früher Seidentücher bauschten. Bis vor Kurzem war auch das renommierte Delhi College, das heutige Zakir Husain College, hier angesiedelt.

Eine Fahrradriksha bringt Sie vom Ajmeri Gate an kleinen Geschäften vorbei zu den überfüllten Gassen des Lal Kuan Bazar mit dem 1846 erbauten **Zinat Mahal**. Es war einst die Wohnstätte der Namensgeberin und Lieblingsfrau des letzten Mogul-Herrschers Bahadur Shah Zafar. Die ursprüngliche Fassade war reich verziert und hatte mehrere Erkerfenster. Den Sinnspruch von Bahadur Shah Zafar über dem Eingang kann man noch heute lesen.

Turkman Gate ❺

Asaf Ali Rd. **Stadtplan** 2 D3.

Das massive, rechteckige Turkman Gate aus rotem Sandstein erhebt sich frei stehend an der Asaf-Ali-Straße. Das Tor markierte die südliche Grenze von Shahjahanabad und wurde nach einem muslimischen *pir*, Hazrat Shah Turkman Bayabani, benannt, dessen Grabmal mit dem *dargah* aus dem 13. Jahrhundert etwas östlich liegt. In den gewundenen Gassen hinter dem Tor stößt man auf zwei mittelalterliche Bauten: Die **Kalan Masjid** (»Schwarze Moschee«) im Bulbulekhan-Viertel erbaute 1387 Khan-i-Jahan Junan Shah, der Erste Minister von Feroze Shah Tughlaq. Sie ist eine von sieben Moscheen, die er in Delhi errichtete, die anderen findet man in Khirkee und Begampuri *(siehe S. 109)*. Nahe der Schwarzen Moschee versteckt sich zwischen Häusern und Geschäften ein einfaches Bruchsteingrabmal, das vermutliche **Grabmal von Sultana Razia**, Delhis einziger Herrscherin *(siehe S. 50f)*. Ihre kurze Regierungszeit wurde von Aufständen überschattet. Sie wurde 1240 auf der Flucht aus Delhi in Karnal ermordet. Die Werkstatt von Hazarilal, dem letzten Künstler, der Delhis blaue Töpferware herstellt, liegt ebenfalls in den Gassen von Hauz Suiwalan.

Straßenverkehr umtost das Turkman Gate aus der Zeit der Moguln

Hotels und Restaurants in Delhi *siehe Seiten 234–236 und 256f*

Zinat-ul-Masjid ❻

Daryaganj. **Stadtplan** 2 F3.

Die Moschee ließ Prinzessin Zinat-un-Nisa Begum, eine der Töchter von Aurangzeb, im Jahr 1710 erbauen. Das elegante Gebäude aus rotem Sandstein hat einen geräumigen Innenhof, der über einer Flucht von Kellerräumen erbaut wurde. Die Gebetshalle mit den sieben Säulenbogen wird von drei schwarz-weiß gestreiften Marmorkuppeln überdacht. Die Einheimischen nennen die Moschee auch Ghata-(»Wolken«-)Moschee, weil die gestreiften Kuppeln dem Monsunhimmel ähneln.

Zinat-ul-Masjid, auch als *Ghata-* oder »Wolken«-Moschee bekannt

Rajghat

Rajghat ❼

Mahatma Gandhi Rd. **Stadtplan** 2 F3.
◯ tägl. Sonnenauf- bis -untergang. **Gebet** Fr 17 Uhr. **National Gandhi Museum** ☏ (011) 2331 1793.
◯ Di–So 9.30–17.30 Uhr.
● *Feiertage. Filmvorführungen* Sa, So 16–17 Uhr.

Rajghat ist das wichtigste Nationalmonument Indiens. Hier wurde der Leichnam von Mahatma Gandhi eingeäschert: Auf einer dunklen Granitplatte sind seine letzten Worte *»He Ram!«* (»Oh Gott!«) eingraviert. Die einzigen Farbtupfer bilden die Girlanden aus orangefarbenen Ringelblumen, die darauf liegen. Gandhis Anhänger singen *bhajans,* der Schlag der *dholak* verleiht dem Ort eine melancholische Stimmung. Alle Staatsgäste werden zu diesem *samadhi* (»Mahnmal«) geführt, um dem Vater der Nation ihre Ehre zu erweisen. Zu Gandhis Geburtstag (2. Oktober) und Todestag (30. Januar) versammelt sich hier die Regierung.

Gegenüber zeigt das **Gandhi National Museum** Erinnerungsstücke aus Gandhis Leben, darunter seine Briefe und Tagebücher. Eine Gedenktafel an den Treppen erinnert an Gandhis Philosophie: »Gewaltlosigkeit ist der Lochfraß einer einzigen Seele gegen Tyrannenmacht (…) ein einzelner Mann kann daher der Macht eines ungerechten Reiches trotzen.«

Feroze Shah Kotla ❽

Bahadur Shah Zafar Marg. **Stadtplan** 2 F4.

Nur einige Wälle und Ruinen sind vom Feroze Shah Kotla, dem Palast von Ferozabad, übrig geblieben. Dies war Delhis fünfte Stadt, die Feroze Shah Tughlaq *(siehe S. 107)* errichten ließ. Der Eingang befindet sich am Tor neben dem Indian-Express-Gebäude. Ganz am Ende stehen dort die Ruinen der Jami Masjid. Nur eine erhaltene Rückwand ist von der einstmals größten Moschee Delhis übrig geblieben. Angeblich soll Timur der Lahme, jener mongolische Eroberer, der Delhi 1398 ausplünderte, hier seine Freitagsgebete abgehalten haben. Neben der Jami Masjid findet sich ein pyramidenförmiges Bruchsteingebäude mit einer polierten Steinsäule des Maurya-Herrschers Ashoka auf der Spitze *(siehe S. 46f).* Sie stammt aus dem Punjab und wurde von Feroze Shah 1356 aufgestellt. Aus den Inschriften der Säule konnte der Linguist James Prinsep die Brahmi-Schriften, Vorläufer der Devanagari-Schriften, 1837 entziffern.

Khuni Darwaza (das »Blutbefleckte Tor«), gegenüber dem Indian-Express-Gebäude, wurde von Sher Shah Sur als eines der Eingangstore in die Stadt *(siehe S. 84)* errichtet. Hier erschoss Leutnant Hodson nach der Niederschlagung des Aufstands von 1857 die Söhne von Bahadur Shah Zafar. Delhis Krickestadion ist nach dem Palastkomplex benannt.

Die Säule Ashokas im Feroze Shah Kotla

Abstecher

Auch außerhalb des Zentrums von Delhi locken zahlreiche Sehenswürdigkeiten. The Ridge, ein hügeliges Waldgebiet, durchzieht Delhi vom Südwesten nach Norden. Dort befinden sich der Universitätscampus und Civil Lines, eine von den Briten errichtete, schmucke Siedlung. Im Westen liegt das Delhi Cantonment, ein Armeequartier. Das moderne South Delhi mit seinen Vororten, Wohnblocks und Geschäften erstreckt sich zwischen den alten Städten Siri, Jahanpanah und Tughlaqabad. Weiter südlich trifft man auf den Mehrauli Archaeological Park mit Jagdhütten aus dem 19. Jahrhundert, Gräbern, Pavillons und dem alles überragenden Qutb Minar. Hier lag einst Delhis erste Stadt Qila Rai Pithora, erbaut rund um Lal Kot, eine Tomar-Rajputen-Festung.

Detail, Moth ki Masjid

Sehenswürdigkeiten auf einen Blick

Historische Stätten und Gebäude
Chiragh Delhi ❶
Civil Lines ❺
Delhi Cantonment ❿
Delhi University ❽
Fort Siri ⓰
Hauz Khas ⓯
Jahanpanah ⓳
Khirkee ⓲
Mehrauli Archaeological Park S. 110–113 ⓴
Old Delhi GPO ❷
Tughlaqabad ㉓

Tempel, Kirchen und Moscheen
Bahá'i House of Worship ㉕
Kalkaji-Tempel ㉔
Moth ki Masjid ⓮
St James's Church ❶

Friedhof
Nicholson Cemetery ❸

Parks und Gärten
Northern Ridge ❼
Qudsia Gardens ❹
Ridge ❾

Denkmal
Coronation Memorial ❻

Museen
National Rail Museum ⓫
Sanskriti Museum ㉑

Grabmale
Safdarjungs Grabmal ⓬
Sultan Ghari ㉒

Markt
INA Market ⓭

Anfahrt
Am besten erkundet man die Gegend um das Zentrum mit Auto, Taxi, Metro oder Autorikscha. Private Anbieter organisieren zu manchen Stätten auch Busausflüge.

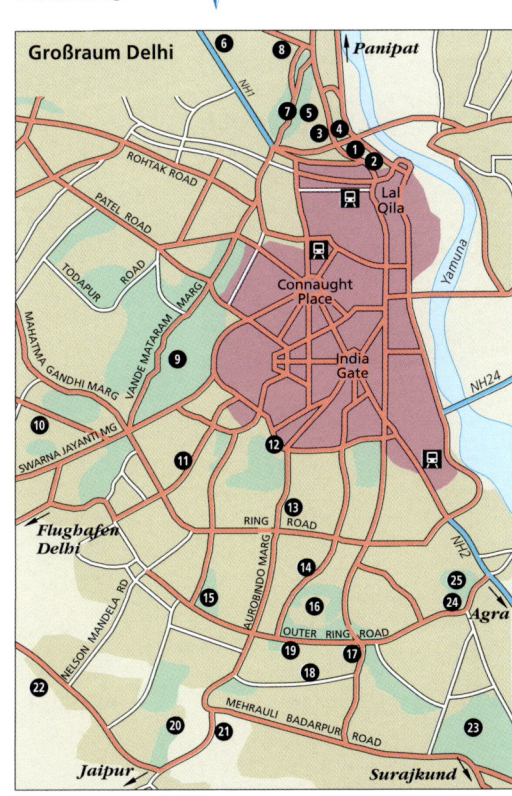

LEGENDE
- Zentrum von Delhi
- Stadtgebiet
- Großraum Delhi
- Bahnhof
- Hauptstraße
- Nebenstraße

◁ Safdarjungs Grab, das letzte Gartenmausoleum der Moguln, entstand Mitte des 18. Jahrhunderts *(siehe S. 105)*

Im Detail: Rund um Kashmiri Gate

Bäckereischild

Das Viertel rund um das Kashmiri Gate erinnert an die dramatischen Ereignisse zwischen Mai und September 1857, die auf dem kurzen Abschnitt zwischen Kashmiri Gate und dem Old Delhi General Post Office (GPO) geschahen. In den 1920er Jahren war dies ein beliebtes Ausgehviertel bei den im nahen Civil Lines lebenden Briten, mit eleganten Geschäften und Restaurants, die heute fast alle verschwunden sind.

Geschäftsfassaden
Einstmals elegante Geschäfte verfallen heute.

★ Kashmiri Gate
Die Moguln begannen ihre Sommerreisen nach Kaschmir an diesem Tor. 1857 fand hier eine blutige Schlacht statt. Eine Gedenktafel an der Westseite ehrt »die Ingenieure und Arbeiter, die das Tor für die britische Armee am 14. September 1857« freikämpften.

Nicholson Cemetery ③

Fakr-ul-Masjid
Die Kuppeln und Minarette der kleinen Moschee erheben sich über der mit Geschäfts- und Bürohäusern gesäumten Straße. Anwohner kommen freitags zum Gebet hierher.

0 Meter 15

Old Hindu College

Old St Stephen's College

NICHT VERSÄUMEN

★ Kashmiri Gate

★ St James's Church

LEGENDE

- - - Routenempfehlung

RUND UM KASHMIRI GATE

★ St James's Church
Delhis älteste und historisch bedeutendste Kirche (1836) ist ein beeindruckender Bau in Gelb- und Weißtönen. ❶

Northern Railways Office
Dieser indisch-sarazenische Traum war einst Sitz des British Commissioner, William Fraser, einer der engsten Freunde Skinners.

CHURCH ROAD

Delhi College of Engineering

Dara Shikohs Bibliothek

Old Delhi GPO ❷

James Skinner

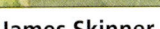

James Skinner (1778–1841)

Skinner war einer der verwegensten Abenteurer des britischen Empire. Der Sohn eines Schotten und einer Rajputin wurde aufgrund seiner Herkunft nicht in die Armee aufgenommen. Er gründete daraufhin sein eigenes Kavallerieregiment, »Skinner's Horse«, dessen Mitglieder man nach den gelben Uniformen »Yellow Boys« benannte. Die Einheit kämpfte tapfer und ist bis heute Teil der indischen Armee. Skinners Nachfahren leben noch heute auf ihrem Anwesen in Mussoorie, Uttar Pradesh.

St James's Church ❶

Lothian Rd. ▢ tägl. 8–12, 14–17 Uhr. **Gottesdienst** So 9 Uhr.

Eine Tafel in der Kirche erinnert daran, dass sie vollständig von Colonel James Skinner finanziert wurde – nach einem Schwur, den er bei einem Gefecht geleistet hatte. Die Kosten für den Bau der Kirche, die die älteste von Delhi ist, beliefen sich auf 80 000 Rupien. Der Grundriss hat die Form eines griechischen Kreuzes mit einer achteckigen Kuppel. Die zwei Buntglasfenster stammen aus den 1860er Jahren. Skinner starb in Hansi *(siehe S. 140)*. Eine Marmortafel vor dem Altar kennzeichnet sein Grab.

Das beeindruckende Old Delhi General Post Office

Old Delhi GPO ❷

Lothian Rd. ▢ Mo–Fr 9.30–18, Sa 9.30–13 Uhr.

Südlich des Kashmiri Gate erhebt sich das Old Delhi General Post Office (GPO), ein altmodischer Bau, in dem die Zeit stehen geblieben ist. Der stuckverzierte Kolonialbau liegt gegenüber einer Verkehrsinsel mit zwei Denkmälern für den Indien-Aufstand von 1857: Das Telegraph Memorial erinnert an die Beamten des Telegrafenamts. Die Inschrift auf dem Obelisken ehrt die Telegrafenbeamten Brendish und Pilkington, die die Nachricht vom Aufstand an die britische Garnison in Ambala übertrugen. In der Nähe liegen die Ruinen des British Magazine, das am 11. Mai 1857 von Captain Willoughby gesprengt wurde, damit es den aufständischen Sepoys nicht in die Hände fallen konnte.

Gräber auf dem Nicholson Cemetery

Nicholson Cemetery ❸

Lala Hardev Sahai Marg.
◻ 10–17 Uhr.

Der ummauerte Friedhof befindet sich in der Nähe des Inter State Bus Terminus (ISBT). Der Nicholson Cemetery ist Ruhestätte des legendären Brigadegenerals John Nicholson, der Befehlshaber britischer Truppen war. Auf seinem Grabstein, rechts vom Eingang, steht, dass er »den Angriff auf Delhi führte, doch im Alter von 35 Jahren in der Schlacht tödlich verwundet wurde und am 3. September 1857 starb«. Auf dem Friedhof sind weitere Gefallene des Indischen Aufstands zwischen dem 10. Mai und dem 30. September 1857 begraben.

Berührend sind die Gräber kleiner Kinder wie etwa das Grab mit einer kopflosen Engelsstatue, das Alfred und Ida Scotts kleiner Tochter gehört: »Wir gaben sie zurück, damit sie im Himmel erblühe.«

Um auf den Friedhof zu gelangen, muss man am Tor anklopfen, damit einem der *chowkidar* öffnet. Man sollte ihm ein kleines Trinkgeld (10–20 Rupien) geben. Achten Sie auf die Affen, sie sind wild und teilweise aggressiv.

Qudsia Gardens ❹

Shamnath Marg.
◻ *Sonnenauf- bis -untergang.*

Qudsia Begum, eine Tänzerin, die später die Gemahlin des Kaisers Muhammad Shah (reg. 1719–48) wurde, ließ diese Gärten um 1748 anlegen. Der einzige historische Überrest ist das noch immer eindrucksvolle Tor. Die heute als Tourist Park bekannte Grünfläche selbst ist eher modern und bietet einen Kinderspielplatz sowie eine hübsche Statue des großen Rajputen-Königs Maharana Pratap. Nördlich des Parks befindet sich das Kinderheim für ausgesetzte Kinder von Mutter Theresas Missionaries of Charity.

Civil Lines ❺

Zwischen Shamnath Marg und Mahatma Gandhi Marg.

In den Civil Lines wohnte einst die britische Zivilbevölkerung, während das Militär im Cantonment *(siehe S. 104)* untergebracht war. Man lebte hier in geräumigen Bungalows, kaufte in Exchange Stores ein, dinierte im Maidens Hotel und betete in der St James's Church. Das alte provisorische Secretariat (1912 erbaut) befindet sich hier auf der Mahatma Gandhi Marg. Das lange, weiße Gebäude mit den zwei Türmen war einst Sitz der Legislative Assembly und beherbergte zeitweise die Verwaltung von Delhi. Als die Briten nach New Delhi übersiedelten, ließen sich hier begüterte indische Angestellte und Geschäftsleute nieder. Einige der alten Bungalows wurden zu Wohnblocks umgestaltet, andere jedoch, wie an der Rajpur Road, haben ihren ursprünglichen kolonialen Charme bewahrt.

Östlich der Civil Lines, in der Nähe des Delhi-Chandigarh-Bypass, steht das Metcalfe House, ein von Sir Thomas Metcalfe in den 1830er Jahren erbautes Anwesen. Das Haus war einst der Mittelpunkt der britischen Gesellschaft, gehört heute dem Verteidigungsministerium und ist nicht zugänglich.

Die weiße, stuckverzierte Fassade des Oberoi Maidens Hotel in der Nähe der Civil Lines

Hotels und Restaurants im Großraum Delhi *siehe Seiten 236–238 und 257–259*

Statuen früherer Vizekönige am Coronation Durbar

Coronation Memorial ❻

Südl. des NH1 Bypass.
◯ Sonnenauf- bis -untergang.

Dies ist der Schauplatz des königlichen Durbar 1911, bei dem die Thronbesteigung von George V als Kaiser von Indien verkündet wurde. Ein roter Sandsteinobelisk beurkundet, dass der Kaiser vor den »Gouverneuren, Prinzen und dem Volk von Indien« seine Krönung proklamierte und ihre »pflichtbewusste Ehrerbietung entgegennahm«. Er verkündete auch den Umzug der Hauptstadt von Kalkutta nach Delhi. Zwei Tage später legte er den Grundstein für die neue Stadt *(siehe S. 68f)*. Am 12. Dezember 1911 strömten über 100 000 Menschen zusammen, um das Kaiserpaar zu sehen.

Heute steht hier ein verloren wirkender Halbkreis aus Statuen der Vizekönige, die man von ihren Sockeln in der Stadt entfernt hatte, um Platz für indische Staatsoberhäupter zu schaffen. Dazu gehören auch die Lords Hardingon und Willingdon, die eine wichtige Rolle beim Bau von New Delhi spielten. Über allen thront die 22 Meter hohe Statue des Kaisers in Durbar-Gewändern. Die Statue befand sich einst unter dem Baldachin des India Gate *(siehe S. 71)* und wurde in den 1960er Jahren umgestellt.

Northern Ridge ❼

Rani Jhansi Rd, Ridge Rd, Magazine Rd. ◯ Sonnenauf- bis -untergang.

Das nördliche Ende des Ridge bildet ein bewaldeter Park, der durch die Ridge Road und die Rani Jhansi Road geteilt wird. In seiner Mitte findet man eine kleine Lichtung, Bara Hindu Rao. Vieles hier erinnert an das Jahr 1857: Beim Flagstaff Tower im äußersten Norden suchten britische Frauen und Kinder Schutz, bevor sie nach Karnal bei Panipat *(siehe S. 140)* evakuiert wurden.

Das Mutiny Memorial (bekannt als Ajitgarh) am Südende ist ein roter, viktorianischer Sandsteinturm, den die Briten 1857 errichteten, um an »die getöteten Soldaten, britische wie einheimische«, zu erinnern – sie sind hier namentlich aufgelistet. Am Eingang befindet sich eine Gedenktafel aus dem Jahr 1972 mit der Inschrift: »Die Gegner der Inschrift waren jene, die 1857 tapfer für die nationale Befreiung kämpften.« Auf der Plattform am Fuß des Turms hat man einen Panoramablick auf Old Delhi. In der Nähe befindet sich eine Ashoka-Säule (3. Jh.), eine von zweien, die Feroze Shah Tughlaq *(siehe S. 97)* 1356 aus Meerut mitgebracht hatte. Verblasste Brahmi-Inschriften preisen die Tugenden des *dhamma* (buddhistischer Weg der Wahrheit).

Coronation Memorial

Feroze Shah besaß hier auch ein großes Jagdgebiet, darauf ließ er eine Jagdhütte errichten, Kushak-i-Shikar, eine Moschee sowie ein zweigeschossiges Herrenhaus, Pir Ghaib (heute auf dem Grundstück des Hindu Rao Hospital, durch den Haupteingang rechts bei der Herzklinik erreichbar). Der Name Pir Ghaib geht auf einen hier lebenden *pir* zurück, der während einer Meditation verschwand *(ghaib)* – den Ort kennzeichnet heute ein leeres Grabmal.

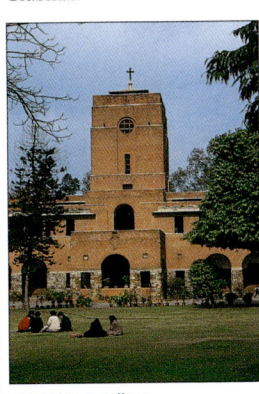

St Stephen's College

Delhi University ❽

Vishwavidyalaya Marg.

Das Universitätsviertel erstreckt sich parallel zum Northern Ridge. Auf dem weiten Campus liegen die verschiedenen Colleges verstreut. Das wahrscheinlich schönste darunter ist St Stephen's College, 1938 von Walter George entworfen. Die langen Korridore aus Quarzgestein und die gepflegten Gärten verleihen dem College ein Flair von Oxford und Cambridge.

Früher war die Delhi University eine der besten Universitäten Indiens, an der Professoren wie der bekannte Historiker Percival Spear lehrten. Das Büro des Vizekanzlers war früher das Gästehaus für britische Staatsgäste. Hier, im heutigen Immatrikulationsbüro, versprach die junge Lord Louis Mountbatten Edwina Ashley die Ehe. Die beiden waren das letzte Vizekönig-Paar Indiens.

Pavillon mit vergoldeter Buddhastatue im Buddha Jayanti Park

Ridge ❾

Upper Ridge Rd.
Sonnenauf- bis -untergang.

Delhis Ridge, der letzte Ausläufer der Aravalli Hills, erstreckt sich nördlich von Rajasthan und verläuft vom Südwesten Richtung Nordosten. Diese Gegend diente vor etwa 600 Jahren Feroze Shah Tughlaq als Jagdrevier. Die Ruinen der von ihm errichteten Jagdhütten kann man noch heute hier und am nördlichen Ende des Ridge (siehe S. 103) sehen. Der Grüngürtel felsigen Terrains wird von dichtem Buschwerk bedeckt, vor allem von Röhrenkassie, Gummiarabicum und Plosso-Bäumen, der »Flamme des Waldes«, außerdem Bougainvilleen.

Das Gebiet im Südwesten nimmt größtenteils der **Buddha Jayanti Park** ein, ein ruhiges, gepflegtes Erholungsgebiet. Überall wachsen Pipal-Bäume, auf einer winzigen Insel befindet sich ein Sandsteinpavillon mit einer großen vergoldeten Buddhastatue. Sie wurde durch den 16. Dalai-Lama im Oktober 1993 aufgestellt. Auf einer Inschrift daneben wird der Dalai-Lama zitiert: »Menschliche Wesen haben die Fähigkeit, kommenden Generationen eine wirklich menschliche Welt zu hinterlassen.« Jedes Jahr im Mai feiern buddhistische Mönche und gläubige Buddhisten hier Buddha Jayanti (siehe S. 38).

Delhi Cantonment ❿

Zwischen NH8, MG Rd und Sadar Bazar Marg. **St Martin's Church** Church Rd. (011) 2569 4632. **Commonwealth War Graves Cemetery** Brar Square. (011) 2569 195. tägl. 8–17 Uhr.

Das Cantonment (Militärquartier) in Delhi wurde von John Begg geplant und vom Military Works Department in den 1930er Jahren erbaut. Gerade Straßen, weiß getünchte Hauswände, ordentlich gestutzte Hecken, Paradeplätze und Schießstände zeugen von Disziplin und Glanz des Militärs.

Gedenktafel

Die Garnisonskirche **St Martin's Church**, eine der gepflegtesten modernen Kirchen Indiens, wurde von Lutyens' Partner Arthur Gordon Shoosmith (1888–1974) entworfen. Sie wurde 1931 geweiht und besteht aus dreieinhalb Millionen Ziegelsteinen: Der Bau mit seinen hoch aufragenden Wänden hat nur kleine Fensternischen und einen 39 Meter hohen Turm. Die Ziegelfugen sind die einzige Verzierung.

Das Innere ist klassizistisch, eine Gedenktafel erinnert an den Architekten. Eine andere, eher beklemmende Tafel ehrt die drei Kinder des Soldaten Spier, die 1938 wenige Tage nacheinander in Abbottabad (heute Pakistan) starben. Falls die Kirche geschlossen ist, wenden Sie sich an den Küster, der nebenan wohnt.

Unweit des Dhaula Kuan Circle befindet sich der **Commonwealth War Graves Cemetery** mit Gräbern von Soldaten und Fliegern des Commonwealth, die an der Ostfront im Zweiten Weltkrieg starben. Ein Denkmal am Eingang verkündet: »Ihre Namen leben für die Ewigkeit.« Die Gräber sind reihenweise angeordnet. Nur die Regimentsnamen und die Bibelsprüche unterscheiden sich. Am Remembrance Day (11. Nov) werden Kränze niedergelegt.

National Rail Museum ⓫

Chanakyapuri. (011) 2688 1816. Di–So 9.30–17.30 Uhr. 13.30–14.30 Uhr, Feiertage. zusätzl. Gebühr für Video und Zugfahrt.

Indiens Eisenbahn kann mit erstaunlichen Zahlen aufwarten: Das Streckennetz umfasst 63 940 Kilometer, es gibt rund 7150 Bahnhöfe, täglich verkehren 12 600 Passagierzüge und 1350 Güterzüge.

Commonwealth War Graves Cemetery

ABSTECHER

Die Eisenbahn beschäftigt 1,6 Millionen Menschen, 13 Millionen Passagiere fahren täglich mit dem Zug und verspeisen sechs Millionen Mahlzeiten auf der Reise.

Dampflokfans werden begeistert sein: Das Museum präsentiert die Geschichte und die technische Entwicklung der indischen Eisenbahn seit 1849. Damals wurden die ersten 34 Kilometer Schiene zwischen Mumbai (Bombay) und Kalyan geplant. Unter den Ausstellungsstücken befindet sich auch der Schädel eines Elefanten, der 1894 mit einem Postzug bei Golkara zusammenstieß, sowie das Modell eines Erste-Klasse-Passagierwaggons mit Extraabteilen aus dem Jahr 1868 für die Diener.

Auf dem Freigelände gibt es mehrere alte Lokomotiven, die im späten 19. Jahrhundert gebaut wurden, sowie den prächtigen Salonwagen, mit dem der Prince of Wales (der spätere König Edward VII) während des königlichen Durbar 1876 reiste. Ein Miniaturzug fährt durch das Gelände. Im Museumsladen kann man Modellokomotiven (1000 bis 3000 Rupien) erstehen.

Safdarjungs Grabmal ⓬

Aurobindo Marg. ☐ *Sonnenaufbis -untergang.* 🎥 📷 *zusätzl. Gebühr für Video- und Fotoaufnahmen.*

Das letzte Gartengrab in Delhi, ein Werk später Mogul-Architektur, wurde im Jahr 1754 für den in Persien geborenen Safdarjung, den ersten Minister von Muhammad Shah (reg. 1719–48), erbaut. Angeblich verwendete man für das reich gestaltete Grab Marmor vom Grab Abdur Rahim Khan-i-Khanans in Nizamuddin *(siehe S.82)*.

Die Grabstätte erreicht man durch ein Tor. Im Obergeschoss des Grabgebäudes ist die Bibliothek von Archaeological Survey of India untergebracht. Das Mausoleum wird von einer manieristisch gestalteten Zwiebelkuppel gekrönt und steht in einem von Wasserkanälen geteilten *charbagh*. Die rote, polierte Steinfassade ist mit Stuckarbeiten verziert, der zentrale Raum wirkt hell und luftig. Den Fußboden zieren schöne Steineinlegearbeiten.

Eine Dampflokomotive im National Rail Museum

Quartiersstädte

Seit den 1860er Jahren entstanden über 170 Cantonments (Quartiere) in den Vororten größerer Städte, um den Indern die britische Militärmacht zu demonstrieren. Jedes Quartier war eine eigene Welt mit symmetrisch angelegten Kasernen, Bungalows, Clubs sowie Regimentsmesse, Basaren, Krankenhäusern und Kirchen. Militärhierarchien wurden strikt eingehalten. Auch nach der Unabhängigkeit ist das Militär meist in den Cantonment-Vierteln stationiert.

Kavallerieoffizier vor dem Zweiten Weltkrieg

Ein Laden im INA Market

INA Market ⓭

Aurobindo Marg. **Läden** ☐ *Di–So 9–21 Uhr.* ● *Mo.*

Dieser lebhafte Basar bietet wirklich alles, was man von einem indischen Markt erwartet. Die Verkaufsstände drängen sich dicht unter einem (reparaturbedürftigen) Dach. Geschäfte verkaufen Küchenwaren aus rostfreiem Stahl, Gewürze, billige Kleidung und lebende Hühner. Kleine Restaurants bieten direkt daneben indisches Fast Food an. Die Zutaten für die regionaltypische indische Küche, wie südindischer *sambhar* (Curry), bengalische Gewürze und feurige rote Chilischoten aus Kaschmir, verlocken zum Kauf. Große Töpfe mit Pickles aus dem Punjab – Blumenkohl, Karotten, Rettich und Senfsamen – werden nach Gewicht verkauft. Diplomaten, Reisende und Einheimische kommen wegen der günstigen Preise und der riesigen Auswahl hierher.

Der Name geht auf den Indian National Airport zurück, da viele Leute, die auf dem Safdarjung-Flugplatz arbeiteten, in der Siedlung gegenüber lebten. Der Flugplatz an der Aurobindo Marg entstand in den 1930er Jahren. Im Zweiten Weltkrieg diente er als Hauptquartier des South Eastern Command Air Wing. Heute sind dort das Ministerium für Zivilluftfahrt und der Delhi Gliding Club untergebracht. Indian Airlines unterhält hier ein 24-Stunden-Büro *(siehe S.293)*.

Moth ki Masjid ⑭

Hinter South Extension, Part II.

Den anmutigen roten Sandsteinbau mit der fünfbogigen, von drei Kuppeln gekrönten Gebetshalle ließ Miyan Bhuwa, Sikandar Lodis erster Minister, 1505 errichten. Die Bauweise wurde in späteren Mogul-Moscheen perfektioniert. Über dem Mittelbogen befindet sich ein fein gestalteter *jharokha*. Auch das Tor und die Fassadenornamente sind beeindruckend. Sikandar Lodi soll Miyan Bhuwa *moth* (Linsensamen) geschenkt haben, die Ernte machte ihn so reich, dass er die Moschee stiften konnte. Leider verärgerte er Sikandars Nachfolger Ibrahim Lodi (reg. 1517–26), der ihn zum Tod verurteilte.

Detail der Moth ki Masjid

Hauz Khas ⑮

Westl. der Aurobindo Marg.

Hinter den Boutiquen, Galerien und Restaurants, die das einstige Dorf Hauz Khas heute prägen, verstecken sich mittelalterliche Denkmäler aus der Regierungszeit von Feroze Shah Tughlaq. 1352 ließ der Sultan einige Bauten am Ufer des Hauz Khas errichten. Der große, ehemalige Wassertank wurde von Alauddin Khilji für seine Stadt Siri *(siehe S. 108)* angelegt. Zeitgenössische Rechnungsbücher belegen, dass Feroze Shah in 37 Regierungsjahren ungefähr 40 Moscheen, 200 Städte, 100 öffentliche Bäder und 30 Wasserspeicher bauen ließ.

Unter den hiesigen Projekten befinden sich eine *madrasa*, Feroze Shahs Grabmal und am Nordrand des Komplexes eine kleine Moschee. Die zweigeschossige Koranschule wurde so gebaut, dass sich der Tank und das Untergeschoss auf gleicher Höhe befanden, während das Obergeschoss ebenerdig lag. Die niedrigen Kuppeln, Kolonnaden und *jharokhas* lockern die schlichte Fassade der *madrasa* auf. Gipsverzierungen und tiefe Büchernischen schmücken das Innere. Die *chhatris* im Eingangsvorhof bedecken angeblich die Grabhügel der Lehrer. Das Grab von Feroze Shah liegt an einem Ende der *madrasa*. Weinrote, gemalte Gipskalligrafien verzieren das Innere des nüchtern gehaltenen Grabmals.

Den Komplex besichtigt man am besten nachmittags, wenn das Sonnenlicht durch die *jalis* fällt, die in den mit Fenstern versehenen Bogengang eingelassen sind: Auf die Gräber fallen dann schöne, sternförmige Schatten.

Östlich von Hauz Khas, von der Aurobindo Marg abgehend, befindet sich ein kleines, spitz zulaufendes Bauwerk aus Bruchsteinen, der **Chor Minar** (»Turm der Diebe«) aus der Khilji-Periode (14. Jh.): Er ist von Löchern durchsetzt, die früher zur Abschreckung mit den abgeschlagenen Köpfen von Dieben gefüllt wurden.

In der Nähe, im Nordwesten, erhebt sich die **Nili Masjid** (»Blaue Moschee«), die nach den blauen Fliesen über der *chhajja* benannt wurde. Die Inschrift im Mittelbogen besagt, dass sie im Jahr 1505 von Kasumbhil erbaut wurde, der Amme eines Sohnes des Gouverneurs von Delhi. Ein *idgah* mit einer Längswand und elf *mihrabs* trägt jedoch eine Inschrift, derzufolge der Bau in den Jahren 1404/05 von Iqbal Khan, einem Tughlaq-Adeligen, errichtet wurde.

Die zweigeschossige *madrasa* in Hauz Khas

Hotels und Restaurants im Großraum Delhi *siehe Seiten 236–238 und 257–259*

Die sieben Städte Delhis

Die berühmten »sieben Städte« von Delhi begannen mit Qila Rai Pithora aus dem 12. Jahrhundert, die Prithviraj Chauhan *(siehe S. 48)* erbauen ließ, und enden mit dem kaiserlichen Shahjahanabad aus dem 17. Jahrhundert. Jede dieser Städte umfasste Siedlungen, die rund um Festungen und Paläste von mächtigen, ehrgeizigen Sultanen errichtet wurden. Als sich das Sultanat konsolidiert hatte, verlegten die Herrscher ihre Hauptstädte von den geschützten Berghängen des Aravalli in die Ebenen an die Ufer des Yamuna. Heute bietet Delhi mittelalterliche Zitadellen, Paläste, Gräber und Moscheen – sowie einen wuchernden Betondschungel.

Purana Qila

Shahjahanabad *war Delhis siebte Stadt, 1638–49 von Shah Jahan erbaut, der auch die Mogul-Hauptstadt von Agra (siehe S. 150f) hierherverlegte.*

Ferozabad *liegt nördlich von Hauz Khas und ist Delhis fünfte Stadt, erbaut von Feroze Shah Tughlaq (reg. 1351–88).*

Siri, *Delhis zweite Stadt, kann man noch heute in der Nähe des Siri Fort Auditorium und des Dorfs Shahpur Jat (siehe S. 108) sehen. Die einst blühende Stadt Siri ließ Alauddin Khilji im Jahr 1303 erbauen.*

Purana Qila, *die Zitadelle (siehe S. 84) der sechsten Stadt Delhis, wurde von Humayun erbaut, aber von den Afghanen unter Sher Shah Sur (reg. 1540–45) besetzt, der sie Shergarh taufte.*

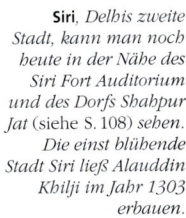

Jahanpanah *erbaute Muhammad-bin-Tughlaq (reg. 1325–51) als befestigte Stadt. Sie sollte Qila Rai Pithora mit Siri verbinden. Die Ruinen der Zinnen von Delhis vierter Stadt stehen bei Chiragh (siehe S. 108).*

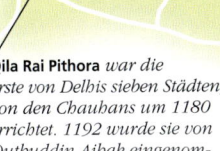

Qila Rai Pithora *war die erste von Delhis sieben Städten, von den Chauhans um 1180 errichtet. 1192 wurde sie von Qutbuddin Aibak eingenommen, der sie zu seiner Hauptstadt machte (siehe S. 110f).*

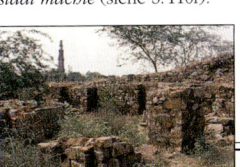

Tughlaqabad *(siehe S. 114), ein Fort am Fuß der Aravalli Hills, war Delhis dritte Stadt, die während Ghiyasuddin Tughlaqs vierjähriger Regierungszeit (1321–25) erbaut wurde.*

Die Ruinen von Siri, Delhis zweiter Stadt, von Alauddin Khilji erbaut

Fort Siri ⓰

Siri Fort Rd. **Siri Fort Auditorium**
(011) 2649 337.

Einige verfallene Festungswälle sind alles, was von Alauddin Khiljis Stadt Siri *(siehe S. 107)* aus dem 14. Jahrhundert übrig geblieben ist. Die Ruinen der Moschee und der Gräber findet man im benachbarten Dorf Shahpur Jat, heute ein Einkaufsparadies mit vielen Boutiquen und Kunstgalerien. Fort Siri wird meistens mit dem Siri Fort Auditorium in Verbindung gebracht, wo regelmäßig Konzerte und Filmfestivals stattfinden. Es liegt direkt gegenüber dem Asian-Games-Village-Komplex mit seinen Spezialitätenrestaurants.

Chiragh Delhi ⓱

Zwischen Outer Ring Rd und LB Shastri Marg.

Das Dargah des Sufi-Heiligen Nasiruddin Mahmud (gest. 1356), Nachfolger des geistigen Führers des Chishti-Ordens, Hazrat Nizamuddin Auliya *(siehe S. 82)*, liegt in dem früher abgeschiedenen Dorf Chiragh Delhi. Der Heilige, bekannt als Raushan Chiragh-i-Dihli («Erleuchtete Flamme Delhis»), wurde hier begraben. Das um das Grabmal entstandene Dorf trägt seinen Namen. Muhammad-bin-Tughlaq, der damalige Sultan, erbaute die Dorfmauern im 14. Jahrhundert.

Der Schrein selbst ist klein und kann nur zu Fuß über die engen Dorfgassen erreicht werden, vorbei an Schneiderwerkstätten (eine ist auf *burqas* spezialisiert) und Läden mit *mithai* («Leckereien»), *chadors*, Blumengirlanden und anderen religiösen Opfergaben. Einige ehemals schöne, heute aber verfallene *havelis* liegen am Weg.

Durch einen großen Torbogen erreicht man das *dargah* mit einem schlichteren Schrein als jenem von Hazrat Nizamuddin. Das unter Bäumen liegende Grab befindet sich in einer Kammer mit zwölf Säulen, geschützt von *Jali*-Schirmen und einer riesigen Gipskuppel auf einem achteckigen Säulenrund. Kleine Kuppeltürmchen erheben sich an allen vier Ecken. Das Dachinnere ist mit jüngst angebrachtem bemaltem Gipsstuck und Spiegeln verziert. Auf dem Gelände findet man einige später hinzugefügte kleinere Moscheen und Säle.

Am äußersten Ende stößt man auf ein teilweise zerstörtes Grab, das die Einheimischen Bahlol Lodi (reg. 1451–88), dem Begründer der Lodi-Dynastie, zuschreiben. Die *chhajja* ist in sich zusammengefallen, aber die quadratische Kammer wird immer noch von fünf Kuppeln gekrönt, die mittlere davon ist die größte. In den Bogen erkennt man Inschriften.

Betende Frauen bei der Andacht im Chiragh Delhi

Hotels und Restaurants im Großraum Delhi *siehe Seiten 236–238 und 257–259*

Überdachte Bogengänge in der Begampuri-Moschee aus dem 14. Jahrhundert

Khirkee ⓲

Nördl. von Press Enclave Marg.

Das Dorf neben Chiragh Delhi ist nach der riesigen, von Feroze Shah Tughlaqs erstem Minister Khan-i-Jahan Junan Shah *(siehe S. 96)* Mitte des 14. Jahrhunderts erbauten Moschee Khirkee benannt. Die ungewöhnliche zweigeschossige Khirkee-(»Fenster«-)Moschee steht heute an einem Abhang zwischen Dorfhäusern. Das düstere, festungsähnliche Bauwerk mit vier Eckbastionen hat eine schlichte Fassade, die nur von einer Reihe Bogenfenster durchbrochen wird: Sie weisen unzählige gitterähnliche *jalis* auf, die der Moschee ihren Namen gaben.

Die Moschee ist auf einer hohen Säulenplatte errichtet. Treppenfluchten führen zu den eindrucksvollen Eingangstoren der Nord-, Süd- und Ostseite. Über dem teilweise überwucherten Innenhof ruht ein Dach auf Steinsäulen, es wird von neun kleinen Kuppeln gekrönt. Nur vier Innenhöfe sind nicht überdacht. Khirkee ist das erste Bauwerk

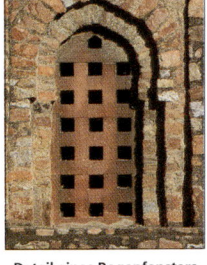

Detail eines Bogenfensters mit *jali*

dieser Art in der Moscheenarchitektur. Doch die Teilung des Raums durch Säulen erwies sich als ungeeignet für größere Menschenmengen und wurde nicht wiederholt.

Satpula (»Sieben Bogen«), die von Muhammad-bin-Tughlaq im Jahr 1326 erbaute Steinwehr, steht wenige Meter die Straße hinunter. Sie ist Teil eines Wasserspeichers: Die Rinnen, in denen die Schützen den Wasserstrom regulierten, sind noch heute sichtbar. Die Wehr war Teil der Stadtmauer von Jahanpanah *(siehe S. 107).* Das Obergeschoss diente unter Muhammad-bin-Tughlaq als *madrasa*.

Die festungsähnliche Khirkee-Moschee

Jahanpanah ⓳

Südl. von Panchsheel Park.

Im Herzen von Jahanpanah, der Hauptstadt von Muhammad-bin-Tughlaq, steht die **Begampuri-Moschee**, die ebenfalls Khan-i-Jahan Junan Shah erbaute. (Fragen Sie nach der alten Moschee, da es in der Nähe auch noch eine neue gibt.) Sie wurde auf einer hohen Säulenplatte mit massiven, typischen Tughlaq-Wänden und nur einem Eingang am Ende einer Treppenflucht erbaut. Sie führt in den weitläufigen, rechtwinkligen Innenhof inmitten von Kreuzbogengängen. Darüber thronen 44 kleine Kuppeln. Die Gebetshalle wird mithilfe von 24 Bogenöffnungen beleuchtet, die mittlere wird von einer großen Kuppel gekrönt.

Etwas nördlich der Moschee steht der Palast von **Bijay Mandal**, ein einsames, achteckiges Gebäude auf einer hohen Säulenplattform. Man sollte ruhig die baufälligen Steintreppen zur oberen Plattform hinaufsteigen, um die Dimensionen des Baus zu begreifen: Nach den Aufzeichnungen von Ibn Batuta, eines berühmten Reisenden aus dem 14. Jahrhundert, hat Muhammad-bin-Tughlaq in dieser Bastion öffentliche Audienzen abgehalten und Truppen inspiziert. Im frühen 16. Jahrhundert diente der Palast vermutlich als Residenz für Sheikh Hasan Tahir, einen Heiligen, der Delhi während der Regierung von Sikandar Lodi besuchte. Eine schöne Aussicht auf Delhi bietet die obere Plattform – von Qutb Minar bis hin zu Humayuns Grabmal und darüber hinaus.

Mehrauli Archaeological Park 20

Chhatri vor der Jamali-Kamali-Moschee

Dargah Qutb Sahib
Das dargah aus dem 13. Jahrhundert besuchen Pilger noch heute.

Mehrauli, berühmt wegen des Qutb-Minar-Komplexes, entstand auf den Rajputen-Territorien Lal Kot und Qila Rai Pithora. 1193 machte Qutbuddin Aibak diese Gebiete zum Zentrum des Sultanats von Delhi, im 13. Jahrhundert war um den Schrein des Sufi-Heiligen Qutb Sahib ein kleines Dorf namens Mehrauli entstanden. Später kamen Mogul-Prinzen zur Jagd, britische Offiziere bauten hier ihre Wochenendhäuser – sie alle liebten die Obstgärten, Teiche und das Wild *(shikar)*. Noch heute ist dies ein beliebtes Wochenenddomizil für Delhis Oberschicht.

Hauz-i-Shamsi ist ein großer Wasserspeicher, den Iltutmish 1230 hier erbaute, als ihn der Prophet im Traum zu dieser Stelle geführt hatte.

Zafar Mahal ist ein Palast, benannt nach dem letzten Mogul-Herrscher Bahadur Shah Zafar.

Das Dorf Mehrauli

★ **Jahaz Mahal**
Der Lustpavillon aus der Lodi-Epoche (1451–1526) scheint fast auf dem Hauz-i-Shamsi zu treiben. Hier findet das Phoolwalon Ki Sair (siehe S. 40) statt.

Jharna (Wasserfall) erinnert mit seinem Namen daran, dass nach dem Monsun Wasser des Hauz-i-Shamsi über einen Damm in einen Garten strömte.

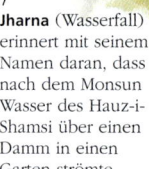

Bagichi Masjid

NICHT VERSÄUMEN

- ★ Jahaz Mahal
- ★ Jamali-Kamali-Moschee und Grab
- ★ Qutb Minar

Madhi Masjid
Die fortähnliche Moschee mit Bastionen und einer hohen Mauer hat einen großen offenen Innenhof und eine mit schöner Ornamentik geschmückte Gebetshalle.

MEHRAULI ARCHAEOLOGICAL PARK

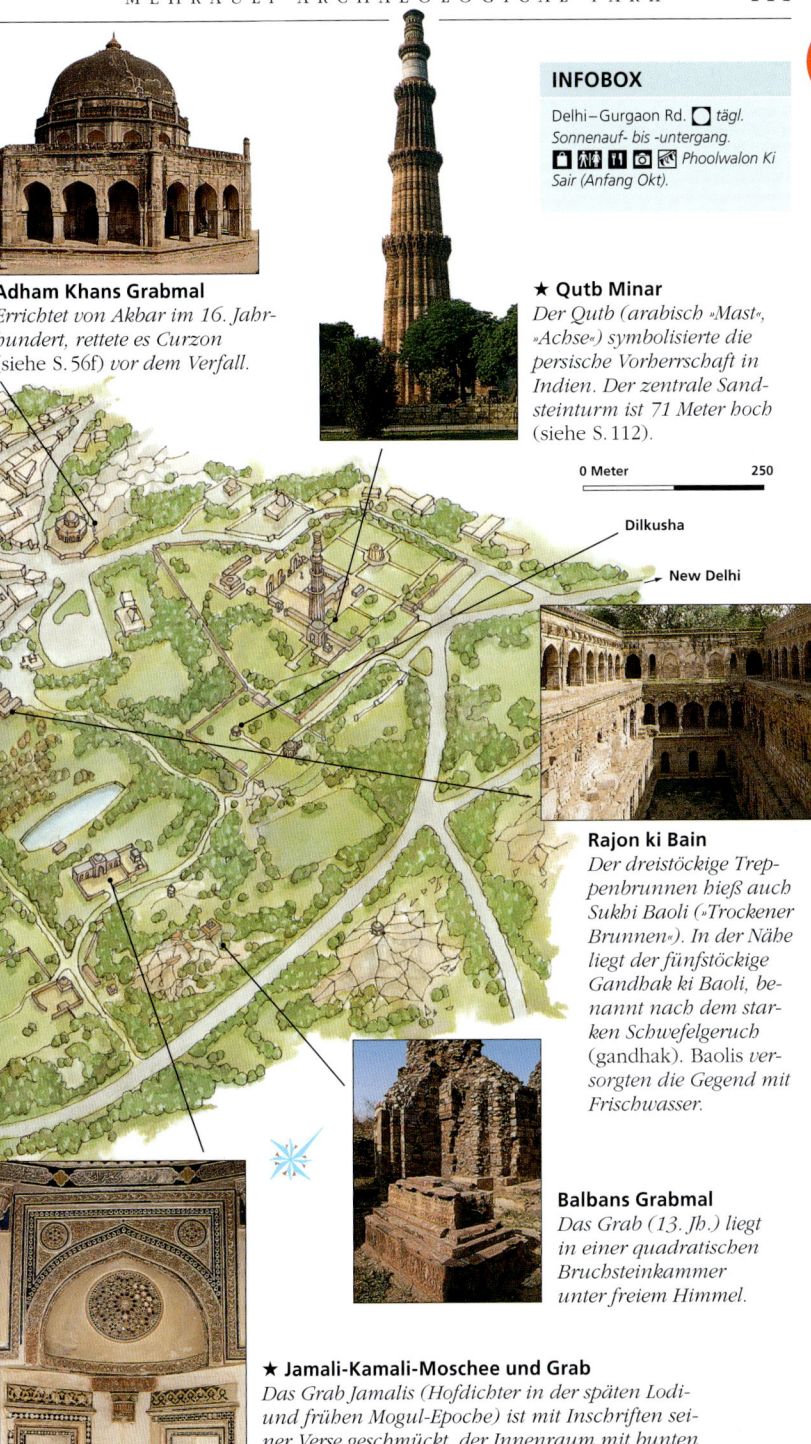

Adham Khans Grabmal
Errichtet von Akbar im 16. Jahrhundert, rettete es Curzon (siehe S. 56f) vor dem Verfall.

INFOBOX
Delhi–Gurgaon Rd. tägl. Sonnenauf- bis -untergang. Phoolwalon Ki Sair (Anfang Okt).

★ Qutb Minar
Der Qutb (arabisch »Mast«, »Achse«) symbolisierte die persische Vorherrschaft in Indien. Der zentrale Sandsteinturm ist 71 Meter hoch (siehe S. 112).

0 Meter 250

Dilkusha
New Delhi

Rajon ki Bain
Der dreistöckige Treppenbrunnen hieß auch Sukhi Baoli (»Trockener Brunnen«). In der Nähe liegt der fünfstöckige Gandhak ki Baoli, benannt nach dem starken Schwefelgeruch (gandhak). Baolis versorgten die Gegend mit Frischwasser.

Balbans Grabmal
Das Grab (13. Jh.) liegt in einer quadratischen Bruchsteinkammer unter freiem Himmel.

★ Jamali-Kamali-Moschee und Grab
Das Grab Jamalis (Hofdichter in der späten Lodi- und frühen Mogul-Epoche) ist mit Inschriften seiner Verse geschmückt, der Innenraum mit bunten Fliesen und Stuck verziert. Das zweite Grab ist nicht identifiziert. Wahrscheinlich ist »Kamali« jedoch nur eine andere Schreibung von »Jamali«.

Der Qutb-Komplex

Blumenmotiv

Der Qutb Minar erhebt sich über dem alten Viertel, in dem Qutbuddin Aibak den Grundstein des Sultanats von Delhi *(siehe S. 50f)* legte. 1193 erbaute er die Quwwat-ul-Islam-(»Macht des Islam«-)Moschee und den Qutb Minar als Symbole für die Vorherrschaft der muslimischen Sultane. Später fügten Iltutmish, Alauddin Khilji und Feroze Shah Tughlaq Gebäude in einem neuen Architekturstil hinzu *(siehe S. 26)*. Hindu-Reliefs, islamische Kuppeln und Bogen zeigen die Verschmelzung beider Kulturen.

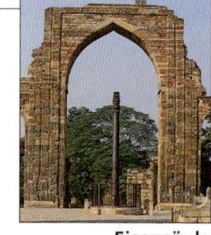

Eisensäule
Die Säule (4. Jh.), eigentlich als Flaggenmast zu Ehren Vishnus erbaut, ist ein stolzes Zeugnis alter indischer Metallurgie.

Iltutmish-Grabmal

Alauddin Khiljis Grabmal

Qutb Minar
Qutbuddin Aibak begann den fünfstöckigen Siegesturm, sein Nachfolger Iltutmish vollendete ihn.

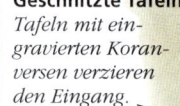

Geschnitzte Tafeln
Tafeln mit eingravierten Koranversen verzieren den Eingang.

Alai Darwaza
Das Eingangstor, das 1311 von Alauddin Khilji errichtet wurde, ist eines der ältesten Bauwerke islamischer Bogenarchitektur (siehe S. 26) in Indien.

Imam Zamins Grabmal

MEHRAULI ARCHAEOLOGICAL PARK

INFOBOX
Mehrauli, Delhi–Gurgaon Rd.
tägl. 7–18, 19–21.30 Uhr.
Qutb Festival (Okt/Nov).

Dargah Qutb Sahib, Schrein des Sufi-Heiligen Qutbuddin Bakhtiyar »Kaki«

Iltutmishs Grabmal
wurde 1235 von Iltutmish selbst erbaut. Die Kuppel existiert heute nicht mehr. Der Innenraum ist mit geometrischen und kalligrafischen Mustern verziert.

Eingang

Quwwat-ul-Islam-Moschee
Hindu-Motive wie quastengeschmückte Seile und Glocken sind auf den Säulen der Moschee erkennbar.

Überblick: Mehrauli
Mehrauli rund um das *dargah* von Qutb Sahib wurde zu einem im Wald gelegenen Rückzugsort für die späteren Mogul-Herrscher und hohen Beamten der East India Company. Der mittelalterliche Basar hat trotz der kürzlichen Umwandlung in Boutiquen und Cafés überlebt.

Medaillon mit Kalligrafie

Dargah Qutb Sahib
Im Herzen des Basars von Mehrauli liegt das *dargah* des Sufi-Heiligen Qutbuddin Bakhtiyar, den man nach einem kleinen Kuchen *(kaki)*, mit dem er während seiner Fastenzeit versorgt wurde, auch »Kaki« nannte. Der Basar wurde seit seinem Tod 1235 mehrfach umgebaut. Heute findet man hier Wasserspeicher und Moscheen, u.a. die reizvolle Moti Masjid (»Perlenmoschee«) von 1709. In einem Marmorkuppelmausoleum befindet sich sein Grab – das Frauen übrigens nur durch die *jalis* sehen dürfen. Auf einem königlichen Friedhof in derselben Gegend wurden spätere Mogul-Herrscher wie Bahadur Shah I. (1707–12) und Akbar II. (1806–36) bestattet. Das *dargah* und der Jogmaya-Tempel sind Ausgangspunkt der Phoolwalon Ki Sair *(siehe S. 40)*, einer Prozession der Blumenverkäufer, die seit den 1720er Jahren so die Mogul-Herrscher ehren.

Adham Khans Grabmal
In der Nähe des Busbahnhofs, unweit des Dorfs Mehrauli, befindet sich ein eindrucksvolles Kuppelbauwerk auf einem Sockel. Es gilt als das letzte der achteckigen Mausoleen Delhis. Die schattigen Kolonnaden sind bei der einheimischen Jugend zum Ausspannen in der Mittagszeit beliebt. Adham Khan, der Sohn von Akbars Amme, Maham Anga *(siehe S. 85)*, gilt als Pflegebruder des Herrschers. Im Jahr 1562 tötete Adham Khan einen Rivalen, Atgah Khan, den Ehemann einer anderen Amme *(siehe S. 82)*. Der wütende Akbar befahl Adham Khans Exekution, war allerdings vom Tod dessen Mutter, Maham Anga, 40 Tage später so gerührt, dass er ein Grab für Mutter und Sohn erbauen ließ. Das Mausoleum ist das weitaus größte Gebäude der Umgebung und wegen der engen Wege innerhalb der Mauern als *bhulbhulaiyan* (Irrgarten) bekannt. Es diente den Briten einst als Polizei- und Verwaltungsbau.

Bogengang, Adham Khans Grabmal

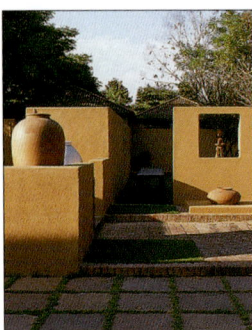

Sanskriti Museum

Sanskriti Museum ㉑

Anandgram, Mehrauli–Gurgaon Rd.
(011) 2650 112. Di–So 10–17 Uhr. Mo, Feiertage.

Die Ausstellungen dieses ungewöhnlichen Museums inmitten idyllischer Landschaft finden in einem Park und eigens gebauten, ländlichen Hütten statt. Ebenso ungewöhnlich ist die Sammlung mit fein gearbeiteten Gebrauchsgegenständen der unbekannten Handwerker vom Land. O. P. Jain, dessen persönliche Sammlungen Grundlage für dieses Museum waren, spendete schöne Kämme, Nussknacker, Lampen, Fußbürsten und Küchenutensilien. Terrakottaobjekte aus ganz Indien kann man ebenfalls sehen. Die Töpfe sind besonders interessant, da ihre Herstellungsweise seit Jahrhunderten unverändert geblieben ist.

Sultan Ghari ㉒

Nahe der Mahipalpur–Mehrauli Rd.

Sultan Ghari war das erste islamische Grab in Delhi und eines der ältesten in ganz Indien. Der Sklavenkönig Iltutmish ließ dieses Grabmal 1231 für seinen ältesten gefallenen Sohn, Nasiruddin Muhammad, erbauen. Heute wirkt der festungsähnliche Bau in einer der größten Wohnsiedlungen Delhis, Vasant Kunj, eher deplatziert. Im Inneren findet man einen erhöhten Innenhof. Das Grab selbst ist ein achteckiger Sockel, der als Dach der Krypta (*gbar*) darunter diente. Wie viele frühmittelalterliche Gräber wurde Sultan Ghari mit Säulen und Steinen von Tempeln der Umgebung erbaut. Tempelfragmente findet man in den angrenzenden Kolonnaden, die früher vielleicht Teil einer *madrasa* waren. Der *mihrab* auf der Westseite zeigt schöne kalligrafische Ornamente und einen marmornen *yonipatta* am Sockel eines Shiva linga (*siehe S. 319*) im Fußboden.

Das Grab liegt an der Straße von Andheria More zum Flughafen Delhi: Man biegt am Spinal Injuries Centre links ab und folgt dann erneut gleich dem ersten Linksabzweig.

Tughlaqabad ㉓

Nahe der Mehrauli–Badarpur Rd.

Das Fort aus dem 14. Jahrhundert ließ Ghiyasuddin Tughlaq in nur vier Jahren errichten (*siehe S. 107*). Der Bau ist auffallend stabil, da Ghiyasuddin hier Bautechniken aus seiner Gouverneurszeit in Multan anwandte: Die Bruchsteinmauern am Abhang des Hügels stehen auf der gesamten Länge von 6,5 Kilometern noch heute. Rechts vom Eingang befindet sich die Zitadelle, wo sich die Ruinen des Vijay Mandal (»Siegesturm«) erheben. Links stehen auf einer rechteckigen Fläche einige Bogen, der einzige Überrest der Paläste und Hallen. Dahinter wurden Häuser in einer exakten Gitterstruktur gebaut.

Ghiyasuddin Tughlaqs Grabmal

Einer Legende nach soll Ghiyasuddin, als er versuchte, den Bau des *baoli* in Hazrat Nizamuddin Auliyas *dargah* (*siehe S. 82*) zu verhindern, von dem Heiligen verflucht worden sein. Dieser prophezeite ihm, dass einst nur Schakale und der Gujjar-Stamm in seiner Hauptstadt leben würden – der Heilige scheint die Affen, die heute hier leben, vergessen zu haben. Die Mauern bieten eine schöne Aussicht auf das Fort in Adilabad.

Die verfallenen Mauern des Tughlaqabad Fort

Hotels und Restaurants im Großraum Delhi *siehe Seiten 236–238 und 257–259*

Bahá'i House of Worship ist mit seiner Lotuskuppel eine der bekanntesten Sehenswürdigkeiten Delhis

Adilabad wurde von Muhammad-bin-Tughlaq (reg. 1325–51) erbaut. Er soll seinen Vater Ghiyasuddin umgebracht haben, indem er ein Tor über ihm zum Einsturz brachte. Ihre letzte Ruhe haben beide im Grabmal von Ghiyasuddin gefunden, das man vom Tughlaqabad Fort über einen Damm erreicht. Das Grab war das erste in Indien mit schrägen Wänden, eine Bauweise, die später typisch für die Tughlaq-Architektur war. Die Mauern aus Sandstein mit weißen Marmorintarsien werden von einer weißen Marmorkuppel überragt. Die rote Sandstein-*kalasha* (Urne) und der Fenstersturz über dem Bogeneingang mit einem Rand aus Lotusknospen sind deutlich von der Hindu-Architektur beeinflusst.

Kalkaji-Tempel ㉔

Nehru Place.
Navaratri (März/Apr, Sep/Okt).

In diesem Tempel kann man lebendig praktizierten Hinduismus erleben. Man erreicht den Bau über eine enge, gewundene Gasse, vorbei an Ständen, die laminierte religiöse Drucke, Armreife, *sindur* (Zinnoberpuder) und Obst verkaufen, dazu erklingen Gebetshymnen aus den Kassettenrekordern der anderen Händler.

Der Tempel mit den zwölf Kuppeln und einem reich verzierten Säulenpavillon wurde Mitte des 18. Jahrhunderts anstelle eines älteren Baus von Raja Kedarnath, dem Ersten Minister von Akbar II., errichtet. Die Göttin Kali (oder Kalka) thront, eingehüllt in Seidenstoffe, unter silbernen Schirmen und einem Marmorbaldachin. Einer Legende nach soll ein Bauer, dessen Kuh die Göttin regelmäßig mit Milch speiste, den Tempel in ihrem Namen erbaut haben.

Bahá'i House of Worship ㉕

Bahapur, Kalkaji. (011) 2644 4035/4029. Apr–Sep: Di–So 9–19 Uhr; Okt–März: Di–So 9.30–17.30 Uhr. Mo, Feiertage.
Gottesdienst 10, 12, 15, 17 Uhr.

Genau gegenüber dem Kalkaji-Tempel befindet sich das Bahá'i House of Worship, eine Welt der Stille und Einkehr. Die beeindruckende Form der sich entfaltenden 27 Lotusblütenblätter aus weißem Marmor gaben dem Tempel im Volksmund den Namen »Lotustempel«. Das Gebäude liegt zwischen neun Becken und 92 Hektar Grünanlagen und zählt zu den modernsten in Delhi.

Der Bahá'i-Glaube stammt ursprünglich aus Persien, daher wurde der Tempel von dem iranischen Architekten Fariburz Sahba 1980–86 errichtet. Die große Halle bietet Platz für bis zu 1300 Menschen. Hier kann jeder meditieren und an den täglichen, 15-minütigen Gottesdiensten teilnehmen. Der Tempel wird abends angestrahlt und wirkt dann fast unwirklich.

Im Inneren des Kalkaji-Tempels

Ausflüge

Wer sich vom Großstadtlärm Delhis erholen möchte, kann im Umkreis von maximal 50 Kilometern einige interessante Sehenswürdigkeiten besichtigen. Am See von Sultanpur überwintern Zugvögel, in Pataudi lockt ein schöner Palast der kricketbegeisterten Nawabs. In Surajkund mit seinem riesigen mittelalterlichen Wasserspeicher findet alljährlich im Februar eine beliebte Kunsthandwerksmesse statt. Alle Ausflüge dauern etwa acht Stunden. Da die Orte nicht so leicht mit öffentlichen Verkehrsmitteln erreichbar sind, mietet man am besten für einen Tag einen Wagen mit Fahrer: Ihr Hotel oder das örtliche Taxiunternehmen organisiert diesen preiswerten Transport.

Sehenswürdigkeiten auf einen Blick

Pataudi ❷
Sultanpur Bird Sanctuary ❶
Surajkund ❸

0 Kilometer 50

LEGENDE
- Zentrum von Delhi
- Großraum Delhi
- ✈ Internationaler Flughafen
- National Highway
- Hauptstraße
- Nebenstraße

Sultanpur Bird Sanctuary ❶

46 km westl. von Delhi. *Haryana Tourism, Chanderlok Building, Janpath, Delhi (011) 2332 4911.* tägl. Sonnenauf- bis -untergang.

Das Schutzgebiet, das etwa zwei Autostunden von Delhi entfernt ist, umfasst flaches Marschgebiet, das im Sommer trocken bleibt, in der Monsunzeit aber einen großen seichten See *(jheel)* entstehen lässt. Sultanpur ist im Winter am schönsten, wenn die Zugvögel hier am Wasser haltmachen.

Viele hübsche Wanderwege erschließen das 35 Kilometer große Gebiet, ein Pfad führt rund um den See. Von den vielen Hochsitzen *(machans)* lässt sich die Vogelwelt am See sehr gut beobachten. Der Saruskranich, der größte fliegende Vogel der Welt, brütet in den mit Schilfrohr überwachsenen Schlammlöchern. An späten Winterabenden sieht man auch häufig Jungfernkraniche vom See aufsteigen. Zu den anderen gefiederten Seebesuchern zählen Silber- und Fischreiher, Eisvögel, Pelikane und Buntstörche.

Auf den weiten, mit Gras bewachsenen Flächen grast zahmes Wild. Idyllische Picknickplätze laden zum Verweilen ein. Der Laden im Schutzgebiet hält eine gute Auswahl an Büchern und Postern zur indischen Vogelwelt bereit.

Im Vogelschutzgebiet von Sultanpur lebt außer den Zugvögeln viel Wild

Hotels und Restaurants im Großraum Delhi *siehe Seiten 236–238 und 257–259*

Pataudi ❷

60 km südl. von Delhi. **Ibrahim Kothi** 🍴 *vorherige Reservierung erforderlich.* 📞 (011) 2301 3549.

Die etwa zweistündige Fahrt nach Pataudi ist – vor allem nach Gurgaon, wenn die Straße durch weite Weizenfelder und kleine Dörfer führt – eine reizvolle Strecke. Pataudi, eine typisch nordindische Stadt mit engen Gassen und einem Basar, ist berühmt für seine Kricket spielenden Nawabs, die von sich behaupten, von einem afghanischen Adligen aus dem 16. Jahrhundert abzustammen.

Der vor etwa 200 Jahren erbaute Palast ist zwar verfallen, aber gerade deshalb so romantisch. Der neue Palast, **Ibrahim Kothi**, wurde 1939 errichtet. Das elegante, zweigeschossige Gebäude inmitten eines vier Hektar großen Blumengartens verfügt über tief liegende, mit Säulen geschmückte Veranden und wird von einer eleganten kleinen Kuppel gekrönt. Das gut erhaltene Gebäudeinnere besitzt glänzende Parkettböden, rosafarbene venezianische Kronleuchter und Chintzmöbel. An den Wänden hängen Porträts und sepiafarbene Fotografien der Vorfahren des heutigen Nawab.

Ein Teil des Palasts beherbergt heute als Hotel Besucher – hier kann man ganz entspannte märchenhafte Urlaubstage in herrschaftlichem Glanz genießen.

Elegante Inneneinrichtung des Ibrahim Kothi

Der neue Palast Ibrahim Kothi in Pataudi

Surajkund ❸

21 km südl. von Delhi.
ℹ️ *Haryana Tourism, Chanderlok Building, Janpath, Delhi (011) 2332 4911.*

König Surajpal aus der Tomar-Dynastie der Rajputen *(siehe S. 48)*, Held vieler Legenden, ließ diesen Wasserspeicher im späten 10. oder frühen 11. Jahrhundert bauen. Rund um den Speicher bildeten Steinterrassen einen Wall, der das von den Hügeln herabfließende Regenwasser auffing. Man vermutet, dass an der Westseite früher ein Sonnentempel stand: Tomar-Rajputen führen ihre Abstammung auf die Sonne zurück, daher der Name *suraj* (Sonne) und *kund* (Becken). Die Eindämmung ist noch intakt, vom Tempel ist dagegen nichts mehr zu sehen. Der nahe gelegene künstliche See lädt zur Bootsfahrt ein, in ihm leben Wasserschlangen.

Zwei Kilometer westlich liegt der **Anangpur-Damm**, erbaut von Tomar-König Anangpal. Das eindrucksvolle Quarzsteingebäude dämmt eine schmale Schlucht, um einen künstlichen See zu erzeugen. Der Damm ist auf einem felsigen Pfad, den man bei Regen besser meidet, zu Fuß zu erreichen. Delhis Einwohner kommen gern zu einem Picknick hierher. Die Haryana Tourism und die Delhi Transport Corporation bieten während der jährlichen Kunsthandwerksmesse *(siehe S. 41)* täglich Busfahrten nach Surajkund an.

Surajkund Crafts Mela

Zwei Wochen lang Anfang Februar verwandeln die Klänge und Farben der größten indischen Kunsthandwerksmesse ganz Surajkund. Handwerker und Kunsthandwerker aus dem ganzen Land verkaufen ihre Waren in eigens dafür erbauten Dörfern unter den mit *rangoli* geschmückten Strohbaldachinen: Spiegelarbeiten aus Gujarat, bemalte Puppen aus Jaipur, fantasievolle Glockenmetalltiere aus Orissa und Madhubani-Gemälde aus Bihar. Es gibt Ballonverkäufer und Imbissbuden, die dem *mela* einen Hauch von Jahrmarkt verleihen. Dazu spielen Musiker, Volkstänzer treten in farbenprächtigen Kostümen auf. Am Abend begeistern das Volkstheater sowie Tanz- und Musikaufführungen das Publikum.

Volkstümliche Musik beim Surajkund Crafts Mela

Shopping

In Delhi wird eine unglaubliche Vielfalt an Produkten zum Kauf angeboten. Neben dem Connaught Place gibt es in fast jedem Wohnviertel einen Markt. Alte Geschäfte und Basare bieten ihre Waren direkt neben schicken, teuren Boutiquen und Kaufhäusern an – man kann hier von Gemüse, Obst und Kunsthandwerk bis hin zu Designermode und Elektronikartikeln alles kaufen. Scheuen Sie sich nicht, auf den Basaren zu handeln. Wer auf diese Weise Geld spart, hat eine echte Einkaufstour durch Delhi erlebt. Praktische Informationen zum Thema Shopping finden Sie auf den Seiten 264–267.

Logo eines Kunsthandwerksladen

Läden und Märkte

New Delhis Haupteinkaufszentren sind Connaught Place und Janpath, wo die Central Cottage Industries eine faszinierende und sehr große Auswahl an Textilien, Schmuck und Souvenirs zu guten Festpreisen verkaufen. Indisches Kunsthandwerk und Handwebstühle gibt es in staatlichen Kunsthandwerksläden, den »State Emporia«, z. B. an der Baba Kharak Singh Marg, Dilli Haat sowie im Crafts Museum Shop *(siehe S. 86 f.)*.

Im Norden liegt Chandni Chowk *(siehe S. 93)* mit traditionellen Märkten. Im Süden sollte man auf dem Khan Markt, Sundar Nagar und Santushti vorbeischauen. In den alten Dörfern Hauz Khas, Shahpur Jat und Mehrauli laden schicke Boutiquen ein. Die Märkte South Extension, Lajpat Nagar und Sarojini Nagar sind bei Indern beliebt. Auch Fünf-Sterne-Hotels verfügen über Boutiquen.

Antiquitäten, Teppiche und Schals

Echte Antiquitäten findet man selten. Sie dürfen nur mit Genehmigung der ASI *(siehe S. 279)* ausgeführt werden. Allerdings bieten Hotelläden, Sundar Nagar und der **Crafts Museum Shop** sehr gute künstlerische Reproduktionen von Miniaturgemälden, Holzschnitzereien und Bronzearbeiten an. Zeitgenössische Silberkunst ist bei **Cooke & Kelvey** und **Ravissant** erhältlich. Beste afghanische und Kashmiri-Teppiche sowie Schals (u. a. Paisley-*jamawar* und Paschmina) finden Sie bei **Cottage Industries** und **The Carpet Cellar**.

Silberne Obstschale

Schmuck

Wunderschönen traditionellen Schmuck wie *kundan* und *meenakari* kauft man bei **Bharany's**, Silberschmuck an der Dariba Kalan in Chandni Chowk und auf dem Sundar Nagar Market.

Eine Auswahl an *Dhurrie*-Baumwollstoffen bei Fabindia

Stoffe und Textilien

Indische Seiden- und Baumwollstoffe sind weltweit berühmt. Cottage Industries und State-Emporia-Läden verfügen über eine gute Auswahl an Stoffen aus verschiedenen Regionen. **Fabindia**, **The Shop**, **Tulsi**, **Cottons** und **Anokhi** sind gute Adressen für hochwertige Maßkleidung, Leinen und Baumwolldecken. **Shyam Ahuja** verkauft *dhurries* und Leinen. Die beste Auswahl an Designerkleidung und Accessoires findet man sicher bei **Abraham & Thakore**.

Lederwaren

Lederwaren, vor allem Schuhe und Handtaschen, gibt es in fast allen Einkaufsvierteln wie Connaught Place, Khan Market und South Extension. Gute handgemachte Schuhe und Jacken kauft man in chinesischen Läden wie **John Brothers** – in Komfort und Qualität das Maß aller Dinge. Schickere Artikel gibt es bei **Da Milano**, einem Laden mit mehreren Filialen.

Kupferkessel und vieles mehr gibt es auf dem Sundar Nagar Market

Kunsthandwerk und Geschenke

Indisches Kunsthandwerk kann man im State Emporia, im Crafts Museum, bei **Kamala** und Dilli Haat an der Aurobindro Marg kaufen. **Tibet House** bietet *thangkas*, Teppiche, Wollschals und Jacken an. **The Neemrana Shop**, **Tulsi** und **Good Earth** haben eine gute Geschenkauswahl, u. a. gibt es Kerzen, handgeschöpftes Papier und Kunstobjekte.

Bestickte Stoffe werden am Janpath verkauft

Bücher, Musik und Zeitungen

Auf jedem örtlichen Markt gibt es Stände mit Zeitungen, Zeitschriften, CDs und Bestsellern. Die größten Musik- und Buchläden liegen in South Extension, Khan Market und Vasant Vihar. **Tekson's Bookshop** und **Full Circle** bieten eine große Auswahl internationaler Verlage an. **Motilal Banarsidas** in Old Delhi ist auf Indologiefachbücher spezialisiert. Sonntags wird auf der Daryaganj ein Basar mit alten und gebrauchten Büchern abgehalten – hier findet man so manches Schnäppchen.

Spezialgeschäfte

An der Dariba Kalan im Viertel Chandni Chowk kann man bei **Gulab Singh Johri Mal**, einem altmodischen Geschäft, indische Parfüms probieren. Kosmetik auf pflanzlicher Basis von Kama und Forest gibt es in deren Läden am Khan Market. **Good Earth** verkauft auch Produkte seiner Hausmarke Amritam für Aromatherapien.

Gewürze, Trockenobst und Früchte der Saison findet man am INA Market. **Steak House** und Gourmet Shoppe am Oberoi (*siehe S. 236*) verkaufen eine große Auswahl an Käse, Brot, kaltem Aufschnitt und anderen Feinkostwaren. Indischen Tee aus den Regionen Assam und Darjeeling gibt es am Khan Market und bei **Aapki Pasand**.

AUF EINEN BLICK

Antiquitäten

Cooke & Kelvey
Janpath. **Stadtplan** 1 C5.
(011) 2331 4015.

Cottage Industries
Janpath. **Stadtplan** 1 C5.
(011) 2372 5035.

Crafts Museum Shop
Pragati Maidan.
Stadtplan 6 D2.
(011) 2337 1887.

Ravissant
New Friends Colony.
(011) 2683 7278.

The Carpet Cellar
1 Anand Lok.
(011) 2626 1777.

Schmuck

Bharany's
Sundar Nagar Market.
Stadtplan 6 D3.
(011) 2435 8528.

Textilien

Abraham & Thakore
31 Lodi Colony Main Mkt.
(011) 2460 3455.

Anokhi
Khan Market.
Stadtplan 5 B3.
(011) 2460 3423.

Cottons
Greater Kailash I.
(011) 4656 6997.

Fabindia
Greater Kailash I.
(011) 2924 2185.

Shyam Ahuja
Santushti.
Stadtplan 4 E4.
(011) 2467 0112.

The Shop
Connaught Place.
Stadtplan 1 C5.
(011) 2374 6050.

Tulsi
Santushti.
Stadtplan 4 E4.
(011) 2687 0339.

Lederwaren

Da Milano
Khan Market.
Stadtplan 5 B3.
(011) 4175 1755.

John Brothers
Connaught Place.
Stadtplan 1 C4.
(011) 2331 6158.

Kunsthandwerk und Geschenke

Good Earth
Santushti. **Stadtplan** 4 E4.
(011) 2410 0108.

Kamala
Rajiv Gandhi Handicrafts Bhavan, Baba Kharak Singh Marg. **Stadtplan** 1 B5.
(011) 2374 3322.

The Neemrana Shop
Khan Market.
Stadtplan 5 B3.
(011) 4358 7183.

Tibet House
Lodi Rd. **Stadtplan** 5 B5.
(011) 2461 1515.

Bücher und Musik

Full Circle
Khan Market.
Stadtplan 5 B3.
(011) 2465 5641.

Motilal Banarsidas
Jawahar Nagar.
(011) 2391 1985.

Tekson's Bookshop
South Extension Market.
(011) 4164 6505.

Spezialgeschäfte

Aapki Pasand
15, Netaji Subhash Marg.
Stadtplan 2 E3.
(011) 2326 0373.

Gulab Singh Johri Mal
Dariba Kalan, Chandni Chowk. **Stadtplan** 2 E2.
(011) 2327 1345.

Steak House
Jor Bagh Mkt.
(011) 2461 1008.

Stadtplan siehe Seiten 122–131

Unterhaltung

Als Hauptstadt Indiens bietet Delhi ein vielfältiges Kulturangebot, zumal der Staat in den vergangenen 50 Jahren bewusst traditionelle Kunstformen gefördert hat: Heute treten hier Tänzer, Musiker und Volkskünstler stolz vor einem kritischen Publikum auf. Delhi ist zwar auch heute noch eine kulturell eher konservative Stadt, trotzdem finden häufig Theateraufführungen, Jazz- und Rockkonzerte statt. Außerdem gibt es einige gute Bars und Discos.

Das kulturelle Leben in Delhi erreicht seinen Höhepunkt stets zwischen Oktober und März, da in diesen Monaten die meisten bedeutenden Musik-, Tanz-, Theater- und Filmfestivals stattfinden.

Logo des International Film Festival of India

India International Centre, Delhi

Information und Tickets

Das tägliche Veranstaltungsangebot findet man in den Tageszeitungen. Nützliche Infos über Veranstaltungen, Restaurants, Sport und mehr enthalten das wöchentliche *Delhi Diary*, das 14-tägige *Time Out Delhi* und Monatsmagazine wie *First City*. In vielen Veranstaltungsorten wie dem India International Centre *(siehe Vorträge und Diskussionen)* ist der Eintritt frei. Andere, wie der Indian Council for Cultural Relations, sind nur mit einer Einladung zugänglich. Tickets für ausgewählte Musikfestivals sowie Theater werden auch in manchen Buchläden und an der Abendkasse verkauft. Infos zu Veranstaltungen finden Sie unter www.delhievents.com

Musik und Tanz

Die Vielfalt der klassischen indischen Musik- und Tanzkultur kann man am besten in Delhi erleben. Vorstellungen der wichtigsten Tanzstile Bharata Natyam, Kathak, Odissi und Kathakali finden in der Hochsaison statt. Das gilt auch für Konzerte mit hindustanischer und karnatischer Musik, den zwei Hauptströmungen klassischer indischer Musik. In der Saison finden Vorführungen meist im **Siri Fort Auditorium** und im **Kamani** statt. Veranstaltungsorte wie **Triveni Kala Sangam** und das **India Habitat Centre** bieten ganzjährig Veranstaltungen an. Der staatliche **Indian Council for Cultural Relations** zeigt Programme im Azad Bhavan und im FICCI-Auditorium. Farbenfrohe Volkstänze begeistern die Besucher der alljährlichen Trade Fair im **Pragati Maidan** *(siehe S. 85).*

Stadtmagazine

Theater

Das bedeutendste Theaterensemble Delhis ist die **National School of Drama**, deren Repertoiretheater auf einer Freiluftbühne und im benachbarten Kamani-Auditorium stattfindet. Seit 1999 veranstaltet das Theater ein National Theatre Festival von Mai bis Juni. Die Vorführungen sind auf Hindi und Urdu. Gezeigt werden zeitgenössische indische und westliche Stücke.

Mehrere Laientheatergruppen spielen vor allem in der dicht gedrängten Winterspielzeit auf Hindi und Englisch. Hauptaufführungsorte sind das **Shri Ram Centre**, Kamani, und das India Habitat Centre *(siehe Musik und Tanz).*

Kino

Delhi ist Schauplatz eines internationalen Filmfestivals, das alljährlich im Januar im Siri-Fort-Komplex stattfindet. Tickets dafür gibt es an der Abendkasse. Andere Filmfestivals des Directorate of Film Festivals werden ebenfalls hier veranstaltet. Dabei wird meist regionales indisches und ausländisches, nichtkommerzielles Programmkino gezeigt. Dokumentarfilme von vielversprechenden Filmemachern kommen im India International Centre, **Max Mueller Bhavan** und im **British Council** auf die Leinwand. Viele ausländische Kulturzentren wie das deutsche **Goethe-Institut** veranstalten regelmäßig Filmabende.

Populäre indische und ausländische Filme werden in den großen Kinosälen überall in der Stadt gezeigt. Besser

Shubha Mudgal, eine bekannte klassische Sängerin

ausgestattete Kinos sind u. a. **3C's**, **PVR Saket**, **PVR Priya**, **PVR Plaza** und **DT Cinemas**. Programme und die Anfangszeiten findet man in den Tageszeitungen. Tickets für alle Filme sollte man im Voraus kaufen, da ein Kinobesuch in Indien eines der beliebtesten Freizeitvergnügen ist.

Ausstellungen

Seit einigen Jahren eröffnen immer mehr Kunstgalerien aufgrund des gestiegenen Interesses an zeitgenössischer indischer Kunst. Sie zeigen regelmäßig Werke von Malern, Bildhauern und Fotografen. Einige sehr bekannte Galerien wie **Art Heritage** und andere im Triveni Kala Sangam, India Habitat Centre, India International Centre und Max Mueller Bhavan liegen im Stadtzentrum. Galerien wie die **Vadehra Art Gallery** findet man in South Delhi. Die **National Gallery of Modern Art** *(siehe S. 71)* und das **National Museum** *(siehe S. 72–75)* präsentieren größere, bedeutende Ausstellungen.

Vorträge und Diskussionen

Vorträge, Diskussionen und Seminare zu vielfältigen Themen wie internationale und nationale Politik, Tierwelt und Umweltschutz, Bergsteigen und indische Kultur finden regelmäßig im **India International Centre** statt. Sie werden in den Tageszeitungen angekündigt und sind für jeden zugänglich. Ähnliche Angebote veranstalten auch das **Indira Gandhi National Centre for the Arts** (IGNCA), das Goethe-Institut und das India Habitat Centre.

Beliebte Bar in einem Luxushotel

Nachtleben

Delhis Nachtleben wird immer lebendiger. Die meisten gehobenen Bars und Discos findet man in den Fünf-Sterne-Hotels wie etwa **Club Bar**, **Rick's**, **Dublin**, **Agni**. Sie ziehen vor allem an Samstagabenden ein junges Publikum an. Clubs sind nur für eingetragene Mitglieder geöffnet.

AUF EINEN BLICK

Musik und Tanz

India Habitat Centre
Lodi Rd. Stadtplan 5 B5.
(011) 2468 2001.

India Trade Promotion Org.
Pragati Maidan.
Stadtplan 6 D1.
(011) 2331 1540.

Indian Council for Cultural Relations
Azad Bhavan, IP Estate.
Stadtplan 1 C4.
(011) 2337 9199.

Kamani Auditorium
Copernicus Marg.
Stadtplan 2 D5.
(011) 2338 8084.

Siri Fort Auditorium
Asian Village Complex.
(011) 2649 3370.

Triveni Kala Sangam
205 Tansen Marg.
Stadtplan 2 D5.
(011) 2371 8833.

Theater

National School of Drama
Bhawalpur House.
Stadtplan 2 E5.
(011) 2338 9402.

Shri Ram Centre
Mandi House.
Stadtplan 2 D5.
(011) 2371 4307.

Filme

3 C's
Lajpat Nagar.
(011) 2692 7846.

British Council
Kasturba Gandhi Marg.
Stadtplan 1 C5.
(011) 2371 0111.

DT Cinemas
Saket & Vasant Kunj.
(011) 3989 5050.

Goethe-Institut
3 Kasturba Gandhi Marg.
Stadtplan 1 C5.
(011) 2332 9506.

Max Mueller Bhavan
3 Kasturba Gandhi Marg.
Stadtplan 2 D5.
(011) 2332 9506.

PVR Plaza
H Block, Connaught Place.
Stadtplan 1 C4.
(011) 4151 6787.

PVR Priya
Vasant Vihar.
(011) 4166 3787.

PVR Saket
Community Centre, Saket.
(011) 4100 0458.

Ausstellungen

Art Heritage
Triveni Kala Sangam.
Stadtplan 2 D5.
(011) 2371 9470.

National Gallery of Modern Art
Jaipur House.
Stadtplan 5 C2.
(011) 2338 4640.

National Museum
Janpath. Stadtplan 5 A2.
(011) 2301 9272.

Vadehra Art Gallery
D-178, Okhla Phase 1.
(011) 6547 4005.

Vorträge und Diskussionen

India International Centre
40 Lodi Estate,
Max Mueller Marg.
Stadtplan 5 A4.
(011) 2461 9431.

Indira Gandhi National Centre for the Arts
Janpath. Stadtplan 5 A4.
(011) 2338 9216.

Nachtleben

Agni
The Park, Sansad Marg.
Stadtplan 1 C5.
(011) 2374 3000.

Aura
Claridge's Hotel.
Stadtplan 5 A3.
(011) 2301 0211.

Club Bar
The Oberoi, Dr Zakir Hussain Marg.
Stadtplan 6 D4.
(011) 2436 3030.

Dublin
Maurya Sheraton.
(011) 2611 2233.

Q'Ba
Connaught Place.
Stadtplan 1 C4.
(011) 5151 2888.

Rick's
Taj Mahal Hotel.
Stadtplan 5 B3.
(011) 2302 6162.

Stadtplan Delhi *siehe Seiten 122–131*

Stadtplan

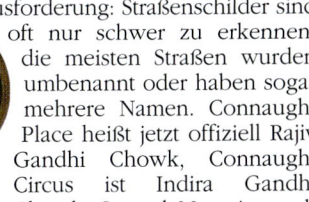

Löwen des Ashoka

Die Orientierung in Delhi fällt nicht immer leicht: New Delhi und das benachbarte Nizamuddin bis zum Purana-Qila-Viertel sind gut ausgeschildert, doch Old Delhi ist ein Labyrinth enger Gassen *(gullies)* und Seitenstraßen. Die Stadt hat sich aufgrund des Bevölkerungswachstums weit über das Innenstadtzentrum ausgedehnt. Die weitläufigen Wohnviertel machen die Orientierung nicht einfacher. Autofahren auf Delhis Straßen *(margs)* ist durchaus eine Herausforderung: Straßenschilder sind oft nur schwer zu erkennen, die meisten Straßen wurden umbenannt oder haben sogar mehrere Namen. Connaught Place heißt jetzt offiziell Rajiv Gandhi Chowk, Connaught Circus ist Indira Gandhi Chowk, Sansad Marg ist auch als Parliament Street bekannt. Der Stadtplan deckt die Innenstadt ab und markiert die wichtigen Sehenswürdigkeiten, Hotels, Restaurants und Läden. Die Karte »Abstecher« auf Seite 99 zeigt den Großraum Delhi.

Geschäfte am Eingang des *dargah* **in Nizamuddin**

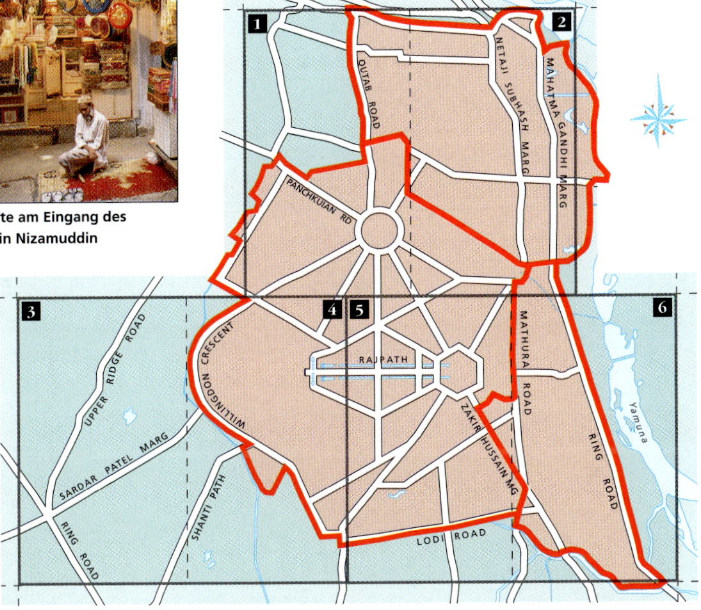

LEGENDE
- Hauptsehenswürdigkeit
- Sehenswürdigkeit
- Wichtiges Gebäude
- Bahnhof
- Metro-Station
- Busbahnhof
- Information
- Krankenhaus
- Polizei
- Tempel
- Gurdwara
- Kirche
- Moschee
- Grabmal
- Post
- Parken
- Eisenbahn

Maßstab der Karten 1–6

◁ **Die Leibwache des Präsidenten am Republic Day** *(26. Januar)*

Kartenregister

A

Afsar Wala Masjid	6 D5
Ajmeri Gate	1 C3
Ajmeri Gate Road	2 D2
Akbar Road	4 F3
Fortsetzung	5 B2
Amerikanische Botschaft	3 C4
Amrita Shergill Lane	5 A4
Amrita Shergill Marg	5 A4
Ansari Road	2 F3
Appu Ghar	6 D1
Arab ki Sarai Road	6 E5
Arakshan Road	1 B3
Aram Bagh Road	1 A3
Archaeological Museum	2 F2
Archaeological Survey of India	5 A2
Archbishop Makarios Marg	5 C3
Arya Nagar Road	1 B3
Arya Samaj Road	2 D3
Arya-Samaj-Tempel	1 A4
Arya School Lane	1 B5
Asaf Ali Road	2 E3
Ashok Hotel	4 D4
Ashok Road	1 B5
Fortsetzung	5 A1
Ashoka-Säule	2 F4
Aurangzeb Road	4 F4
Fortsetzung	5 A4
Aurobindo Marg	4 F5
Australische Botschaft	4 D4

B

Baba Kharak Singh Marg	1 B5
Babar Road	2 D5
Bahadurgarh Road	1 B1
Bahadur Shah Zafar Marg	2 E4
Bal Bhavan	2 E4
Balli Maran	2 D1
Balmiki-Tempel	1 A3
Bangla Sahib Gurdwara	1 B5
Bangla Sahib Lane	1 B5
Bangla Sahib Road	1 B4
Bara Gumbad	5 A4
Bara Hindu Rao Road	1 B1
Barakhamba Lane	2 D5
Barakhamba Road	2 D5
Bardoloi Marg	4 D3
Baroda House	5 B1
Basant Road	1 B4
Bazar Chitli Qabar	2 E3
Bengali Market	2 D5
Benito Juarez Marg	3 A5
Beriwari Gali	2 D3
Bhagwan Das Road	5 C1
Bhagwan Mahavir Vanasthali	3 B3
Bhai Vir Singh Lane	1 A5
Bhai Vir Singh Marg	1 A5
Bhairon Marg	6 D2
Bharat Scouts & Guides Marg	6 D4
Bharatram Road	2 F3
Bhavbhuti Marg	1 C3
Bhisham Pitamah Marg	5 B5
Bird Hospital	2 E2
Boating Lake	6 D2
BR Mehta Lane	5 B1
Brassey Avenue	4 E2
British High Commission	4 D4
Buddha Jayanti Park	3 B2
Bulgarische Botschaft	3 C4

C

Canadian High Commission	3 C5
Canning Lane	5 A1
Canning Road	5 B1
Cathedral Church of the Redemption	4 E1
Cemetery (Prithviraj Road)	5 B3
Central Golf Link Road	5 B4
Central Ridge Reserved Forest	3 A2
Central Secretariat	4 E2
Centre Point	1 C5
Chamelian Road	1 A1
Chanakyapur	3 C4
Chanakyapuri Bahnhof	3 A5
Chandni Chowk	2 D2
Chandni Chowk Road	2 D1
Chandragupta Marg	3 C5
Chawri Bazar	2 D2
Chel Puri	2 D2
Chelmsford Road	1 C4
Chhatta Chowk	2 E1
Children's Park	5 B2
Chitragupta Road	1 B3
Church Mission Marg	1 C1
Church Road	4 E1
Churi Wali Gali	2 D2
Claridges Hotel	5 A3
College Lane	2 E5
Connaught Circus	1 C5
Connaught Lane	1 C5
Connaught Place	1 C4
Copernicus Lane	5 B1
Copernicus Marg	5 C1
Crafts Museum	6 D2
Cross Road 2	3 C4
Cross Road 3	3 C4
Cross Road 4	3 C4

D

Dalhousie Road	4 E2
Fortsetzung	4 F2
Dandi March Statue	4 D2
Darbari Lal Marg	1 B3
Dariba Kalan Road	2 E1
Dayanand Road	2 F3
Deen Dayal Upadhyaya Marg	2 D4
Delhi Flying Club	4 F5
Delhi Gate	2 E3
Delhi Golf Club	2 E3
Delhi Golf Course	5 C4
Delhi High Court	5 C2
Delhi Hauptbahnhof	2 D1
Delhi Riding Club	4 E4
Desh Bandhu Gupta Road	1 B3
Fortsetzung	1 A2
Deutsche Botschaft	3 C5
Dharam Marg	3 C3
Diwan-i-Aam	2 F1
Diwan-i-Khas	2 F1
Dr Ambedkar Stadium	2 F4
Dr Rajendra Prasad Lane	5 A1
Dr Rajendra Prasad Road	5 A1
Dr Zakir Hussain Marg	5 C3
Dupleix Road	4 F3

E

Esplanade Road	2 E2

F

Faiz Road	1 A2
Fatehpuri Masjid	1 C1
Feroze Shah Kotla	2 F4
Feroze Shah Kotla Cricket Ground	2 F4
Ferozeshah Road	5 A1
Fire Brigade Lane	2 D4
First Avenue	5 A5
Fourth Avenue	5 B5
Französische Botschaft	3 C4

G

Gali Halwai Wali	1 B3
Gali Safru	2 D3
Gandharva Mahavidyalaya	2 E5
Gandhi Memorial Museum	2 F4
Gandhi Peace Foundation	2 E5
Gandhi Smriti	4 F3
Gauri-Shankar-Tempel	2 E1
Gautam Road	1 A1
Ghata Masjid Road	2 F3
Gole Dak Khana	1 A5
Gole Market	1 A4
Golf Links	5 B4
Golfplatz	4 F5
Govind Ballabh Pant Hospital	2 E4
Guru Nanak Eye Hospital	2 E4
Gurudwara Rakabganj Road	4 E1
Fortsetzung	4 F1
Gymkhana Club	4 E4

H

Hailey Lane	2 D5
Hailey Road	2 D5
Hamilton Road	2 D1
Hamsadhwani Theatre	6 D1
Hans Bhavan	2 F5
Hans Plaza	2 D5
Hanuman Road	1 B5
Harsha Lane	6 E5
Harsha Road	6 E5
Hazrat Nizamuddin Aulia Dargah	6 D5
HC Sen Road	2 D1
Hindi Park	2 F3
Hoshiar Singh Marg	1 B1
Host Inn	1 C4
Hotel Broadway	2 E3
Hotel Diplomat	4 D3
Hotel Janpath	5 A1
Hotel Marina	1 C4
Humayun Road	5 B3
Humayuns Grabmal	6 E4
Hyderabad House	5 B1

I

Idgah Road	1 B2
Imperial Hotel	1 C5
India Gate	5 B2
India Habitat Centre	5 B5
India International Centre	5 A4
Indian Airlines	4 F1
Indian Express	2 F4
Indira Chowk	1 C4
Indira Gandhi National Centre for the Arts	5 A1
Indira Gandhi Smriti	4 F4
Indira Gandhi Sports Complex	2 F4
Indraprastha Hotel	5 A1
Indraprastha Marg	2 F5
Inner Circle (Rajiv Chowk)	1 C4
Intercontinental Hotel	2 D5
Irische Botschaft	4 F5
Isa Khans Grab	6 D4
ISBT Sarai Kale Khan	6 F5
Italienische Botschaft	3 C5

J

Jahangir Road	2 D4
Jai Prakash Narain Hospital	2 E4
Jai Singh Marg	1 B5
Jain Mandir Marg	1 B4
Jain-Tempel	2 E1
Jami Masjid	2 E2
Jangpura	6 D5
Janpath	1 C5
Fortsetzung	5 A1
Jantar Mantar	1 C5
Japanische Botschaft	4 D5
Jaswant Singh Road	5 B1
Jawaharlal Nehru Marg	2 D3
Jawaharlal Nehru Stadium	5 C5
Jawaharlal Nehru Stadium Marg	5 C5
Jhandewalan Road	1 B2
Jheel Park	3 A5
Jor Bagh Colony Road	5 A5
Jor Bagh Road	5 A5
Judah Hymn Hall	5 B3
Jukaso Inn	6 D3

K

Kalan Masjid	2 D3
Kali Bari Lane	1 A5
Kali Bari Road	1 A5
Kali Das Road	2 F3
Kamal Ataturk Marg	4 E4
Kamani Auditorium	2 D5
Kamaraj Lane	4 F3
Kamaraj Road	4 F2
Kasturba Gandhi Marg	1 C5
Fortsetzung	5 B1
Kasturba Hospital	2 E2
Kasturba Hospital Marg	2 E2
Katra Bariyan	1 C1
Kautilya Marg	4 D3
Kedar Nath Lane	2 F3
Khair-ul-Manazil	5 C2
Khajoori Marg	1 A2
Khan Market	5 B3
Khari Baoli Road	1 C1
Khas Mahal	2 F1
Khuni Darwaza	2 E4
Kotla Marg	2 E4
Krematorium	2 F1
Krishi Bhavan	4 F2
Krishna Menon Lane	4 F3
Krishna Menon Marg	4 F3
Kushak Road	4 E3

L

Lady Hardinge Hospital	1 B4
Lahori Gate	1 C1
Lajpat Rai Market	2 E1
Lakshmi-Narayan-Tempel (Birla Mandir)	1 A4
Lal Bahadur Shastri Marg	6 D5
Lal Bahadur Shastri Smriti	5 A2

KARTENREGISTER

Lal Kuan Bazar	1 C2
Lal Kuan Bazar Road	1 C2
Lal Qila – Red Fort	2 E2
Lambi Gali	1 C2
La Sagrita Tourist Home	6 D3
Le Méridien	5 A1
Link Road	1 A3
Lodi Estate	5 B4
Lodi Gardens	5 A4
Lodi Road	5 A5
Fortsetzung	5 C4
Lok Sabha Marg	4 F1

M

Madrasa von Ghazi-ud-din Khan	1 C3
Mahadev Road	4 F1
Maharaja Aggarsain Road	1 B1
Maharaja Ranjeet Singh Marg	2 D4
Maharani Guest House	6 D3
Maharishi Balmiki Marg	1 A1
Maharishi Raman Marg	5 B4
Mahatma Gandhi Marg	2 F2
Fortsetzung	3 A5
Fortsetzung	6 E4
Mahatma Gandhi Park	2 D1
Mahatma Jyoti Rao Phule Road	5 C1
Mahawat Khan Road	2 E5
Main Bazar Road	1 B3
Malcha Mahal	3 C2
Malcha Marg	3 C3
Mandi House	2 E5
Mandir Marg	1 A1
Mandir Marg	1 A4
Mansingh Road	5 B2
Masjid Fakrula Beg Gali	1 C2
Mata Sundari Lane	2 E4
Mata Sundari Road	2 D4
Mathura Road	5 C1
Fortsetzung	6 D3
Matka Pir	6 D2
Maulana Azad Medical College	2 E4
Maulana Azad Road	5 A2
Maulana Azads Grab	2 E2
Max Mueller Marg	5 B4
Medical Association Road	2 F3
Meena Bazar	2 E2
Middle Circle	1 C4
Minto Road	2 D3
Mirdard Marg	2 E4
Mirza Ghalibs Grabmal	6 D4
More Sarai Road	2 D1
Moti Masjid	2 F1
Motia Khan Park	1 A2
Motilal Nehru Marg	5 A3
Motilal Nehru Place	5 A3
Mughal Gardens	4 D2
Muhammad Shah Lodis Grabmal	5 A5
Mumtaz Mahal	2 F2
Murli Marg	6 E5

N

Nai Sarak	2 D2
Nalwa Road	6 D5
National Archives	5 A2
National Gallery of Modern Art	5 C2
National Museum	5 A2
National Rail Museum	3 C5
National Rose Garden	3 C5
NSD (National School of Drama)	2 E5
National Science Centre	6 D2
National Stadium	5 C2
National Zoological Park	6 D3
Natural History Museum	2 D5
Naubat Khana	2 E2
Nawab Road	1 B1
Naya Bans Bazar	1 C1
Naya Bans Gali	1 C1
Naya Bazar	1 C1
Nehru Memorial Museum and Library	4 E3
Nehru Park	4 D5
Nehru Planetarium	4 E3
Netaji Subhash Marg	2 E2
New Delhi Bahnhof	1 C3
New Rohtak Road	1 A2
Nirman Bhavan	5 A2
Nirulas	1 C4
Niti Marg	4 D4
Fortsetzung	4 D5
Nizamuddin Bridge	6 F3
Nizamuddin East	6 E5
Nizamuddin Bahnhof	6 E5
Nizamuddin West	6 D5
North Avenue	4 E1
North Block	4 E2
Nyaya Marg	3 C5

O

Österreichische Botschaft	3 C4

P

Padam Singh Marg	2 F2
Pahar Ganj	1 B3
Palika Bazar	1 C5
Panchkuian Road	1 B4
Panchsheel Marg	3 C4
Fortsetzung	4 D4
Pandara Market	5 B2
Pandara Park	5 C3
Pandara Road	5 B3
Pandit Pant Marg	4 E1
Parliament House	4 F1
Parliament Street	1 B5
Patiala House	5 C1
Peshwa Road	1 A4
Poloplatz	4 E5
Pontonbrücke (Nov–Juni)	6 E1
Pragati Maidan	6 D1
President's Estate	4 D2
Prince Polonia	1 B3
Prithviraj Lane	5 B3
Prithviraj Road	5 A4
PTI (Press Trust of India)	4 F1
Purana Qila	6 D2
Purana Qila Road	5 C2

Q

Qutab Road	1 C2

R

Rabindra Bhavan	2 D5
Race Course Road	4 E4
Rafi Ahmed Kidwai Marg	4 F2
Rahim Khan Road	6 E5
Rail Bhavan	4 F2
Raisina Road	4 F1
Fortsetzung	5 A1
Rajaji Marg	4 E3
Rajdoot Marg	3 C3
Rajghat	2 F3
Rajguru Marg	1 B3
Rajpath	5 A2
Rajya Sabha Marg	4 F1
Ram Manohar Lohia Hospital	1 A5
Ramakrishna Ashram Marg	1 A4
Ramakrishna Mission	1 B3
Ramdwara Road	1 B4
Ramlila Grounds	2 D3
Rang Mahal	2 F1
Rani Jhansi Road	1 A2
Rashtrapati Bhavan	4 E2
Red Cross Road	4 F1
Red Cross Society	4 F1
Rennbahn	4 E4
Reserve Bank of India	4 F1
Ring Road	2 E1
Fortsetzung	6 E2
Russische Botschaft	3 C4

S

Sacred Heart Cathedral	1 A5
Sadar Bazar	1 B1
Sadar Bazar Bahnhof	1 C1
Sadar Thana Marg	1 B2
Safdar Hashmi Marg	2 E5
Safdarjung Aerodrome	4 E5
Safdarjung Lane	4 F4
Safdarjung Road	4 F4
Safdarjungs Grabmal	4 F5
Salimgarh Fort	2 F1
Samata Sthal	2 F3
San Martin Road	3 B5
Sansad Marg	4 F1
Santushti Complex	4 E4
Sardar Patel Marg	3 C3
Sardar Patel Bahnhof	3 A4
Satya Marg	3 C5
Fortsetzung	4 D5
Schwedische Botschaft	3 C4
Scindia Road	1 A4
Second Avenue	5 A5
Service Road	3 C5
Shah Burj	2 F1
Shah Jahan Road	5 B3
Shaheed Bhagat Singh Marg	1 B4
Shahi Idgah	1 A2
Shakti Sthal	2 F3
Shakuntalam Theatre	6 D1
Shankar Marg	1 B2
Shanti Path	3 C5
Fortsetzung	4 D4
Shanti Vana	2 F2
Shanti Vana Marg	2 E2
Shastri Bhavan	5 A2
Shershah Road	5 C2
Shraddhanand Marg	1 C2
Shringar Theatre	6 D1
Shroff Eye Hospital	2 F3
Shyama Prasad Mukherji Marg	1 C1
Sikandar Lodis Grabmal	5 A4
Sikandra Road	2 E5
Simon Bolivar Marg	3 B3
Sisganj Gurdwara	2 D2
Sitaram Bazar	2 D3
Sitaram Bazar Road	2 D2
Smriti Vatika	3 B5
South Avenue	4 E3
South Block	4 E2
South End Lane	5 A4
Sri Ram Centre	2 E5
State Emporia Complex	1 B5
Subramaniam Bharti Marg	5 B3
Subz Burj	6 D4
Sultan Razias Grabmal	2 D3
Sundar Nagar Market	6 D3
Sundar Nursery	6 D4
Sunehri Bagh Road	4 F3
Sunehri Masjid	2 D1
Supreme Court	5 C1

T

Tagore Road	2 D3
Taj Mahal Hotel	5 B3
Taj Palace Hotel	3 A4
Talkatora Road	4 E1
Talkatora Gardens	4 D1
Tansen Marg	2 D5
Teen Murti Lane	4 E4
Teen Murti Marg	4 E3
The Ambassador	5 B3
The Connaught	1 B4
The Oberoi	6 D4
The Park	1 B5
Thyagaraja Marg	4 E2
Tibet House	5 B5
Tilak Bridge Bahnhof	2 E5
Tilak Marg	5 C1
Times of India	2 F4
Todarmal Lane	2 D5
Todarmal Road	2 E5
Tolstoy Marg	1 C5
Town Hall	2 D1
Triveni Kala Sangam	2 D5
Tughlaq Crescent	4 F4
Tughlaq Road	4 F4
Turkman Bazar Road	2 D3
Turkman Gate	2 D3
Turkman Road	2 D4

U

Udyog Bhavan	4 F2
Ugrasen's Baoli	2 D5
Upper Ridge Road	3 A3
Urdu Ghar Marg	2 E4

V

Vakil Lane	2 D5
Vallabhacharya Marg	1 A3
Vande Mataram Marg	3 B1
Vardman Marg	5 B5
Vayu Bhavan	4 F2
Vigyan Bhavan	5 A2
Vijay Chowk	4 F2
Vijay Ghat	2 F1
Vikas Marg	2 F4
Vinay Marg	4 D5
Vishwa Yuvak Kendra	4 D3
Vivekanand Road	1 C4

W

War Memorial Arch	5 B2
Welcomgroup Maurya Sheraton	3 B4
Willingdon Crescent	4 D1
Fortsetzung	4 D3
Windsor Place	5 A1

Y

Yamuna	6 F2
Yashwant Place	4 D5
Yorks	1 C4
YMCA Tourist Hostel	1 B5
YWCA	1 B5
YWCA Guest House	1 B5

Z

Zinat-ul-Masjid	2 F3

Nordindien

Nordindien im Überblick **134–135**

Nördlich von Delhi **136–145**

Agra & Umgebung **146–177**

Jaipur & östliches Rajasthan **178–225**

Nordindien im Überblick

Intarsientafel

Nordindien wird im Norden vom schneebedeckten Himalaya und im Süden durch den Fluss Chambal begrenzt. Das fruchtbare Schwemmland am Ganges und Yamuna liegt im Zentrum der Region, im Westen erstrecken sich die Aravalli Hills und die Wüste Thar. Die Rajputen und Moguln verliehen der Gegend in und um Agra sowie in und um Jaipur architektonischen Glanz: massive Festungen, luxuriöse Paläste, Moscheen, Mausoleen und Tempel. Abseits der Städte sind die Naturschutzgebiete einen Besuch wert, im Norden kann man auf den Flüssen Wildwasser-Rafting wagen.

Alwar (siehe S. 206f), *ein ehemaliger Fürstenstaat, wird von einer Hügelfestung beherrscht. Darunter erstrecken sich elegante Paläste, Ehrenmale und Gärten. Von Alwar aus kann man die vergessenen Forts und Städte im Sariska National Park erkunden.*

Ajmer (siehe S. 218f) *ist für den Schrein des Sufi-Heiligen Khwaja Moinuddin Chishti sowie den historischen Säulengang Adhai Din ka Jhopra bekannt. In der Nähe liegt die Pilgerstadt Pushkar. Dort wird alljährlich ein großer Kamelmarkt abgehalten.*

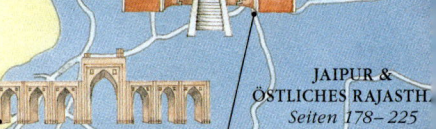

JAIPUR & ÖSTLICHES RAJASTH.
Seiten 178–225

Jaipur (siehe S. 182–199) *wurde im frühen 18. Jahrhundert von Sawai Jai Singh II. erbaut und 1949 Hauptstadt des britischen Raj. Die Stadt ist wegen der historischen Paläste, Observatorien, Forts und Palasthotels sowie der verlockenden Märkte ein beliebtes Reiseziel.*

0 Kilometer 100

◁ **Die Marmorgrabmale der Kachhawaha-Könige in Gaitor bei Jaipur** *(siehe S. 198f)*

Haridwar (siehe S. 144), *eine der heiligsten Städte Nordindiens, liegt in der Tiefebene am Ganges. Alle zwölf Jahre findet hier der große Kumbh Mela statt.*

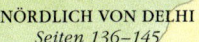

NÖRDLICH VON DELHI
Seiten 136–145

Roorkee (siehe S. 143), *eine kleine Stadt an der Straße nach Haridwar, liegt mitten in einer fruchtbaren Landwirtschaftsregion. Das bekannte, 1847 gegründete Engineering College ist in einem eleganten Kolonialbau untergebracht.*

AGRA & UMGEBUNG
Seiten 146–177

Agra (siehe S. 150–159) *war im 16. und 17. Jahrhundert die kaiserliche Hauptstadt der Moguln und ist wegen des Taj Mahal berühmt, den Shah Jahan für seine Lieblingsfrau Mumtaz Mahal baute – nur einer von vielen prächtigen Mogul-Bauten in und um Agra.*

Orchha (siehe S. 176f), *die alte Hauptstadt der Bundela-Könige, liegt malerisch am Fluss Betwa. Die Tempel, Paläste und Mausoleen sind architektonische Meisterwerke.*

Nördlich von Delhi

Die fruchtbare Region zwischen Ganges und Yamuna ist die Wiege der indischen Zivilisation. Ihre Geschichte und mythologische Vergangenheit reichen von den alten Ziegelstädten im Industal und den ersten Ariersiedlungen bis zu den späteren islamischen und europäischen Festungen und Großstädten. Die Vielfalt all dieser Kulturen ist auch heute noch spürbar.

Die weite Tiefebene ist seit dem 2. Jahrtausend v. Chr. eine der am dichtesten besiedelten Regionen Indiens. Aus den alten Festungsstädten entwickelten sich die Metropolen des Mittelalters, wohlhabende Handelsplätze, die von fruchtbarem Land umgeben waren. Viele dieser Städte sind heute Industriezentren. Dank der reichen Geschichte der Region gibt es eine große architektonische Vielfalt zu bewundern – alte Ziegelbauten, Mogul-Monumente und Kolonialkirchen stehen neben Fabriken.

Im Norden liegen die Pilgerstädte Haridwar und Rishikesh direkt am Ganges, dem heiligsten Fluss Indiens, der sich hier seinen Weg in die Ebene bahnt. Dahinter erheben sich die majestätischen Shivalik Hills. In diesem Naturparadies kann man sich sogar in Extremsportarten wie Wildwasser-Rafting erproben.

Für die Inder ist diese Region der geheiligte Schauplatz des *Mahabharata (siehe S. 141)*, wo Götter und Helden die sagenumwobene Schlacht von Kurukshetra kämpften und Krishna *(siehe S. 162f)* die *Bhagavad Gita* erläuterte. Die Ursprünge der Veden und Upanishaden, der Grundpfeiler der hinduistischen Lehre und Ethik, liegen wahrscheinlich ebenfalls hier. In der Nähe, in Panipat, entschied sich in drei Schlachten die Geschichte Nordindiens. Im Nordosten und Nordwesten liegen die in Vergessenheit geratenen Städte Narnaul, Hansi und Sardhana, deren Geschichte mit den mittelalterlichen Tughlaq- und Sur-Dynastien sowie mit europäischen Freibeutern und Nabobs wie Skinner, Reinhardt und dessen Frau Begum Samroo verknüpft ist. Meerut, Zentrum des Indischen Aufstands, ist heute eine Markt- und Handelsstadt.

An den Straßen um die Tempel verkaufen Straßenhändler religiöse Utensilien

◁ Blick auf das Har-ki-Pauri Ghat in Haridwar, vom Ganga-Tempel aus gesehen *(siehe S. 144)*

Überblick: Nördlich von Delhi

Außerhalb von Delhi verändert sich die Landschaft merklich, die Straße nach Haridwar am Himalaya wird von Mango- und Litschibäumen gesäumt, die Gegend rund um Roorkee ist dank eines Kanalsystems sehr fruchtbar. Die Grand Trunk Road führt über Panipat und Kurukshetra bis in den Punjab und ist immer noch eine wichtige Wirtschafts- und Verkehrsverbindung. Wogende Reis- und Weizenfelder ziehen vorbei, oft sieht man Masten der Überland-Stromleitungen in der wichtigen Industrieregion. Mittelalterliche Festungen und die auffallenden *kos minars* (Meilensteine) erinnern an vergangene kriegerische Zeiten, als hier das Tor zum Norden lag.

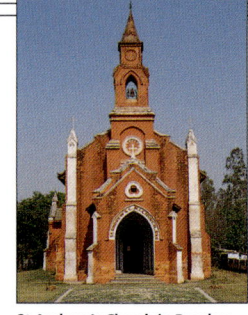

St Andrew's Church in Roorkee

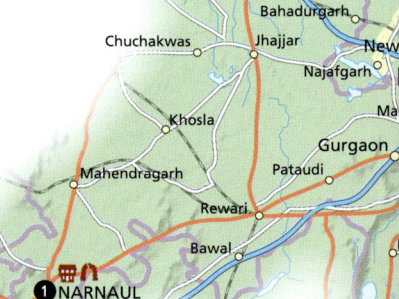

Nördlich von Delhi unterwegs

Die Gegend ist u. a. durch die berühmte Grand Trunk Road (National Highway 1) mit guten Rastplätzen, sauberen Toiletten und Cafés erschlossen. Die Hochgeschwindigkeitszüge Shatabdi Express (New Delhi–Dehra Dun) und Mussoorie Express nach Haridwar (Nachtzug) sind eine Alternative zur Autofahrt nach Haridwar. Der Shatabdi Express Kalka–New Delhi hält in Ambala. Dort fahren Taxis nach Kurukshetra. Taxis und Touristenbusse verkehren auch ständig zwischen New Delhi und Haridwar sowie zwischen New Delhi und Chandigarh.

LEGENDE

- Autobahn
- Hauptstraße
- Nebenstraße
- Eisenbahn
- Staatsgrenze

Zeichenerklärung *siehe hintere Umschlagklappe*

NÖRDLICH VON DELHI

SIEHE AUCH
- *Hotels* S. 238f
- *Restaurants* S. 259f

Angehörige des Gujjar-Stammes hüten Schafe nahe Panipat

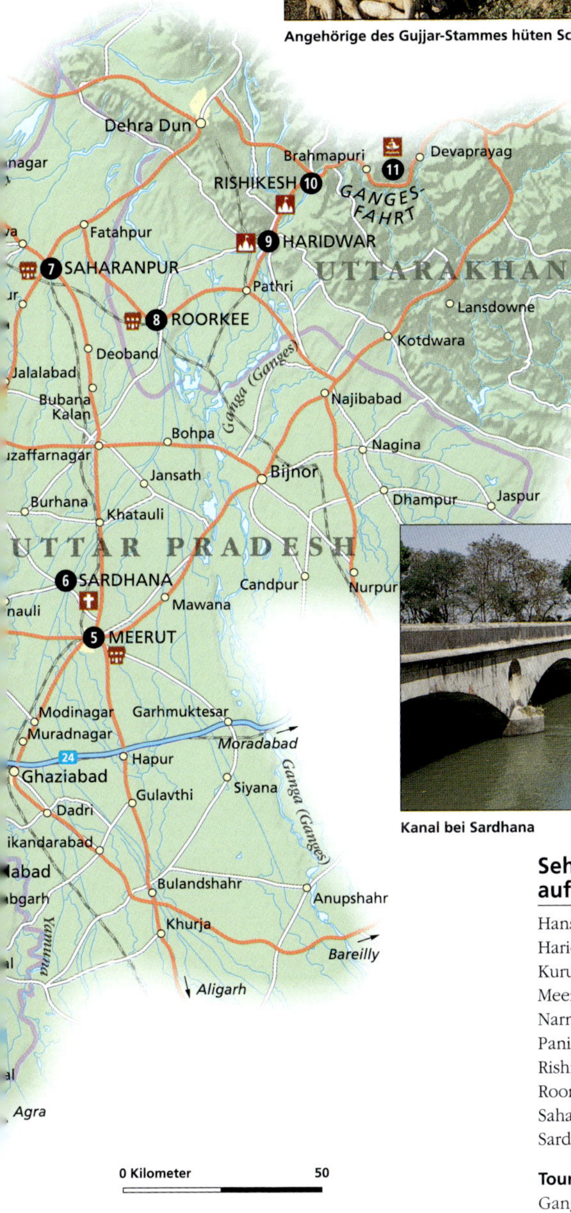

Kanal bei Sardhana

Sehenswürdigkeiten auf einen Blick

Hansi ❷
Haridwar ❾
Kurukshetra ❹
Meerut ❺
Narnaul ❶
Panipat ❸
Rishikesh ❿
Roorkee ❽
Saharanpur ❼
Sardhana ❻

Tour
Gangesfahrt ⓫

Narnaul ❶

Distrikt Narnaul. 132 km westl. von Delhi. **Straßenkarte** C3.

Die Stadt Narnaul wurde angeblich von Pandava Sahdev gegründet und ist als Geburtsort des Herrschers Sher Shah Sur *(siehe S. 84)* historisch bedeutsam. Sein Großvater Ibrahim wurde hier in einem afghanisch geprägten Mausoleum bestattet. Der 1591 von Shah Quli Khan erbaute Jal Mahal (»Wasserpalast«) erhebt sich in einem ehemaligen, künstlich angelegten See. Der Palast folgt dem Mogul-Stil, ebenso das Birbal ka Chatta mit seinen vorstehenden Balkonen und Pavillons. In der Altstadt gibt es schöne, aber baufällige *havelis* mit Mosaiken im Shekhawati-Stil *(siehe S. 212)*.

Hansi ❷

Distrikt Hisar. 137 km westl. von Delhi. **Straßenkarte** C2.

In der unscheinbaren Stadt hinterließen zwei Abenteurer ihre Spuren. Ende des 18. Jahrhunderts reparierte der irische Glücksritter George Thomas die Stadtmauer und baute das Fort zu seinem Hauptquartier aus. Rund 30 Jahre später errichtete Colonel James Skinner *(siehe S. 101)* ein (heute verfallenes) Herrenhaus, in dem er seine letzten Lebensjahre verbrachte. In der Stadt gibt es Monumente aus dem 12. Jahrhundert, u. a. den Schrein Char Qutbs, das Sufi-*dargah* des Chishtiya-Ordens und das Grab von Begum Skinner (19. Jh.), einer der zwölf indischen Ehefrauen Skinners.

Umgebung: Hissar, 26 Kilometer westlich, war der bevorzugte Rückzugsort von Feroze Shah Tughlaq *(siehe S. 97)*, der hier Paläste und Festungen errichten ließ. Aus jener Zeit stammt auch das eigenartige Jahaz, das in Form eines Schiffs *(jahaz)* erbaut ist.

Qalandar Shahs *dargah* in Panipat entstand vor 700 Jahren

Panipat ❸

Distrikt Panipat. 85 km nördl. von Delhi an der NH1. **Straßenkarte** C2. *Urs des Qalandar Shah (Jan/Feb)*.

Drei entscheidende historische Schlachten wurden in der Ebene von Panipat ausgetragen: 1526, zur Zeit der Entstehung des Mogul-Reichs *(siehe S. 52f)*, als Babur den Sultan von Delhi, Ibrahim Lodi, besiegte, 30 Jahre später, als sein Enkel Akbar 1556 über Sher Shahs General siegte, und 1761, zur Zeit der Invasion der Briten, als der afghanische Eroberer Ahmad Shah Abdali die Marathen der kaiserlichen Mogul-Armee in die Flucht schlug und so den Weg für die Briten frei machte *(siehe S. 54f)*.

Denkmal für die Dritte Schlacht von Panipat

Heute ist Panipat berühmt für Wohntextilien und Teppiche sowie das 700 Jahre alte Sufi-*dargah* von Qalandar Shah. Am Stadtrand zeigen *kos minars* (Meilensteine), dass Panipat Teil der Grand Trunk Road *(siehe S. 160)* war.

Heiliges Becken in Kurukshetra

Kurukshetra ❹

Distrikt Kurukshetra. 175 km nördl. von Delhi an der NH1. **Straßenkarte** C1. *Gita Jayanti (Nov/Dez)*.

Hier, in der strategisch wichtigen Ebene, liegen die 360 legendären Schauplätze des *Mahabharata* verstreut. Gegen Ende des Vedischen Zeitalters herrschte hier der Kuru-Stamm. Die 18 Tage dauernde Schlacht zwischen den Pandavas und Kauravas wurde auf dem »Feld der Gerechtigkeit« ausgetragen. Die Stadt Kurukshetra ist Ausgangspunkt der 128 Kilometer langen Pilgerrundfahrt während jeder Sonnenfinsternis und am Gita-Jayanti-Fest im November oder Dezember, bei dem Tonleuchten auf dem heiligen Wasser der Becken in einer *deepdan* genannten Zeremonie entzündet werden.

Die Hauptbadebecken sind das Brahmasar, mit einem kleinen Tempel auf einer Insel, und das kleinere, noch heiligere Sannihit Sarovar, das Ghats und Tempel säumen: Hindus glauben, dass ein Bad hier während einer Sonnenfinsternis heilig ist, da zu dieser Zeit die beiden bösartigen Zwillingsplaneten Rahu und Ketu die Sonne verschlucken wollen, um die Welt in Schrecken zu versetzen. Doch die Sonne erkennt ihre Intrige, und die Pilger opfern zum Dank Lebensmittel (so viel wie das eigene Körpergewicht). Die Sammlungen des Krishna Museum und Gita Research Centre belegen die Rolle, die der Krishna-Kult bis heute in der indischen Kunst spielt.

Hotels und Restaurants nördlich von Delhi *siehe Seiten 238f und 259f*

Das Mahabharata

Das Epos *Mahabharata*, eine unerschöpfliche Quelle der Weisheit und Philosophie, handelt von der Schlacht zwischen den Pandavas und den Kauravas. Das Epos wurde zuerst von einem Weisen namens Ved Vyas erzählt und zwischen dem 6. und 7. Jahrhundert v. Chr. niedergeschrieben. Es ist achtmal so lang wie die *Ilias* und die *Odyssee* zusammen. Die Legenden und Geschichten vermitteln Morallehre, Religion und Staatskunst und dienten den Mächtigen Indiens jahrhundertelang als Handlungsmaxime.

Ganjifa-Medaillon mit Arjuna

Die *Bhagavad Gita*, 700 hinzugefügte Strophen, gibt eine Predigt wieder, die der göttliche Wagenlenker Krishna dem Pandava-Prinzen Arjuna auf dem Schlachtfeld von Kurukshetra hielt: Sie preist die Tugend der moralischen Selbstlosigkeit und verzeiht Gewalt angesichts von Ungerechtigkeit. Die Philosophie des rechten Lebens und der Bedeutung des persönlichen *dharma* (Berufung, Pflicht) dient auch heute Millionen von Indern als Vorbild – als TV-Serie fesselte das *Mahabharata* in den 1990er Jahren ganz Indien.

Die Schlacht ist eine Allegorie für den Kampf zwischen Gut und Böse. Der didaktische Ton macht es zu einer geachteten Moral- und Gerechtigkeitslehre.

Die Volkskunst greift oft die Stoffe großer Epen auf. Mit dieser *patachitra* aus Ostindien veranschaulichen Sänger ihre Lieder. Im Kartenspiel *ganjifa* entspricht Arjuna dem König.

Krishna präsentiert sich als göttlicher Wagenlenker, der den Geist (Wagen) und die fünf Sinne (die Pferde vor Arjunas Wagen) auf dem rechten Weg durch das Leben führt.

Die Schlacht um Kurukshetra im *Mahabharata*
Das Königreich von Hastinapur und Königin Draupadi wurde von den fünf Pandavas in einem Würfelspiel mit ihren bösen Cousins, den Kauravas, verspielt. Nach langem Exil führte Krishna die Pandavas gegen die hundertfach überlegenen Kauravas in der Schlacht um Kurukshetra zum Sieg.

Arjuna schießt in ein sich im Wasser spiegelndes Fischauge und erringt so zum Neid der Kaurava-Prinzen die Hand der Königin Draupadi.

Krishna verkündet Arjuna die *Bhagavad Gita auf dem Schlachtfeld von Kurukshetra. Als Wagenlenker der Pandavas spielt der Gott eine wichtige Rolle im Epos.*

Ehemaliges Heeresquartier in Meerut

Meerut ❺

Distrikt Meerut. 72 km nordöstl. von Delhi an der NH24. **Straßenkarte** D2.
🚉 1 074 000. 🚌 Mo.
🎭 Nauchandi Mela (März).

Meerut ist eine wichtige Wirtschafts- und Verwaltungsstadt, aber vor allem als Schauplatz des ersten Sepoy-Aufstands am 10. Mai 1857 bekannt – das Scharmützel sollte den Indischen Aufstand auslösen *(siehe S. 54f)*. Heute kann man hier architektonische Meisterwerke aus dem 11. und 12. Jahrhundert bewundern, u. a. die Jami Masjid (1019), Salar Masa-ud Ghazis *maqbara* (1194), das Grab von Makhdum Shah Wilayat und die *maqbara* von Shah Pir (1628). Die koloniale Vergangenheit der Stadt zeigt sich noch immer in den gepflegten Quartieren nördlich der Altstadt: Das Viertel ist eine der am besten geplanten Militärsiedlungen Indiens, mit einer breiten, baumbestandenen Hauptstraße sowie Bungalows *(siehe S. 27)*. Die neoklassizistische St John's Church (1821), in der britische Einwohner bei Ausbruch des Aufstands Zuflucht gesucht hatten, war am 10. Mai 1857 Schauplatz eines blutigen Massakers. Gedenktafeln mit den Namen der Opfer finden sich im Inneren der Kirche. Das alte Gefängnis (Central Jail), Symbol für die Schrecken der Revolte, ist heute ein öffentlicher Park.

Sardhana ❻

Distrikt Meerut. 85 km nordöstl. von Delhi. **Straßenkarte** D2.
🎭 Feast of Our Lady of Graces (2. So im Nov). 🏛 (für Kathedrale).

Sardhana ist eng mit zwei schillernden europäischen Abenteurern verbunden: mit Walter Reinhardt und George Thomas, die Mitte des 18. Jahrhunderts in Indien ihr Glück suchten *(siehe S. 54f)*.

Reinhardt desertierte im Jahr 1750 aus der französischen Armee und gründete eine Räuberbande mit gut ausgebildeten Söldnern, die für verschiedene Stämme der Region kämpfte. Wegen seiner dunklen Hautfarbe wurde er »Sombre« oder »Samroo« genannt und ließ sich auf Land nieder, das ihm ein Adliger aus Delhi, Najaf Khan, geschenkt hatte. Reinhardts Nachfolgerin wurde seine für ihre Klugheit berühmte Frau Begum Samroo, die 1781 zum Katholizismus konvertierte: Sie war in der gesamten Region als katholische »Königin« Indiens bekannt und führte die Truppe ihres Mannes bis zu ihrem Tod 1836 an. Ihre militärischen Kenntnisse, ihre Frömmigkeit und Hilfsbereitschaft machten sie bei den Einheimischen sehr beliebt.

Begum Samroos Palast, der pompöse Dilkusha Kothi mit seinem beeindruckenden Flur, liegt in einem fast 30 Hektar großen Garten und dient heute als Schule und Waisenhaus. In der Nähe steht eine Kapelle mit einem Altar aus weißem Marmor und Schmucksteinen sowie einer Statue von Begum Samroo, die der römische Bildhauer Tadolini aus Carrara-Marmor schuf. Palast und Kirche entstanden zwischen 1822 und 1834 im Kolonialstil. Die Stadt ist heute berühmt für ihre Textilindustrie.

Die klassizistische Fassade von Dilkusha Kothi in Sardhana

Hotels und Restaurants nördlich von Delhi *siehe Seiten 238f und 259f*

Saharanpur

Distrikt Saharanpur. 165 km nordöstl. von Delhi an der NH24. **Straßenkarte** D1. 453 000.

Saharanpur wurde 1340 während der Herrschaft von Muhammad-bin-Tughlaq *(siehe S. 107)* gegründet und war in der Zeit der Moguln wegen des kühlen Klimas und der Wildjagd im Sommer ein beliebtes Reiseziel des Adels. Viele der vor 200 Jahren angelegten Gärten wie der Company Bagh im Zentrum wurden im 19. Jahrhundert in Baumschulen und Botanische Gärten umgewandelt, sodass sich die Stadt später zu einem wichtigen Zentrum der Gartenbaukunst entwickelte. Heute ist Saharanpur das größte nordindische Anbaugebiet von saftigen Mangos. Die Government Botanical Gardens sind ein wichtiges Forschungszentrum für pflanzliche Heilkräfte.

In der Altstadt stellen unglaublich versierte Kunsthandwerker fein geschnitzte Möbel, verzierte Paravents, Täfelungen und Tabletts her, oft mit Bronzeintarsien in traditionellen geometrischen und floralen Motiven. Einige der schönsten Arbeiten dieser Holzschnitzkunst schmücken die St Thomas's Church. Sehenswert sind auch die alte Jami Masjid (1530), Zabita Khans Moschee (1779) und das alte Rohilla Fort in Nawabganj.

Steinlöwe am Aquädukt in Roorkee

Roorkee

Distrikt Haridwar. 198 km von Delhi an der Delhi–Haridwar Rd. **Straßenkarte** D1. *Blumenschau (März).*

Das ehemals verschlafene Dorf am Ufer des Solani ist heute eine wichtige Militär- und Universitätsstadt. Diesen Aufstieg verdankt Roorkee dem Ganga Canal Workshop, der hier 1843 im Rahmen des Ganga-Bewässerungsprojekts stattfand. Die Kanäle verwandelten die trockene Region in ein fruchtbares und landwirtschaftlich ertragreiches Gebiet. Nördlich der Stadt befindet sich ein schöner gemauerter Aquädukt mit zwei riesigen Steinlöwen. Der Bau galt im 19. Jahrhundert als bedeutende Ingenieursleistung, er transportiert das Wasser aus dem Ganga Canal über den Solani. Das Thomson Civil Engineering College (heute das Indian Institute of Technology (IIT) Roorkee) wurde 1847 gegründet und ist damit die älteste Technische Hochschule Indiens. Der reizvolle Campus liegt in einem Waldgebiet und umfasst wichtige Forschungsinstitute. Einige Kolonialbauten sind außergewöhnlich schön, etwa die Church of St John the Baptist (1852) mit ihren Buntglasfenstern. Die Stadt Roorkee ist auch wegen der hochwertigen Reproduktionen historischer Ingenieurs- und Vermessungsgeräte aus dem 18. und 19. Jahrhundert bekannt.

Im IIT Roorkee

Botanische Gärten von Saharanpur mit vielen seltenen Pflanzen

Mango

Die Mango *(aam)* gilt als beliebteste Frucht Indiens. Der Mogul-Herrscher Babur nannte sie die »köstlichste Frucht Hindustans«. Hunderte verschiedener Arten und Zuchtstämme mit exotischen Namen werden zwischen Mai und Juli vor dem Monsun geerntet. Besonders gut schmeckt das süße Fruchtfleisch der reifen Mango. Rohe Mangos sollen heilend wirken und sind wegen des scharfen Geschmacks vor allem eingelegt ein Genuss. Das beliebte Paisley-Muster geht auf die Mangoform zurück. Mangoblätter gelten als Glücksbringer und dienen bei Festlichkeiten gern als Fähnchen.

Langra-Mangos

Pilger in Haridwar waschen sich im heiligen Wasser des Ganges

Haridwar ❾

Distrikt Haridwar. 214 km nördl. von Delhi. **Straßenkarte** D1.
👥 *175000.* ℹ️ *GMVN Tourist Office, Rahi Motel, (0133) 422 6430.*
🚂 *Railway Rd.* 🎉 *Kumbh Mela (alle 12 Jahre; Feb/März), Ardh Kumbh Mela (alle 6 Jahre; Feb/März), Haridwar-Fest (Okt), Dusshera (Okt/Nov).*

Der Ganges ist Indiens heiligster Fluss und strömt bei Haridwar vom Himalaya in die Ebene hinab. Dieser Lage verdankt die Stadt ihren einzigartigen heiligen Status. Eine Pilgerfahrt nach Haridwar ist für jeden gläubigen Hindu ein Traum.

In der Stadt gibt es auffallend wenige historische Bauten – die berühmteste Sehenswürdigkeit ist hier der Ganges mit zahlreichen Ghats, Becken und Tempeln. Hier herrscht ein ständiges Gedränge. Die Hindu-Zeremonien, die die Gläubigen hier für die Erlösung ihrer Vorfahren und zur eigenen Buße feiern, zeigen die aufrichtige Verehrung für den Fluss. Das bedeutendste Ghat, Har-ki-Pauri, ist nach einem angeblichen Fußabdruck Vishnus benannt. Hunderte strömen allabendlich zum *aarti* hierher, bei dem kleine Boote aus Blättern, mit Blumen gefüllt und hell erleuchtet, auf dem Ganges ausgesetzt werden. Weiter südlich erreicht man per Seilbahn den Mansa-Devi-Tempel. Im Süden der Stadt liegt auch die Gurukul Kangri University, ein renommiertes Zentrum vedischer Lehren, wo die Studenten im traditionellen, rein mündlichen Unterricht unterwiesen werden. Die Universität zeigt auch archäologische Ausstellungen.

Chotiwala, ein beliebtes Restaurant

Rishikesh ❿

Distrikt Haridwar. 238 km nördl. von Delhi. **Straßenkarte** D1.
👥 *60000.* ℹ️ *GMVN Tourist Office, Muni-ki-Reti, (0135) 243 1793.*
🎉 *Internationale Yoga-Woche (Feb).*

In der Zwillingsstadt Haridwars, am Zusammenfluss von Chandrabhaga und Ganges, beginnt die heilige Char-Dham-Pilgerfahrt in den Himalaya. Muni-ki-Reti (»Sand der Weisen«) liegt stromaufwärts vom Triveni Ghat und gilt als heilige Stätte, seit hier in alter Zeit weise Männer meditierten. In der Gegend haben sich daher mehrere Aschrams angesiedelt, u. a. Sivanand, Purnanand und Shanti Kunj, die Kurse über das alte indische Wissen anbieten. Maharishi Mahesh Yogi (1918–1998), der in den 1960er Jahren als Guru der Beatles Kultstatus erlangte, hat hier ebenfalls einen Aschram gegründet.

Kumbh Mela

Nach hinduistischem Glauben fielen vier Tropfen des ewigen Nektars *(amrit)*, den Göttern von Dämonen entrissen, auf Haridwar, Allahabad, Ujjain und Nasik. Alle zwölf Jahre wird wechselweise an diesen Orten zur Zeit des Magh (Feb/März) Kumbh Mela gefeiert. Das Fest markiert den Eintritt der Sonne vom Sternbild Fische in das des Widders, gleichzeitig steht der Jupiter im Wassermann (Kumbh). Hindus glauben, dass sie vom ewigen *amrit* trinken und sich von ihren Sünden reinwaschen können, wenn sie zu dieser Zeit im Ganges baden. Das Fest gilt als weltweit größte Menschenansammlung, da Millionen für das heilige Bad herbeiströmen und den Vorträgen und Debatten der Weisen und Theologen lauschen. Der letzte Kumbh Mela in Haridwar im Jahr 2010 zog über zehn Millionen Menschen an. Eine kleinere Feier, Ardh Kumbh (Halb-Kumbh), wird alle sechs Jahre in Haridwar abgehalten.

Pilger drängen sich an den Ghats beim Kumbh Mela

Hotels und Restaurants nördlich von Delhi *siehe Seiten 238f und 259f*

Tour: Gangesfahrt ⓫

Zwischen September und April lässt der in höheren Lagen heftige Monsunniederschlag den Ganges zu einem reißenden Strom anschwellen, der sich durch die Felslandschaft von den Bergen bis in die Ebene hinab ergießt. Zu dieser Zeit kann man auf den Stromschnellen Wildwasser-Rafting *(siehe S. 275)* wagen. Die Flussabschnitte sind recht sicher, doch nur organisierte Touren mit professionellen Führern sind gestattet. Wer es ruhiger mag, kann auf einer Fahrt durch dieses Tal der Weisen die Aschrams inmitten der Wälder am heiligen Fluss kennenlernen.

Der Ganges fließt durch ein waldreiches Flusstal

Kaudiyala ①
Als Startpunkt der Flusstour liegt dieses landschaftlich schöne Camp direkt am Ufer.

Marine Drive ②
Das Lager ist nach einer für ihre Aussicht berühmten Promenade in Bombay benannt.

Brahmapuri ④
Einer von vielen Aschrams an den Ufern des Ganges liegt hier.

Shivpuri ③
Das schöne Glasshouse am Ganges *(siehe S. 239)* bietet eine herrliche Aussicht auf Fluss und Landschaft.

Lakshman Jhula ⑤
Die alte Seilbrücke wurde 1929 durch eine moderne Hängebrücke ersetzt. Sie führt zum ruhigeren Ostufer von Rishikesh, wo die meisten Aschrams liegen.

Rishikesh ⑥
Das einstige spirituelle Zentrum liegt majestätisch am Ufer des Ganges in den grünen, bewaldeten Hügeln.

LEGENDE

- Routenempfehlung
- Straße
- Fluss
- Aussichtspunkt
- Stromschnellen
- Camping

ROUTENINFOS

Länge: 36 km.
Rasten: Das Wildwasser-Rafting ist etappenweise, etwa über zwei Tage, mit einer Übernachtung im Kaudiyala Camp möglich. Rasten können Sie bei Marine Drive, Shivpuri und Brahmapuri. Man kann die Strecke aber auch an nur einem Tag bewältigen.

Agra & Umgebung

Agra war im 16. und 17. Jahrhundert die Hauptstadt der Moguln, bevor der Hof nach Delhi umzog. Die Moguln waren eifrige Bauherren, die nirgendwo sonst so viele Prachtbauten wie in dieser Flusslandschaft am Yamuna zurückließen: Paläste, Mausoleen, Festungen und Gärten. Drei Monumente, der Taj Mahal, das Agra Fort und Akbars verlassene Hauptstadt Fatehpur Sikri, gehören heute zum Welterbe der UNESCO.

Die Hauptstraße der Moguln, die auch heute noch von Delhi nach Agra am Yamuna entlangführt, erinnert an die Geschichte der Region. Die idyllische, fruchtbare Gegend rund um Krishnas Heimat Brindavan *(siehe S. 163)* war das Zentrum des Mogul-Reichs. Am äußeren Rand des Gebiets, zwischen Mathura, Bharatpur und Deeg, gibt es Marschgebiete, die viele seltene Zugvögel, z. B. den Schneekranich, anziehen: Der vom Aussterben bedrohte Vogel findet sich im Winter im Keoladeo Ghana National Park ein.

Weiter im Westen und Süden geht die grüne Landschaft des Yamuna in die Buschvegetation und die Schluchten am Fluss Chambal über, das heiße, staubige und riesige Herz des Subkontinents. In den atemberaubenden Schluchten hausten einst Banditen aller Art. Nach dem Niedergang der Moguln ernannten sich einige Bandenchefs zu Bundela-Königen und etablierten kleine, aber starke Königreiche mit wunderschönen Festungen in der unwirtlichen Region. Ihre Architektur ist eine Mischung aus traditionellem hinduistischem Stil und islamischen Elementen, wie Bauten in Datia, Orchha und Deeg zeigen.

Wanderdichter und -musiker singen hier noch heute von mutigen Königen und Königinnen wie Lakshmi Bai, der Rani von Jhansi. Ihr Widerstand gegen die britische Armee im Indischen Aufstand von 1857 machte sie zur Heldin der Unabhängigkeitsbewegung. In der Nähe liegt Gwalior, ein Fürstenstaat mit einem Fort aus dem 3. Jahrhundert und prächtigen Palästen der Scindia-Dynastie.

Die Moschee mit den drei Kuppeln im Westen des Taj Mahal

◁ **Reinigungsbecken im** *namazgah* **der Jami Masjid in Fatehpur Sikri** *(siehe S. 170f)*

Überblick: Agra & Umgebung

Agra liegt im Herzen einer kulturell reichen und vielfältigen Region, mit idyllischen Feldern am Yamuna und atemberaubenden Schluchten am Chambal. Zwischen diesen beiden Flüssen laden Städte, Monumente und Heiligtümer zum Verweilen ein – kein Wunder, dass dies eine der beliebtesten Rundreisen in Nordindien ist. Mathura gilt als heilige Stätte Krishnas *(siehe S. 163)*. Zudem war es Zentrum eines bedeutenden buddhistischen Königreichs an der Hauptstraße. Später bauten die Bundela-Könige Festungen und Paläste in Bharatpur, Deeg, Jhansi, Datia und Orchha: Die Region bietet daher einige der schönsten Beispiele für indische Kunst und Architektur. Die Marschlandschaft rund um Bharatpur ist für Wildtiere und Wandervögel ein einzigartiger natürlicher Lebensraum.

Heilige Kühe bei Brindavan

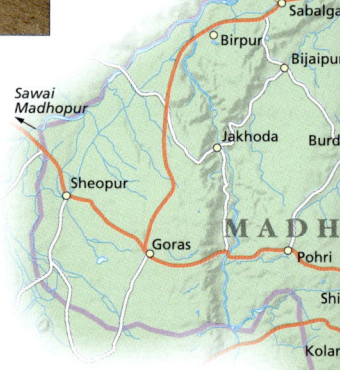

Ein *kos minar* (Meilenstein) der Moguln an der Grand Trunk Road

LEGENDE

- Autobahn
- Hauptstraße
- Nebenstraße
- Eisenbahn
- Staatsgrenze

0 Kilometer 50

Zeichenerklärung *siehe hintere Umschlagklappe*

AGRA & UMGEBUNG

Tempel und Ghats am Ufer des Yamuna in Mathura

SIEHE AUCH

- **Hotels** S. 239–242
- **Restaurants** S. 260f

In Agra & Umgebung unterwegs

Die Region lässt sich am besten mit dem Auto erkunden. Der National Highway (NH2) führt von Delhi über Mathura nach Agra. Die Gebiete jenseits von Mathura und Brindavan sind durch Nebenstraßen erschlossen. Grundsätzlich sind alle Straßen – außer Teilstücken nach dem Monsun – in gutem Zustand. In Mathura kann man bei einer Bootsfahrt auf dem Yamuna die Ghats am Flussufer sehen. Der Keoladeo Ghana National Park bietet Fahrradrikschas und Führer an. Die Region lässt sich aber auch gut mit den Hochgeschwindigkeitszügen Shatabdi-Express (von Delhi nach Bhopal über Gwalior und Jhansi) und Taj Express (zwischen Delhi und Agra) bereisen. Viele Züge halten in Jhansi, von hier aus kann man Autoausflüge nach Datia und Orchha unternehmen. In Agra und Gwalior gibt es Inlandsflughäfen.

Sehenswürdigkeiten auf einen Blick

Agra S. 150–159 ❶
Bari ⓫
Bharatpur ❼
Brindavan ❹
Datia ⓭
Deeg ❻
Dholpur ❿
Fatehpur Sikri S. 170–173 ❾
Gwalior ⓬
Keoladeo Ghana
 National Park S. 168f ❽
Mathura ❸
Orchha S. 176f ⓯
Sikandra ❷

Touren
Fahrt durch Brajbhumi ❺
Fahrt durch Bundelkhand ⓮

Agra ❶

Detail eines *jali*, Musamman Burj

Agra war im 16. und 17. Jahrhundert die Hauptstadt der Moguln. Hier regierten Akbar, Jahangir und Shah Jahan über ihre gewaltigen Reiche. Unter ihrer Herrschaft gedieh Agra und zog Handwerker aus Persien und Zentralasien sowie aus ganz Indien an, sie errichteten hier luxuriöse Forts, Mausoleen und Gärten. Agra nahm mit seiner Lage am Ufer des Yamuna und direkt an der Grand Trunk Road, die Ostindien mit dem Westen verband, eine strategische Stellung ein und diente Kaufleuten aus aller Welt als Handelsplatz. Nach dem Niedergang der Moguln eroberten die Jats die Stadt. Später fielen die Marathen ein – und schließlich die britische Armee.

Blick auf den Jahangiri Mahal vom Fluss aus

🏛 Agra Fort
◯ tägl. 6–18 Uhr.

Der Mogul Akbar ließ Agra Fort von 1565 bis 1573 am Westufer des Yamuna erbauen. Die mächtigen roten Sandsteinwälle bilden einen Halbmond um einen ausgedehnten Palastkomplex: angefangen vom Mischstil Akbars bis hin zur feinen Eleganz des Shah Jahan. Die Armeeunterkünfte im Norden sind britische Anbauten aus dem 19. Jahrhundert. Die Festung ist von einem früher gefluteten Burggraben umgeben.

Das beeindruckende **Amar Singh Gate** im Süden ist das Eingangstor zum Fort: Rechts davon liegt der sogenannte Jahangiri Mahal, der einzige bedeutende Palast im Fort aus der Zeit Akbars. Der verwirrende Bau mit seinen Sälen, Höfen, Galerien und unterirdischen Kerkern diente als *zenana* (Hauptharem). Davor erstreckt sich ein Marmorbecken, das zur Zeit von Nur Jahan mit Tausenden von Rosenblättern gefüllt wurde, damit die Kaiserin in duftendem Wasser baden konnte.

Am Fluss erhebt sich der **Khas Mahal**, ein eleganter Marmorpalast mit bemalter Decke, die als typisch für den Architekturstil von Shah Jahan gilt. Zwei goldene Pavillons mit typischen *Bangaldar*-Dächern (siehe S. 319) waren den Prinzessinnen Jahanara und Roshanara vorbehalten und weisen kleine Nischen als Verstecke für Schmuck und andere Wertgegenstände auf. Gegenüber liegt der **Anguri Bagh** («Weingarten») mit Lilienteichen und Kerzennischen. Der **Sheesh Mahal** und die königlichen Bäder finden sich im Nordosten am **Musamman Burj**, dem

Musamman Burj

zweistöckigen, achteckigen Turm mit Aussicht auf den Taj Mahal. Hier verbrachte der von seinem Sohn Aurangzeb eingekerkerte Shah Jahan seine letzten Jahre. **Mina Masjid** («Edelsteinmoschee»), die wohl kleinste Moschee der Welt, diente als kaiserliche Privatmoschee.

Neben dem Musamman Burj liegt der **Diwan-i-Khas**, ein reich verzierter, offener Saal, in dem Kaiser Hof hielt. Zwei Throne aus weißem Marmor und schwarzem Schiefer standen auf der Terrasse, damit der Kaiser die Elefantenkämpfe im Osthof verfolgen konnte. Gegenüber lag der **Machchhi Bhavan** («Fischpalast»), einst ein bezauberndes Wasserschloss. Westlich davon schließt sich der **Diwan-i-Aam** an, eine von Bogengängen umgebene Halle in einem Hof. Die Thronnische mit Marmorintarsien bot einen prächtigen Rahmen für den Pfauenthron. Nordwestlich stehen die **Nagina Masjid** («Juwelenmoschee»), von Shah Jahan für seinen Harem erbaut, und die **Moti Masjid** («Perlenmoschee»).

Jenseits davon liegt der **Meena Bazar** unter einem Marmorbalkon, auf dem die schöne Mumtaz Mahal zum ersten Mal Shah Jahan traf. Die Basarstraße führt direkt zum Delhi Gate, dem ursprünglichen Eingang, und zur Jami Masjid in der Altstadt. Tor und Straße sind nicht mehr zugänglich.

Kolonnaden im Diwan-i-Aam

Hotels und Restaurants in Agra & Umgebung siehe Seiten 239–242 und 260f

AGRA

Jahanara, die Lieblingstochter von Shah Jahan, erbaute die Jami Masjid

INFOBOX

Distrikt Agra. 223 km südöstl. von Delhi. **Straßenkarte** D3.
1 260 000. Kheria 16 km.
Agra Cantonment (0562) 242 1039; 131; Raja ki Mandi, (0562) 285 4477; Agra Fort, (0562) 236 5439.
Idgah, (0562) 242 0324.
UPTDC Taj Road, (0562) 222 6431; Government of India Tourist Office, 191 Mall Road, (0562) 222 6368.
Kailash Fair (Aug–Sep).

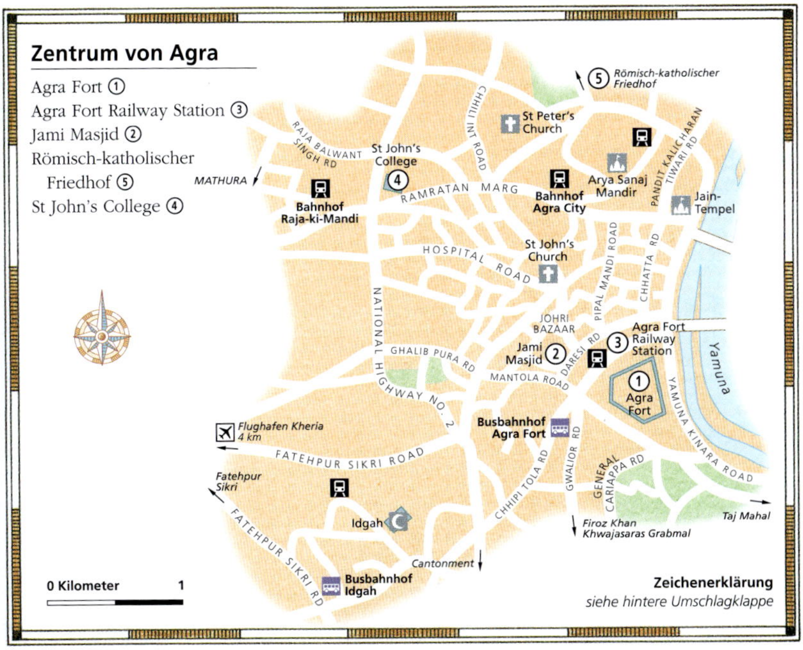

Jami Masjid
tägl.

Die »Freitagsmoschee« ist ein elegant proportionierter Bau im Herzen der Altstadt, den Jahanara Begum, die Lieblingstochter von Shah Jahan, errichten ließ. Sie finanzierte auch andere Bauten und Gärten, u. a. einen Kanal, der einst in der Mitte von Delhis Chandni Chowk *(siehe S. 90 f.)* verlief.

Die 1648 entstandene Moschee wird von Sandstein- und Marmorkuppeln gekrönt, deren auffallende Zickzackmuster weithin in der Stadt sichtbar sind. Der östliche Innenhofflügel wurde 1857 von den Briten beschädigt *(siehe S. 54 f.)*. Sehenswert sind ein Becken mit einem *shahi chirag* (»königlicher Ofen«), der einst Wasser im Hof erhitzte, und die separaten Gebetsräume für Frauen.

Detail des Minaretts

Umgebung: Die Gegend rund um die Jami Masjid war einst für ihre Kebab-Restaurants und Basare berühmt. Ein Bummel (oder eine Rikschafahrt) durch das Labyrinth der engen Gassen ist ungemein spannend, weil man hier den Alltag der Menschen erlebt, der durchaus an die Zeit der Moguln erinnert. Das Viertel ist das Kunsthandwerks- und Handelszentrum, wo Schmuck, *Zari*-Stickereien, *dhurries*, Süßigkeiten, Schuhe und Drachen verkauft werden. Einige der wichtigsten Basare sind Johri Bazar, Kinari Bazar, Kaserat Bazar und Kashmiri Bazar. In Nebenstraßen wie der Panni Gali findet man schöne Gebäude mit dekorativen Obergeschossen und großen Toren. Dahinter arbeiten noch heute hervorragende Kunsthandwerker.

Zentrum von Agra

- Agra Fort ①
- Agra Fort Railway Station ③
- Jami Masjid ②
- Römisch-katholischer Friedhof ⑤
- St John's College ④

Überblick: Rund um Agra-Zentrum

Pietra-dura-Motiv

Der europäische Einfluss in Agra geht auf die Herrschaft Akbars zurück, als die ersten Jesuitenmissionare aus dem portugiesisch kontrollierten Goa den Hof zu Religionsgesprächen besuchten. Damit war das Christentum nach Nordindien gelangt und Europäern der Weg in die Region geebnet. Im 18. und 19. Jahrhundert war Agra eine kosmopolitische Stadt, in der Priester und Gelehrte, Kaufleute und Söldner der Scindia aus Gwalior *(siehe S. 174)* lebten und Schulen, Universitäten und beeindruckende Bauten hinterließen.

Ehrenmal zum Gedenken an John Hessing

Autorikschas vor der Fort Railway Station

🚉 Agra Fort Railway Station
📞 *(0562) 236 7955.*
Das auffallende Gebäude entstand 1891 als Haltestelle für Besucher auf dem Weg nach Agra und seinen Monumenten. Der achteckige Basar-*chowk*, der das Delhi Gate und das Agra Fort mit der Altstadt und der Jami Masjid verband, wurde abgerissen und durch den Bahnhof mit seinen vielen Türmen und Bahnsteigen unter französisch anmutenden Schieferdächern ersetzt. Bis heute ist es der verkehrsreichste Bahnhof in Agra. Die beiden anderen liegen im Cantonment und in Raja ki Mandi.

🏛 St John's College
NH2 (Drummond Rd/Mahatma Gandhi Rd). 📞 *(0562) 252 0123.*
Das von der Church Missionary Society gegründete St John's College wurde schon als »erstaunliche Mischung aus Historie, Wissenschaft und Metaphorik« bezeichnet. Es besteht aus roten Sandsteinbauten, u. a. einem Saal und einer Bibliothek rund um einen quadratischen Platz, im Pseudo-Fatehpur-Sikri-Stil von Sir Samuel Swinton Jacob *(siehe S. 194)* erbaut. Im Jahr 1914 weihte Vizekönig Lord Hardinge das College, eine der renommiertesten Hochschulen Nordindiens, ein.

⛪ Römisch-katholischer Friedhof
Gegenüber Civil Courts. 🕐 *tägl.*
Am nördlichen Stadtrand liegt der römisch-katholische Friedhof, der älteste europäische Friedhof in Nordindien. Er wurde im 17. Jahrhundert von dem armenischen Kaufmann Khoja Mortenepus auf einem Stück Land angelegt, das er von der Kirche als Friedhof für die große armenische Handelszunft in Agra gekauft hatte.

Einige islamisch geprägte Grabsteine mit armenischen Inschriften stehen heute noch, u. a. die Gräber des Artillerieexperten Shah Nazar Khan und von Khoja Mortenepus selbst. Hier sind auch weiße Missionare, Händler und Abenteurer wie Walter Reinhardt *(siehe S. 142)* bestattet.

Eines der ältesten Gräber ist das des englischen Kaufmanns John Mildenhall (gest. 1614), des Gesandten von Königin Elizabeth I, der 1603 am Mogul-Hof um Handelserlaubnis ersuchte. Interessant sind auch die Gräber des venezianischen Arztes Bernardino Maffi und von Geronimo

St John's College, von Sir Samuel Swinton Jacob entworfen

Hotels und Restaurants in Agra & Umgebung *siehe Seiten 239–242 und 260f*

St George's Church im Cantonment

Veroneo (den man fälschlich für den Architekten des Taj Mahal gehalten hat).

In der Nähe der Kapelle kennzeichnet ein hoch aufragender Obelisk das Grab der vier Kinder von General Perron, dem französischen Befehlshaber der Armee der Scindia. Ein anderer Franzose, der hier seine letzte Ruhe fand, war Bourbone und ein Verwandter des englischen Königs Henry IV.

Das beeindruckendste Mausoleum entstand für John Hessing (gest. 1803), der zunächst als Soldat mit der holländischen East India Company aus Kandy (Sri Lanka) nach Asien gelangte. Er erreichte Indien im Jahr 1763 und schloss sich der Armee der Nizam in Hyderabad im Süden an, bevor er im Norden bei den Scindia-Truppen als Söldner anheuerte. Sein rotes Sandsteingrab orientiert sich auffallend am Taj Mahal.

Das Grab von Father Santos ist von einem Zaun umgeben, an den Hindus und Moslems Fäden binden, um so für die Erfüllung ihrer Wünsche zu bitten.

Im Süden erhebt sich an der Wazirpura Road die **Roman Catholic Cathedral**, die Walter Reinhardt im 18. Jahrhundert finanzierte. Eine alte, verfallene Kirche aus der Zeit Akbars steht daneben.

Cantonment

Zwischen Mahatma Gandhi Rd, Grand Parade Rd und Mall Rd.

In dem reizvollen, schattigen Militärviertel mit eigenem Bahnhof und schnurgeraden Straßen sind einige öffentliche Gebäude, Kirchen, Friedhöfe und Bungalows verschiedener Stile aus der Zeit der britischen Herrschaft sehenswert. Die **St George's Church** (1826), eine gelb-ocker verputzte Kirche, ist sogar vom Taj Mahal aus erkennbar und ein typisches Beispiel für die Militärarchitektur in Nordindien. Architekt J. T. Boileau baute auch die Christ Church in Shimla.

Die **Havelock Memorial Church** von 1873 im reduzierten klassizistischen Stil erinnert an einen britischen General des Aufstands von 1857. Auch die **Queen Mary's Library** und das **Central Post Office** sind sehenswert.

Gebäude wie der **Agra Club**, einstmals das gesellschaftliche Zentrum des Viertels, und das indosarazenische Circuit House, in dem Beamte des britischen Raj lebten, sind ebenfalls im Cantonment-Viertel untergebracht.

Firoz Khan Khwajasaras Grabmal

Südl. von Agra, an der Gwalior Rd.
tägl.

Ein Straßenschild an der Gwalior Road weist auf dieses ungewöhnliche achteckige Grabmal aus dem 17. Jahrhundert an einem Seeufer hin. Hier wurde Firoz Khan, der (schon als Eunuch geborene!) Wächter des Palastharems von Shah Jahan, bestattet. Der rote Sandsteinbau erhebt sich auf einem Sockel hinter einer Toranlage. Stufen führen in das obere Stockwerk zu einem Hauptpavillon mit dem Grabmal. Stilisierte Steinverzierungen schmücken die Außenwände. Im Gegensatz zu anderen Bauten jener Zeit gibt es keine kalligrafischen Inschriften. Ist das Gebäude geschlossen, kann man den *chowkidar* im Dorf bitten, dass er es aufschließt.

Hauptpavillon mit dem Grabmal von Firoz Khan

Zardozi: Gold- und Perlenstickerei

Agras florierende Kunsthandwerks-Tradition der feinen Gold- und Perlenstickereien heißt *zardozi*. Diese Technik stammt aus Zentralasien und wurde von den Moguln nach Indien gebracht. Die Handwerker von Agra perfektionierten das Verfahren bei der Herstellung von Kleidung und Accessoires für den Hof. Mit dem Niedergang der höfischen Förderung entwickelte sich das Kunsthandwerk kaum weiter und geriet fast vollkommen in Vergessenheit. Seit Kurzem erlebt es dank des Einsatzes von Modedesignern ein Comeback: Die feinen Stiche und komplizierten Muster aus echten Goldfäden und gefärbten Perlen werden heute in der traditionellen wie auch in der Freizeitmode, für Schals, Tücher, Taschen und Schuhe verwendet.

Ein mit *zardozi* bestickter Stoff

Taj Mahal

Verzierungen in den Außennischen

Der Taj Mahal ist eines der berühmtesten Gebäude der Welt und erinnert an den Mogul-Kaiser Shah Jahan und seine Lieblingsfrau Mumtaz Mahal. Die vollkommenen Proportionen und die Ausführung wurden »Gebet, Vision, Traum, Gedicht, Wunder« genannt. Das Gartenmausoleum, ein Abbild des islamischen Paradieses, kostete fast 41 Millionen Rupien und 500 Kilogramm Gold. 20 000 Menschen mussten hier von 1631 bis 1653 hart arbeiten.

Kuppel
Ein Schlussstein ziert die 44 Meter hohe Doppelkuppel.

★ Marmorgitter
Das filigrane Gitterwerk entstand aus einem einzigen Marmorblock. Es soll die königlichen Gräber verhüllen.

Vier Minarette, jeweils 40 Meter hoch und von einem *chhatri* (achteckigen Pavillon) gekrönt, rahmen das Grab ein und betonen die Symmetrie.

Sockel

★ Grabkammer
Mumtaz Mahals Sarkophag steht erhöht neben dem Grab von Shah Jahan. Die Gräber befinden sich in der Krypta und sind nicht zugänglich.

Yamuna

NICHT VERSÄUMEN
★ Grabkammer
★ Marmorgitter
★ Pietra dura

AGRA: TAJ MAHAL

Der Charbagh wurde mit Yamuna-Wasser gefüllt.

Haupteingang

INFOBOX

Taj Mahal. (0562) 233 0498.
So–Do 6–19 Uhr.
Fr.
Taj Mahotsav (18.–27. Feb).
Museum So–Do 10–17 Uhr.
Feiertage.

Lotusbecken
Das Mausoleum spiegelt sich in dem Becken mit lotusförmigen Fontänen. Fast jeder Besucher lässt sich hier auf der Marmorbank fotografieren.

Pishtaq
Die Bogennischen schaffen Tiefe. Das wechselnde Tageslicht auf den Intarsien verleiht dem Grab eine mystische Aura.

★ Pietra dura
Feine Blumenmotive aus Edelsteinintarsien verzieren die schlichte weiße Marmorfassade und lassen den Bau wie einen juwelenbesetzten Sarg wirken.

Kalligrafische Tafeln
Die Koranverse sind weiter oben größer geschrieben, sodass der Eindruck eines harmonischen Schriftbilds entsteht.

Taj Mahal
1 Hauptgrab
2 *Masjid* (Moschee)
3 *Mehmankhana* (Gästehaus)
4 *Charbagh* (Gartenanlage)
5 Tor

LEGENDE
- Illustration oben
- Charbagh

Dekorative Stilelemente am Taj Mahal

Stilisiertes Blumenmotiv

Die Erbauer des Taj Mahal hatten die Absicht, ein irdisches Abbild eines der Häuser des Paradieses zu schaffen. Die perfekte Marmorfassade mit einzigartigen, vollkommen ausgeführten Verzierungen ist ein imposantes Meisterwerk einer künstlerischen Ästhetik, die unter Shah Jahan ihre Blüte erreichte. Der Taj gilt zu Recht als »einer der elegantesten und harmonischsten Bauten der Welt« und zeigt den Reichtum und die Pracht der Mogul-Kunst in Architektur und Gartenanlagen, Malerei und Schmuck, Kalligrafie, Textilien, Teppichweberei und Möbeln.

Detail eines Marmorgitters mit Chrysanthemen-Intarsien

Pietra dura

Als Naturliebhaber glauben die Moguln, dass Blumen »Symbole des himmlischen Reichs« seien. Am Taj wurde *Pietra dura* eingesetzt, um mit naturalistischen Formen dekorative Muster zu schaffen, die die majestätische Architektur unterstreichen.

Blumen *wie Tulpen, Lilien, Iris, Mohn und Narzissen wurden als Blüten oder in Arabeskenmustern abgebildet. Die abgestuften Farbeffekte entstehen durch unterschiedlich helle Steine.*

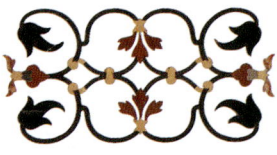

Marmorintarsien über dem Hauptbogen der Moschee

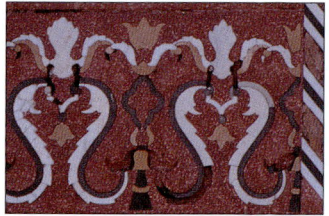

Weißer Marmor, schwarzer Schiefer, gelber, roter und grauer Sandstein als Verzierung

Pietra dura

Die florentinische Kunst des *Pietra dura* soll von Jahangir eingeführt und in Agra als *pachikari* weiterentwickelt worden sein. Winzige Edel- und Schmucksteinsplitter aus Karneol, Lapislazuli, Türkis und Malachit wurden in komplexen Blumenmustern in Marmor eingelegt. Noch heute bewahren die Kunsthandwerker in der Altstadt Bücher mit den Motivvorlagen des Taj auf und können so die Muster aus dem 17. Jahrhundert für moderne Arbeiten übernehmen.

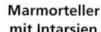

Marmorteller mit Intarsien

Eine einzige Blume weist oft über 35 Karneolarten auf

Gemeißelte Reliefarbeiten
Reliefs mit realistischen Blüten, Blättern und Vasen sind auf die unteren Bereiche der Wände aufgebracht. Die *Pietra dura* bringt Farbe in den eleganten weißen Marmor, die Reliefs unterstreichen die Struktur des polierten Marmors und Sandsteins.

Blütenzweige, *Reliefs auf dem Postament aus Marmor- und Sandstein, sind von* Pietra dura *und eingelegten Steinrahmen umgeben. Die unzähligen Blumenmotive am Taj symbolisieren den Paradiesgarten.*

Jali-Muster *auf dem achteckigen Gitter rund um das Grab sind eine Kombination aus floralen und geometrischen Motiven. Das einfallende Licht betont die feinen Muster und wirft mosaikartige Schatten auf das Grab.*

Kalligrafie
Eingelegte Kalligrafien aus schwarzem Marmor wurden als Verzierungen für undekorierte Wände genutzt. Die feinen Inschriften mit Koranversen, die wie Banner auf den zurückgesetzten Bogen verlaufen, schuf ein persischer Kalligraf namens Amanat Khan.

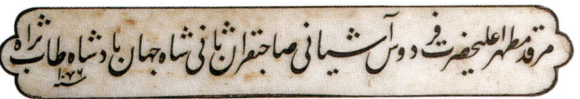
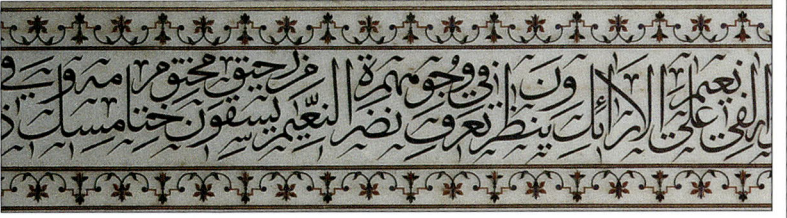

Überblick: Ostufer

Am malerischen Ostufer des Yamuna liegen Überreste von Gärten, Palästen, Pavillons und das elegante Grabmal von **Itmad-ud-Daulah**. Nördlich davon befindet sich das **Chini ka Rauza** (»Chinagrab«, wegen der gefliesten Fassade), das Afzal Khan erbaute, ein Dichter und Wissenschaftler aus Shiraz, der Shah Jahan als Finanzminister diente. Der große, rechteckige Bau folgt dem persischen Stil. Einst war die Fassade mit glasierten Fliesen aus Lahore und Multan verkleidet und mit Kalligrafien in Naskh-Schrift verziert. Die Grabkammer weist bemalten Stuck auf, der ausgezeichnet zur gefliesten Fassade gepasst haben muss.

Weiter flussaufwärts findet man den schattigen **Rambagh** oder Aram Bagh (»Garten der Ruhe«). Er gilt als erster Mogul-Garten, den Babur, der Gründer der Mughal-Dynastie, 1526 anlegen ließ *(siehe S. 167)*. Er diente dem Mogul zeitweilig als Grabstätte, bevor sein Leichnam nach Kabul gebracht wurde. Durch den großen ummauerten Garten ziehen sich Wege zu einer erhöhten Terrasse mit offenen Pavillons und Flussblick. Jahan ließ den Garten ausbauen und verschönern.

Chini ka Rauza
1 km nördl. von Itmad-ud-Daulah.
 tägl.

Rambagh
3 km nördl. von Itmad-ud-Daulah.
tägl.

Flusspavillon in Rambagh

Hotels und Restaurants in Agra & Umgebung *siehe Seiten 239–242 und 260f*

Itmad-ud-Daulahs Grabmal

Stilisiertes Blumenmotiv

Das kleine, elegante Gartenmausoleum für Mirza Ghiyath Beg, der als »Schatzkanzler« des Mogul-Reichs den Titel Itmad-ud-Daulah trug, wird gern als »Schmuckkasten in Marmor« bezeichnet. Seine Tochter Nur Jahan, Lieblingsfrau von Jahangir, ließ das Grab ab 1622 in sechsjähriger Bauzeit errichten. Es ist eine herrliche Kombination aus weißem Marmor, bunten Mosaiken, Steinintarsien und Gitterwerk. Der angewandte Stil markiert den Übergang von der massiven roten Sandsteinarchitektur unter Akbar zur eleganten Verfeinerung an Shah Jahans Taj Mahal.

Fialen mit Lotusschmuck krönen die Minarette.

Oberer Pavillon
Die Grabnachbauten für Itmad-ud-Daulah und seine Frau stehen im oberen Pavillon.

Mosaikmuster
Der untere Bereich des Grabmals ist mit Tafeln aus eingelegten bunten Steinen in geometrischen Mustern verziert.

NICHT VERSÄUMEN

★ Grabkammer

★ Marmorgitter

★ Pietra dura

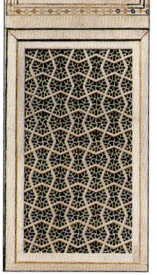
★ **Marmorgitter**
Durchbrochene, ornamentierte Marmorschirme sind aus einem einzigen Marmorblock gefertigt.

AGRA: ITMAD-UD-DAULAHS GRABMAL

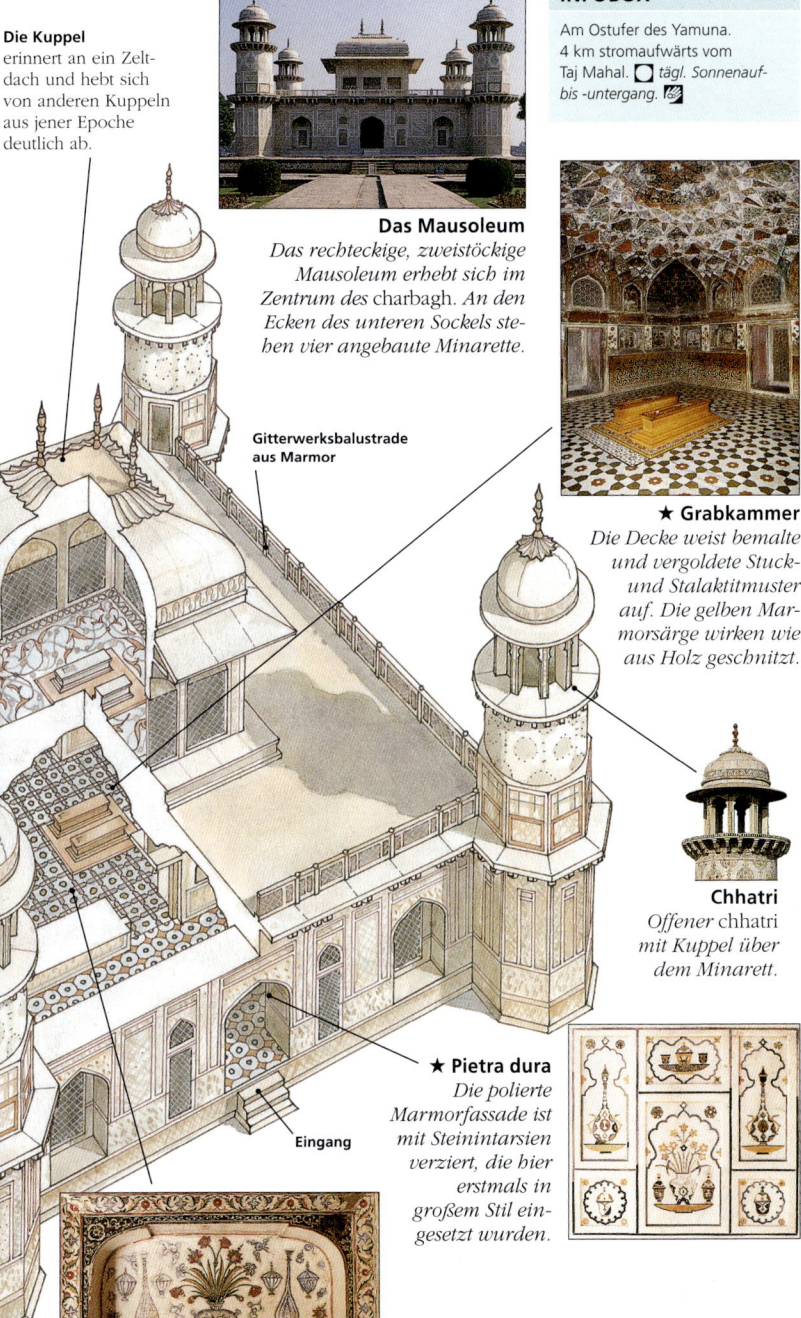

INFOBOX

Am Ostufer des Yamuna. 4 km stromaufwärts vom Taj Mahal. ◯ tägl. Sonnenauf- bis -untergang.

Die Kuppel
erinnert an ein Zeltdach und hebt sich von anderen Kuppeln aus jener Epoche deutlich ab.

Das Mausoleum
Das rechteckige, zweistöckige Mausoleum erhebt sich im Zentrum des charbagh. An den Ecken des unteren Sockels stehen vier angebaute Minarette.

Gitterwerksbalustrade aus Marmor

★ **Grabkammer**
Die Decke weist bemalte und vergoldete Stuck- und Stalaktitmuster auf. Die gelben Marmorsärge wirken wie aus Holz geschnitzt.

Chhatri
Offener chhatri mit Kuppel über dem Minarett.

Eingang

★ **Pietra dura**
Die polierte Marmorfassade ist mit Steinintarsien verziert, die hier erstmals in großem Stil eingesetzt wurden.

Gemalte Blumenmotive
Nischen mit gemalten Blumensträußen, Früchten, Bäumen und Weinkaraffen schmücken die Zentralkammer des Hauptgrabs.

Eingang zum Akbar-Mausoleum in Sikandra

Sikandra ❷

Distrikt Agra. 8 km nordwestl. von Agra an der NH2. **Straßenkarte** D2. 🚗 **Akbar-Mausoleum** 🕐 tägl. 7–17.15 Uhr. 📷 🎥 🚫 🍽️ Urs am Akbar-Mausoleum (Mitte Okt).

Mogul-Herrscher Akbar fand in diesem kleinen Dorf am Rand von Agra seine letzte Ruhestätte. Zur Blütezeit Agras war der nach Sikandar Lodi, einem der letzten Sultane von Delhi (siehe S. 50f), benannte Ort ein idyllischer Garten. Man nimmt an, dass Akbar sein eigenes Mausoleum gestaltete und dessen Bau in Auftrag gab und anfänglich auch überwachte. Nach seinem Tod wurde es von seinem Sohn Jahangir vollendet – als symmetrische Anlage mit dem Grab im Zentrum eines ausgedehnten Gartens.

Das Haupteingangstor (siehe S. 27) im Süden ist eine wunderschöne rote Sandsteinkonstruktion mit gewaltigem Mittelbogen und einem bunt glitzernden Mosaik aus eingelegtem weißem Marmor, schwarzem Schiefer und farbigen Steinen. An den Ecken der Toranlage stehen vier elegante Marmorminarette, wahrscheinlich Vorläufer der späteren Minarette am Taj Mahal (siehe S. 154f).

Im Garten, einem typischen *charbagh* (siehe S. 167), leben Affen und Antilopen. Der Steinweg zum Grab teilt den Garten in vier Flächen, jede mit eigenem Brunnen und Wasserbecken, Obstbäumen und Büschen.

Das Hauptgrab unterscheidet sich vom Kuppelgrab in Delhi (siehe S. 83), das für Akbars Vater, den zweiten Mogul-Herrscher Humayun, gebaut wurde. Das pompöse Mausoleum des Sohnes besteht aus vier Etagen, von denen die ersten drei rote Sandsteinpavillons aufweisen. Darüber liegt eine mit Marmorgitterwerk verkleidete Terrasse rund um den Grabnachbau, der mit Blumen- und Arabeskenmotiven, chinesischen und Wolkenmustern sowie den 99 Namen Allahs verziert ist. Die oberen Stockwerke, für die man früher eine Sondergenehmigung brauchte, sind jetzt aus Sicherheitsgründen geschlossen.

Das eigentliche Grab versteckt sich in einer überkuppelten Grabkammer im Herzen des Baus und wird vom einfallenden Licht durch ein Bogenfenster erhellt. Eine niedrige Tür am Ende des Aufgangs lässt jeden Besucher beim Eintreten den Kopf neigen. Vor der Grabanlage steht der **Kanch Mahal**, ein zweistöckiges rotes Sandsteinhaus mit Ornamentfassade, Gitterwerkbalkonen und schönen Mosaiken.

Ein Stück weiter unten an der Mathura Road stößt man auf **Mariam Zamanis Grabmal**. In dem rechteckigen Bau inmitten eines kleinen Gartens ist eine von Akbars Frauen bestattet worden. 1812 nutzte die Church Missionary Society das Anwesen als Waisenhaus und errichtete auf dem Gelände eine Kirche.

An der Straße von Agra nach Delhi fällt das **Guru-ka-Tal** ins Auge, ein Beispiel für die vielen Becken, die Jahangir zum Sammeln von Regenwasser bauen ließ. Das Reservoir gehört zum Gurdwara-Komplex, der dem neunten Sikh-Guru Tegh Bahadur (siehe S. 90) geweiht ist.

Täfelung am Eingangstor in Sikandra

Umgebung: Rund vier Kilometer südlich von Sikandra markiert ein lebensgroßes Pferd aus rotem Sandstein den Ort, an dem Akbars Pferd starb. Gegenüber steht das Tor zum **Kachi-ki-Sarai**, einem historischen Gästehaus.

Grand Trunk Road

Straßen-*dhaba*

Die Grand Trunk Road, Rudyard Kiplings »herrschaftlicher Korridor«, der Kalkutta im Osten mit Kabul im Nordwesten verband, wurde unter Sher Shah Sur (siehe S. 84) im 16. Jahrhundert gebaut. Damals diente die Route den Armeen auf ihren Feldzügen. In Friedenszeiten zog der Hof der Mogul-Herrscher mit Pomp und Gefolge von Agra nach Delhi.

Auch heute noch ist die Grand Trunk Road eine der großen Straßen Asiens und der bedeutendste Highway Nordindiens. Einige der alten, Schatten spendenden Bäume stehen noch, aber die alten Karawansereien sind verfallen. Stattdessen gibt es immer wieder *dhabas* am Straßenrand, in denen sich vor allem Lkw-Fahrer mit *dal* und *roti* versorgen, dazu ein Glas heißen Tee oder kühles *lassi* genießen und ein Nickerchen auf einem der *charpoys* (Feldbett) machen, die die Standbesitzer aufgestellt haben.

Hotels und Restaurants in Agra & Umgebung siehe Seiten 239–242 und 260f

AGRA & UMGEBUNG 161

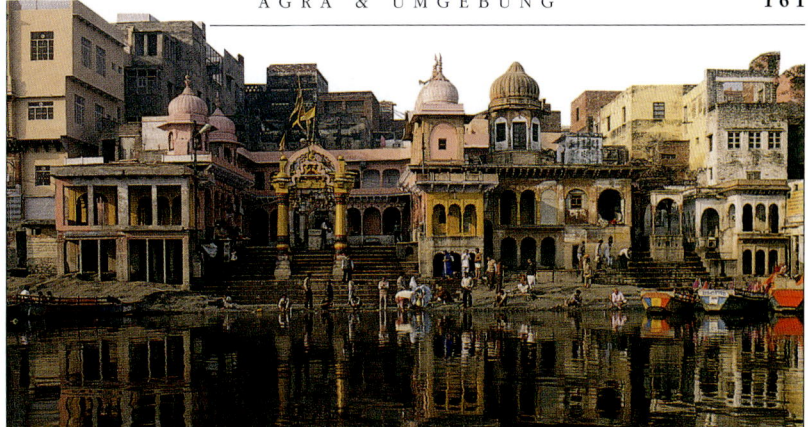

Am Vishram Ghat in Mathura werden jeden Abend Öllampen auf das Wasser gesetzt

Mathura ❸

Distrikt Mathura. 62 km nordwestl. von Agra an der NH2. **Straßenkarte** D3. 🚶 *300 000*. 🚉 🚌
🚏 *Old Bus Stand, Mathura.*
🎉 *Hariyali Teej (Juli), Janmashtami (Aug/Sep), Annakut (Sep/Okt), Kansa Vadha (Sep), Holi (Feb/März).*

In Mathura, am Westufer des Yamuna, begann der Krishna-Kult. Eine dunkle Zelle im eher modernen Sri-Krishna-Janmabhoomi-Tempel am Stadtrand wird als Geburtsstätte eines der beliebtesten Götter Indiens verehrt. Weiter entfernt am Flussufer bilden 25 Ghats einen einmaligen Komplex aus Tempeln, Pavillons, Bäumen und Stufen am Wasser. Bunte Verkaufsstände locken mit Snacks wie den leckeren *pedas* (Milchsüßigkeiten). Dies ist das Herz der Stadt.

Die abendlichen *aarti*, bei denen kleine Öllampen auf dem Fluss dahintreiben, werden am **Vishram Ghat** zelebriert, wo sich Krishna ausgeruht haben soll, nachdem er den Tyrannen Kamsa getötet hatte. In der Nähe steht der rote Sandsteinpavillon **Sati Burj** aus den 1570er Jahren. Auch **Kans Qila**, der Standort eines altes Forts, wo Sawai Jai Singh II. von Jaipur eines seiner fünf Observatorien *(siehe S. 192f)* baute, ist nicht weit. **Jami Masjid** mit den auffallenden gefliesten Außenwänden und weitere sehenswerte Bauten mit reich verzierten Fassaden erheben sich hinter dem Uferstreifen. Etwas befremdlich mutet hier die hübsche Roman Catholic Church of the Sacred Heart an, die im Jahr 1860 im Armeeviertel erbaut wurde. Sie verbindet westliche Elemente mit denen regionaler Tempelarchitektur.

Die zeitlich vor der berühmten Krishna-Sage liegende Geschichte Mathuras ist belegt: Zwischen 5. und 4. Jahrhundert n. Chr. war die Stadt ein lebendiges buddhistisches Zentrum. Unter den mächtigen Kushana- und Gupta-Dynastien war Mathura in der gesamten antiken Welt als Kulturhauptstadt Nordindiens berühmt. Zur Blütezeit der Mathura-Schule *(siehe S. 46f)* formten hiesige Handwerker erlesene Skulpturen aus dem weiß gefleckten roten Sandstein der Gegend.

Das **Government Museum** zeigt die Kunst dieser Stilrichtung anhand von ausgewählten, herausragenden Werken. Dazu gehören ein originalgetreu erhaltener Stehender Buddha, die berühmte kopflose Statue des großen Kushana-Königs Kanishka sowie eine Sammlung gemeißelter Säulen, Gitter und Fragmente von Reliefs mit Hofszenen und religiösen Bildern, die man in der Nähe ausgegraben hat. Ausgestellt sind überdies Kunstobjekte aus anderen Zentren buddhistischer Kunst wie Gandhara (heute in Pakistan), die den graecoromanischen Einfluss nach der Invasion Alexanders des Großen im Nordwesten verraten. Gezeigt werden auch Stücke aus Terrakotta und Figurinen aus dem 1. und 2. Jahrhundert v. Chr. sowie Münzen und mittelalterliche Stein-, Messing- und Metallobjekte.

Religiöses Bild aus Mathura

🏛 **Government Museum**
Dampier Nagar. ⭕ *Di–So 10.30–16.30 Uhr.* ⬤ *Mo, Feiertage.*
📷 *zusätzl. Gebühr.*

Boot mit Pilgern auf dem Yamuna

Brindavan

Distrikt Mathura. 68 km nördl. von Agra über NH2. **Straßenkarte** D3. 57 000. Old Bus Stand, Mathura. Holi (Feb/März), Rath ka Mela (März), Hariyali Teej (Juli), Janmashtami (Aug/Sep). tägl.

Pilger auf dem Pilgerweg *chaurasi kos ki yatra*

Brindavan liegt am Yamuna und heißt wörtlich »Wald duftenden Basilikums«. Die Stadt entwickelte sich seit dem frühen 16. Jahrhundert zu einem Pilgerzentrum, als der bengalische Vishnu-Heilige Chaitanya Mahaprabhu hier den Krishna-Kult neu belebte: Er brachte Krishna-Anhänger aus Bengalen, vor allem Witwen, in die hiesigen Aschrams wohlhabender Hindu-Kaufleute.

Die religiöse Geschichte der Stadt ist jedoch noch viel älter: Fromme Hindus glauben, dass der junge Gott Krishna hier einst als einfacher Kuhhirte bei seinen Stiefeltern lebte. Aus diesem Grund beherrschen »seine« Kühe bis heute die Straßen, und sein Name wird in den Gebetshallen gepriesen. Stände vor den Tempeln bieten Blumengirlanden und Süßigkeiten mit Milch (*pedas*) an, die Krishna gern gegessen haben soll.

In Brindavan scheint die Zeit stehen geblieben zu sein. Das Flair erlebt man vor allem in den vielen Tempeln und an den Ghats, die die Hindu-Könige von Amber, Bharatpur und Orchha sowie reiche Kaufleute errichten ließen. Am Rand der Altstadt steht der historische **Govindeoji-Tempel**, ursprünglich ein siebenstöckiger Bau, den Raja Man Singh I. von Amber 1590 erbaute. Die Tempelgottheit steht heute in Jaipur (*siehe S. 182*). Gegenüber sieht man den **Sri Ranganathji**, einen beeindruckenden Tempel aus dem 19. Jahrhundert, mit einer goldüberzogenen Säule

Fahrt durch Brajbhumi

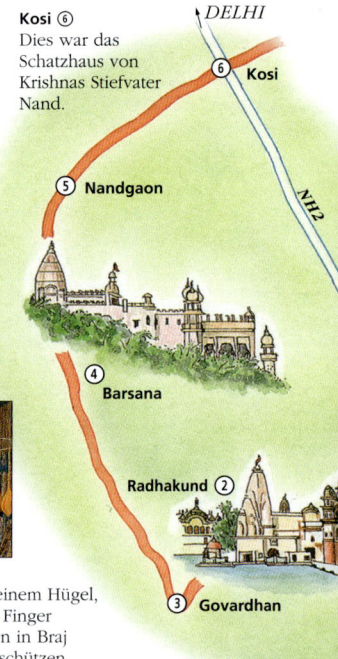

Gläubige sind davon überzeugt, dass die Gegend rund um Braj aus heiligen Mandalas besteht, die Schauplätze der idyllischen Landschaft aus Krishnas frühem Leben markieren. Die Rundfahrt folgt teilweise dem *chaurasi kos ki yatra*, einem traditionellen, 300 Kilometer langen Pilgerweg zu Janmashtami.

Kosi ⑥
Dies war das Schatzhaus von Krishnas Stiefvater Nand.

Barsana ④
Die Stadt mit dem Ladliji-Tempel aus dem 17. Jahrhundert gilt als Radhas Heimat.

Nandgaon ⑤
Nach seiner Flucht aus Gokul vor dem bösen Kamsa lebte Krishna hier mit seinen Stiefeltern Nand und Yashoda.

Govardhan ③
Die Pilgerstadt liegt an einem Hügel, den Krishna mit seinem Finger anhob, um die Menschen in Braj vor den Regenfluten zu schützen. Kusum Sarovar liegt in der Nähe.

Hotels und Restaurants in Agra & Umgebung *siehe Seiten 239–242 und 260f*

und einem Tempelmuseum. In den engen Straßen der Altstadt findet man etwas weiter entfernt die heiligen, ummauerten Haine von Seva Kunj, die eng mit dem *Raslila*-Tanz *(siehe S. 30)* verbunden sind.

Der **Shahji-Tempel** mit seinen gedrehten Säulen liegt am Weg nach Nidhivana, wo Swami Haridas, der Guru von Tansen *(siehe S. 174)*, im 16. Jahrhundert die klassische Dhrupad-Musik entwickelte.

Ein weiterer sehenswerter Tempel ist der **Madan-Mohan-Tempel** aus dem Jahr 1580, der aus dem roten Sandstein der Region auf einem Hügel am Fluss erbaut wurde. In der Nähe sind außerdem der beliebte **Banke-Bihari-Tempel**, den man über die zentrale Basarstraße erreicht, sowie der **Jugal-Kishore-Tempel** an

Vishnuistischer sadhu

Gopuram am Ranganathji-Tempel im südindischen Stil

der Hauptpilgerroute zu den Ghats einen Besuch wert. Die beiden Tempel **Gopinath** und **Radha Raman** liegen nebeneinander am Keshi Ghat.

Während der Feste Holi und Janmashtami *(siehe S. 36f)* erstrahlt die Stadt in bunten Farben, man tanzt zu Ehren des Gottes Krishna, dessen *lila* («Göttliches Spiel») bis heute zelebriert wird.

Deeg ❻

Distrikt Bharatpur. 98 km nördl. von Agra an der NH2. **Straßenkarte** D3. *RTDC Hotel Saras, Agra Rd, Bharatpur, (05644) 223700.* Holi (Feb/März), Rath ka Mela (März).

Deeg war einst die Hauptstadt der Jat-Könige aus Bharatpur *(siehe S. 166)* und gewann mit dem Niedergang des Mogul-Reichs im 18. Jahrhundert an Bedeutung. Das rechteckige, massive Fort weist Lehm- und Bruchsteinmauern mit zwölf Bastionen und einem flachen Graben auf. Die befestigte Stadt um das Fort verfügte über herrliche Stadtvillen, üppige Gärten und Becken, die heute verlassen daliegen. Raja Suraj Mal und sein Sohn Jawahir Singh bauten hier verschwenderische Vergnügungspaläste wie den **Water Palace** *(siehe S. 164f)* zu Ehren des Monsuns. Er war der bevorzugte Sommerpalast der Bharatpur-Könige.

Radhakund ②
Das Becken soll Radhas persönliches Ghat gewesen sein und ist daher besonders heilig.

Brindavan ①
Die bedeutende Pilgerstätte liegt gegenüber von Mathura am Yamuna.

LEGENDE

- Routenempfehlung
- Andere Straße
- Fluss

0 Kilometer 5

ROUTENINFOS

Länge: 105 km.
Rasten: Brindavan ist dank guter Hotels und Restaurants der ideale Startpunkt für diese Tour. In Radhakund und Barsana gibt es UPSTDC-Touristenbungalows, in Govardhan und Kosi kann man tanken. Am angenehmsten ist die Fahrt, wenn man ein Auto mit Fahrer mietet.

Krishna-Kult

Sanjhi, Papierschnittkunst aus Brindavan

Eine Pfauenfeder, eine Flöte und die Farbe Blau sind Symbole des Gottes Krishna. Der menschlichste aller Götter ist nach seiner dunklen Hautfarbe benannt und soll auch heute noch durch die Wälder am Yamuna streifen. Krishna war ein ungezogenes Kind mit einer Vorliebe für Milch und Butter, allerdings auch ein verführerischer Flötenspieler, dessen Liebelei mit Radha als eine in der Literatur und Kunst beliebte Metapher für kurzweilige oder wahre Liebe gilt.

Water Palace in Deeg

Sandsteinskulptur am Singh Pol

Das Wunder des Monsunregens und die damit verbundene Musik- und Tanzkultur feierten die Könige von Bharatpur in diesem »Wasserpalast«. Das architektonische Meisterwerk aus dem 18. Jahrhundert ist ein romantischer Komplex aus Sandstein- und Marmorpavillons, Gärten und Wasserbecken, erbaut von Raja Suraj Mal. Er nutzte neue Techniken, um Monsunschauer und sogar Regenbogen zu erzeugen. Das geniale Kühlsystem bezog sein Wasser aus einem riesigen Reservoir, das zwei Tage lang gefüllt werden musste. Die gefärbten Fontänen sieht man heute nur zu Jawahar Mela.

Nand Bhavan
Riesige, mit Wasser gefüllte Terrakottakrüge standen in einem Zwischendach und schützten vor der Sommerhitze.

Der Haupteingang, Singh Pol, ist nach den zwei Löwenskulpturen *(singh)* am Eingangstorbogen benannt.

★ Sawan-Pavillon
Der Bau wirkt wie das Heck eines Schiffs. Ein Wassersystem speiste einen halbrunden künstlichen Wasserfall.

Gopal-Sagar-Becken

Marmorschaukel
Sie gehörte zu Suraj Mals Kriegsbeute und steht heute vor dem Gopal Bhavan.

Bhadon-Pavillon

★ Gopal Bhavan
Der elegante Komplex wird von den bootsförmigen Pavillons Sawan und Bhadon eingerahmt. Die überhängenden Balkone spiegeln sich im Gopal Sagar. Innen sind Originalmöbel und Kunstobjekte des Palasts ausgestellt.

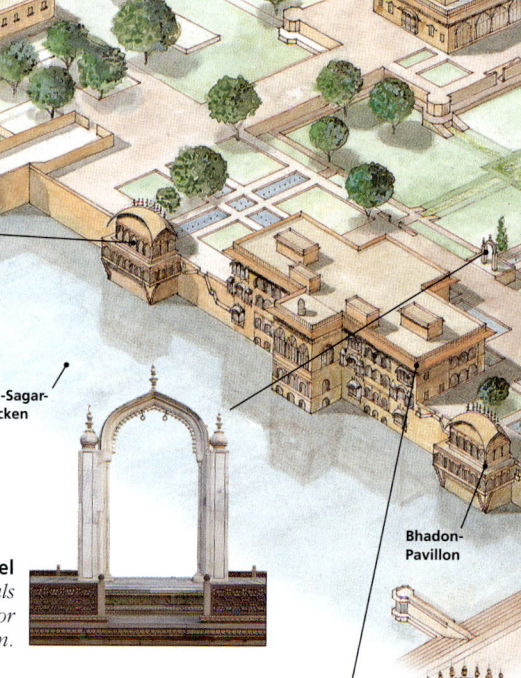

DEEG: WATER PALACE 165

INFOBOX

Distrikt Bharatpur. 95 km nordwestl. von Agra. **Straßenkarte** D3. 🚌 ⏰ tägl. 8–17 Uhr. 🎉 am Tag nach Holi (März). 🎪 Jawahar Mela (Aug). 🚪 Mo. 🛈

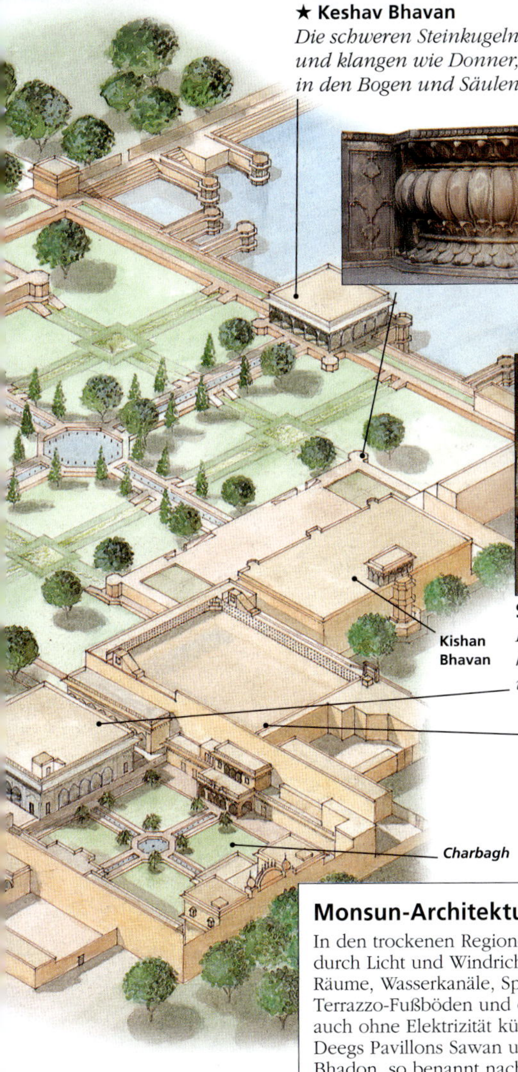

★ Keshav Bhavan
Die schweren Steinkugeln auf dem Dach rollten umher und klangen wie Donner, sobald Wasser durch die Rohre in den Bogen und Säulen nach oben gepumpt wurde.

Lotus-Eckstein
Die Urnen mit den Mogul-Mustern standen zu beiden Seiten des Sockels.

Rup-Sagar-Becken

Kishan Bhavan

Suraj Bhavan
Der ruhige Pavillon mit dem herrlichen Blick auf das charbagh *war Teil des* zenana *für Frauen.*

Das Wasserbecken auf dem Dach wurde von vier Brunnen versorgt. Das Wasser floss durch Rohre an den Seiten und speiste die Wasserfälle und Brunnen der Anlage.

Charbagh

Monsun-Architektur

In den trockenen Regionen Nordindiens ist die Architektur durch Licht und Windrichtung bestimmt. Unterirdische Räume, Wasserkanäle, Springbrunnen, Gitterwerkwände, Terrazzo-Fußböden und offene Höfe hielten die Gebäude auch ohne Elektrizität kühl. Deegs Pavillons Sawan und Bhadon, so benannt nach den Monsunmonaten (Juli und August), sind in ihrer Architektur vom Monsun geprägt – aus Respekt vor Gewitter und Regen baute man solche Pavillons in Forts und Palästen.

Gefärbte Wasserfontäne, Deeg

NICHT VERSÄUMEN

★ Gopal Bhavan

★ Keshav Bhavan

★ Sawan-Pavillon

Bharatpur ❼

Distrikt Bharatpur. 55 km westl. von Agra. **Straßenkarte** D3.
🚶 204 500. ℹ️ gegenüber RTDC Hotel Saras, Agra Rd, (05644) 22 3700. 🚌 🚂 Jaswant Mela (Okt).

Das State Museum im Lohagarh Fort, Bharatpur

Das alte Königreich Bharatpur ist heute wegen seines Vogelschutzgebietes bekannt. Am östlichen Rand von Rajasthan gelegen, erlebte es seinen Aufstieg während des Niedergangs der Moguln. Reichsgründer waren die mutigen Jats, eine Gruppe von Landbesitzern, deren bedeutendster Kopf Raja Suraj Mal (reg. 1724–63) war. Er eroberte und befestigte 1733 die Stadt Bharatpur und legte damit den Grundstein für seine Hauptstadt. Der mächtige Herrscher widersetzte sich dem Mogul, überrannte Delhi und Agra, brachte die starken Tore des Agra Fort mit und ließ sie in seinem Wasserpalast in Deeg *(siehe S. 164f)* wieder aufbauen. Der ambitionierte Bauherr verschönerte seine Paläste gern mit Kriegsbeute aus Mogul-Bauten, u. a. mit einer Schaukel (heute in Deeg).

Im Stadtzentrum ist das **Lohagarh** («Eisernes Fort») sehenswert. Bevor Lord Lake das Fort 1805 eroberte, hatte es wiederholten Angriffen der Marathen und Briten getrotzt. Zu seiner Bauzeit war es ein Meisterwerk der Festungsbaukunst, mit uneinnehmbaren doppelten Wällen aus massivem Lehm- und Bruchstein hinter tiefen Burggräben. Die meisten äußeren Festungswälle sind verfallen, doch der innere Mauerring steht noch, ebenso wie die zwei Türme Jawahar Burj und Fateh Burj: Sie wurden einst als Triumphbauten für Jat-Siege über die Moguln und die Briten errichtet. Die Siegessäule am Jawahar Burj trägt eine Inschrift mit dem Jat-Stammbaum. Nord- und Südtor stammen aus der Plünderung der Mogul-Hauptstadt in Delhi.

Innerhalb des Forts entstanden drei Paläste, die von den eher einfachen Jat-Herrschern in einer überraschend eleganten Mischung aus Mogul- und Rajputen-Stil gebaut wurden. Die Königsgemächer im Mahal Khas weisen in den Ecken achteckige, bemalte Kammern auf (heute befindet sich hier eine Hochschule für Pharmazie). Die beiden anderen Paläste lagen am Katcheri (Hof) Bagh und beherbergen jetzt das **State Museum** mit seltenen Steinarbeiten aus dem 1. und 2. Jahrhundert sowie Terrakotta-Spielzeug aus der Umgebung.

In der Nähe ist ein abgesunkener *hamam*.

Bharatpur war 1818 der erste Rajputen-Staat, der mit der British East India Company einen Bündnisvertrag abschloss. Ein späterer Maharaja sammelte Rolls-Royce, die er für die Tiger- und Gänsejagd umbaute.

Krishna-Figur, State Museum

🚇 **State Museum**
Nähe Nehru Park.
📞 (05644) 22 8185. 🕐 tägl. 10–16.30 Uhr. 🎫 📷 zus. Gebühr.

Keoladeo Ghana National Park ❽

Siehe Seiten 168f.

Fatehpur Sikri ❾

Siehe Seiten 170f.

Dholpur ❿

Distrikt Dholpur. 54 km südl. von Agra. **Straßenkarte** D3. 🚶 92 000.
ℹ️ Bharatpur, (05644) 223700. 🚌

Das Städtchen am Ufer des Chambal nahm an der Straße von Delhi zum Dekkan früher eine strategische Stellung ein, sodass der Ort

Burggraben und Festungswälle in Lohagarh

Hotels und Restaurants in Agra & Umgebung *siehe Seiten 239–242 und 260f*

AGRA & UMGEBUNG

Die Tempel am Seeufer von Machkund

immer wieder angegriffen wurde. Im Jahr 1504 lagerte hier Sikandar Lodi *(siehe S. 50f)* auf seinem Marsch gegen Gwalior einen ganzen Monat lang. Rund 20 Jahre später machte Babur den Ort zu seinem Kronbesitz. Das heute verfallene Shergarh Fort, das angeblich 1000 Jahre alt sein soll, und ein eher bescheidener Palast aus dem 19. Jahrhundert (für Besucher geschlossen, nur durch den Eisenzaun zu sehen) finden sich ebenfalls hier. Im Palast gibt es Art-déco-Räume mit Fliesen aus Europa. Dholpur ist wegen des beigefarbenen Sandsteinbruchs bekannt, dessen Steine überall in Rajasthan verwendet wurden. Lutyens nutzte ihn auch für Bauten in New Delhi *(siehe S. 68f)*.

Umgebung: Die Stadt eignet sich gut als Ausgangspunkt für den Besuch nahe gelegener Sehenswürdigkeiten. **Machkund** (3 km westlich) fasziniert durch über 100 Tempel an einem See, dessen Wasser Hauterkrankungen heilen soll. **Damoh** ist dank seiner 76 Wasserfälle ein beliebtes Ausflugsziel zum Picknicken. In **Talab Shahi** (40 km) stehen Reste von Jagdhütten, die die Jat-Herrscher von Dholpur für ihre zahlreichen europäischen Gäste bauen ließen. Etwas abseits in **Jhor** (16 km) wurde im Jahr 1978 der 400 Jahre alte Lotusgarten von Babur entdeckt.

Shah Jahans Palasttor, Bari

Bari ⓫

Distrikt Dholpur. 84 km südwestl. von Agra. **Straßenkarte** D4.
🛈 Bharatpur, (05644) 22 3700.

In Bari lag einst ein alter, vier Quadratkilometer großer Garten mit einer so dichten Vegetation, dass kein Sonnenlicht den Boden erreichte. Hier baute Kaiser Shah Jahan einige Vergnügungspavillons. In der Nähe befindet sich das Vana Vihar Ram Sagar Wildlife Reserve mit Krokodilen, Wildschweinen und Zugvögeln. Auch die Reste eines alten Forts von Feroze Shah Tughlaq *(siehe S. 97)* sind sehenswert.

Babur und der Paradiesgarten

Der Garten der Treue in *Babur Nama*

Das Konzept eines Paradiesgartens *(charbagh)*, der für die Landschaftsarchitektur der Moguln prägend war, wurde vom ersten großen Mogul-Herrscher Babur eingeführt: Er sehnte sich nach der herrlichen Natur von Ferghana, seiner Heimat in Zentralasien, und ließ daher den persischen Paradiesgarten auf der Grundlage islamischer Symmetrie- und Religionsregeln anlegen. Ein *charbagh* war ein Mauergarten, durch erhöhte Wege, abgesenkte Wälder und Wasserkanäle in vier Flächen unterteilt, die die vier Lebensviertel symbolisierten. Wasser war für die Herrscher aus den Wüstenkönigreichen als Leben spendendes Element heilig. Die Wasserkanäle kreuzten sich an einem zentralen Punkt, an dem ein Pavillon für den Herrscher als Vertreter Gottes auf Erden stand. Die Moguln lebten in ihren Gärten und wählten sie auch als Ort ihrer Grabstätten *(siehe S. 29)*. Der Jhor-Paradiesgarten, manchmal auch als Lotusgarten bezeichnet, entstand 1527, schon ein Jahr nach dem Einmarsch Baburs in Indien. Von dem einstmals ausgedehnten Garten sind heute nur noch drei Wasserkanäle, Baburs Bad, ein Becken und ein Pavillon erhalten.

Keoladeo Ghana National Park ❽

Der Keoladeo Ghana National Park gilt als eines der weltweit bedeutendsten Vogelschutzgebiete und gehört zum UNESCO-Welterbe. Der Name geht auf einen Shiva-Tempel (Keoladeo) in einem dichten Wald *(ghana)* zurück. Das einst öde Buschland entwickelten Mitte des 18. Jahrhunderts die Herrscher von Bharatpur, indem sie Wasser aus einem nahe gelegenen Bewässerungskanal für ihr Entenjagdgebiet abzweigten. Elegante Jagdpartien für Vizekönige und andere hohe Gäste wurden hier veranstaltet, oft erlegte man riesige Mengen Vögel an nur einem Tag. Heute erstreckt sich der Park auf 29 Quadratkilometer Marschland und zieht einheimische sowie Zugvögel, teilweise sogar aus Sibirien, an. Im Laubwald und Buschland des Parks leben Pflanzenfresser wie die Nilgau-Antilopen.

Die Marschgebiete sind für Reiher ein »Paradies auf Erden«

Im Park unterwegs
Erfahrene Bootsführer zeigen die Marschgebiete und Vogelkolonien. Die Waldpfade kann man per Fahrrad oder Fahrradriksha erkunden.

Trockenes Buschland ist für Antilopen und Rinder gutes Weideland.

Heimische Vogelarten und Zugvögel

Der Saruskranich lockt das Weibchen mit einem Tanz

Der Park zieht 375 verschiedene Arten aus 56 Vogelfamilien wie Silber- und Graureiher, Kormorane und Störche an, die hier jährlich fast 30 000 Jungtiere zur Welt bringen. Sehnsüchtig erwartet wird der vom Aussterben bedrohte Schneekranich. Auch Vögel wie Wanderfalken und Steppenadler, Knäkenten, Schlangenhalsvögel und Schneesichler kommen hierher. Zu den Storcharten zählen der Silberklaffschnabel, der Buntsowie der Großstorch: Dieser größte Storch der Welt besitzt eine Spannweite von 2,5 Metern und ist mit seinen korallenroten Beinen bis zu zwei Meter hoch. Der Saruskranich, in der indischen Mythologie ein Symbol der Treue, vollführt hier einen Balztanz.

Junge Kormorane

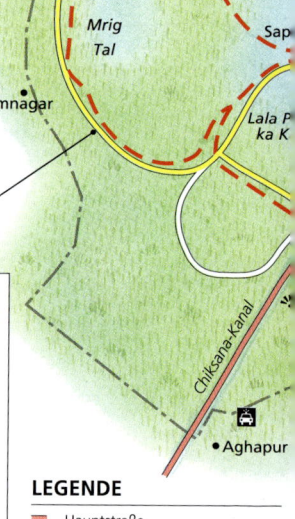

LEGENDE

▬	Hauptstraße
▬	Nebenstraße
–	Parkgrenze
▬	Wander- oder Radweg
▓	Marschland
✹	Aussichtspunkt
⛴	Anlegestelle
⚓	Bootsfahrten
🚓	Polizei
⛩	Tempel

KEOLADEO GHANA NATIONAL PARK

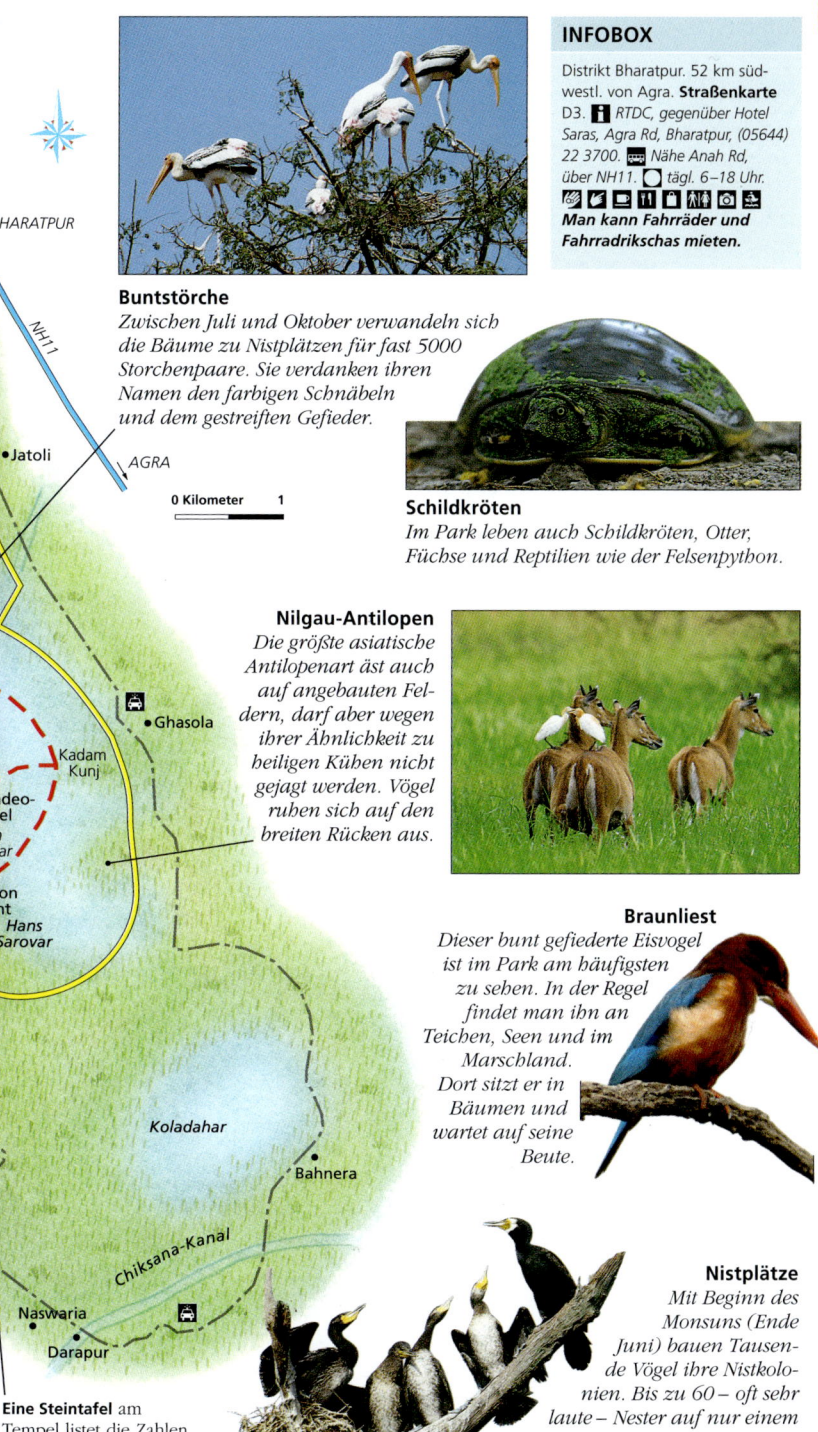

INFOBOX

Distrikt Bharatpur. 52 km südwestl. von Agra. **Straßenkarte** D3. *RTDC, gegenüber Hotel Saras, Agra Rd, Bharatpur, (05644) 22 3700.* Nähe Anah Rd, über NH11. tägl. 6–18 Uhr.
Man kann Fahrräder und Fahrradrikschas mieten.

Buntstörche
Zwischen Juli und Oktober verwandeln sich die Bäume zu Nistplätzen für fast 5000 Storchenpaare. Sie verdanken ihren Namen den farbigen Schnäbeln und dem gestreiften Gefieder.

Schildkröten
Im Park leben auch Schildkröten, Otter, Füchse und Reptilien wie der Felsenpython.

Nilgau-Antilopen
Die größte asiatische Antilopenart äst auch auf angebauten Feldern, darf aber wegen ihrer Ähnlichkeit zu heiligen Kühen nicht gejagt werden. Vögel ruhen sich auf den breiten Rücken aus.

Braunliest
Dieser bunt gefiederte Eisvogel ist im Park am häufigsten zu sehen. In der Regel findet man ihn an Teichen, Seen und im Marschland. Dort sitzt er in Bäumen und wartet auf seine Beute.

Nistplätze
Mit Beginn des Monsuns (Ende Juni) bauen Tausende Vögel ihre Nistkolonien. Bis zu 60 – oft sehr laute – Nester auf nur einem Baum sind keine Seltenheit.

Eine Steintafel am Tempel listet die Zahlen einst erlegter Vögel auf.

Fatehpur Sikri ❾

Jali-Gitter

Mogul-Herrscher Akbar ließ Fatehpur Sikri, heute eine Geisterstadt, 1571 zu Ehren des berühmten Sufi-Heiligen Salim Chishti errichten. Sie diente 14 Jahre lang als Reichshauptstadt, eine typische, befestigte Anlage der Moguln mit getrennten privaten und öffentlichen Bereichen sowie mächtigen Toranlagen. Die hinduistisch-islamische Stilmischung verrät Akbars säkulare Vision und politische Toleranz. Man gab die Stadt wohl aus Wassermangel auf, viele Schätze wurden geplündert *(siehe S. 54f)*. Dem Denkmalschützer Lord Curzon *(siehe S. 56f)* ist der heutige recht gute Zustand zu verdanken.

Pfeiler, Diwan-i-Khas
Die zentral auf den Thron ausgerichtete Audienzhalle Akbars erinnert an Gebäude in Gujarat.

Jami Masjid

Haram Komp

Abda Khan

Eingang

Khwabgah
Das private Schlafgemach des Kaisers, eine »Kammer der Träume« mit Mosaiken und persischen Inschriften, weist neben dem Bett einen geschickt angelegten Belüftungsschacht auf.

Anoop Talao (Becken) wird mit Akbars legendärem Hofmusiker Tansen assoziiert, der angeblich mit seiner Stimme Öllampen entzündete.

★ Haus der türkischen Sultanin
Die aufwendig skulptierten Täfelungen und Wände lassen den Sandsteinpalast wie einen Holzbau wirken. Er wird von einem Steindach mit imitierten Lehmziegeln gekrönt.

Diwan-i-Aam
Der große Innenhof mit der Audienzhalle war einst mit edlen Wandteppichen geschmückt und diente öffentlichen Anhörungen und Empfänger

FATEHPUR SIKRI

INFOBOX

Distrikt Agra. 37 km westl. von Agra. **Straßenkarte** D3.
UPTDC, 64 Taj Rd, Agra, (0562) 222 6431.
tägl. 7–19 Uhr.

★ Panch Mahal
Der fünfstöckige offene Sandsteinpalast blickt auf das Pachisi-Feld, auf dem Akbars Königinnen spielten und den Abendwind genossen. Das Schmuckgitterwerk wurde nach Aufgabe der Stadt wohl gestohlen.

Palast der Jodha Bai

Sunehra Makan

Birbals Haus

★ Diwan-i-Khas
Der einzigartige Bau diente wahrscheinlich als Rats- und Audienzhalle des großen Akbar.

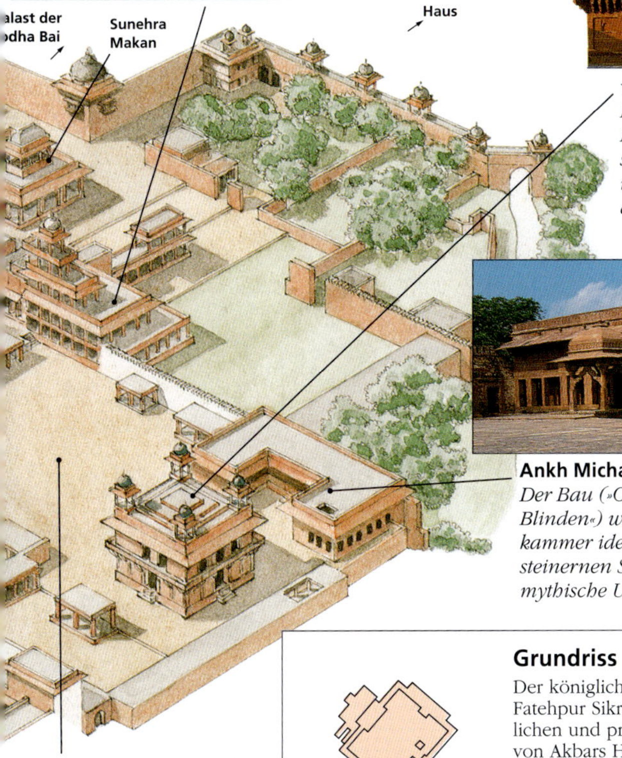

Ankh Michauli
Der Bau (»Ochsenleder eines Blinden«) wurde als Schatzkammer identifiziert. An den steinernen Streben halten mythische Ungeheuer Wache.

Das Pachisi-Feld ist nach einem Spiel benannt, das Haremsdamen hier austrugen.

Grundriss
Der königliche Komplex von Fatehpur Sikri umfasst die öffentlichen und privaten Gemächer von Akbars Hof, u. a. auch den Harem und die Schatzkammer. Im benachbarten heiligen Bezirk stehen die Jami Masjid, Salim Chishtis Grab und die Buland Darwaza, getrennt durch das Badshahi Darwaza, ein eigenes Eingangstor für den Hof.

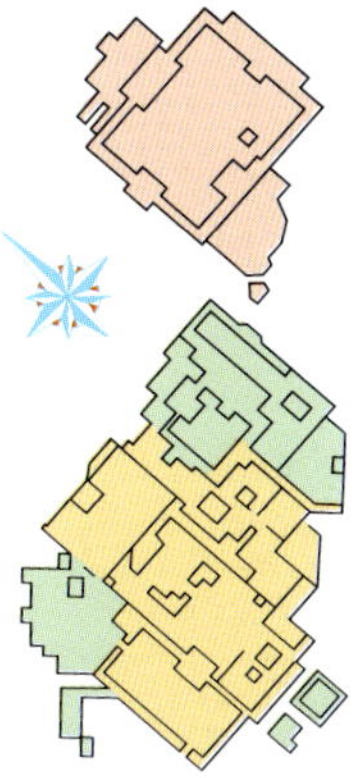

NICHT VERSÄUMEN
★ Diwan-i-Khas
★ Haus d. türk. Sultanin
★ Panch Mahal

LEGENDE
☐ Illustration oben
☐ Andere Gebäude
☐ Heiliger Bezirk (Jami Masjid)

Überblick: Fatehpur Sikri

Detail einer verzierten Täfelung

Die Hauptgebäude des kaiserlichen Palastbezirks, einst das Zentrum der Stadt, gruppieren sich terrassenförmig auf einer Sandsteinanhöhe. Ihr Stil markiert den Übergang der Gujarat- zur Mogul-Architektur – eine Synthese von präislamisch-hinduistischer und Jain-Architektur (beispielsweise in den verzierten Stützpfeilern) mit den eleganten Kuppeln und Bogen islamischer Bauten. Die konzentrisch angelegten Terrassen trennten die öffentlichen Bereiche von den Privatgemächern. Die Bauten entstanden aus rotem Sandstein aus dem Steinbruch der Anhöhe.

»Stoßzähne« am Hiran Minar

Fatehpur Sikri aus der Luft

Noch heute führt die von Akbar für seine Hauptstadt angelegte, schnurgerade Straße in die Stadt. Damals war sie von Basaren gesäumt, heute geht man auf ihr durch das Agra Gate zum dreibogigen **Naubat Khana**, wo Trommelwirbel den Einzug des Herrschers ankündigten. Den Palastkomplex erreicht man vom Westen durch das Naubat Khana. Er dehnt sich in den weitläufigen Innenhof des **Diwan-i-Aam** aus, wo Akbar öffentliche Audienzen gab. Ein Durchgang dahinter führt in die sogenannte »Innere Zitadelle« mit **Diwan-i-Khas**, **Khwabgah** und **Anoop Talao**, den Schatzkammern und dem **Abdar Khana**, wo man Wasser und Obst für den Hof lagerte. In der Festung befindet sich auch das **Haus der türkischen Sultanin**. Es diente wohl einer der Frauen Akbars als Wohnsitz, deren Identität ist jedoch ungeklärt. Der große Innenhof vor dem Diwan-i-Khas heißt **Pachisi-Feld**, weil die offene Fläche dem Spielbrett eines *pachisi* (ähnlich dem Spiel »Mensch ärgere dich nicht«) gleicht.

Haram Sara, der Harem, war ein Labyrinth von miteinander verbundenen Bauten jenseits von Maryams Haus, dem **Sunehra Makan** (»Goldenes Haus«), so genannt wegen der prachtvollen, vergoldeten Fresken. Die strenge Fassade des Harems führt zum **Palast der Jodha Bai**, einem Innenhof mit Pavillons, deren Dächer azurblaue, glasierte Ziegel schmücken. Ein Viadukt mit Gitterwerk schützte den Weg zum **Hawa Mahal** an einem kleinen Garten vor fremden Blicken. Die **Nagina Masjid** daneben diente als Privatmoschee der Hofdamen. Ein zweistöckiger Bau, als **Birbals Haus** bekannt, östlich des Palasts der Jodha Bai, weist herrliche Verzierungen auf. Gleich dahinter erstreckt sich ein von Kolonnaden und Kammern umgebener Hofkomplex – aller Wahrscheinlichkeit nach für die Haremsdiener und die kaiserlichen Stallungen.

Durch **Hathi Pol** und **Sangin Burj**, die ursprünglichen Tore in den Harem, gelangt man zur Peripherie des Palastkomplexes, die aus kreisförmig um die Zitadelle angelegten Nebenbauten wie Karawansereien, überkuppelten *hamams* und Wasseranlagen besteht.

Hiran Minar soll ein Denkmal für Akbars Lieblingselefanten sein und diente als *akash deep* (»Himmlisches Licht«): Die an den vielen »Stoßzähnen« aufgehängten Laternen halfen Besuchern bei der Orientierung.

Eingang zu Birbals Haus

Hotels und Restaurants in Agra & Umgebung *siehe Seiten 239–242 und 260f*

Jami Masjid

Intarsien

Die prächtige Moschee erhebt sich über Fatehpur Sikri und diente anderen Mogul-Moscheen als Vorbild. Die weitläufige *namazgah* ist von Bogengängen umgeben und weist im Süden und Osten riesige Tore auf. Das heilige Zentrum sind das Grabmal und das Haus des Sufi-Mystikers Salim Chishti – heute so beliebt wie zur Zeit seiner Mogul-Herren.

Grabmal des Sheikh Salim Chishti
Elegante, verschlungene Marmorstreben und fast durchsichtiges Gitterwerk umgeben die Grabkammer mit Perlmuttbaldachin und Sandelholzintarsien.

Hujra
Zwei identische Gebetsräume mit Kreuzgängen flankieren die Hauptmoschee. Säulengänge mit flachen Dächern umgeben den Komplex.

Badshahi Darwaza
Beim Betreten des Komplexes über die steile Treppe des Tores erblickte Akbar zuerst die heilige Moschee direkt gegenüber.

Kolonnadengang

Buland Darwaza
Das 54 Meter hohe, von Akbar erbaute Tor diente späteren Bauten als Vorbild. Jungen tauchen von hier in das Becken darunter, um Münzen herauszufischen.

Wunscherfüllung im Chishti-Grabmal

Seit Salim Chishti Akbar 1568 wahrheitsgemäß prophezeite, dass seine Kinderlosigkeit bald beendet sei, gilt das Grabmal des Heiligen als Ort der Wunscherfüllung. Akbar und sein Sohn Jahangir ließen das *dargah* aufwendig gestalten. Bis heute zieht das Grabmal Hilfesuchende an, die Bindfäden an das Gitterwerk knüpfen und fest daran glauben, dass der Heilige ihre Bitten erfüllen wird.

Faden im Gitterwerk des Chishti-Grabmals

Die bemerkenswerte, prächtig verzierte Fassade des Gwalior Fort

Gwalior ⓬

Distrikt Gwalior. 118 km südl. von Agra an der NH3. **Straßenkarte** D4. 827 000. *TO Hotel Tansen, M G Rd, (0751) 223 4557.* *Tansen Musikfestival (Okt/Nov).*

Die Residenz der Scindias wird von dem massiven **Gwalior Fort** überragt. Die Innenräume verdanken ihren feinen Stil dem musikliebenden Tomar-König Man Singh (reg. 1486–1517). In der Nähe des reich verzierten Hindola Gate, einem von drei Toren bei der Altstadt, steht der romantische Gujari Mahal (1510), den Man Singh für seine Hauptfrau Mrignayani erbaute. Heute ist hier das hervorragende **Archäologische Museum** untergebracht.

Fries im Gwalior Fort

Der Hauptpalast Man Mandir gilt mit seinen Keramikmotiven als einer der schönsten frühen Hindu-Paläste.
In der Stadt unterhalb des Forts ist das Scindia Museum im **Jai-Vilas-Palast** (italienischer Palazzostil des 19. Jhs.) zu finden. Der Bau ist wegen der Kristalltreppe und der venezianischen, drei Tonnen schweren Kristallüster berühmt. Ein silberner Modellzug, mit Brandy und Zigarren beladen, bediente einst die Gäste auf prächtigen Feiern.
Sehenswert sind auch die Gräber von Tansen und Muhammad Ghaus sowie die alten Tempel Teli ka Mandir *(siehe S. 26)* und Sas-Bahu ka Mandir.

Gwalior Fort
Sonnenauf- bis -untergang.
Ton- und Lichtshow tägl.

Gwalior-Gharana-Musik

Akbar, Tansen und Guru Ramdas

Gwalior Gharana ist einer der ältesten nordindischen Musikstile. Kennzeichnend war die Übernahme folkloristischer Elemente in die Dhrupad-Musik durch Raja Man Singh und Mrignayani, deren Stammesmusik den König begeistert hatte. Der neue Stil wurde von Akbars Hofmusiker Tansen aus Gwalior in vielen neuen, lyrischen *ragas (siehe S. 30)* zur Blüte gebracht.

Archäologisches Museum
So–Do 10–17 Uhr.
Fr, Feiertage.

Jai-Vilas-Palast
Südl. des Forts. Di–So 9–17 Uhr. Mo, Feiertage.

Palast von Datia

Datia ⓭

Distrikt Datia. 187 km südl. von Agra. **Straßenkarte** D4. 83 000. *UPTDC, Hotel Veerangana, Shivpuri Rd, Jhansi, (0517) 244 2406.*

Die geisterhaft wirkende Stadt wird von dem fünfstöckigen Datia-Palast, einem ungewöhnlich komplexen Bau, beherrscht. Der Bundela-König Bir Singh Deo errichtete den Palast im Jahr 1620. Die gespenstischen unterirdischen Kammern flößen noch heute Angst ein. Die schön bemalten Königsgemächer im Hauptinnenhof sind durch zweistöckige Brückengänge mit den umlaufenden Galerien verbunden. Historisch ebenso bedeutend ist der jüngere Rajgarh-Palast mit einer herrlichen Aussicht auf die befestigte Stadt.

Hotels und Restaurants in Agra & Umgebung *siehe Seiten 239–242 und 260f*

Fahrt durch Bundelkhand ⑭

Gwalior und die benachbarte Region Bundelkhand, benannt nach den Bundela-Rajputen, bilden ein kulturell eigenständiges Gebiet in Zentralindien: Unzählige Forts und Baudenkmäler erheben sich in der felsigen, atemberaubend schönen Landschaft. Die Geschichten von Heldenmut und Pracht des Bundela-Hofs und von Kriegerinnen wie der Rani von Jhansi wirken hier bis heute. Die glorreiche Historie und elegante Kultur der Region spiegeln sich in den architektonischen Meisterwerken Gwaliors, der mittelalterlichen Stadt Orchha und den Hügeltempeln von Sonagiri wider.

Gwalior ①
Seit der Gründung im 1. Jahrhundert n. Chr. diente Gwalior vielen großen Dynastien als Hauptstadt und ist das beeindruckende »Tor« zur Region Bundelkhand.

Pawaya ②
Die Reste eines antiken Forts kann man in der Hauptstadt der Nag-Könige (3. Jh. n.Chr.) vom Highway bei Dabra erkennen.

Sonagiri ③
Der Weg zu dem hervorragend erhaltenen Komplex aus 77 Jain-Tempeln führt durch eine Pilgersiedlung.

Datia ④
Die einstige Bundela-Hauptstadt ist von vielen kleinen Seen umgeben. Paläste liegen hier idyllisch auf Anhöhen.

LEGENDE

- Routenempfehlung
- Andere Straße
- Fluss

0 Kilometer 20

Jhansi ⑤
Die Stadt ist wegen des Forts und der heldenhaften Rani Lakshmi Bai bekannt, die im Aufstand von 1857 als Anführerin ihrer Truppen starb.

Orchha ⑥
Die Tempel, Mausoleen und Paläste sind typisch für die Bundelkhand-Architektur (siehe S. 176f).

ROUTENINFOS

Länge: 120 km.
Rasten: Gwalior, Sonagiri, Datia, Jhansi, Taragram, Orchha. Hinter Gwalior gibt es in Dabra an der NH3 eine Tankstelle. Unterkünfte (staatl. Tourismushotels und Gästehäuser) werden in Gwalior, Jhansi und Orchha angeboten. Zwischen den wichtigsten Orten verkehren Busse.

Taragram ⑦
Die faszinierende Manufaktur zur Papierherstellung trägt dazu bei, das regionale Handwerk zu fördern.

Einer der *chhatris* der Herrscher von Orchha

Orchha ⓯

Distrikt Tikamgarh. 238 km südl. von Agra. **Straßenkarte** E5.
ℹ️ *MPTDC, Sheesh Mahal.*
🎉 *Ramnavami (März/Apr), Dussehra (Sep/Okt).*

Orchha liegt auf einer Insel in einer Flussbiegung des Betwa. Die 1531 gegründete Hauptstadt der Bundela-Könige wurde im Jahr 1738 aufgegeben, als der Hof nach Tikamgarh zog.

Heute verfallene Paläste, Pavillons, *hamams*, Mauern und Tore sind durch eine 14-bogige Brücke mit der Stadt verbunden. Die Hauptpaläste **Raj Mahal** (1560), **Jahangiri Mahal** (1626) und **Rai Praveen Mahal** sind als Ensemble angeordnet. Rai Praveen Mahal wurde nach einer königlichen Mätresse benannt, Jahangiri Mahal nach einem Mogul-Prinzen, der hier nur eine Nacht verbrachte.

In der Altstadt verzaubern drei herrliche Tempel, Ram Raja, Chaturbhuj und Lakshmi Narayan. Der Vishnu geweihte **Chaturbhuj-Tempel** ist eine einzigartige Mischung aus Festung und Tempel mit riesigen, säulengeschmückten Sälen für Gesänge und einem alles überragenden Turm.

Am Kanchana Ghat direkt am Fluss stehen 14 schöne *chhatris* der Herrscher von Orchha. Neben den vielen *Sati*-Säulen im Museum von Jahangiri Mahal erinnern sie an die fürstliche Geschichte von Orchha, als *Sati*-Königinnen hier in die brennenden Scheiterhaufen ihrer verstorbenen Ehemänner sprangen.

Jahangiri Mahal

Blumenmotiv aus türkisem Stein

Der Palast ist nach dem Mogul-Herrscher Jahangir benannt, der sich hier mit dem verbündeten Bundela-Fürsten Bir Singh Deo traf. Der Bau ist ein sehr gutes Beispiel für die Rajputen-Bundela-Architektur. Rund um den zentralen Innenhof gruppieren sich 132 Räume und fast ebenso viele unterirdische Kammern. Der rechteckige Sandsteinbau ist prächtig mit Lapislazuli-Fliesen, eleganten *chhatris* und Gitterwerk (*jali*) geschmückt. Er beherbergt ein kleines Museum.

Chhatris
Sie lassen die Silhouette des Palastes filigran und leicht erscheinen.

Verzierte Nischen an der Außenmauer.

Eingang

★ **Eingangstor**
Das Zeremonientor mit Blick auf den Fluss Betwa wird von Steinelefanten flankiert.

NICHT VERSÄUMEN

★ Eingangstor

★ Gitterwerkgang

Hotels und Restaurants in Agra & Umgebung *siehe Seiten 239–242 und 260f*

JHANGIRI MAHAL

INFOBOX

Palastkomplex. tägl. 8–18 Uhr. Feiertage. MPTDC, Sheesh Mahal.
Museum 10–17 Uhr.

★ Gitterwerkgang
Ein hinter Gitterwerk versteckter Rundgang auf der vierten Ebene verbindet acht reich bemalte Pavillons und Zwischenhöfe.

Glasierte Fliesen
Geometrische Motive aus Lapislazuli schmücken die obere Fassade.

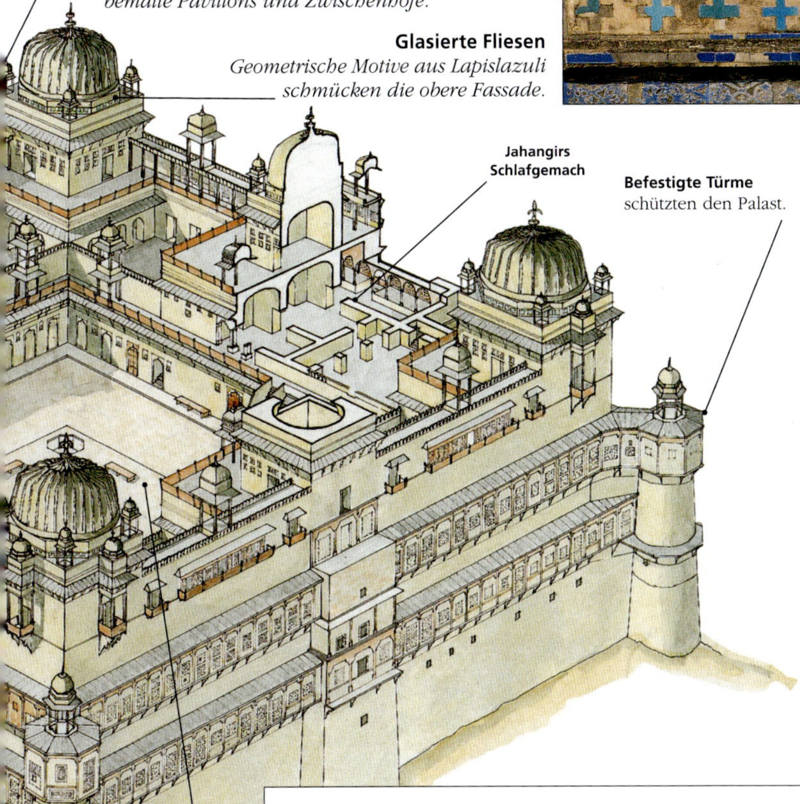

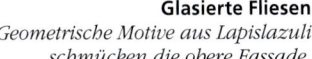

Jahangirs Schlafgemach

Befestigte Türme schützten den Palast.

Der zentrale Innenhof ist von jedem Teil des Palasts einsehbar. Die Kammern rund um den Hof beherbergen ein kleines Museum.

Orchha

Die befestigte Stadt Orchha umfasst drei wichtige Paläste und verfallene Nebengebäude.

1 Jahangiri Mahal
2 Sheesh Mahal
3 Raj Mahal
4 Rai Praveen Mahal
5 *Hamam*
6 Stallungen

LEGENDE

 Illustration oben

Jaipur & östliches Rajasthan

Das Gebiet um Jaipur liegt in Rajasthan, an den östlichen Ausläufern der Wüste Thar. Das wenig fruchtbare Land wird von Südwesten nach Nordosten von den Aravalli Hills durchzogen. Die Gegend begeistert mit Festungen, Palästen, Lustgärten und Tempeln. Hier herrschten einst die stolzen Rajputen-Prinzen, deren feudales Erbe in der erhabenen Architektur und der tief verwurzelten Kultur bis heute lebendig geblieben ist.

Ende des 11. Jahrhunderts errichteten die Kachhawaha von Jaipur ihr Königreich in Amber. Um Amber gab es noch andere Rajputen-Königreiche: die Festung Chauhan von Ajmer, die bald an die muslimischen Eroberer fallen sollte, und das Rathore-Dschungelfort Ranthambhore. Im 18. Jahrhundert unterwarfen sich die Shekhawati-Herrscher Amber-Jaipur, während die Jat-Könige Bharatpur regierten, das einzige Königreich dieser Region, das nicht den Rajputen gehörte.

Die frühen Rajputen-Reiche waren in mörderische Sippenkriege verwickelt, doch mit dem Aufstieg der Sultane von Delhi *(siehe S. 50f)* mussten sie ihre Länder vor plündernden muslimischen Armeen schützen. Unter Mogul Akbar schließlich ebneten militärische und eheliche Allianzen den Weg zum Frieden in der Region.

So konnte eine kulturell-gesellschaftliche Blütezeit beginnen, die außergewöhnliche Kunst und Architektur hervorbrachte. Später verfolgten die Briten hier eine Beschwichtigungspolitik und boten den Prinzen Militärschutz für ihre Loyalität an. Doch mit der Unabhängigkeit Indiens waren die Tage der Fürstenstaaten vorbei. Sie wurden ein Teil des heutigen Bundesstaats Rajasthan mit Jaipur als Verwaltungshauptstadt.

Trotz der modernen indischen Demokratie leben die feudale Rajputen-Tradition und der große Stolz auf die Vergangenheit weiter. Vielleicht blieb so auch die außergewöhnliche Kultur dieser Region erhalten: Denn für viele ist dies auch heute das romantische Reich mittelalterlicher Forts, Paläste und Könige.

Gläubige drängen sich an den heiligen Ghats von Pushkar während Kartik Purnima im Oktober/November

◁ Der fantasievolle Hawa Mahal (»Palast der Winde«, *siehe S. 186*) ist Jaipurs berühmtestes Bauwerk

Überblick: Jaipur & östliches Rajasthan

Das geschichtsträchtige Gebiet erstreckt sich rund um die alte Hauptstadt Amber und das jüngere Jaipur mit Palast, Observatorium, Tempeln, Basaren und eindrucksvollen modernen Gebäuden. Im Norden Jaipurs stößt man auf den schönen Samoden-Palast, im Nordosten dehnen sich die waldreichen Aravalli Hills mit dem ehemaligen Fürstenstaat Alwar und dem Sariska National Park aus. Im Südwesten, jenseits der Textilindustriestädte Sanganer und Bagru, befinden sich die religiösen Stätten Ajmer und Pushkar. Südöstlich von Jaipur liegen Chaksu, ein Pilgerzentrum, und das wichtige mittelalterliche Königreich Tonk mit dem spektakulären Tigerreservat von Ranthambhore, das sich an die Mauern einer mittelalterlichen Festung schmiegt.

Ein Tee-Imbissstand an der Straße

LEGENDE

══	Autobahn
──	Hauptstraße
╌╌	Nebenstraße
───	Eisenbahn
▬▬	Staatsgrenze

0 Kilometer 30

Pushkars Viehmarkt zieht viele Menschen an

SIEHE AUCH

- **Hotels** S. 243–247
- **Restaurants** S. 262f

Zeichenerklärung siehe hintere Umschlagklappe

JAIPUR & ÖSTLICHES RAJASTHAN

In Jaipur & im östlichen Rajasthan unterwegs

Der Flughafen von Jaipur liegt in Sanganer *(siehe S. 204)*, zwei schnelle Züge (Pink City Express und Shatabdi Express) verbinden die Stadt mit Delhi. Rajasthan Tourism *(siehe S. 279)* besitzt klimatisierte Luxusbusse, die von Delhi nach Jaipur fahren. Die übrige Region erreicht man am besten mit dem Auto. »Palace on Wheels« und »Royal Rajasthan on Wheels« *(siehe S. 295)* sind Luxuszüge für betuchtere Reisende, die eine Fahrt durch die Region und die Wüste in königlichem Ambiente genießen möchten.

Heiliges Wasserbecken in Galta

Der Maota Lake vor dem Fort von Amber

Stoffe trocknen in der Sonne, Sanganer

Sehenswürdigkeiten auf einen Blick

Ajmer S. 218–221 ⑱
Alwar S. 206f ⑤
Amber S. 200–203 ②
Bagru ④
Bairat ⑨
Bhangarh ⑩
Chaksu ⑲
Chomu ⑪
Indergarh ㉓
Jaipur S. 182–199 ①
Kishangarh ⑯
Makrana ⑮
Pushkar S. 216f ⑰
Rajgarh ⑦
Ranthambhore National Park S. 224f ㉒
Salzsee von Sambhar ⑭
Samode ⑫
Sanganer ③
Sariska National Park S. 210f ⑧
Sawai Madhopur ㉑
Siliserh ⑥
Tonk ⑳

Tour
Fahrt durch Shekhawati ⑬

Jaipur ❶

Wächterfigur, Hawa Mahal

Ein Labyrinth faszinierender Basare, prächtiger Paläste und mittelalterlicher Sehenswürdigkeiten neben modernen Bauten macht die anziehende Mischung Jaipurs aus. Auf den Straßen drängen sich Kamele neben Motorrädern, Dorfälteste mit Turbanen stören sich nicht an den jungen Leuten in Jeans. Jaipur ist nach der Farbe der wichtigsten Bauten als »Pink City« (»Rosarote Stadt«) bekannt. In der befestigten Altstadt findet man das City Palace Museum, ein mittelalterliches Observatorium und Basare. Neubauten sind u.a. ein Kunstzentrum, doch das Herz der Stadt schlägt in dem rosafarbenen, mit Fenstern gespickten Hawa Mahal, dem Palast der Winde.

Der Govind-Dev-Tempel ist Krishna geweiht

🏛 City Palace Museum
Siehe Seiten 188–191.

🛕 Govind-Dev-Tempel
Jaleb Chowk, hinter dem City Palace.
🕒 tägl. 5–11, 18–20 Uhr.
🎉 Holi (März), Janmashtami (Juli/Aug), Annakut (Okt/Nov).

Die Hauptgottheit des Tempels ist der Flöte spielende Krishna (auch als Govind Dev bekannt). Das Götterbild stammt ursprünglich aus dem Govindeoji-Tempel in Brindavan *(siehe S. 162)* und wurde Ende des 17. Jahrhunderts nach Amber gebracht, um der Bilderstürmung von Aurangzeb zu entgehen. Man glaubt, dass der Tempel einst ein Gartenpavillon namens Suraj Mahal für Sawai Jai Singh II. war, der hier den Bau seiner Traumstadt Jaipur verfolgte. Einer Legende nach erwachte der König eines Nachts vor Krishna, der verlangte, dass ihm seine *devasthan* (»Göttliche Wohnstatt«) zurückgegeben werde. Jai Singh zog daraufhin in den Chandra Mahal am anderen Ende des Gartens und ließ das Götterbild als Wächter für die Herrscher von Jaipur aufstellen. Die Gläubigen dürfen nur einen kurzen Blick auf ihren Gott werfen: siebenmal am Tag sowie während Festen wie Janmashtami *(siehe S. 39)*.

🌿 Jai Niwas Bagh
🕒 tägl. 6–22 Uhr.

Hinter dem Tempel liegt Jai Niwas Bagh (18. Jh.), der als Vergnügungspalast für die Haremsdamen errichtet wurde. Nach dem Vorbild des klassischen Mogul-*charbagh* findet man hier Wasserkanäle und Brunnen. Richtung Norden steht der **Badal Mahal**, ein fünfbogiger Jagdpavillon am Ufer des Flusses Talkatora. An der Decke sieht man Spuren des blau-weißen Wolken-(*Badal-*) Musters.

Sehenswürdigkeiten auf einen Blick

Chaugan Stadium ⑤
City Palace Museum ①
Government Central Museum ⑨
Govind-Dev-Tempel ②
Hawa Mahal ⑧
Jai Niwas Bagh ③
Jantar Mantar ⑦
Talkatora ④
Tripolia Bazar ⑥

Blick auf die befestigte Altstadt von Jaipur

Hotels und Restaurants in Jaipur & im östlichen Rajasthan siehe Seiten 243–247 und 262f

🌺 Talkatora

Nördl. Jai Niwas Bagh. ⭕ tägl.

Talkatora ist ein künstlicher Wasserspeicher, den es schon vor der Erbauung Jaipurs gab, was für die Stadtgründung an dieser Stelle sprach. Bei der Ausschachtung wurde der Speicher von drei Seiten von dem als Rajamal ka Talab bekannten See umgeben und wirkte wie ein *tal-katora*, eine »Schale im See«. Sawai Jai Singh II. liebte diesen abgeschiedenen Ort und züchtete hier Krokodile. Der See wurde später trockengelegt und in einen Wohnbezirk umgewandelt.

🏛 Chaugan Stadium

Brahmpuri. ⭕ tägl. 5–20 Uhr.

Der weite Platz neben dem Stadtpalast bekam den Namen von *chaugan*, einer alten persischen Form des Polospiels. Früher fanden hier festliche Prozessionen, Ringkämpfe, aber auch Elefanten- und Löwenkämpfe statt. Die Maharajas und Adligen schauten in den Pavillons Chini ki Burj (wo man noch Überreste der alten, blauen und weißen Fliesen sieht), Moti Burj, Chatar ki Burj und Shyam ki Burj zu. *Chaugan* wird nicht mehr gespielt, das Stadion ist heute Veranstaltungsort für das berühmte Elephant Festival zu Holi (siehe S. 38).

INFOBOX

261 km südwestl. von Delhi an der NH8. 🚆 2324000. ✈ Sanganer. 🚌 Sindhi Camp. ℹ RTDC, Swagatam Complex, (0141) 225 0595. Rajasthan Tourism, MI Rd, (0141) 511 0598. 📅 Mo–Sa. 🎉 Gangaur (März/Apr), Elephant Festival (Feb/März), Teej (Juli/Aug), Drachenfestival (Mitte Jan).

Geschmückter Elefant

LEGENDE

▢ Detailkarte

0 Meter 500

Zeichenerklärung
siehe hintere Umschlagklappe

Der Bau von Jaipur

**Sawai Jai Singh II.
(reg. 1700–43)**

Sawai Jai Singh II., ein brillanter Staatsmann, Gelehrter und Kunstmäzen, regierte über 40 Jahre und erhielt bereits mit elf Jahren von Mogul-Herrscher Aurangzeb den Titel des »Sawai« (»Eineinviertel«), ein Ehrenname für außergewöhnliche Menschen. Gemeinsam mit dem bengalischen Ingenieur Vidyadhar Chakravarty nahm er den Bau einer neuen Hauptstadt südlich von Amber in Angriff und nannte sie Jaipur (»Stadt des Sieges«). Die sechs Jahre dauernden Arbeiten begannen 1727. Mit seiner zinnenbewehrten Mauer und den sieben Toren gilt Jaipur als eines der besten Beispiele einer geplanten Stadt. Das Raster aus neun rechteckigen Sektoren sollte die neun kosmischen Bereiche des Universums verkörpern. Es basiert auf einem geometrischen System aus Hauptstraßen, unterbrochen von weiten Marktplätzen. Jai Singh ermutigte Händler und Künstler, sich hier anzusiedeln. Um die Wirtschaft zu fördern, erhielten Kaufleute Steuerprivilegien.

Im Detail: Rund um Badi Chaupar

Badi Chaupar, der »Große Platz«, liegt an einem Ende des farbenprächtigen Tripolia Bazar. Die Straßen und Plätze sind wie auf den Originalplänen aus dem 18. Jahrhundert erhalten. Von den Hauptstraßen gehen enge Gassen ab, in denen Kunsthandwerker u. a. Puppen und Silberschmuck verkaufen. Dahinter befinden sich die *havelis* bedeutender Bürger, einige werden als Schulen, Läden oder Büros genutzt. Das lebendige Viertel beeindruckt mit aufregenden Düften, Farben und dem Klang der Tempelglocken inmitten des Straßenlärms.

Gangaur Festival
Gangaur feiert eine farbenprächtige Prozession mit Ochsenkarren.

Ishwar Lat
Ishwari Singh feierte mit diesem Turm 1749 den Sieg über seinen Stiefbruder Madho Singh I.

City Palace

★ Jantar Mantar
Das Observatorium wirkt mit seinen Instrumenten wie eine Sammlung futuristischer Skulpturen (siehe S. 192f).

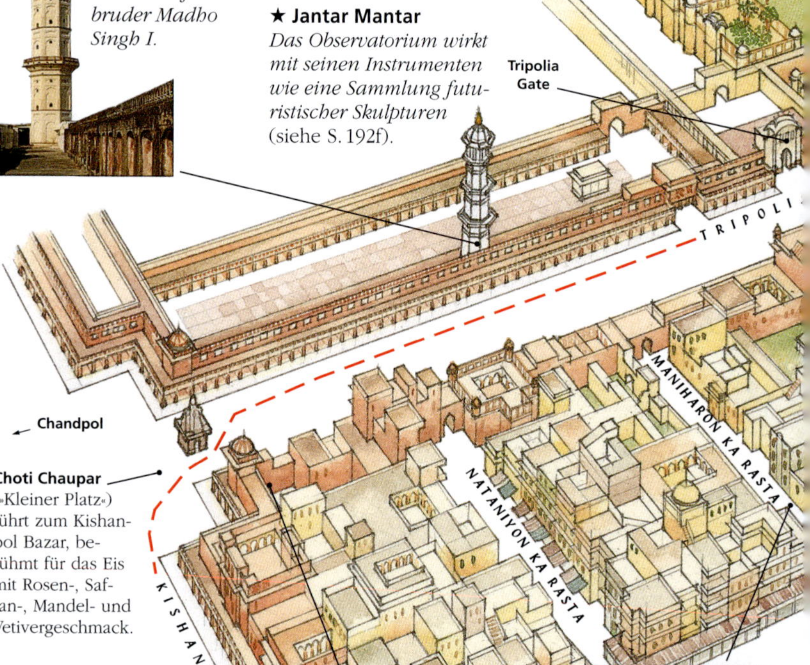

Tripolia Gate

TRIPOLI

Chandpol

Choti Chaupar
(»Kleiner Platz«) führt zum Kishanpol Bazar, berühmt für das Eis mit Rosen-, Safran-, Mandel- und Vetivergeschmack.

KISHANPOL BAZAR

NATANIYON KA RASTA

MANIHARON KA RASTA

Maharaja Arts College

Blumenverkäufer
Hier kauft man Blumengirlanden als Opfergaben für die Gottheiten in Tempeln und Straßenschreinen.

Lackarmreife
In der Maniharon ka Rasta stellen Werkstätten den Schmuck her.

JAIPUR: RUND UM BADI CHAUPAR

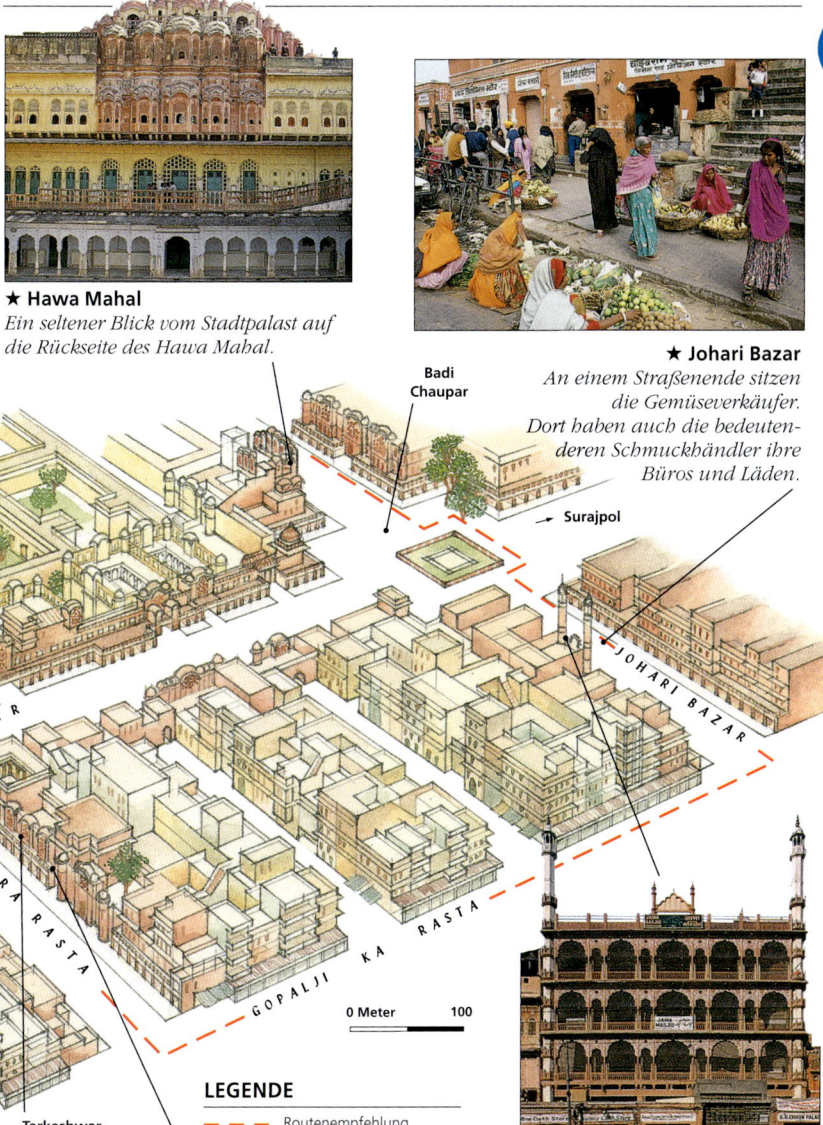

★ Hawa Mahal
Ein seltener Blick vom Stadtpalast auf die Rückseite des Hawa Mahal.

★ Johari Bazar
An einem Straßenende sitzen die Gemüseverkäufer. Dort haben auch die bedeutenderen Schmuckhändler ihre Büros und Läden.

Badi Chaupar

→ Surajpol

Tarkeshwar-Tempel

LEGENDE
– – – Routenempfehlung

Jami Masjid
Hohe Minarette zeichnen die dreistöckige »Freitagsmoschee« hinter der Rundbogenfassade aus.

Keramikwaren
Traditionelle große Terrakotta-Urnen, Töpfe aller Größen, Glocken, Statuen, Fußkratzer und Öllampen werden hier angeboten.

NICHT VERSÄUMEN

★ Hawa Mahal

★ Jantar Mantar

★ Johari Bazar

Hawa Mahal

Sireh Deori Bazar. (0141) 261 8862. tägl. 9–16.30 Uhr. Holi & Feiertage. zusätzl. Gebühr.

Der fantasievolle, architektonisch sehr eigenwillige Hawa Mahal (»Palast der Winde«) wurde 1799 unter Sawai Pratap Singh (reg. 1778–1803) errichtet. Die reich verzierte Fassade ist zum Wahrzeichen Jaipurs geworden, ein barockähnlicher Prachtbau mit vorstehenden Fenstern, Balkonen und viel Gitterwerk. Obwohl fünf Stockwerke in die Höhe ragt, ist der Palast nur einen Raum tief, keine Wand ist dicker als 20 Zentimeter. Der rosafarbene Bau besteht aus Kalk und Mörtel. Er diente den Haremsdamen dazu, durch die Fenster und Gitter unbemerkt das Straßengeschehen und die Prozessionen im Sireh Deori Bazar beobachten zu können. Besuchern ist es erlaubt, den Aufgang bis zum obersten Stockwerk hinaufzugehen.

Pratap Singh war ein Dichter, Komponist und Kunstmäzen. Er verehrte Krishna und weihte ihm den Hawa Mahal – der Palast erinnert an die *mukut* (Krone), mit der Krishna oft dargestellt wird. Ein Tor im Westen führt in den Komplex, zu Verwaltungsbüros und zum **Archäologischen Museum**.

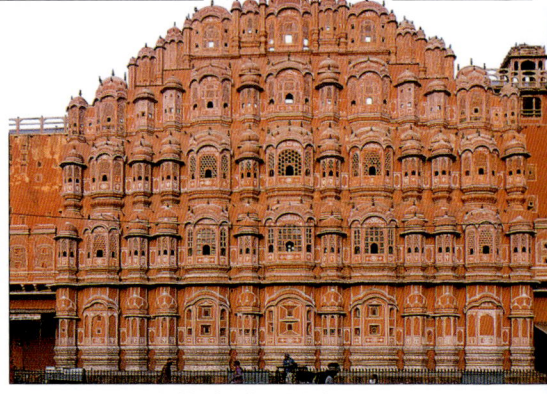

Fassade des Hawa Mahal (»Palast der Winde«)

Archäologisches Museum
Tripolia Bazar. Sa–Do 9–17 Uhr. Fr, Feiertage.

Tripolia Bazar

Im Süden des City Palace verläuft eine der belebtesten Straßen mit Basaren innerhalb der Stadtmauern. Hier findet man vor allem Metallwaren und Küchenbedarf. Vor den Läden sind auf der Straße hübsche Artikel aus Messing, Kupfer, Aluminium und Stahl sowie Meißel, Stemmeisen und andere Werkzeuge ausgestellt. An manchen Ständen gibt es Handarbeiten, Plastik- und Papiererzeugnisse wie die roten, in Stoff eingeschlagenen *bahi khatas* (Rechnungsbücher), die Kaufleute und Geldverleiher noch heute verwenden.

Am Ende der Badi Chaupar stößt man auf Blumenverkäufer mit Körben voller zarter Rosen, Ringelblumen, Nachthyazinthen und Jasmin. Außerdem befinden sich dort Läden mit Silberschmuck, handbestickten *jootis* (Pantoffeln) und federleichten Baumwolldecken. In der Mitte dieser Ladenstraße erhebt sich das majestätische Tripolia (»dreibogige«) Gate von 1734. Es diente einst als Hauptzugang zum Palast: Bei Festen konnte die Menge die Entourage des Maharajas und seiner Adligen *(thakurs)* in zeremonieller Kleidung, auf Elefanten und Pferden beim Einritt sehen. Bis heute ist das Tripolia Gate Mitgliedern der königlichen Familie und ihren Gästen vorbehalten, ein Wachposten erinnert daran.

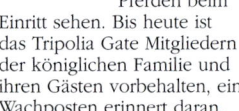

Detail eines bemalten Tors

Unweit des Tripolia Gate, Richtung Osten, steht das gut erhaltene **Nawab Saheb ki Haveli**, das nach Nawab Faiz Ali Khan, Premierminister von Ram Singh II. *(siehe S. 194)*, benannt wurde. Das Anwesen aus dem 18. Jahrhundert war einst Wohnsitz von Vidyadhar Chakravarty *(siehe S. 183)*, der von hier aus wohl die Erbauung Jaipurs überwachte. Die von einer Mauer geschützte Terrasse bietet einen herrlichen Blick auf die Stadt.

In den engen Nebenstraßen kann man auch andere *havelis* bedeutender Bürger bewundern. In einigen wohnen noch die Nachfahren der ursprünglichen Besitzer, in anderen haben sich Schulen, Läden und Büros niedergelassen.

Nawab Saheb ki Haveli
tägl. 10–18 Uhr.

Blick auf das Tripolia Gate mit Ishwari Singhs Siegesturm im Hintergrund

Hotels und Restaurants in Jaipur & im östlichen Rajasthan *siehe Seiten 243–247 und 262f*

Schmuck

Ob es sich um berühmte Smaragde und Rubine handelt, die früher von den Maharajas und ihren Frauen getragen wurden, oder um den silbernen Zierrat der Bauern – in ganz Rajasthan liebt man Schmuck. Selbst Kamele, Pferde und Elefanten sind mit Fußketten und Halsbändern geschmückt. Jaipur gehört zu den größten Zentren der Schmuckherstellung in ganz Indien. *Meenakari* (Emaillierkunst) und *kundankari* sind zwei traditionelle, berühmte Techniken in Jaipur. Im 16. Jahrhundert brachte Man Singh I. *(siehe S. 49)*, beeinflusst durch den Geschmack am Hof der Moguln, die ersten fünf Emailarbeiter aus Lahore hierher. Seitdem arbeiten Generationen hochbegabter Goldschmiede in der Stadt: Hier findet sich für jeden Geschmack etwas – vom schweren Silberschmuck bis zu elegantem Goldschmuck mit schön eingefassten Edel- und Schmucksteinen.

Kundankari-Anhänger

Eine edelsteinbesetzte Schmuckdose *mit Kundankari-Deckel. Das Unterteil ist in feinem meenakari ausgeführt, mit Blumenmustern in Rot, Blau, Grün und Weiß.*

Sarpech, *ein Turbanschmuck in Zypressenform, war ein von den Moguln eingeführtes Modeaccessoire (frühes 17. Jh.), mit dem sie ihre schönsten Edelsteine zeigten. Rajputen-Herrscher, die von der Pracht der Moguln beeindruckt waren, trugen Schmuck wie diesen aus Gold mit Smaragden, Rubinen, Diamanten und Saphiren sowie einer Tropfperle.*

Die Kunst des Edelsteinfassens *kann man in den Gassen Haldiyon ka Rasta, Jadiyon ka Rasta und Gopalji ka Rasta bewundern. Der Schmuckhandel befindet sich in der Hand der Kunsthandwerkergilde.*

Meenakari verziert auch die Rückseite des Kundan-Schmucks, da nach Ansicht der Rajasthani die nicht sichtbare Rückseite eines Schmuckstücks ebenso schön gearbeitet sein muss wie die Vorderseite.

Kundankari *basiert auf hochwertigem Gold, in das Lackharz sowie Edelsteine und Schmucksteine eingelegt werden, die Farbe und Form ausmachen. Purer Golddraht umgibt das Schmuckstück und kaschiert so den Lackharzgrund.*

Jaipur *ist ein Zentrum der Steinschneider, die auf Smaragde und Diamanten aus Afrika, Südamerika und aus Teilen Indiens spezialisiert sind. Sie lernen ihre Kunst beim Schneiden von Granatsteinen.*

City Palace Museum

Wappen von Jaipur

Der Stadtpalast liegt im Herzen der Stadt von Jai Singh II. und diente den Herrschern von Jaipur seit dem frühen 18. Jahrhundert als Wohnsitz. Der Palast ist eine wunderbare Mischung aus Rajputen- und Mogul-Architektur, mit weitläufigen öffentlichen Gebäuden im Mogul-Stil, die zu Privatgemächern führen. Die Opulenz und edle handwerkliche Ausführung verdankt der Bau dem Reichtum der Maharajas und ihrem Mäzenatentum. Heute kann man den ganzen Komplex besichtigen. Etwa das Maharaja Sawai Man Singh II Museum (City Palace Museum) sowie den schönen Chandra Mahal, den früheren Wohnsitz des ehemaligen Maharajas.

★ **Pritam Chowk**
Der »Pfauenhof« besitzt vier Zugänge, mit den Bildern der vier Jahreszeiten bemalt.

Sileh Khana
In der früheren Waffenkammer ist heute die Waffensammlung des Museums zu sehen, eine der besten Indiens. Einige dieser Waffen sind prächtig verziert.

Vorführungen von Kunsthandwerk

★ **Mubarak Mahal**
Der »Willkommenspalast« aus Sandstein wurde 1900 von Madho Singh II. als Gästehaus errichtet. Heute befindet sich darin ein Kostüm- und Textilmuseum.

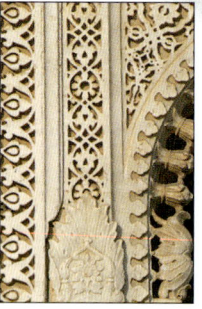

★ **Rajendra Pol**
Das Tor bewachen zwei Elefanten. Jeder ist aus einem einzigen Marmorblock gehauen.

NICHT VERSÄUMEN

★ Mubarak Mahal

★ Pritam Chowk

★ Rajendra Pol

★ Silberne Urnen

JAIPUR: CITY PALACE MUSEUM

Chandra Mahal
Alle sieben Stockwerke sind herrlich ausgestattet und jeweils nach ihrer Funktion benannt. Vom obersten Stockwerk hat man einen wunderbaren Blick.

INFOBOX

City Palace Complex. (0141) 260 8055. tägl. 9.30–17 Uhr. Feiertage. einschl. Audio Guide.
Erlaubnis des Direktors zum Besuch der Fotosammlung von Ram Singh II. erforderlich.

Riddhi-Siddhi Pol

★ Silberne Urnen
Zwei silberne Urnen im Diwan-i-Khas, laut Guinnessbuch der Rekorde die größten Silberobjekte der Welt, enthielten heiliges Gangeswasser für den Besuch von Madho Singh II. in London 1901.

Läden

Verkehrsmittel

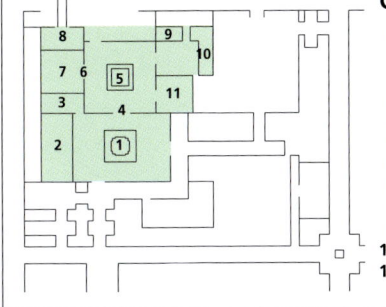

Sabha Niwas
Funkelnde Spiegel mit filigranen Verzierungen sind nur eines der faszinierenden Elemente in der Audienzhalle.

Eingang   Kassenschalter

City Palace

1 Mubarak Mahal
2 Vorführungen von Kunsthandwerk
3 Sileh Khana
4 Rajendra Pol
5 Diwan-i-Khas
6 Riddhi-Siddhi Pol
7 Pritam Chowk
8 Chandra Mahal
9 Läden
10 Verkehrsmittel
11 Sabha Niwas (Audienzhalle)

LEGENDE

☐ Gebäude

0 Meter   200

City Palace Museum: Sammlungen

Jahangirs Ring

Das Maharaja Sawai Man Singh II Museum bietet eine einzigartige Einführung in Kunst, Kunsthandwerk und höfische Pracht sowie Zeremonien des alten Jaipur. In ihrer fast 1000 Jahre währenden Herrschaft häuften die Kachhawaha-Fürsten sagenhafte Reichtümer an: seltene Handschriften, Miniaturgemälde, Teppiche, Textilien, Gewänder, Waffen, Sänften und Kutschen. Einige dieser historischen Objekte sind hier ausgestellt. Ursprünglich war diese private Sammlung nur ausgesuchten Besuchern und Würdenträgern zugänglich. Seit 1959 kann sie als staatliches Museum von jedem besucht werden.

Das prunkvolle Innere des Chandra Mahal

Chandra Mahal

Der schöne Chandra Mahal (Mondpalast) oder Satkhana Mahal (siebenstöckiger Palast) liegt im Nordwesten des City Palace. Er wurde von Jaipurs Architekt Vidhyadhar Chakravorty im Auftrag von Maharaja Sawai Jai Singh II. (siehe S. 183) entworfen und bis 1734 fertiggestellt.

Jedes der sieben Geschosse ist reich ausgestattet mit Gemälden, Blumenmotiven, Fliesen und Spiegeln. Im Erdgeschoss und im ersten Stock befindet sich die umfangreiche Kunstsammlung des Maharaja Sawai Man Singh II Museum. Zu den Exponaten gehören lebensgroße Porträts der Herrscher von Jaipur von dem Deutschen Maler A. H. Müller (1878–1952) und Miniaturen der Rajasthan-, persischen und Mogul-Schule. Emailarbeiten, Waffen, Teppiche sowie Kleidungsstücke früherer Mitglieder der Herrscherfamilie komplettieren die Sammlung. Im zweiten Stockwerk, Suhk Niwas, gibt es eine schöne Freiterrasse. Es wurde wahrscheinlich für Sawai Jai Singhs Frau Sukh Kanwar gebaut und ist mit Blumenmotiven und Mogul-Miniaturen dekoriert. Rang Mandir (Tempel der Farbe) im dritten Stock ist mit Spiegeln ausgestattet, genauso wie der dritte Stock, Shobha Niwas (Haus der Schönheit), der zusätzlich über exquisite blaue Fliesen und Goldornamente verfügt. Die Wände des fünften Stocks Chhavi Niwas (Halle der Bilder) sind mit blau-weißen Blumenbildern bemalt. Dieser Teil des Palasts war der Rückzugsort des Maharajas während der Regenzeit. Sri Niwas (Leuchtende Halle) im sechsten Stock wartet mit verspiegelten Decken auf. Im obersten Stockwerk, Mukut Niwas (Haus der Krone), hat man von einem Marmorpavillon einen wunderschönen Blick auf die Stadt.

Textilien und Bekleidung

Eine glitzernde Sammlung von Textilien und Kleidern aus dem königlichen *toshakhana* (Schatzkammer) wird im Erdgeschoss des **Mubarak Mahal** ausgestellt. Zu sehen sind wunderschöne Brokatstoffe, bekannt als *kimkhabs*, aus Surat, Aurangabad und Varanasi, exquisit bestickte und handgewebte Tücher aus Kaschmir, bestickte Seidenstoffe, Prägesamt und leichter, hauchdünner Musselin, wie man ihn in Dhaka (heute Bangladesch) fand. Das außergewöhnliche handwerkliche Können in Jaipur vor fast 300 Jahren beweisen die Knüpfbatiken *(bandhini)*, die von den Druckern und Färbern der Palastwerkstätten gefertigt wurden, sowie die große Vielfalt handbedruckter Stoffe aus dem nahen Sanganer. Ebenso atemberaubend ist die unglaubliche Auswahl an gut erhaltenen königlichen Kleidungsstücken. Schöne geraffte Röcke und lange, fließende Schleier *(odhnis)*, mit feinen *zari* (Goldfadenstickerei) und *gota* (Gold- oder Silberkragen), die von den Hofdamen getragen wurden, erregen ebenso Aufmerksamkeit wie die Brokatgewänder, Hosenbünde *(patkas)*, Pyjamas und Turbane. Besonders beeindruckend ist der riesige, zartrosa *atamsukh* («Seelentröster») von Sawai Madho Singh I. (reg. 1750–68): Er war stolze zwei Meter groß, hatte einen Leibesumfang von

Eine wertvolle Mogul-Miniatur im Chandra Mahal

1,23 Metern und wog rund 230 Kilogramm. Das lange, mantelähnliche Gewand, das Männer im Winter trugen, ist reich mit Goldfäden verziert.

Zu den anderen Ausstellungsstücken zählen königliches Inventar wie Zeltbehänge, Vorhänge, Kutschen- und Speisenabdeckungen aus dem 17. Jahrhundert, u. a. eine Throndecke aus goldbrokatenem Samt von 1605, außerdem eine runde *thal-posh* (Speisenabdeckung) mit Gold- und Silberfäden.

Ein Stoff-*ghaghara*, frühes 20. Jahrhundert

Das Gitterwerk an den umlaufenden Balkonen erlaubte den Haremsdamen einen Blick in den Hof, ohne selbst gesehen zu werden.

Sabha Niwas (Audienzhalle)

Vom Mubarak Mahal führt ein prachtvoller Durchgang mit einem Bronzetor zum faszinierenden Sabha Niwas. Die Audienzhalle ist auch unter dem Namen Diwan-e-Aam bekannt und wurde während der Herrschaft von Maharaja Sawai Pratap Singh (reg. 1778–1803) erbaut, einer Zeit großer architektonischer Errungenschaften.

Die großzügige, reich ausgestattete Versammlungshalle wurde auf einer erhöhten Plattform auf Marmorsäulen erbaut und diente den Maharajas für offizielle *durbars*, Zeremonien und Audienzen.

In der Halle war lange Jahre eine Kunstsammlung untergebracht, aber nun wurde die Audienzhalle wieder in ihren Originalzustand zurückversetzt. Besucher erhalten jetzt einen guten Eindruck davon, wie am Hof des letzten Maharajas von Jaipur, Sawai Man Singh II., offizielle Empfänge stattgefunden haben. Der letzte *durbar* wurde hier im März 1949 abgehalten.

Waffen

Diese Abteilung, bekannt als Sileh Khana, liegt neben dem Mubarak Mahal. Einige der Ausstellungsstücke gehören zu den besten Waffenobjekten des mittelalterlichen Indien – eine Erinnerung an die Waffenbegeisterung der Rajputen-Krieger. Ob speziell in Auftrag gegeben oder von den Maharajas gekauft: Die Waffen der königlichen Rüstkammer sind als Schmuckstücke ebenso perfekt wie als Waffen. Präsentiert werden Schwerter, Dolche und *katars*, zweischneidige Klingen mit Griff, die in der Schärpe verborgen wurden. Einige davon sind aus grüner und weißer Jade, andere mit Juwelen besetzt. In die Griffe wurden oft Jagdszenen und

Diamantbesetzter Dolch mit Pistolen

Der Eingang zur Waffensammlung wird von zwei Kanonen flankiert

Bilder von Göttern eingraviert, manche Knäufe sind mit exotischen Vogel- und Tierköpfen verziert. Unter den ausgestellten Schwertern ist eine Waffe, die einst Raja Man Singh I. (reg. 1590–1619) gehörte und ungefähr fünf Kilogramm wiegt. Ein anderes Schwert, von Abdullah Isfahani hergestellt, trägt das Emblem des Schahs von Persien. Daneben gibt es zwei Schwerter von Jahangir und Shah Jahan sowie Akbars goldverzierten Helm. Eine Abteilung präsentiert Behältnisse für Schießpulver, einige aus Elfenbein, andere mit eingelegtem Perlmutt.

Das Museum zeigt auch furchterregende Gegenstände wie einen stählernen Streitkolben in Lotusform, der Jai Singh I. gehörte. Wenn man ihn in den Magen des Gegners rammte, sprang ein Fächer scharfer Sicheln hervor und schlitzte den Bauch des Opfers auf.

Verkehrsmittel

Vergleichsweise neu ist die Verkehrsabteilung in der Nähe der Kunstabteilung. Sie zeigt Sänften, Streitwagen, Kutschen, *ikkas* und leichte Pferdewagen aus dem alten Buggi Khana, die mit dem Aufkommen des Automobils überflüssig wurden.

Fragment eines persischen Teppichs aus dem 16. Jahrhundert

Jantar Mantar

Kantivrita Yantra

Von den fünf Observatorien, die Sawai Jai Singh II. erbauen ließ, ist die Anlage von Jaipur die größte und am besten erhaltene. Die anderen befinden sich in Delhi *(siehe S. 77)*, Ujjain, Mathura und Varanasi. Jai Singh war ein begeisterter Astronom, der die neuesten astronomischen Studien jener Zeit kannte und sich durch die Forschungen von Mirza Ulugh Beg, Astronom und König von Samarkand, anregen ließ. Das Observatorium entstand 1728–34 und wirkt mit seinen 16 Instrumenten wie ein riesiger Skulpturengarten. Einige der Instrumente werden noch heute für Prognosen zu Sommerhitze, Beginn, Dauer und Intensität des Monsuns sowie zur Wahrscheinlichkeit von Überflutungen und Dürreperioden eingesetzt.

Narivalaya Yantra
Die mit 27 Grad Neigung aufgehängten Halbkugeln repräsentieren die Hemisphären und dienen als Sonnenuhr.

Laghu Samrat Yantra
Diese »Kleine Sonnenuhr« ist auf dem 27. nördlichen Breitengrad (Jaipurs Breitengrad) errichtet und zeigt die Ortszeit mit einer Genauigkeit von 20 Sekunden an.

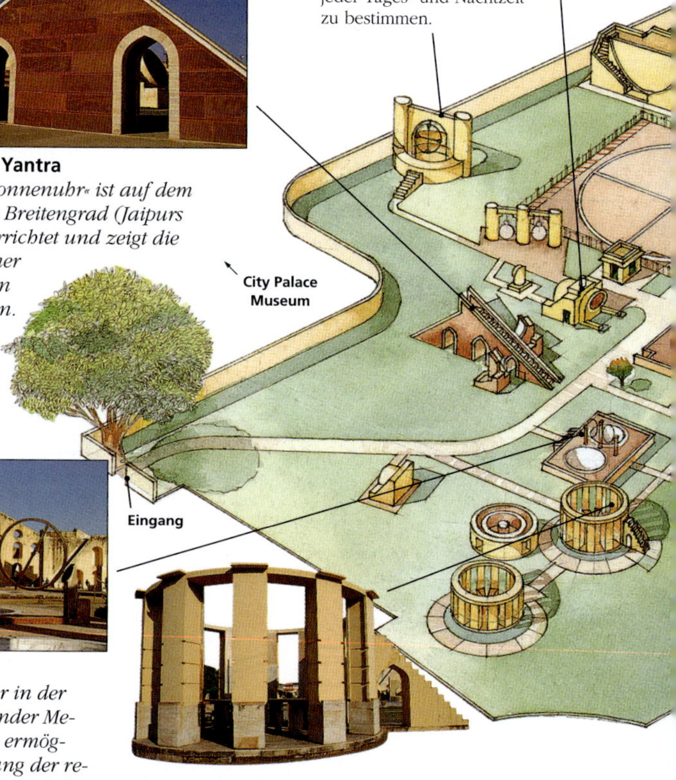

Unnatansha Yantra wurde dazu benutzt, Sternen- und Planetenpositionen zu jeder Tages- und Nachtzeit zu bestimmen.

City Palace Museum

Eingang

Chakra Yantra
Ein Messingrohr in der Mitte zweier runder Metallinstrumente ermöglichte die Messung der relativen Neigungswinkel von Sternen und Planeten zum Äquator.

★ Ram Yantra
Diese zwei identischen Steinbauten bestehen aus vertikalen Säulen und der gleichen Anzahl horizontaler Platten. Mit dem Instrument konnte man den Tag-und-Nacht-Kreis vom Horizont bis zum Zenit sowie den jeweiligen Sonnenstand messen.

JAIPUR: JANTAR MANTAR

INFOBOX

Chandni Chowk, außerhalb des City Palace. (0141) 261 0494.
tägl. 9–16.30 Uhr.
Holi & Feiertage.
zusätzl. Gebühr.

Jantar Mantar
Die Stein- und Metallinstrumente ließ Madho Singh I. 1901 mit zusätzlichen Marmorintarsien vervollständigen.

★ Samrat Yantra
Jai Singh war überzeugt, dass große Instrumente genauere Ergebnisse liefern. Diese 27 Meter hohe Sonnenuhr berechnet die jährlichen Ernteerträge.

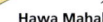

Hawa Mahal

Rashivalaya Yantra
Die zwölf Teilstücke repräsentieren die Tierkreiszeichen und deuten in Ausrichtung und Lage jeweils auf »ihr« Zeichen. Dieses einzigartige Yantra nutzten Astrologen zur genauen Berechnung von Horoskopen.

★ Jai Prakash Yantra
Zwei in den Boden eingelassene Halbkugeln zeigen das Himmelsgewölbe. Sie sollen von Jai Singh selbst erfunden worden sein, um die Genauigkeit der anderen Instrumente des Observatoriums zu überprüfen.

NICHT VERSÄUMEN

★ Jai Prakash Yantra

★ Ram Yantra

★ Samrat Yantra

Südlich der Stadtmauern

Jali-Detail

Bis zum Ende des 19. Jahrhunderts hatte sich Jaipur weit über die Grenzen der von Sawai Jai Singh II. errichteten Stadt ausgedehnt. Viele Gebiete außerhalb der befestigten Stadt wurden von dem aufgeklärten Herrscher Sawai Ram Singh II. (reg. 1835–80) angelegt. Der fähige Planer modernisierte die Stadt mit neuen Straßen, Beleuchtung und fließendem Wasser. Durch die Ausdehnung liegen heute auch die Vergnügungspaläste und Jagdhäuser im Stadtgebiet, das sich als harmonische Mischung aus Tradition und Moderne zeigt.

Das indosarazenische Government Central Museum (Albert Hall)

🏛 Government Central Museum

Ram Niwas Bagh. 📞 (0141) 257 0099. ⭘ So–Di 9.45–17.15 Uhr. 📷 zusätzl. Gebühr.

Die von Sir Samuel Swinton Jacob erbaute Albert Hall, den Sitz des Government Central Museum, ließ Sawai Ram Singh II. für den Besuch von Albert, den Prince of Wales, 1876 errichten. Swinton Jacob perfektionierte die indosarazenische Architektur *(siehe S. 27),* die europäische und traditionelle indische Stilelemente in einer ornamentalen Mischform an vielen öffentlichen Raj-Gebäuden miteinander verband.

Der große, mehrstöckige Kuppelbau mit Brüstungen und Balustraden liegt in der Mitte der Ram-Niwas-Gärten. Im Erdgeschoss sind Wappenschilder und Tabletts – Beispiele der berühmten Metallarbeiten aus Jaipur – ausgestellt. Sehenswert sind auch lebensgroße Modelle ländlicher Szenen, Jaipurs glasierte Keramik und sogar eine ägyptische Mumie. Im ersten Stock befindet sich eine Sammlung mit Mogul- und Rajputen-Miniaturgemälden, Holzschnitzereien, Lack- und Elfenbeinarbeiten, Schmuck, Gewändern und Keramikwaren. Das Glanzstück ist einer der weltweit größten persischen Gartenteppiche aus dem Jahr 1632, der in der Audienzhalle besichtigt werden kann.

🏛 Museum of Indology

Nilambara, Prachaya Vidya Path, 24 Gangwal Park. 📞 (0141) 260 7455. ⭘ tägl. 10–17.30 Uhr.

Im großen Anwesen des renommierten Gelehrten Acharya RC Sharma »Vyakul« stellt heute ein Privatmuseum dessen ungewöhnliche persönliche Sammlung aus: beeindruckende Karten und Münzen, Manuskripte, Textilien, Fossilien, Schmuck, Edelsteine und Uhren. Der Charme des Museums liegt jedoch in Absonderlichkeiten wie der Indienkarte auf einem Reiskorn, einer Ausgabe von Rajasthans ältester Zeitung aus dem Jahr 1856 sowie Briefen, die auf einer einzigen Haarsträhne (!) geschrieben wurden.

🏛 Moti Doongri

Jawaharlal Nehru Marg.
⬤ für Besucher.

Moti Doongri verdankt sein überladenes Äußeres Sawai Man Singh II., der das alte Fort von Shankargarh in einen Palast umbauen und Türme im Stil eines schottischen Schlosses errichten ließ. 1940 heiratete er die schöne Prinzessin Gayatri Devi (1919–2009) von Cooch Behar. Im Palast gab das glamouröse Paar rauschende Feste. Nach seinem Tod 1970 lebte die Maharani, damals Parlamentsmitglied, hier noch einige Jahre in ihrem Wahlbezirk. Der Palast steht auf einem Privatgrundstück auf einer kleinen Anhöhe. Von der Straße aus kann man nur die Mauern und den hohen Turm eines alten Shiva-Tempels sehen.

Am Fuß des Moti Doongri befindet sich der weiße, marmorne **Lakshmi-Narayan-Tempel**. Dieses großzügig ausgestattete Gebäude wurde 1979 auf einem Stück Land errichtet, das die königliche Familie von Jaipur für eine symbolische Summe an die Birlas, eine bedeutende Industriellenfamilie, verkaufte – ein Aufschrei ging damals durch die Presse. Dennoch ist der Tempel heute ein beliebter Andachtsort mit viel bewunderten Reliefs.

Der weiße Marmortempel Lakshmi Narayan in der »Rosaroten Stadt«

Hotels und Restaurants in Jaipur & im östlichen Rajasthan *siehe Seiten 243–247 und 262f*

JAIPUR: SÜDLICH DER STADTMAUERN

Das luxuriöse Interieur des Rambagh Palace

🏛 Statue Circle
Bhagwan Das Rd.
Die bekannte Verkehrsinsel schmückt eine weiße Marmorstatue von Sawai Jai Singh II., die vom Sawai Jai Singh Benevolent Trust in Auftrag gegeben und 1968 aufgestellt wurde. Der Platz ist heute zur Mittagszeit für Büroangestellte und am Abend für Jogger ein beliebter Erholungsort.

Zur Linken der Statue befindet sich das **Birla Planetarium** mit zwei modernen Gebäuden, dem Wissenschaftsmuseum mit einem Auditorium und dem Planetarium. Der Haupteingang ist ein Nachbau des Ganesh-Pol-Tores im Amber Fort *(siehe S. 200f)*. Hier finden Ausstellungen statt, und Rajasthani-Kunsthandwerk wird verkauft.

Statue von Sawai Jai Singh II.

🏛 Birla Planetarium
Statue Circle, Prithviraj Rd.
🕒 tägl. 11–20 Uhr. 📞 (0141) 238 5367.

🏛 Rambagh Palace
Bhawani Singh Rd. 📞 (0141) 221 1919. 🏛 für Besucher geöffnet.
Der Rambagh Palace, heute ein elegantes Hotel *(siehe S. 245)*, blickt auf eine bewegte Geschichte zurück: Der bescheidene Gartenpavillon (1835) wurde ursprünglich für die Amme von Ram Singh II. erbaut und nach ihrem Tod 1856 als Jagdhaus genutzt. Als der Sohn von Ram Singh II., Madho Singh II., aus England zurückkehrte, ließ er das Haus von Swinton Jacob in einen königlichen Vergnügungspavillon mit Squash- und Tennisplätzen, Polofeld und Hallenbad umbauen. 1933 wurde der Palast als Residenz für Madho Singhs adoptierten Sohn und Erben Man Singh II. auserwählt: Er ließ ein chinesisches Zimmer in Rot und Gold, Badezimmer aus schwarzem Marmor, Lalique-Kristallleuchter, Brunnen und einen beleuchteten Esstisch einbauen. Märchengärten umgaben den Palast – die perfekte Umgebung für Man Singh und seine Frau. Rambagh war von 1949 bis 1957 die offizielle Residenz des Staatsoberhaupts des Bundesstaats Rajasthan.

🏛 Raj Mahal Palace
Sardar Patel Marg. 📞 (0141) 510 5665. 🏛 für Besucher geöffnet.
Heute ist dieser hübsche Palast aus dem 18. Jahrhundert ein Heritage Hotel *(siehe S. 244)* – nicht ganz so opulent wie der Rambagh Palace, doch spielte der Bau in der Geschichte Jaipurs eine besondere Rolle: Er wurde 1739 für die Lieblingskönigin von Sawai Jai Singh II., Chandra Kumari Ranawatji, erbaut und als Sommerpalast von den Damen des Hofs genutzt. 1821 diente er als offizieller Wohnsitz des britischen Residenten in Jaipur. Den meisten Glanz brachten aber Man Singh II. und Gayatri Devi 1956 hierher, als sie aus dem Rambagh Palace in diesen Palast zogen. Zu ihren berühmten Gästen zählen Prinz Philip, Polospieler wie Man Singh und Jackie Kennedy.

Jawahar Kala Kendra

🏛 Jawahar Kala Kendra
Jawaharlal Nehru Marg. 📞 (0141) 270 5879. 🕒 10–17 Uhr.
Das bemerkenswerte Gebäude des Architekten Charles Correa von 1993 orientiert sich am modernen indischen Stil: Mit fantasievollen Mustern nach dem berühmten Gittersystem der Stadt hat jeder der neun Plätze oder Höfe einen *mahal*, der nach einem Planeten benannt ist. Jeder *mahal* stellt Textilien, Handarbeiten und Waffen aus. Im Zentrum der Anlage finden auf einem weiten Platz Aufführungen traditioneller rajasthanischer Musik und Tänze statt.

Polo – das Spiel der Könige

Polo kam ursprünglich aus Zentralasien und wurde von den muslimischen Besatzern nach Indien gebracht. Da das Spiel hervorragende Reitkünste erfordert, wurde es bald ein beliebter Sport der Rajputen-Könige und der Armee. Man Singh II. war ein sehr guter Polospieler und gründete in den 1930er Jahren das Jaipur Polo Team und den Club. Er starb 1970 in England – beim Polospiel. Jaipur zieht auch heute Poloprominenz wie Prinz Philip und Prinz Charles an.

Polospieler aus Jaipur

Außerhalb von Jaipur: Osten

Wandgemälde

Zwei parallele Hügelketten rahmen ein schmales Tal an Jaipurs östlicher Grenze ein, von Sanganer im Süden bis Amber und darüber hinaus. Das felsige Terrain und die dicht bewaldeten Abhänge waren für die Herrscher und den Adel Jaipurs so anziehend, dass sie hier etliche Tempel, Gartenpavillons und Paläste errichteten. Die Gegend ist auch wegen der vielen wilden Tiere, besonders aber für die Affen bekannt, nach denen das »Valley of Monkeys« auch benannt ist.

Heiliges Wasserbecken in Galta

♣ Galta
10 km östl. von Jaipur an der Agra Rd.
Die Straße zwischen Jaipur und Agra führt durch das malerische, aber schroffe Tal von Galta. Hier soll ein berühmter Weiser namens Galav gelebt und Buße getan haben. Tief in der Schlucht befinden sich Galta Kund, eine religiöse Stätte aus dem 18. Jahrhundert mit zwei Haupttempeln, die Ram und Vishnu geweiht sind, das Achariyon ki Haveli und einige kleinere Schreine sowie aufgegebene Bauten. Hoch auf dem Hügelkamm liegt der Surya-Tempel. Auf verschiedenen Ebenen befinden sich heilige Wasserbecken, die ganzjährig von Quellen gespeist werden – das Wasser soll heilende Wirkung besitzen. Die beiden *baradaris* auf jeder Seite des Komplexes weisen recht gut erhaltene Fresken mit Motiven aus Krishnas Leben auf sowie eine mit wunderschönen Lotusblüten verzierte Decke. Andere Fresken zeigen den Maharaja beim Polo. Auf dem Gipfel genießt man einen spektakulären Blick auf Jaipur.

Vorsicht sollte man vor den hier lebenden mehr als 500 Affen walten lassen, die in den Wassertanks herumplanschen und immer auf Futtersuche sind. Besucher können am Tempeleingang Erdnüsse für die Affen kaufen. Die Tiere können sehr aggressiv werden, v.a. die Makaken, die Languren sind friedlicher.

♣ Sisodia Rani ka Bagh
Purana Ghat. 6 km östl. von Jaipur an der Agra Rd. (0141) 268 0494. tägl. 8–17 Uhr. **Licht- und Tonshow** 17–20 Uhr (zusätzl. Gebühr).
Dieser Terrassengarten wurde im 18. Jahrhundert für die zweite Frau von Sawai Jai Singh II., eine Sisodia-Prinzessin aus Udaipur, angelegt. Die Heirat war eine Vernunftehe, um die Beziehungen zwischen den beiden Fürstenstaaten zu verbessern. Eine der Bedingungen war, dass der Sohn der neuen Königin den Thron von Jaipur besteigen sollte. Um den vorhersehbaren Palastintrigen zu entgehen, beschloss die Königin, außerhalb der Altstadt zu wohnen.

Ihr kleiner zweistöckiger Palast wird von kunstvoll angelegten Gärten mit Jasminsträuchern umgeben, in denen Pfauen zwischen Brunnen und gluckernden Wasserkanälen tänzelnd umherschreiten. Innen findet man Wandgemälde mit Episoden aus Krishnas Leben, Jagdszenen, Polospielen, Fabelwesen und heldenhaften Ereignissen. Hinter den Gärten liegen Tempel, die mittags und am frühen Abend für Gebete geöffnet sind. Kein Wunder, dass Bollywood hier gern Filme dreht.

Umgebung: Gegenüber von Sisodia Rani ka Bagh befindet sich **Vidyadhar ka Bagh**, ein kleiner, schöner Garten aus dem 18. Jahrhundert, der wie ein typischer Mogul-Garten mit Springbrunnen, Schatten spendenden Bäumen und Blumenbeeten angelegt ist. Er ist dem Höfling gewidmet, der wahrscheinlich Jaipur entworfen hat *(siehe S. 183)*. Vor allem abends ist der Garten inmitten illuminierter Hügel wunderschön.

♣ Ghat ke Balaji
1 km nördl. von Sisodia Rani ka Bagh, Richtung Galta.
Hinter den Sisodia-Gärten endet eine doppelte Treppenflucht an zwei hohen Toren, die zu einem kleinen Tempel führen, der dem Affengott Hanuman (auch *balaji*) geweiht ist. Die beliebte Gottheit wird von den Einheimischen liebevoll gefeiert – im Winter wird die Statue mit Schal und Decke gewärmt.

Auch um die hier lebenden Affen kümmert man sich gut.

Sisodia Rani ka Bagh, im Stil eines *charbagh* der Moguln angelegt

Hotels und Restaurants in Jaipur & im östlichen Rajasthan *siehe Seiten 243–247 und 262f*

Elegante *chhatris* verlassener Gebäude an der Ghat ki Guni Road

Jeden Abend wird ein Ritual zelebriert: Horden silbergrauer, langschwänziger und schwarzgesichtiger Languren folgen dann dem Ruf der Priester zu ihrem Festmahl am Tempel. Danach kehren sie wieder in das Tal zurück, das ihren Namen trägt.

Ghat ki Guni
6 km östl. von Jaipur an der Agra Rd.

Im 18. und 19. Jahrhundert schufen die Minister und Würdenträger des Hofs von Jaipur hier ihr Sommerdomizil. Heute sind die verlassenen *havelis*, Tempel und Bade-Ghats alles, was von dem einst so exklusiven Sommerort übrig geblieben ist. An jeder Straße sieht man reihenweise Fassaden mit Nischen zwischen winzigen Fenstern und gewölbten *chhatris*, eleganten Traufen und Kuppeln. Zwischen den Ruinen und gewundenen Gassen kann man an den Ständen eine Tasse Tee genießen und in kleinen Souvenir- und Kramläden stöbern.

Ramgarh
40 km östl. von Jaipur.

In Ramgarh steht eine der ältesten Festungen der Kachhawahas. Sie wurde vom Gründer der Dynastie, Duleh Rai (reg. 1093–1135), errichtet, nachdem er die einheimischen Meenas in einer Diwali-Nacht, in der sie keine Waffen tragen durften, angegriffen hatte. Er baute daher auch einen Tempel für die Göttin Jamvai Mata, da erst ihre Hilfe den König zum Triumph führte. Der Tempel wird ganzjährig von Tausenden Gläubigen aufgesucht.

Im 19. Jahrhundert wurde hier ein See angelegt, der früher das wichtigste Trinkwasserreservoir Jaipurs war. Seit einigen Jahren ist er jedoch aufgrund zu geringer Niederschläge ausgetrocknet.

Am Nordufer liegt Ramgarh Lodge, ein Jagdpalast im Stil einer französischen Villa, der 1931 für die königliche Familie von Jaipur erbaut wurde und als Hotel dient *(siehe S. 245)*. Ramgarh ist eine Idylle für Ruhe suchende Menschen. Der Poloclub ist einer der besten des Landes.

Hanuman – der Affengott

Hanuman-Statue

Hanuman ist eine äußerst beliebte Figur der hinduistischen Götterwelt *(siehe S. 24 f)*. Er erscheint überall dort, wo Rama angebetet wird. Im *Ramayana (siehe S. 37)* spielen dieser loyale Armeeführer und seine Affentruppen eine entscheidende Rolle bei der Unterwerfung Ravanas und der Rettung Sitas. Bis heute betrachten ihn Soldaten, Akrobaten und Ringer als ihren Schutzgott. Die Hanuman-Verehrung ist so beliebt, dass schon ein einfacher Stein, mit einer Paste aus hellem Zinnoberrot *(sindur)* bestrichen, als Zeichen seiner Anwesenheit gilt. Hanuman hat einen liebenswerten Zug, der ihn bei vielen Gläubigen populär macht: Sie sind davon überzeugt, dass dieser furchtlose Krieger sich seiner Wunderkräfte gar nicht bewusst ist. Er kann nicht nur Krankheiten heilen und böse Geister vertreiben, sondern auch bei Unfruchtbarkeit helfen. Andere glauben, dass er sogar die Geheimnisse des Yoga, der Musik und des Sanskrit beherrscht. In der Kombination seiner Macht als Kriegsgott und seiner Qualitäten als Affe ist Hanuman das gesellschaftliche Bindeglied zwischen Kriegerfürsten und einfachen Bauern.

Außerhalb von Jaipur: Norden

Fresko

Oberhalb von Jaipur thronen die zwei Festungen von Nahargarh und Jaigarh, die den Zugang von Norden nach Amber und Jaipur bewachten. Heute erinnern sie an vergangene Epochen, als hier Sippen um die Vorherrschaft kämpften. In der Felslandschaft findet man Überreste von Fortmauern, Tempeln und Schreinen, *havelis* und die verzierten Marmorgrabmale der Kachhawaha-Könige.

Nahargarh
9 km nordwestl. von Jaipur an der Amber Rd. (0141) 244 8044. tägl. 10–17.30 Uhr. Feiertage.

Das bedrohlich wirkende Hügelfort Nahargarh (»Tigerfort«) steht in einem früher dichten Waldgebiet. Der kriegerische Meena-Stamm beherrschte die Region, bis er von den Kachhawaha besiegt wurde. Angeblich soll hier das Grab von Nahar Singh liegen, einem Rathore-Krieger, der als Märtyrer gestorben ist: Als Sawai Jai Singh II. die Verstärkung der Festung befahl, um das neu erbaute Jaipur zu verteidigen, widersetzte sich der Geist des Kriegers allen Baumaßnahmen, bis ein Priester ihn mit tantrischen Riten besänftigte. Spätere Herrscher ließen das Fort ausbauen, Madho Singh II. fügte den verschwenderischen Palast Madhavendra Bhavan für seine neun Königinnen hinzu. Das Labyrinth aus Terrassen und Innenhöfen besitzt ein luftiges, kühles Obergemach für die Hofdamen. Wände und Säulen zeigen schönen *Arayish*-Stuck, der, mit Achatstein poliert, wie Marmor schimmert.

Pundarik ki Haveli
Shastri Chowk, Brahmpuri. (0141) 232 1534. tägl. 8–17.30 Uhr.

Östlich von Nahargarh, auf dem Weg nach Gaitor, erstreckt sich die Brahmpuri-Region, wo einst die großen *havelis* der Panditen und Gelehrten des Hofs von Jaipur standen. Eines dieser Anwesen war die Residenz des Panditen Ratnakar Pundarik, eines brahmanischen Höflings unter Sawai Jai Singh II. Er führte die *puja* zur Besänftigung des Geistes von Nahar Singh. Diese *haveli* ist gut erhalten und teilweise bewohnt. Ein Teil ist wegen der wunderschönen Wand- und Deckenfresken des Wohnbereichs denkmalgeschützt. Auf den lebendigen Fresken sind Götter und Göttinnen, Hofszenen und Festprozessionen dargestellt. Ein Motiv zeigt das Leben in den sieben Stockwerken des Chandra Mahal (siehe S. 188f).

Gaitor
Brahmpuri. 9–16.30 Uhr. Feiertage.

Die Marmorgrabmale der Kachhawaha-Könige liegen in einem ummauerten Garten unterhalb des Nahargarh Fort. Sawai Jai Singh II. wählte diesen Ort als neue Verbrennungsstätte nach der Aufgabe von Amber (siehe S. 203). Verzierte Säulen tragen die marmornen *chhatris* über den Tribünen, auf denen man die Leichname verbrannte. Eines der eindrucksvollsten Grabmale ist das Mausoleum von Jai Singh II. selbst: Es weist 20 Marmorsäulen mit

Maharani ki Chhatri

Eines der schönen, gut erhaltenen Fresken in der Pundarik ki Haveli

Hotels und Restaurants in Jaipur & im östlichen Rajasthan *siehe Seiten 243–247 und 262f*

Der malerische Jal Mahal zur Monsunzeit

mythologischen Szenen auf und wird von einer Marmorkuppel gekrönt. Das Grabmal von Sawai Ram Singh II. zieren steinerne Säulen mit Bildnissen der Hindu-Gottheiten und Szenen aus Krishnas Leben. Ein weiteres *chhatri* aus Sandstein und Marmor ehrt Madho Singh II. Das jüngste Grabmal entstand 1997 für Jagat Singh, den einzigen Sohn von Sawai Man Singh II. und Gayatri Devi.

Umgebung: Die *chhatris* der offiziellen Ehefrauen der Könige von Jaipur liegen separat in **Maharani ki Chhatri**, außerhalb der Stadtmauern und vor dem Jorawar Singh Gate an der Straße nach Amber. Der Gartenkomplex mit seinen Kuppeldächern und verzierten Säulen wurde im Jahr 1995 restauriert.

Maharani ki Chhatri
Amber Rd. tägl. 9–16.30 Uhr. Feiertage.

Jal Mahal
Amber Rd, gegenüber vom Trident Hotel. begrenzter Zutritt.

Zur Monsunzeit, wenn der Wasserpegel im Man-Sagar-See steigt, scheint der Jal Mahal oder »Wasserpalast« fast wie ein Schiff auf dem See zu treiben. Madho Singh I. erbaute den Palast Mitte des 18. Jahrhunderts nach dem Vorbild des Seepalasts von Udaipur, wo der König seine Kindheit verbracht hatte. Später nutzte man den Bau als Villa für Entenjagden. Ein Terrassengarten wird von einem Bogengang umschlossen. In jeder Ecke befindet sich ein halb offener, achteckiger Turm mit eleganter Kuppel.

Umgebung: Am Westufer des Man Sagar hielt Sawai Jai Singh II. eine Reihe von vedischen *yagnas* ab. Aus dieser Zeit stammen auch die Überreste einer **Yagna Stambha** (»Säule«), an der er ein Pferdeopfer zelebrierte, und der **Kala Hanumanji**, ein dem Affengott geweihter Tempel.

Nördlich des Jal Mahal steht der sehenswerte und perfekt restaurierte **Kanak-Vrindavan-Tempel**: Er ist dem Gott Krishna geweiht und enthielt das Bildnis von Govind Dev (siehe S. 182), bevor man es in den City Palace brachte.

Im malerischen Garten mit Pavillons und Brunnen wird gern gepicknickt.

Jaigarh
Amber Rd. (0141) 267 1848. tägl. 9–16.30 Uhr. Feiertage.

Das legendäre Jaigarh, das »Siegesfort«, wacht über die alte Hauptstadt Amber. Die mächtigen, zinnenbewehrten Mauern verlaufen auf drei Kilometern am Rand eines schmalen Bergrückens. Im Inneren des Forts befindet sich eine der wenigen erhaltenen Kanonengießereien der Welt. Der kostbarste Besitz ist die monströse Jai Van von 1726, die als weltweit größte Kanone auf Rädern gilt. Auf dem sechs Meter langen Geschützrohr sind Elefanten, Vögel und Blumen eingraviert. Ironischerweise ist die Kanone eher ein Kunstwerk – sie wurde nie abgefeuert.

Interessant ist der wuchtige Diva-Burj-Turm: Auf dem obersten, siebten Stockwerk wurde zum Geburtstag des Königs und zu Diwali stets eine riesige Öllampe angezündet – bis eines Tages ein Blitzschlag die beiden obersten Stockwerke verwüstete. Das Fort umfasst zwei Tempel und einen großen Palastkomplex, den im Lauf von 200 Jahren verschiedene Herrscher vollendeten. Hier befinden sich die Subhat Niwas (Audienzhalle), das üppig bemalte Aram Mandir (ein luftiger Lustpavillon), die Wohngegend Lakshmi Niwas mit Bädern und ein kleines Theater. Das komplizierte System der Regenwasserspeicherung in großen Wasserbecken im Hof ist einzigartig. Angeblich hatte Singh I. die Beute seiner Feldzüge in den Wasserspeichern versteckt. Doch eine im Jahr 1976 begonnene, aufwendige staatliche Schatzsuche blieb erfolglos: Unter dem abgelassenen Regenwasser fand man nichts.

Die berühmte Jai Van

Die Mauern des Jaigarh Fort sind eine meisterhafte Ingenieursleistung

Amber Fort ❷

Türdetail am
Shila-Devi-Tempel

Der Festungspalast von Amber diente bis 1727 als Kachhawaha-Hauptstadt, bevor diese nach Jaipur verlegt wurde. Spätere Herrscher kehrten jedoch bei wichtigen Ereignissen immer wieder zurück, um den Segen der Familiengottheit Shila Devi zu erbitten. Die Festung baute 1592 Man Singh I. auf den Überresten einer alten Burg aus dem 11. Jahrhundert, Jai Singh I. (reg. 1621–67) errichtete den herrlichen Prachtbau im Zentrum.

Elefantenritt auf dem gepflasterten Weg ins Fort

★ **Sheesh Mahal**
Der Lichtschein einer einzigen Kerze in den winzigen Spiegeln der Kammer verwandelt den Raum in ein Sternenzelt.

Aram Bagh, der Lustgarten.

Jas Mandir
Die Privataudienzhalle hat Gitterwerkfenster, eine elegante Decke mit Blumenreliefs aus Alabaster sowie Glasintarsien. Marmorgitterwerk über dem Maota-See diente der Kühlung.

Jai Mandir

Lage des Amber Fort
Amber wird durch das Jaigarh Fort geschützt. Die Mauern des Amber Fort folgen einem Bergrücken.

NICHT VERSÄUMEN

★ Ganesh Pol

★ Sheesh Mahal

★ Shila-Devi-Tempel

AMBER FORT

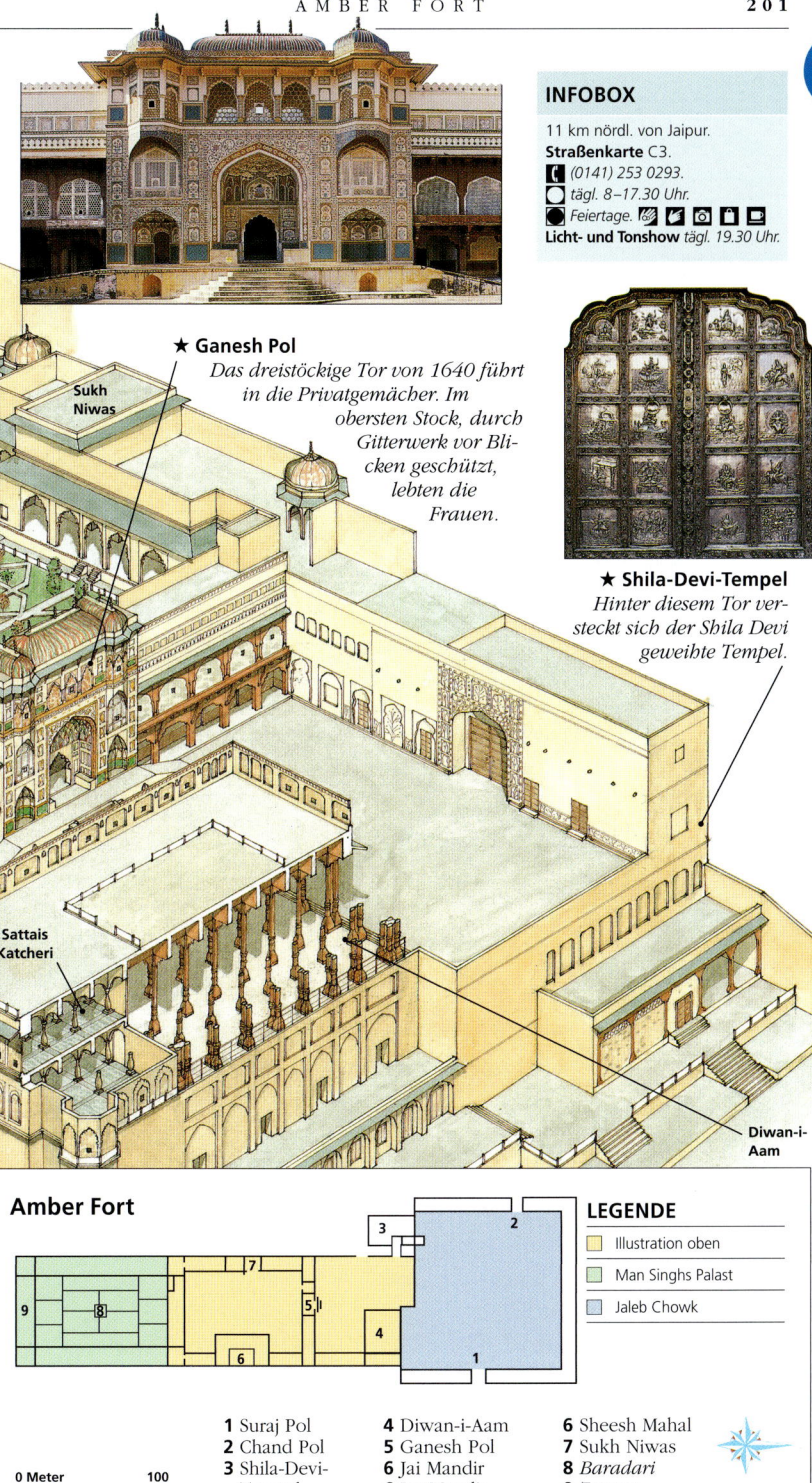

INFOBOX

11 km nördl. von Jaipur.
Straßenkarte C3.
(0141) 253 0293.
tägl. 8–17.30 Uhr.
Feiertage.
Licht- und Tonshow tägl. 19.30 Uhr.

★ Ganesh Pol
Das dreistöckige Tor von 1640 führt in die Privatgemächer. Im obersten Stock, durch Gitterwerk vor Blicken geschützt, lebten die Frauen.

Sukh Niwas

★ Shila-Devi-Tempel
Hinter diesem Tor versteckt sich der Shila Devi geweihte Tempel.

Sattais Katcheri

Diwan-i-Aam

Amber Fort

LEGENDE
- Illustration oben
- Man Singhs Palast
- Jaleb Chowk

1 Suraj Pol
2 Chand Pol
3 Shila-Devi-Tempel
4 Diwan-i-Aam
5 Ganesh Pol
6 Jai Mandir
6 Jas Mandir
6 Sheesh Mahal
7 Sukh Niwas
8 *Baradari*
9 Zenana

0 Meter 100

Überblick: Amber (Alte Hauptstadt)

Gemäldedetail, Ganesh Pol

Amber Fort erhebt sich majestätisch auf einem Hügel und bietet eine Aussicht auf den Maota-See, zwei angelegte Gärten und die historische Altstadt unterhalb der Mauern sowie die Reste einer älteren Hauptstadt. Einige der historischen *havelis* und Tempel sind gut erhalten. Stufenbrunnen und Seen erinnern daran, dass die Stadt sich selbst versorgte. In Amber machte Mogul Akbar auf seiner jährlichen Pilgerreise halt.

In Sattais Katcheri wurden Steuern berechnet und Gesuche bearbeitet

Fortkomplex
Der Weg in das historische Amber Fort führt durch das imposante **Suraj Pol**, das »Sonnentor«. Es ist der aufgehenden Sonne zugewandt, dem Familienwappen der Kachhawaha. Hinter dem Tor erstreckt sich ein weiter, mit Steinplatten ausgelegter Hof, **Jaleb Chowk** (wörtlich »Platz, auf dem Elefanten und Pferde angebunden sind«). Ursprünglich diente er als Paradeplatz und ist an drei Seiten von Wachräumen umgeben. Eine Treppe führt zum **Shila-Devi-Tempel** mit dem Bildnis der Kachhawaha-Familiengottheit, der Felsengöttin Kali, das Man Singh I. im Jahr 1604 aus Bengalen mitbrachte. Der Tempel fasziniert durch silberne Türen, die von der zweiten Frau des letzten Maharajas 1939 gestiftet wurden, silberne Öllampen und prächtige grüne Marmorsäulen in Form von Bananenpflanzen.

Diwan-i-Aam ist der nächste Hof. Er diente öffentlichen Audienzen. In der Nähe stehen 27 *(sattais)* luftige Kolonnaden, **Sattais Katcheri**, in denen Beamte eingehende Gesuche bearbeiteten.

Das prachtvolle, sehr schön bemalte **Ganesh Pol** dient als Tor zu den drei Privatpalästen rund um den im Mogul-Stil erbauten Garten *(siehe S. 167)* **Aram Bagh**. Jeder dieser Vergnügungspaläste ist einzigartig: Im Sukh Niwas sind die Türen aus duftendem Sandelholz geschnitzt, das Wasser strömt kaskadenartig über Marmorstufen, um das Innere zu kühlen. Der marmorne Jai Mandir am anderen Ende des Gartens hat einen wunderbaren Spiegelsaal namens **Sheesh Mahal**. Aus dem benachbarten **Jas Mandir** hat man durch Marmorgitterwerk einen herrlichen Blick auf den Maota-See.

Der See versorgte das Fort mit Wasser und wird von zwei idyllischen Gärten umschlossen: Im **Kesar Kyari Bagh** wuchsen in den sternförmigen Blumenbeeten einst Safranblumen *(kesar)*. **Dilaram Bagh**, 1568 als Ruhepalast für Kaiser Akbar auf der Reise nach Ajmer erbaut, ist eine Anspielung auf den Architekten Dilaram (»leichtes Herz«). Hier befindet sich auch ein kleines archäologisches Museum.

Den ältesten Bereich des Forts am anderen Ende ließ Man Singh I. für seine zwölf Frauen und Konkubinen in **Zenana** (»Frauengemächer«) umbauen. Die Gemächer verraten den deutlichen Einfluss der Haremsarchitektur der Moguln, mit feinem Gitterwerk und überdachten Balkonen zum Schutz der Damen. Verblasste Spuren von Fresken schimmern noch heute an den Wänden. Im Zentrum des Hofs steht ein Pavillon mit Säulengang, der **Baradari**.

Kesar Kyari Bagh ist nach den seltenen Safranblumen benannt, die auf den sternförmigen Beeten wuchsen

Hotels und Restaurants in Jaipur & im östlichen Rajasthan *siehe Seiten 243–247 und 262f*

Bharmal ki Chhatri, die Grabmale der Kachhawaha-Herrscher

Stadt

Das **Chand Pol** (»Mondtor«), direkt gegenüber vom Suraj Pol, führt in die alte Stadt außerhalb des Forts. Der im frühen 15. Jahrhundert von Kachhawaha-König Narsingh Dev erbaute **Narsimha-Tempel** ist der erste von vielen Tempelbauten am Weg. Der Tempel ist nur ein kleiner Teil eines verfallenen Palasts, in dem die Herrscher von Amber vor Aufgabe des Forts gekrönt wurden.

Östlich liegt der wunderschöne **Jagat-Shiromani-Tempel**, den Man Singh I. Anfang des 17. Jahrhunderts im Gedenken an seinen ältesten Sohn Jagat Singh erbauen ließ. Ein außergewöhnlicher *toran* (geschnitzter Türsturz) verziert den Eingang mit Bildnissen von Vishnu, Radha und Krishna. Das Krishna-Bildnis soll die heilige Poetin Mira Bai, die für ihre Krishna-Verehrung berühmt war, im 16. Jahrhundert aus ihrer Heimat Chittorgarh im südlichen Rajasthan hierher gebracht haben.

Weiter östlich passiert man den **Sanghi-Jutharam-Tempel**, der einst einen reizvollen, zwölfeckigen Brunnen, einen kleinen Garten und etliche Kammern besaß und heute vom Archaeological Survey of India (ASI) geschützt wird. Nordöstlich davon liegt der Tempel **Ambikeshwar Mahadev**, der einer Shiva-Inkarnation geweiht ist. Als einer der ältesten Tempel der Gegend sackt er zusehends in den Erdboden ab und liegt nun drei Meter tief.

Nördlich des Ambikeshwar-Tempels ist **Panna Mian ka Kund** sehenswert. Er wurde im 17. Jahrhundert von dem Eunuchen Panna Mian, einem führenden Höfling unter Raja Jai Singh I., erbaut. Ein gepflasterter Weg windet sich ostwärts zu weiteren Ruinen und wieder hinaus durch das **Kheri Gate**, eines der ältesten Stadttore von Amber. Dahinter liegt **Sagar**, dank der zwei Seeterrassen ein beliebter Picknickplatz. In Zeiten der Belagerung waren diese eine wichtige Wasserquelle. Die kleine Bodensenke gleich hinter dem Jaigarh Fort weist noch die Spuren eines ausgeklügelten Transportsystems auf, bei dem Elefanten Wasser zum Fort trugen.

Diese Bauten findet man westlich der Hauptstraße zwischen Jaipur und Delhi, die durch die Stadt führt. Der Hauptmarkt und der Busbahnhof von Amber liegen ebenfalls an dieser Straße, die heute dicht an dicht von Imbissbuden und Souvenirläden gesäumt wird. Weiter nördlich erhebt sich die **Akbari-Moschee**, 1569 von Kaiser Akbar an einer Stelle erbaut, an der er auf seinem Weg nach Ajmer *(siehe S. 218f)* gebetet hatte.

Weiter westlich an der Straße ist der **Bharmal ki Chhatri** sehenswert. In dem ummauerten Anwesen mit mehreren Denkmälern wurden einst die verstorbenen Herrscher von Amber verbrannt, bevor man nach dem Umzug der Hauptstadt nach Jaipur eine neue Stätte in Gaitor *(siehe S. 198f)* auswählte.

Marmorschmuck, Narsimha-Tempel

Im teilweise restaurierten Panna Mian ka Kund führt ein Treppengewirr ans Wasser

Marmorstatue eines Jain-*tirthankara* im Sanghiji-Tempel, Sanganer

Sanganer ❸

Distrikt Jaipur. 16 km südwestl. von Jaipur. **Straßenkarte** C3. ✈ 🚌 *tägl.*

Zwei reich verzierte, dreibogige Tore führen nach Sanganer, eine farbenfrohe Stadt, die für ihre handbedruckten Baumwollstoffe berühmt ist. Der örtlichen Legende nach geht die Tradition des Handblockdrucks auf das 16. Jahrhundert zurück, als Sanga, einer der 18 Söhne des Kachhawaha-Herrschers Prithviraj von Amber, die Stadt neu gründete: Drucker aus den umliegenden Dörfern sollten in die neue Siedlung ziehen, um Textilien für den Hof von Jaipur herzustellen. Entscheidend dürfte jedoch der Fluss in Sanganer gewesen sein, dessen Mineralien die Farben im Stoff fixieren. Heute ist die Stadt vom Lärm der dumpfen Druckerschläge erfüllt, Handwerker arbeiten in ihren Hütten inmitten von Stoffbergen, farbgetränkten Unterlagen und Druckblöcken. Die meisten Drucker und Färber gehören einer Gilde an, deren Läden relativ preiswerte Stoffe, Leinenkleidung und Accessoires anbieten.

Sanganer gilt als Zentrum handgefertigten Papiers – eine Folge des Textildrucks und der berühmten blauen Keramik aus Jaipur *(siehe S. 266).*

Fries im Sanghiji-Tempel

Raja Man Singh I. von Amber *(siehe S. 49)* richtete hier die ersten Töpfereien für die handbemalte Keramik ein. Sie war von der chinesischen und persischen blau-weißen Fliesenkunst beeinflusst und am Mogul-Hof sehr beliebt.

Versteckt in der alten, befestigten Stadt steht ein beeindruckender Jain-Tempel aus dem 11. Jahrhundert: Den **Sanghiji-Tempel** errichtete vermutlich ein Jain-Händler mit Unterstützung der reichen Kaufleute der Stadt, er ist mit Steingravuren verziert, u. a. mit Bildern aller 24 *tirthankaras* (Heiligen) und einer Statue von Mahavira, dem Gründer des Jainismus.

In Sanganer befindet sich der Internationale Flughafen von Delhi *(siehe S. 292).*

Bagru ❹

Distrikt Jaipur. 32 km südwestl. von Jaipur hinter Sanganer an der Ajmer Rd. **Straßenkarte** C3. 🚌 🚐 *tägl.*

Das Dörfchen Bagru ist ein weiteres traditionelles Blockdruckzentrum. Die Bagru-Drucke sind jedoch gröber und eher erdfarben, da hier ursprünglich nur Rot- und Schwarztöne verwendet wurden. Die heute gebräuchlichen Farben Indigo, Gelb und Grün traten erst später auf. Die Druckkunst entstand in Bagru vermutlich vor 300 Jahren, als die ersten Druckerfamilien dank eines *thakur* von Bagru, eines wichtigen Lehnsguts der Könige von Jaipur, hier angesiedelt wurden. Im Lauf der Zeit folgten weitere Drucker, angelockt durch die staatliche Förderung und den Fluss.

Bagrus Drucker *(chhipas)* lieferten den Stoff, den die Bauern als genähte (und ungenähte) Bekleidung trugen. Mit zunehmendem Bedarf an handbedruckten Textilien nahm auch deren Vielfalt zu. Gleichwohl hat sich der Herstellungsprozess bis heute kaum verändert – Bagru ist einer der wenigen Orte, an denen man noch die traditionelle Blockdruckkunst von Hand beobachten kann: Handwerker arbeiten nach den alten Methoden des Bedruckens und Bleichens. Obwohl sich zunehmend synthetische Farbstoffe einschleichen, werden beispielsweise Schwarz und Gelb noch immer aus Pflanzen- und Mineralstoffen hergestellt.

Verblichene Wandmalereien am Palast von Bagru

Hotels und Restaurants in Jaipur & im östlichen Rajasthan *siehe Seiten 243–247 und 262f*

Textilien mit Blockdruck

Filigrane Blumen und Laub, Paisley-Muster, Vögel und Tiere auf weißem Grund sind für Sanganer typische Motive. Sie wurden vom Vater an den Sohn weitergegeben und von den Blumenstudien der Miniaturgemälde *(siehe S.32f)* sowie der *Pietra dura* der Moguln *(siehe S.156f)* beeinflusst. Blockdruckkunst kann man in den Werkstätten der Chhipa Mohalla sehen und jede Phase des alten Handwerks verfolgen: vom Schnitzen der feinen Holzblockmotive über das Einfärben der Stoffe in riesigen Kupferbottichen über Holzfeuern bis hin zum eigentlichen Druck. In aufwendigen Drucken kann ein einzelnes Motiv bis zu zehn Farben und Muster (aufgedruckt mit ebenso vielen Holzblöcken) enthalten. In der Endstufe werden die bedruckten Stoffe an Flussufern oder auf großen Rahmen zum Trocknen ausgelegt.

Aufwendiges Paisley-Motiv

Sanganeri-Motive *stilisierter Blumen* (phool) *und Blätter* (buti) *in sanften Farbtönen wirken wie ein zartes Blumenfeld.*

Der Textildruck *wird mit Holzblöcken ausgeführt. Diese werden in Farbe getaucht und auf den über einen niedrigen Stuhl gespannten Stoff gepresst. Früher stellte man Farben aus Pflanzen und Mineralien wie Granatapfelrinde, Safran, Krappwurzel, Gelbwurz und Indigo her. Künstliche Farbstoffe ersetzen diese mittlerweile oft.*

In hölzerne Druckblöcke *werden traditionelle Schmuckmotive geschnitzt, die durch den Einfluss indischer Modedesigner heute eine Renaissance erfahren.*

Bagrus *blumenartige, geometrische Muster werden auf grobe Baumwollstoffe für Blusen und Röcke der Dorffrauen gedruckt. Vor einigen Jahren ist diese Mode mit erdfarbenen Drucken auch in Städten populär geworden.*

Handgeschöpftes Papier

Die Kagazi Mohalla, die Papierhersteller, verwenden Stoffreste und Seidenfäden für eine erstaunliche Papiervielfalt für den Alltag und für Feste: Der Stoff wird zu Brei verarbeitet und auf einem Maschendraht verstrichen. Davon werden dünne Papierblätter abgenommen und zum Trocknen aufgehängt. Die Handwerker wahren die Geheimnisse der Produktion und heiraten selten Fremde.

Zum Trocknen aufgehängtes Papier

Alwar

Eingang zu Fateh Jangs Grabmal

Alwars Lage zwischen den Mogul- und Rajputen-Reichen zwang die Herrscher zum geschickten Bündnisspiel mit beiden Seiten. Alwars Aufstieg von einem Vasallenstaat der Kachhawaha-Könige zu einem bedeutenden Rajputen-Reich setzte erst 1775 mit der Eroberung des Forts in Bala Qila durch Pratap Singh ein. Später nutzten die Briten Alwar als verbündeten Vorposten in Rajputana. Es erlebte eine Blütezeit prächtiger Architektur und luxuriöser Tigerjagden, da die Herrscher mit dem glanzvollen Lebensstil ihrer Verwandten in Jaipur konkurrierten. Heute ist Alwar eine staubige Provinzstadt mit wenigen Baudenkmälern, ein Zwischenstopp für Besucher auf dem Weg zum Sariska National Park.

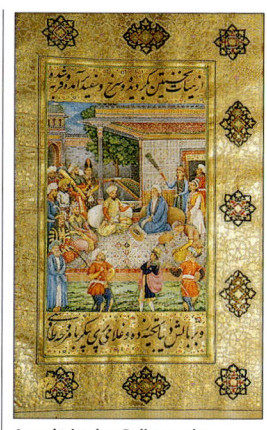

Ausschnitt des Gulistan, einer Mogul-Schrift des 18. Jahrhunderts

City Palace

Nähe Collectorate. 10–16.30 Uhr.

Der Stadtpalast zeichnet sich durch eine faszinierende architektonische Stilmischung mit *Bangaldar*-Dachsimsen der Rajputen und eleganten *chhatris* neben Mogul-Flechtwerk und *jalis* aus. Der 1793 entstandene Bau wird heute vom District Collectorate und den Police Headquarters benutzt, sodass man nur im großen Innenhof etwas vom Palast sieht. Eine Treppe führt zwischen zwei Marmorhäuschen in die prächtige Durbar Hall und den Sheesh Mahal (nur mit Genehmigung).

Eine Tür rechts vom Hof führt in das im ersten Stock über drei Säle verteilte **City Palace Museum**: Es zeigt Schätze des früheren Herrscher, u. a. Miniaturgemälde der Alwar-, Jaipur- und Mogul-Schulen, 7000 seltene Schriftstücke in Persisch, Arabisch, Urdu und Sanskrit, darunter einen illuminierten Koran, eine Fassung des seltenen, kostbaren *Gulistan* des persischen Dichters Sa'adi sowie die *Babur Nama* (»Memoiren von Babur«, 1530). Die Waffensammlung enthält u. a. Schwerter von Mohammed Ghori, Akbar und Aurangzeb sowie ein *nagphas* genanntes Seil zum Erdrosseln. Der erste Raum zeigt einen silbernen Esstisch mit eingelegter Scheibe, unter der sich metallene Fischschwärme bewegen.

Hinter dem Palast, auf der anderen Seite eines *kund*, steht das Grabmal von Bakhtawar Singh (reg. 1790–1815). Es wird auch **Moosi Maharani ki Chhatri** genannt – nach der Ehefrau des Maharajas, die hier bei seinem Tod *sati* zelebrierte. Der weißbraune Bau aus Sandstein und Marmor ist einer der elegantesten in Rajasthan, mit verziertem Pavillon und Kuppelbogen, filigranem Gitterwerk und mit Blattgold überzogenen Deckenbildern, die Fabelwesen und Hofszenen darstellen.

Dolch, City Palace Museum

City Palace Museum

10–16.30 Uhr. Fr, Feiertage.

Moosi Maharani ki Chhatri

10–16.30 Uhr. Fr, Feiertage.
Zutritt nur ohne Schuhe.

Bala Qila

tägl., schriftliche Genehmigung vom Office of the Superintendent of Police, City Palace, erforderlich.

Bala Qila thront auf einem Hügel über der Stadt, ist aber per Auto leicht erreichbar. Die ursprüngliche Lehmfestung aus dem 10. Jahrhundert wurde von den Jats und Mogulen ausgebaut (Babur verbrachte hier angeblich eine Nacht), aber 1775 durch Pratap Singh von Alwar erobert. Heute dient das mit 66 Türmen bewehrte Fort als Polizeifunkstation. Der freskengeschmückte Palast Nikumbh Mahal ist nach den ersten Bewohnern, den Nikumbh-Rajputen, benannt. Die Wälle bieten eine hervorragende Aussicht auf die ganze Stadt, die Mauern vermitteln einen Eindruck von der Größe und Ingenieurskunst der Anlage. Sehenswert sind die Ruinen des Salim Mahal, benannt nach Jahangir (Salim), der hier im Exil lebte, nachdem er Abu'l Fazl, Akbars offiziellen Biografen und eines der »neun Juwele« des Hofes, ermorden wollte.

Der elegante Marmorpavillon des Moosi Maharani ki Chhatri

Hotels und Restaurants in Jaipur & im östlichen Rajasthan *siehe Seiten 243–247 und 262f*

ALWAR

Dieser Aquädukt versorgte den Company Bagh mit Wasser aus Siliserh

INFOBOX

Distrikt Alwar. 150 km nordöstl. von Jaipur. **Straßenkarte** C3. 260 000. Nehru Marg. Manu Marg. TRC, Nähe Bahnhof, Alwar, (0144) 234 7348; Paryatan Bhavan, MI Rd, Jaipur, (0141) 511 0595. tägl. Jagannathji Mela (März/Apr), Laldas Mela (Mai), Sawan Teej (Juli/Aug), Diwali (Okt/Nov).

♣ Company Bagh

Vivekanand Marg. 6–18 Uhr.
Der Company Bagh war bei seiner Entstehung 1868 ein idyllischer Garten, heute bietet er nur noch ein schwaches Abbild seines früheren Glanzes. Einst war der Garten nach Alwars Verbündeten, der East India Company, benannt und später von Maharaja Jai Singh in Purjan Vihar umgetauft worden. Ein Gewächshaus heißt »Simla«, da es den Maharaja an die britische Sommerhauptstadt in Nordindien erinnerte. Ein drei Kilometer langer Aquädukt versorgte den Garten mit Wasser aus dem See bei Siliserh.

Fateh Jangs Grabmal

In der Nähe des Bahnhofs.
9.30–16.30 Uhr.
Das Grabmal von Fateh Jang, einem Minister unter Shah Jahan, besteht aus einem fünfstöckigen Kuppelbau (1647). Mauern und Decken sind mit Stuckreliefs verziert, im ersten Stock sieht man Inschriften. Auf dem Gelände ist eine Schule untergebracht.

Umgebung: Nördlich von Alwar steht am Ufer des Vijay Sagar Lake der **Vijay Mandir Palace**. Jai Singh (reg. 1892–1937) ließ den Bau mit seinen 105 Räumen wie ein vor Anker liegendes Schiff erbauen. Der exzentrische Jai Singh war ein eifriger Palastbauherr und ließ die berühmte Moti-Doongri-Palastfestung mit 100 Räumen südlich des Company Bagh sprengen, weil sie sein Schönheitsempfinden störte. Vijay Mandir war seine letzte offizielle Residenz, in der er viele Jahre lebte. Die frühere Herrscherfamilie wohnt hier, sodass der Bau nicht ständig geöffnet ist. In Alwar gibt es überall Geschichten über Jai Singhs snobistisches Gebaren: Seine Bugatti-Autos wurden »begraben«, wenn sie ihn langweilten, einmal bestellte er einen goldenen Lancaster-Pkw in Form der Krönungskutsche des englischen Königs – nur ohne Pferde.

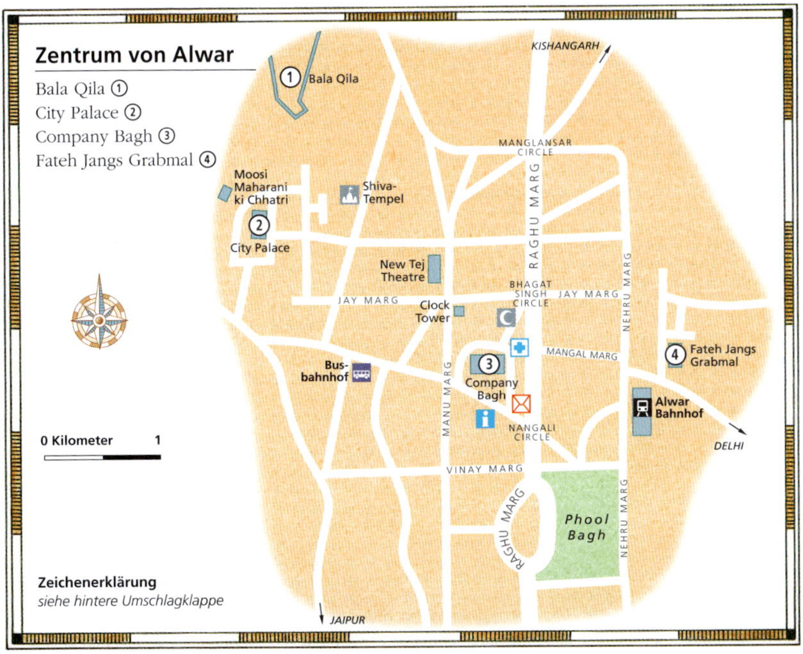

Zentrum von Alwar

Bala Qila ①
City Palace ②
Company Bagh ③
Fateh Jangs Grabmal ④

Zeichenerklärung
siehe hintere Umschlagklappe

Siliserh ❻

Distrikt Alwar. 13 km südwestl. von Alwar. **Straßenkarte** C3.
🛈 TRC, in der Nähe des Bahnhofs, Alwar, (0144) 234 7348. 🚉

Der reizvolle Ort auf halbem Weg zwischen Alwar und dem Sariska National Park *(siehe S. 210f)* lädt an den Siliserh Lake, inmitten eines Tals und umgeben von bewaldeten Hügeln, ein. Der See versorgt Alwar und die Region mit Trinkwasser. Der König von Alwar, Vinay Singh, ließ an das steile Seeufer Mitte des 19. Jahrhunderts einen Wasserpalast erbauen für seine hübsche Frau, ein Mädchen aus dem nahen Dorf, damit sie bei ihrer Familie sein konnte. Der einst imposante Palast ist heute ein Hotel, ideal als Ruheoase geeignet: Hier hört man nur Kormoranschreie, Entengeschnatter und andere Wasservögel. Wege führen in die Hügel und rund um den See zu alten Grabruinen. Auf der offenen Palastterrasse kann man einen herrlichen Sonnenuntergang über dem Wasser genießen.

Rajgarh Fort war einst der Sitz der Könige von Alwar

Rajgarh ❼

Distrikt Alwar. 35 km südl. von Alwar. **Straßenkarte** C3. 🛈 TRC, in der Nähe des Bahnhofs, Alwar, (0144) 234 7348. 🚉

Das Fort von Rajgarh, der alten Hauptstadt der Herrscher von Alwar, thront auf einem Hügel über einem malerischen Tal, grünen Feldern und Zitronenhainen. Es wurde vom Gründer der Dynastie, Pratap Singh, Mitte des 18. Jahrhunderts gebaut, diente jedoch nur kurz als Regierungssitz. Als Pratap Singh 1775 Bala Qila *(siehe S. 206)* einnahm, zog der Hof nach Alwar. Das Fort mit dem einst schönen Sheesh Mahal, freskengeschmückten Wänden und Geheimgängen diente fortan als Sommerresidenz und wurde später aufgegeben. Heute wirkt es wie die Stadt zu seinen Füßen eher trostlos.

Sariska National Park ❽

Siehe Seiten 210f.

Bairat ❾

Distrikt Alwar. 64 km südwestl. von Alwar. **Straßenkarte** C3.
🛈 TRC, in der Nähe des Bahnhofs, Alwar, (0144) 234 7348. 🚉

Das Alter und die Pracht der Aravalli Hills zeigen sich nirgendwo so eindrucksvoll wie in Bairat. Die imposante Felslandschaft bietet den passenden, dramatischen Rahmen für eine archäologische Fundstätte aus dem 3. Jahrhundert v. Chr. Hier war eine der Städte an der wichtigen Nord-Süd-Route und ein buddhistisches Zentrum. Ein in Fels geritztes Edikt von Kaiser Ashoka (reg. 268–232 v. Chr.) wurde hier entdeckt.

Am Ortsrand von Bairat stößt man an einem Feldweg auf dem Hügel Bijak ki Pahadi auf Überreste eines buddhistischen Klosters und Rundtempels. Sie gelten als die ältesten frei stehenden Bauten Indiens. Historiker haben die Ruinen als *Chaitya*-Halle oder Kapelle mit einstmals 26 achteckigen Holzsäulen identifiziert.

Der Palast von Siliserh wurde in Hanglage am gleichnamigen See erbaut

Hotels und Restaurants in Jaipur & im östlichen Rajasthan *siehe Seiten 243–247 und 262f*

Die Geschichte von Bairat reicht bis zur Zeit des *Mahabharata* (etwa 9. Jh. v. Chr.) zurück, als das Gebiet zu einem Königreich gehörte, das einen Großteil des östlichen Rajasthan einnahm. König Virat regierte es von seiner Hauptstadt Viratnagar (heute Bairat) aus. Hier verbrachten die Pandavas *(siehe S. 141)* ihr 13. Jahr im Exil. Einheimische glauben, dass einer der Pandava-Brüder, der mächtige Bhim, auf dem **Bhim ki Doongri** (»Bhims Hügel«) lebte und Arjuna den Fluss Banganga schuf, als er einen Pfeil in die Erde bohrte. König Virat kämpfte gemeinsam mit den Pandavas in der Schlacht von Kurukshetra, seine Tochter heiratete Arjunas Sohn Abhimanyu.

Am gegenüberliegenden Ortsende, am Felsedikt, stößt man auf ein Gartenhaus (17. Jh.) aus der Regierungszeit von Jahangir. Auf dem Gelände stehen ein Jain-Tempel und ein Jagdpalast aus dem 16. Jahrhundert, in dem Akbar auf dem Weg nach Ajmer rastete. Der *Chhatri*-Palast steht auf einer Plattform, umgeben von fünf verzierten Pavillons.

Überreste eines Rundtempels aus der buddhistischen Epoche, Bairat

Bhangarh ❿

Distrikt Alwar. 56 km südl. von Sariska über Thana Gazi. **Straßenkarte** C3.
TRC, in der Nähe des Bahnhofs, Alwar, (0144) 234 7348.

Die Fahrt von Sariska in die Geisterstadt Bhangarh ist holprig, lohnt sich aber. Bhangarh gilt als Standort der Kachhawaha-Festung vor dem Bau der Anlage in Amber. Angeblich wurde das Fort aufgegeben, weil es ein böser Magier mit einem Fluch belegt hatte. Viele Bauten transportierte man in die neue Hauptstadt Ajabgarh. Bhangarh wurde im frühen 17. Jahrhundert von Madho Singh, dem jüngeren Bruder des Raja Man Singh I. von Amber *(siehe S. 49)*, errichtet und ist als »Stadt der zehntausend Häuser« ein Beispiel hierarchischer Stadtplanung.

Ein mit Steinkolonnaden gesäumter Weg führt an Marktständen und Wohnhäusern in das innere Heiligtum unterhalb von Hügeln, wo die Palastruine Randiyon ka Mahal (»Palast der Prostituierten«) mit Blick auf den noch genutzten Someshwar-Tempel steht. Auf dem weitläufigen Gelände stößt man auch auf drei weitere Tempel. Am beeindruckendsten ist der Mangala-Devi-Tempel mit Konsolenkuppel und Ornamentfassade.

Umgebung: Auf der Straße nach Bhangarh passiert man Ajabgarh, von Madho Singhs Enkel als separate Siedlung für die Bewohner von Bhangarh erbaut. Teile der Altstadt liegen heute unter Wasser, ein Fort und mehrere Ruinen sind noch zu sehen.

Verzierter Stützpfeiler im Mangala-Devi-Tempel, Bhangarh

Die Pandavas im Exil

Das *Mahabharata (siehe S. 141)* beschreibt, wie Prinz Yudhishthira, nachdem er sein Königreich Pandava und seine Frau Draupadi in einem Würfelspiel an die verschlagenen Kauravas verloren hatte, mit seinen Brüdern Bhim, Arjuna, Nakul und Sahdev ein 13 Jahre dauerndes Exil antreten musste. Das letzte Jahr im Exil war entscheidend, weil die Prinzen ihre wahre Identität verbergen mussten, um nicht weitere zwölf Jahre verstoßen zu bleiben. Die Pandavas mussten sich diesen Bedingungen beugen, durch das ganze Land irren und im 13. Jahr unerkannt am Hof von König Virat leben. Ihre Geschichte ist eine bedeutende Volkslegende, Schauplätze ihrer Abenteuer wie Kurukshetra *(siehe S. 140)* sind in Indien inbrünstig verehrte Pilgerstätten.

Die fünf Pandava-Brüder in der populären TV-Serie

Sariska National Park ❽

Baumwollblüte

Der 800 Quadratkilometer große Park wurde 1979 im »Project Tiger« (siehe S. 223) als Tigerschutzgebiet mit einer Kernzone von 480 Quadratkilometern geschaffen. Die Aravalli Hills fallen bei Sariska ab und bilden flache Plateaus und Täler, deren trockene Dschungel ein vielfältiges Tierleben ermöglichen. Sariska war das private Jagdgebiet des Staates Alwar und verdankt seine strikten Naturschutzgesetze den umweltbewussten Herrschern, die den Naturraum und die Wildtiere erhalten wollten. Eine Festung aus dem 17. Jahrhundert und historische Tempelruinen wie der Pandupol-Tempel liegen ebenfalls im Park.

Languraffen
Die schwarzgesichtigen Affen heißen auch Hanuman (Vorderindischer Hulmanaffe).

Sariska Palace
Der Jagdpalast der Könige von Alwar aus dem 19. Jahrhundert ist heute ein elegantes Luxushotel und zeigt historische Jagdfotos und alte Möbel.

Bedrohte Tierarten
In den letzten Jahren ging der Tigerbestand des Parks durch Wilderer so drastisch zurück, dass nur noch drei Tiere hier leben.

Wasserstellen
Um die permanente Wasserknappheit der Region zu lindern, wurden in Pandupol, Bandipol, Slopka, Kalighati und Talvriksha Wasserstellen angelegt. Sie eignen sich gut zur Tierbeobachtung, vor allem in der Abenddämmerung, wenn ganze Herden hier ihren Durst löschen.

SARISKA NATIONAL PARK

Pflanzenwelt

Die trockenen Laubwälder von Sariska erstrahlen im kurzen Frühling und Frühsommer, wenn dhak *(Palasa-Baum) und Goldregen blühen. Dann trägt auch die Dattelpalme Früchte, und die hier als* kair *(eine Kapernart) bekannten Beeren wachsen an den Büschen.*

INFOBOX

Distrikt Alwar. 103 km nordöstl. von Jaipur. **Straßenkarte** C3. Alwar. Field Director, Project Tiger Sanctuary, Sariska, (0144) 284 1333. 6–10, 15–18 Uhr. Juli–Sep. zusätzl. Gebühr für Fahrzeuge/Jeeps.

Schakale

Schakale und Hyänen führen Besucher häufig zu von Tigern gerissenen Tieren. Wie Panther und Dschungelkatzen ernähren sich auch diese Raubtiere von Antilopenarten wie der Nilgau-Antilope sowie von Wild- und Stachelschweinen.

Cheetal

Das sanfte Cheetal, das gefleckte Rotwild, sieht man wie den Sambar-Hirsch oft an Wasserlöchern oder unter Bäumen ruhend. Der chowsingha *(Vierhornantilope) lebt nur im Sariska-Park, vor allem rund um Pandupol.*

LEGENDE

- Hauptstraße
- Nebenstraße
- Parkgrenze
- Aussichtspunkt
- Wanderweg
- Archäologische Stätte, Ruine
- Palast
- Tempel
- Information

Graue Rebhühner

In den Beobachtungsständen in Kalighati und Slopka kann man die Vogelwelt beobachten: die Indische Schlangenweihe, den Indischen Uhu, Spechte, Eisvögel und Rebhühner.

Chomu ⓫

Distrikt Jaipur. 32 km nordwestl. von Jaipur. **Straßenkarte** C3.
TRC Govt Hostel, MI Rd, Jaipur, (0141) 511 0598. tägl.

Der märchenhafte Palast von Samode liegt inmitten schroffer Felsen

Die Kleinstadt Chomu verbindet Jaipur mit Shekhawati. Die einst stolze Geschichte zeigt sich nur noch in dem früher beeindruckenden Fort, den hübschen *havelis* und Stufenbrunnen. Doch Chomu verzaubert durch das ländliche Flair der mit Ochsen- und Kamelpflügen beackerten Felder und einem viersäuligen Brunnen. Auf dem Markt werden Ersatzteile für Traktoren und Rohrbrunnenpumpen neben Handkarren voller Gurken und *ber*, der für diese Region berühmten Beerenart *Zizyphus mauritiana*, eifrig feilgeboten.

Samode ⓬

Distrikt Jaipur. 42 km nordwestl. von Jaipur. **Straßenkarte** C3.
TRC Govt Hostel, MI Rd, Jaipur, (0141) 511 0598. tägl.
Gangaur (März/Apr.).

Der romantische Palast von Samode, bekannt aus Filmen wie *Palast der Winde*, ist die Hauptattraktion des winzigen Rajputen-Dorfs, das heute ein luxuriöser Urlaubsort ist. Ein mächtiger Adeliger aus Jaipur errichtete den Palast im späten 19. Jahrhundert. Das wie ein Diamant glitzernde Gebäude schmiegt sich zwischen die Hügel unter einem älteren Fort: Eine Treppe führt durch ein massives Tor in den Palast. Das einfache Äußere täuscht, der weite Innenhof ist auf drei Stockwerken von großzügigen Räumen umrahmt, die im obersten Stockwerk am prächtigsten. Die Durbar Hall, Sheesh Mahal und Sultan Mahal sind mit verwirrenden Spiegeln ausgeschmückt, feine Fresken zeigen Hof- und Jagdszenen, religiöse Themen sowie Blumen- und geometrische Muster. Die Fresken gehören zu den besten Werken dieser Art im Jaipur-Stil und können mit den Arbeiten in Jaipurs Chandra Mahal *(siehe S. 188f)* und Tonks Sunehri Kothi *(siehe S. 222)* mithalten. Der Palast ist heute ein Luxushotel *(siehe S. 247)*. Nicht-Gäste können ihn jedoch für eine Eintrittsgebühr besuchen.

In der Nähe können Abenteuerlustige in Samode Bagh *(siehe S. 247)* in einem der 50 Luxuszelte im Garten nächtigen. Sehenswert sind außerdem ein altes Geisterfort am Ende eines anstrengenden Aufstiegs über 376 Stufen sowie ein ruhiges Dorf mit vielfältigem Kunsthandwerk wie Lackarmreifen und *jootis* (Slipper) zum Anschauen und Kaufen.

Bemalte Havelis in Shekhawati

In den vielen kleinen Orten in Shekhawati liegen die historischen Familienpaläste einiger der führenden indischen Industriellenfamilien wie den Birlas, Dalmias und Goenkas. Diese weitläufigen alten *havelis* mit aufwendigen Wandgemälden *(siehe S. 29)* erbauten zwischen Ende des 18. und Anfang des 20. Jahrhunderts die Marwari-Kaufleute der Region, die in die Hafenstädte Bombay und Kalkutta gezogen waren. Ihr Kontakt mit den Briten und der modernen, städtisch-industriellen Welt hatte ihren Lebensstil verändert, und ihre Häuser spiegelten diese neuen Ideen ebenso wie ihren Wohlstand und Status wider.

Eine folkloristische Ansicht der Rajputen-Herrscher

Stil und Inhalte der Bilder sind eine aufschlussreiche Quelle für die Übernahme moderner Themen in die traditionelle Kunst: Die Künstler folgten zwar noch dem eindimensionalen Realismus der klassischen indischen Malerei *(siehe S. 32f)*, doch zwischen den Göttern, Göttinnen und Kriegshelden tauchen volkstümliche Motive einer neuen Epoche auf. Die Bilder zeigen nun britische Damen, Herren mit Hüten, Blaskapellen und Soldaten, Lokomotiven, Autos, Flugzeuge, Grammofone und Telefone – Symbole der entstehenden Industriegesellschaft des 20. Jahrhunderts.

Der Eingang zur Biyani Haveli, Sikar

Fahrt durch Shekhawati ⑬

Nordwestlich von Jaipur, an der alten Kamelhandelsroute, liegt Shekhawati, der »Garten von Shekha«. Der Name geht auf Rao Shekha zurück, einen unabhängigen Herrscher, der die Region im 15. Jahrhundert befriedete. Heute bietet sich die Gegend wie ein riesiges Freiluftmuseum mit freskengeschmückten Häusern dar. Ein sehr gutes Straßennetz durch halbtrockenes Buschland verbindet die meisten Orte mit den bemalten *havelis* der führenden indischen Handelsfamilien.

Götter und Göttinnen an einer Mauer der Biyani Haveli, Sikar

Mandawa ④
Der Festungspalast ist heute ein einladendes Hotel, ideal als Ausgangspunkt für den Besuch der Nachbarorte.

Dundlod ⑤
Der Festungspalast und zwei schöne Goenka-*havelis* sind hier sehenswert.

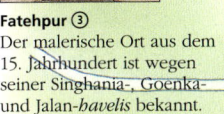

Fatehpur ③
Der malerische Ort aus dem 15. Jahrhundert ist wegen seiner Singhania-, Goenka- und Jalan-*havelis* bekannt.

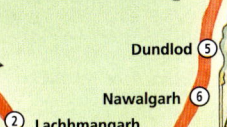

LEGENDE
— Routenempfehlung
— Andere Straße
≈ Fluss

Lachhmangarh ②
Die Stadt aus dem 19. Jahrhundert ist nach dem Straßengitter Jaipurs angelegt. Die Char Chowk (»Vier Höfe«) Haveli der Ganeriwala-Familie ist die prächtigste der Region.

Nawalgarh ⑥
Die Poddar und Aath (»acht«) Havelis sind wegen der Fresken berühmt.

ROUTENINFOS
Länge: 111 km.
Rasten: Gute Hotels gibt es in Mandawa, Dundlod, Mukundgarh, Fatehpur und Nawalgarh. Tankstellen findet man in regelmäßigen Abständen an der Hauptstraße. Mit Ausnahme der NH11 sind die Nebenstraßen nach Jhunjhunu schlecht. Imbissbuden verkaufen Wasser, heiße und kalte Getränke sowie Snacks.

Sikar ①
Sikars Reiz liegt in den *havelis*, Basaren und der ländlichen Idylle.

Salzsee von Sambhar ⑭

Distrikt Jaipur. 70 km nordöstl. von Ajmer. **Straßenkarte** B3. *Sambhrai Mata Mela (Okt).*

Der Sambhar Lake gehört zu den sechs wichtigsten vom World Wide Fund for Nature (WWF) geschützten Gebieten Indiens. Das bedeutende Marschgebiet umfasst einen riesigen Binnensalzsee mit einer Fläche von rund 230 Quadratkilometern, der von fünf Flüssen gespeist wird. Im November und Dezember kann man hier etliche Zugvogelarten, vor allem Flamingos, beobachten. Um die Entstehung des Sees ranken sich viele Sagen. Ein Shiva-Tempel und zwei heilige Becken, die mythischen Prinzessinnen geweiht sind, zeugen von der uralten Geschichte des Sees. Bekannt wurde der See jedoch erst im 16. Jahrhundert, als Babur ihn besuchte. Seitdem ist er eine für Indien wichtige Salzproduktionsstätte: Nach einem heftigen Monsun kann der Wasserstand um einen Meter ansteigen. Im Winter verwandelt er sich dagegen in Brackwasser, da dann das Wasser durch den Kapillareffekt verdunstet und Salz aus den Bodenschichten gezogen wird.

Flamingos über dem Sambhar Lake

Die Kleinstadt am Seeufer lebt von der Salzgewinnung: Männer, Frauen und sogar Kinder arbeiten an unzähligen Salzgräben und -bergen in der gespenstisch weißen Landschaft. Das Salzgeschäft ist durchaus lukrativ. Trotz des staatlichen Monopolunternehmens haben zahlreiche private Firmen in der Salzindustrie entstehen können. Viele *bunds* (kleine Dämme) wurden in den Salzauffanggebieten illegal errichtet, um Regenwasser für die eigene, private Salzgewinnung zurückzuhalten. Der illegale Salzabbau hat nicht nur den Wasserzufluss in den See verändert, sondern auch das ökologische Gleichgewicht erheblich in Mitleidenschaft gezogen.

Makrana ⑮

Distrikt Nagaur. 80 km nördl. von Ajmer. **Straßenkarte** B3. 83 000. *Khadim Hotel, Ajmer.* tägl.

Riesige Marmorblöcke deuten darauf hin, dass Makrana ein florierender Marmorsteinbruch ist. Die Steinbrüche dehnen sich über eine

Marmorsteinbruch in Makrana

Entfernung von 20 Kilometern aus und liefern den teuren, leuchtend weißen Marmor, aus dem auch der Taj Mahal *(siehe S. 154f)* errichtet wurde. Marmor wird hier schon seit Jahrhunderten geschlagen – bis heute in der traditionellen Tagebauweise. Der Bedarf an hochwertigem Marmor ist damals wie heute sehr groß. Fast 50 000 Tonnen werden hier jährlich abgebaut und in ganz Indien verkauft.

Makrana eignet sich gut zum Geschenke- und Souvenirkauf, weil kleine Werkstätten Statuen, Säulen, Vasen, Lampen und andere Objekte aus Marmor meißeln. Marmorobjekte werden auch nach Agra verkauft, wo Handwerker Intarsien mit Blumenmotiven wie am Taj Mahal *(siehe S. 156f)* nachbilden.

Salzgewinnung am Sambhar Lake

Der Phool Mahal in malerischer Umgebung

Kishangarh

Distrikt Ajmer. 30 km nordöstl. von Ajmer an der NH 8. **Straßenkarte** B4. 116 000. *Khadim Hotel, Ajmer.*

Kishangarh war das kleinste Rajputen-Fürstentum. Es wurde im frühen 17. Jahrhundert von Kishan Singh, einem Rathore-Fürsten aus Jodhpur, in der Nähe von Ajmer gegründet. Die Schwester des Königs war eine von Jahangirs Frauen *(siehe S. 52 f)* – eine Verbindung, die ihm am Mogul-Hof einen besonderen Status verlieh. Eine bis heute sichtbare Folge dieser Verbindung war der Versuch der Kishangarh-Könige, den kultivierten Stil der Moguln zu imitieren. Als Kunst unter dem eher nüchternen Aurangzeb ihre besondere Förderung verlor, entwickelte sich der kleine Staat zu einer Zuflucht für die Maler der Miniaturgemälde.

Die Altstadt ist wegen ihrer historischen Authentizität sehenswert. Die engen Straßen sind mit *havelis* gesäumt, von denen einige in Läden umge-

Roopangarh Fort

wandelt wurden. Auch auf den Straßen verkauft man hier die unterschiedlichsten Waren, u.a. die berühmten roten Chilischoten der Region. Der private **Phool Mahal** (heute ein Heritage Hotel) liegt idyllisch an einem Seeufer. Schattige Balkone, Hofgärten und Messingtüren, eingerahmt von Gemälden, erzählen von einer prachtvollen Vergangenheit.

Phool Mahal
(01463) 24 7405.

Umgebung: Das Roopangarh Fort aus dem 17. Jahrhundert, 25 Kilometer von Kishangarh entfernt, war früher Hauptstadt des Staats. Das heutige Hotel zeigt u.a. eine seltene Sammlung berühmter Miniaturen aus Kishangarh.

Kishangarh-Schule (1735–1770)

Mitte des 17. Jahrhunderts verließen viele Miniaturmaler die kaiserlichen Ateliers und zogen in die Rajputen-Staaten, nach Zentralindien oder in den Punjab, wo die Höfe eigenständige, regionale Stile entwickelten. Die Kishangarh-Schule erblühte unter der Herrschaft von Raja Sawant Singh (reg. 1748–64), einem Mystiker, Dichter und Krishna-Anhänger. Sein talentierter Hofmaler Nihal Chand verewigte die Liebesgeschichte des Königs und seiner Hofsängerin in romantischen Gemälden, die sie als Radha und Krishna zeigen. Oft werden sie hier von Tier- und Vogelpaaren umgeben. Das berühmteste Gemälde ist ein Porträt von Bani Thani, der Hofsängerin: Sie ist im Profil mit einer spitzen Nase und lang gezogenen Augen sowie extrem schlanken Handgelenken und Fingern dargestellt. Diese hochstilisierte Porträtform markierte den Höhepunkt der Kishangarh-Schule.

Porträt von Bani Thani

Im Detail: Pushkar ⓱

Schildkrötenschrein

Pushkar ist eine ruhige Pilgerstadt mit Seen und 400 Tempeln, deren Name auf die Wörter *pushpa* (Blume) und *kar* (Hand) zurückgeht. Einer Legende nach sollen die Seen aus den Blumenblättern entstanden sein, die aus Brahmas göttlicher Schöpferhand *(siehe S. 24f)* herabfielen. Pushkar zieht mit seiner harmonischen Mischung aus Religion und Kommerz Besucher an die Ghats am See, in die Tempel und Basare.

Kamel- und Rindermarkt
Hunderttausende Menschen, Kamele und Rinder tummeln sich auf dem großen Viehmarkt.

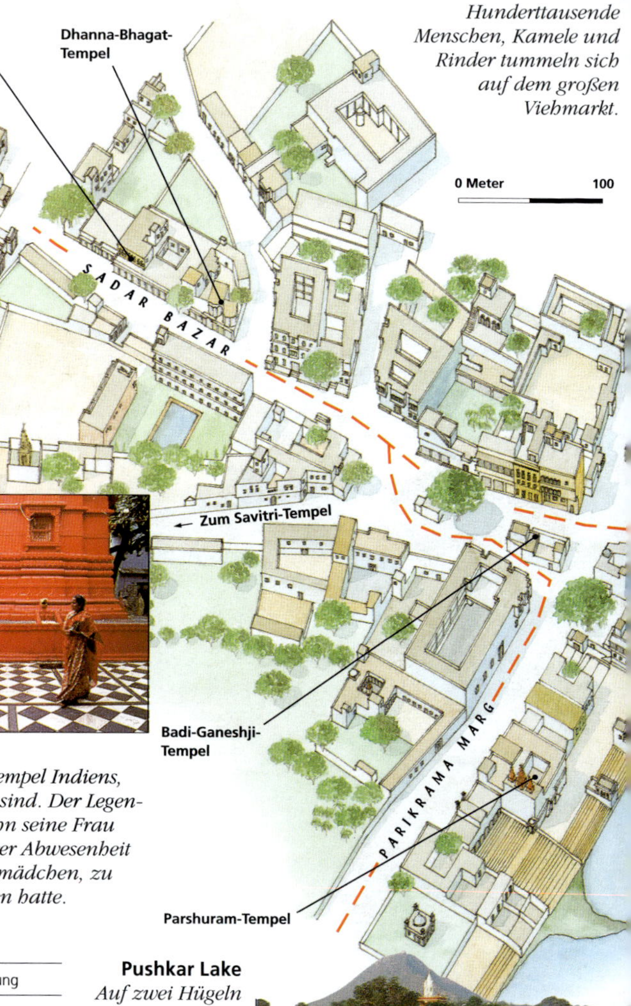

Wohngebiet

Dhanna-Bhagat-Tempel

SADAR BAZAR

Zum Savitri-Tempel

★ Brahma-Tempel
Einer der wenigen Tempel Indiens, die Brahma geweiht sind. Der Legende nach verfluchte ihn seine Frau Savitri, weil er in ihrer Abwesenheit Gayatri, ein Bauernmädchen, zu einer Feier eingeladen hatte.

Badi-Ganeshji-Tempel

PARIKRAMA MARG

Parshuram-Tempel

LEGENDE

– – – Routenempfehlung

NICHT VERSÄUMEN

★ Brahma-Tempel

★ Ghats

Pushkar Lake
Auf zwei Hügeln an gegenüberliegenden Ufern des heiligen Sees von Pushkar stehen der Savitri- und der Gayatri-Tempel.

PUSHKAR

INFOBOX

Distrikt Ajmer. 144 km südwestl. von Jaipur. **Straßenkarte** B4.
👥 15 000. ℹ️ *RTDC, Hotel Sarovar, (0145) 277 2040.*
🕘 tägl. 9–20 Uhr. 🐪 Pushkar-Viehmarkt (Okt/Nov). **Eier, Fleisch und Alkohol sind verboten.**

Rangaji-Tempel

Der Tempel fällt durch seine südindische Architektur auf. Die Pagode (gopuram) ragt über dem Viertel empor. Ausländer dürfen den Tempel nicht besuchen.

Frauen auf dem Sadar Bazar

Kamelrennen, Pushkar-Markt

Pushkar Mela

Während des Hindu-Monats Kartik (Oktober/November), zehn Tage nach Diwali, verwandelt sich die sonst eher beschaulich-verschlafene Stadt in einen lebhaften und lauten Kamel- und Viehmarkt. Lager und ganze Zeltstädte entstehen wie aus dem Nichts für die vielen Tausenden von Pilgern, Reisenden und Dorfbewohnern, die mit ihren Kamelen, Rindern, Pferden und Eseln zu dem lang erwarteten Markt strömen.

Pushkar war schon immer der wichtigste Viehmarkt der Region, einheimische Bauern und Viehzüchter kauften und verkauften hier. Im Lauf der Jahre ist der Markt gewachsen, sodass er nun zu den größten Viehmärkten Asiens zählt.

Im riesigen, eigens zu diesem Zweck erbauten Amphitheater am Stadtrand von Pushkar finden unter den anfeuernden Rufen der Zuschauer Kamel-, Pferde- und Eselrennen statt. Eine ausgelassene Atmosphäre erfasst während der zwei Marktwochen die ganze Stadt: Riesenräder und Freilufttheater sorgen für Unterhaltung, Imbiss- und Souvenirstände machen ein gutes Geschäft. Abends lauschen die Menschen an Lagerfeuern den Klängen der Rajasthani-Lieder.

Der Mela erreicht seinen Höhepunkt in der Vollmondnacht (*purnima*), wenn die Pilger ein Bad im heiligen See nehmen. Bei Dämmerung werden in der *Deepdan*-Zeremonie Hunderte Tonlampen in Blätterschiffchen ausgesetzt und treiben auf dem See.

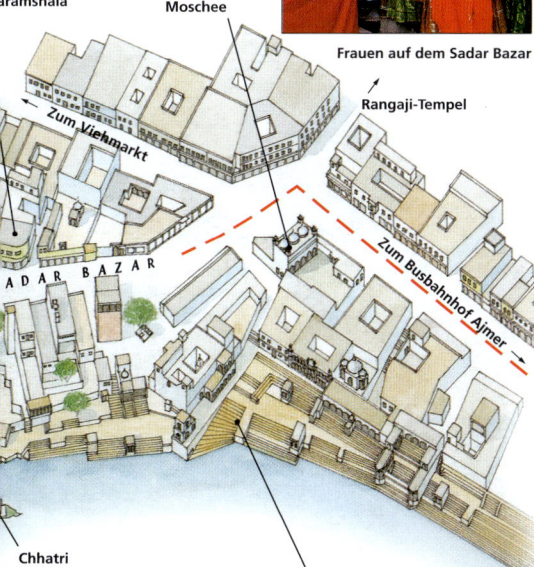

★ Ghats

In Pushkar gibt es 52 Ghats. Fromme Hindus pilgern einmal im Leben nach Pushkar und baden an den heiligen Ghats, um ihre Seele von Sünden reinzuwaschen und zu erlösen.

Ajmer

Kalligrafie, Adhai Din ka Jhonpra

Jeder Inder kennt Ajmer. Die Stadt ist nach Mekka das zweitheiligste islamische Pilgerzentrum. Diese historische Ehre verdankt die Stadt dem *dargah* des Sufi-Heiligen Khwaja Moinuddin Chishti. Die Moguln machten Ajmer zur Provinzhauptstadt ihres Territoriums in Rajputana. Hier überreichte Sir Thomas Roe, der erste britische Botschafter, 1615 auch sein Beglaubigungsschreiben an Jahangir. Zwar ist das *dargah* heute das Wahrzeichen der Stadt, aber Ajmer ist auch wegen der Nähe zu Pushkar, einem weiteren Pilgerort, bekannt. Die Stadt liegt inmitten einer Hügellandschaft mit sehenswerten Ruinen, die malerische Idylle am Anasagar Lake ist als Ausflugsziel beliebt.

Taragarh Fort
9.30–16.30 Uhr.
Das weitläufige »Sternenfort« aus dem 7. Jahrhundert thront auf dem Beetli Hill. Ein System aus fünf Toren führt in die einst uneinnehmbare Festung, die als ältestes Hügelfort Indiens gilt. Im Inneren stößt man auf einige Ruinen sowie eine (noch genutzte) Moschee und den Schrein von Miran Sayyid Hussain, einem Befehlshaber des Forts im 12. Jahrhundert. Spätere Bauten stammen von britischen Truppen, die im 19. Jahrhundert hier stationiert waren.

Dargah Sharif
Siehe Seiten 220f.

Adhai Din ka Jhonpra
Nördl. der Dargah Sharif, Nala Bazar.
9.30–16.30 Uhr.
Der beeindruckende Komplex aus Säulengängen ist der einzige Überrest einer Moschee, die Sklavenkönig Qutbuddin Aibak hier um 1200 bauen ließ. Manche Inder glauben, der (wörtliche) Name »Hütte in zweieinhalb Tagen« beziehe sich auf die Bauzeit. Wahr-

Die Kuppel der Dargah Sharif überragt die Hausdächer

scheinlicher ist, dass der Begriff die Dauer der religiösen Feiern zu Urs im 18. Jahrhundert meint. Wie bei der zur selben Zeit erbauten Quwwat-ul-Islam-Moschee in Delhis Qutb-Komplex *(siehe S. 112f)* verwendete man auch hier Säulen und Fragmente nahe gelegener Hindu- und Jaina-Tempel. Die Moschee wurde angeblich über einer abgerissenen Jaina-Schule errichtet und steht auf einer Plattform an einem Abhang, mit zehn flachen Kuppeln, die auf 124 Säulen ruhen. Die ganze Pracht der Anlage zeigt sich in der siebenbogigen Fassade vor der Säulenhalle: Jeder Bogen ist individuell gestaltet, jede Säule mit feinen Inschriften in Kufic und Tughra (frühe arabische Schriften) verziert. Der schiere Reichtum dieser Ornamente und der geschickte Umgang mit dem Material ließen Alexander Cunningham, den ersten Generaldirektor der Archaeological Survey of India, den Bau als »einen der elegantesten, den die Welt geschaffen hat«, beschreiben.

Government Museum Ajmer
Am Busbahnhof. (0145) 262 0637. *tägl. 9.30–16.30 Uhr. Feiertage.*
Akbars Fort und Palast im Herzen der Altstadt hat eine wechselhafte Geschichte: Zunächst diente es als erster Sitz der Moguln in Rajasthan, später wurde es von den Briten als Zeughaus genutzt. Schließlich richtete man hier 1908 auf Befehl von Vizekönig Lord Curzon ein Museum ein. Das ehemalige Rajputana Museum zeigt viele Skulpturen und Antiquitäten aus Orten in ganz Rajasthan. Am beeindruckendsten sind die Skulpturen aus dem 4. bis 12. Jahrhundert, z. B. der vierarmige, auf Garuda sitzende Vishnu sowie ein Türrahmen aus dem antiken Baghera, der die zehn Erscheinungsformen Vishnus zeigt. Sehenswert sind auch die antiken Münzen, Inschriften, Kupferteller, Gemälde und Waffen.

Die reich verzierte Fassade des Adhai Din ka Jhonpra besteht aus sieben Bogen

AJMER

Die Aravalli Hills bieten am Anasagar Lake eine malerische Kulisse

INFOBOX

Distrikt Ajmer. 135 km südwestl. von Jaipur. **Straßenkarte** B4.
485 000. *RTDC Hotel Khadim*, (0145) 262 7490.
am Hotel Khadim.
Station Rd. Sanganer.
Urs (Juli).

Nasiyan-Tempel
Anok Chowk, Seth Moolchand Soni Marg. Sommer: tägl. 8–17 Uhr; Winter: tägl. 8.30–17 Uhr.

Der »Rote Tempel« entstand im 19. Jahrhundert im Zentrum von Ajmer und gilt als schönes Beispiel der Architektur der Jainas. Gleich hinter dem Haupttempel (nur Gläubigen zugänglich) steht die zweistöckige Svarna Nagari Hall, die mit bunten Glasmosaiken verziert ist. Riesige goldüberzogene Holzfiguren zeigen Szenen der Jain-Mythologie wie Geburt und Leben von Rishabhdeva, dem ersten *tirthankar* (Heiligen).

Anasagar Lake
Circular Rd. 7–22 Uhr.

Der ruhige See nördlich der Stadt trägt den Namen von Anaji (reg. 1135–50), dem Großvater von Prithviraj Chauhan. Jahangir war von der reizvollen Landschaft so verzaubert, dass er hier einen Garten anlegte. Shah Jahan ließ die Vergnügungspaläste aus Marmor bauen.

Im Circuit House, einem pompösen Kolonialbau mit Seeblick, wohnte einst der britische Gesandte – heute wird hier gepicknickt.

Lord Mayo

Mayo College
Besuch mit Erlaubnis des Direktors.

Die 1875 von Lord Mayo als »Eton des Fernen Ostens« für Rajputen-Fürsten erbaute Schule beeindruckt durch das Hauptgebäude von Charles Mant, ein Schmuckstück indosarazenischer Architektur *(siehe S. 27)*. Die ersten Studenten lebten hier in ihren jeweiligen »Häusern« mit englischen Privatlehrern. Einige Studenten wie der Fürst von Alwar ritten zu Semesterbeginn auf Elefanten ein. Seit 1947 lässt das Mayo auch bürgerliche Studenten zu und ist heute eines der besten staatlichen Colleges des Landes.

Zentrum von Ajmer

Adhai Din ka Jhonpra ②
Anasagar Lake ⑤
Dargah Sharif ①
Government Museum ③
Mayo College ⑥
Nasiyan-Tempel ④

Zeichenerklärung siehe hintere Umschlagklappe

Dargah Sharif

Shahjahani Gate

Dargah Sharif ist seit dem 12. Jahrhundert ein bedeutendes islamisches Pilgerzentrum mit dem Grab des berühmten Sufi-Heiligen Khwaja Moinuddin Chishti (1143–1236), auch Garib Nawaz oder »Beschützer der Armen« genannt. Der Heilige soll Wunderkräfte besessen haben, sein *dargah* besuchen Menschen aller Glaubensrichtungen, die hier um Hilfe und Segen bitten. Man sagt, Chishti hätte sich in seine Kammer zum Gebet zurückgezogen, bis er am sechsten Tag starb. Alljährlich begeht man im siebten Mondmonat (Juli) seinen Urs (Todestagsfeier). Sein *dargah* wurde von zahlreichen Herrschern prächtig ausgestaltet. Heute geht es hier fast wie in einer geschäftigen Kleinstadt zu.

★ **Mehfil Khana**
In der 1888 von dem reichen Nizam aus Hyderabad erbauten Halle werden Qawwali-Gesänge aufgeführt.

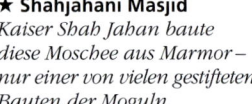

★ **Shahjahani Masjid**
Kaiser Shah Jahan baute diese Moschee aus Marmor – nur einer von vielen gestifteten Bauten der Moguln.

Qawwali-Sänger
Qawwalis (siehe S. 30), stets in der Gruppe gesungen, sind eigens für die Lobpreisung des Heiligen an seinem Grab komponiert.

Ibadat Khana (Gebetshalle)

★ **Mazar Sharif**
Chishtis Grab wurde zu Lebzeiten des Heiligen von Iltutmish begonnen und im 16. Jahrhundert von Kaiser Humayun vollendet. Spätere Mogul-Herrscher nahmen Anbauten vor. Der Marmordom überragt das gemauerte Grab hinter einem Silberzaun und Marmorgitterwerk.

NICHT VERSÄUMEN

★ Mazar Sharif

★ Mehfil Khana

★ Shahjahani Masjid

AJMER: DARGAH SHARIF

Akbars Moschee
Akbar, Chishtis bekanntester Anhänger, pilgerte zweimal von Agra nach Ajmer: einmal für seine Eroberung von Chittor, dann nach der Geburt seines Sohnes Prinz Salim, des späteren Jahangir.

INFOBOX
Distrikt Ajmer. 141 km südwestl. von Jaipur. **Straßenkarte** B4.
RTDC TO Hotel Khadim, (0145) 262 7426.
tägl.
Urs (Juli).

Pilger
Menschen jeder Glaubensrichtung bitten um Gnade und bringen Blumen sowie chadors *als Opfer.*

Nizam Gate

Dargah Bazar

Shahjahani Gate

Buland Darwaza
Den imposanten Toreingang baute einer der Khilji-Herrscher. Im Juli wird über den Zinnen eine Flagge gehisst, um den Beginn der Urs-Feierlichkeiten zu verkünden.

Degs
Zwei riesige degs *(Eisenkessel) mit fast drei Meter Durchmesser werden beim Urs zum Kochen eines besonderen Reispuddings, des* tabarrukh, *verwendet. Sind die* degs *leer, springen erfahrene »Taucher« hinein, um auch den letzten Bodensatz herauszukratzen.*

Dargah Bazar
Auf der langen Straße vor dem Nizam Gate, dem Haupttor, lockt geschäftiges Markttreiben. Farbenfrohe Stände verkaufen körbeweise Rosenblätter und chadors *an die Gläubigen als Opfergaben im* dargah.

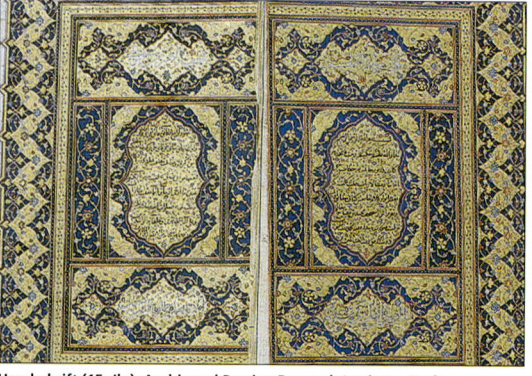

Handschrift (15. Jh.), Arabic and Persian Research Institute, Tonk

Chaksu ⓘ

Distrikt Jaipur. 43 km südl. von Jaipur an der NH12. **Straßenkarte** C4. 🚶 17 000. 🚌 🎉 Shitala Ashtami (März/Apr).

Das verschlafene Nest an der Straße von Jaipur nach Sawai Madhopur lohnt eine Rast wegen seines weißen Tempels für Shitala Mata, eine Göttin, die Krankheiten, vor allem Pocken, abwehrt. 100 Stufen führen zu einem Schrein, um den sich Gläubige nach der Opfergabe zum Plaudern treffen. Shitala Mata wird besonders in Teilen des ländlichen Rajasthan sehr verehrt, da dort viele Krankheiten tödlich enden. Alljährlich im März oder April wird hier ein Markt abgehalten, der wahre Pilgerscharen anlockt. Ein Essen wird einen Tag vor Ashtami, dem achten, Glück bringenden Tag nach Neumond, gekocht und der Göttin kalt geopfert.

Tonk ⓘ

Distrikt Tonk. 96 km südl. von Jaipur an der NH12. **Straßenkarte** C4. 🚶 1 211 000. 🚌 🎉 tägl. 🎉 Id (Feb/März).

Das kleine Reich Tonk, das einzige islamische Fürstentum in Rajasthan, wurde im frühen 19. Jahrhundert von den Briten eingerichtet, um den mächtigen Pathan-Kriegsherrn Amir Khan zu beschwichtigen. Überall in der Altstadt findet man Spuren der Nawabs: Sie bauten die herrliche Jami Masjid und etliche bemalte Häuser. Das **Sunehri Kothi** («Goldenes Haus»), 1824 von Amir Khan im alten Palastkomplex erbaut, ist das spektakulärste. Emaillierte Spiegelarbeiten und vergoldeter Stuck bedecken die Wände und Decken des glitzernden Inneren, die Fenster sind mit Buntglas ausgestattet, die Fußböden fantasievoll bemalt. In der Altstadt gibt es auch viele Bungalows im Raj-Stil, in denen früher der britische Gesandte und sein Gefolge lebten.

Die Nawabs waren engagierte Kunst- und Literaturmäzene. Ende des 19. Jahrhunderts gründete der dritte Herrscher ein stolzes Zentrum ismalischer Kunst, das heutige **Maulana Abul Kalam Azad Arabic and Persian Research Institute**. Es zeigt seltene arabische und persische Schriften, u. a. einige illuminierte Korane wie Aurangzebs *Alamgiri Koran Sharif* und den von Shah Jahan beauftragten *Koran-e-Kamal*. Auch Übersetzungen der Epen *Ramayana* und *Mahabharata* mit eleganter persischer und arabischer Kalligrafie sind hier zu finden.

🏛 **Sunehri Kothi**
Teilweise geöffnet. Auskunft: MAKA Arabic and Persian Research Institute.

🏛 **MAKA Arabic and Persian Research Institute**
Bei Bushaltestelle. ⏲ 10–17 Uhr. ⛔ So. 📞 (01432) 24 7389.

Sawai Madhopur ⓘ

Distrikt Sawai Madhopur. 172 km südöstl. von Jaipur. **Straßenkarte** C4. 🚶 97 500. 🚉 🚌 🎉 Mo–Sa. 🎉 Shivaratri (Feb), Ganesha Chaturthi (Aug/Sep).

Die Stadt ist ein wichtiger Eisenbahnknotenpunkt und das Tor zum Ranthambhore National Park. Sawai Madhopur ist nach seinem Gründer Sawai Madho Singh I. (reg. 1750–68) benannt. Das

Ein Karren vor einer Dorfhütte am Rand von Sawai Madhopur

Hotels und Restaurants in Jaipur & im östlichen Rajasthan *siehe Seiten 243–247 und 262f*

JAIPUR & ÖSTLICHES RAJASTHAN

Blick über die Dächer auf das entfernte Indergarh Fort

historische Ranthambhore Fort (heute im Park) aus dem 10. Jahrhundert hatte eine strategische Position an der Hauptroute nach Zentralindien und war daher zwischen den Rajputen-Herrschern und den einfallenden Armeen aus Delhi und Agra erbittert umkämpft: Alauddin Khilji (siehe S. 50f) und Akbar (1569) griffen die Festung an. Die Schlacht und der Heldenmut der Rajputen wurden in Miniaturgemälden und Liedern der Moguln gefeiert. Schließlich übergab man die Festung an die Herrscher von Amber (siehe S. 200–203). Obwohl man nur noch Ruinen sieht, wirkt das Dschungelfort mit seinen großen Toren, Mauern und Türmen äußerst wehrhaft. Innen befindet sich ein Ganesha geweihter Tempel aus dem 8. Jahrhundert. Die Priester bekommen hier säckeweise Briefe, manchmal nur mit der Adresse »Shri Ganesha, Ranthambhore«, vor allem in der Hochzeitssaison, um den Segen des Gottes zu erhalten. Frischvermählte hängen auf dem Weg zum Forttempel Grasbüschel auf, um Ganesha um Glück zu bitten.

Umgebung: Etwa 37 Kilometer westlich erstreckt sich der **Uniara-Palast.** Richtung Tonk, hinter **Hathi Bhata,** einer lebensgroßen Elefantenskulptur, liegt das **Kakod Fort,** östlich von Sawai Madhopur der riesige **Mansarovar Lake.**

Ranthambhore National Park ㉒

Siehe Seiten 224f.

Indergarh ㉓

Distrikt Kota. 52 km südl. von Sawai Madhopur. **Straßenkarte** C4. **Indergarh Fort** ☐ *tägl. 8–17 Uhr, beim Hausmeister melden, der unterhalb des Forts wohnt. Spende erbeten.*

Diese Kleinstadt gründete Raja Indrasal im Jahr 1605 unterhalb der Wälle eines malerischen Hügelforts, das von den flachen Hausdächern aus – auf denen in Sommernächten geschlafen wird – deutlich sichtbar ist. Einige Komplexe des verfallenen Forts zeigen noch Reste farbenfroher Wandgemälde mit Hofszenen und Legenden. Die zwei Haupttempel von Indergarh sind Bijasan Mata (einer Erscheinungsform von Durga) und Kuanwalji (Shiva) geweiht. Beide sind beliebte Pilgerorte.

Der Tigermythos

Der Tiger spielt in den indischen Mythen als Symbol höchster Macht, des Königtums und der Männlichkeit eine wichtige Rolle. In der Puranas-Sage reitet Durga, die schreckliche Göttin mit zehn Armen, auf einem Tiger und schlägt den unbesiegbaren büffelköpfigen Dämon Mahishasura.

Leider ist der Tiger in der realen Welt alles andere als stark: Statistiken zeigen, dass zu Beginn des 20. Jahrhunderts rund 40 000 Tiger in Indien lebten, im Jahr 1972 waren es nur noch etwa 1800. Eine Sonderkommission des Indian Board for Wildlife gründete daraufhin das »Project Tiger«, um die alarmierende Ausrottung des Tigers in ganz Indien aufzuhalten. Im ersten Jahr wurden neun Tigerschutzreservate eingerichtet, eines davon in Ranthambhore. Heute gibt es 27 dieser Parks, sodass die Tigerpopulation deutlich zugenommen hat. Dennoch ist die Existenz der großen Raubkatze durch die Zerstörung ihrer Lebensräume, illegale Wilderei und den Handel mit Tigerkörperteilen zu Heilzwecken in Südostasien und Indien weiter bedroht.

Durga reitet auf einem Tiger, Miniaturbild

Ranthambhore National Park

Hinweisschild

Der Park erstreckt sich im Schatten der Aravalli und Vindhya Hills auf einer Fläche von 400 Quadratkilometern. Die messerscharfen Bergrücken, tiefen Schluchten, Seen und Dschungel bieten Fleischfressern wie Wüstenluchsen, Panthern, Schakalen und Hyänen Lebensraum, aber auch Hirscharten sowie vielen einheimischen und Zugvögeln. Der berühmteste Bewohner ist jedoch der vom Aussterben bedrohte Tiger. Ihn zu Gesicht zu bekommen, ist eine einzigartige Erfahrung. Wie auch andere Parks der Region war dies ein Jagdgebiet und wurde 1973 in ein Naturschutzgebiet des »Project Tiger« umgewandelt.

Rajbagh
Pavillonruinen säumen das Ufer des Rajbagh Talao, eines der drei Seen im Park.

Ranthambhore Fort
Der Name des Parks geht auf dieses 1000 Jahre alte Dschungelfort der Rajputen zurück. Es steht auf einem 215 Meter hohen Berg.

Sambar-Hirsch
Große Herden dieser Hirschart sieht man an den Seen, wo sie sich im Wasser wälzen und Seepflanzen fressen – unbeeindruckt von den Jeeps und Touristen.

Banyan-Baum
Der zweitgrößte Banyan-Baum in Indien steht auf dem Gelände des Jogi Mahal. Die vielen verzweigten Äste werden alle durch Wurzeln gehalten.

RANTHAMBHORE NATIONAL PARK

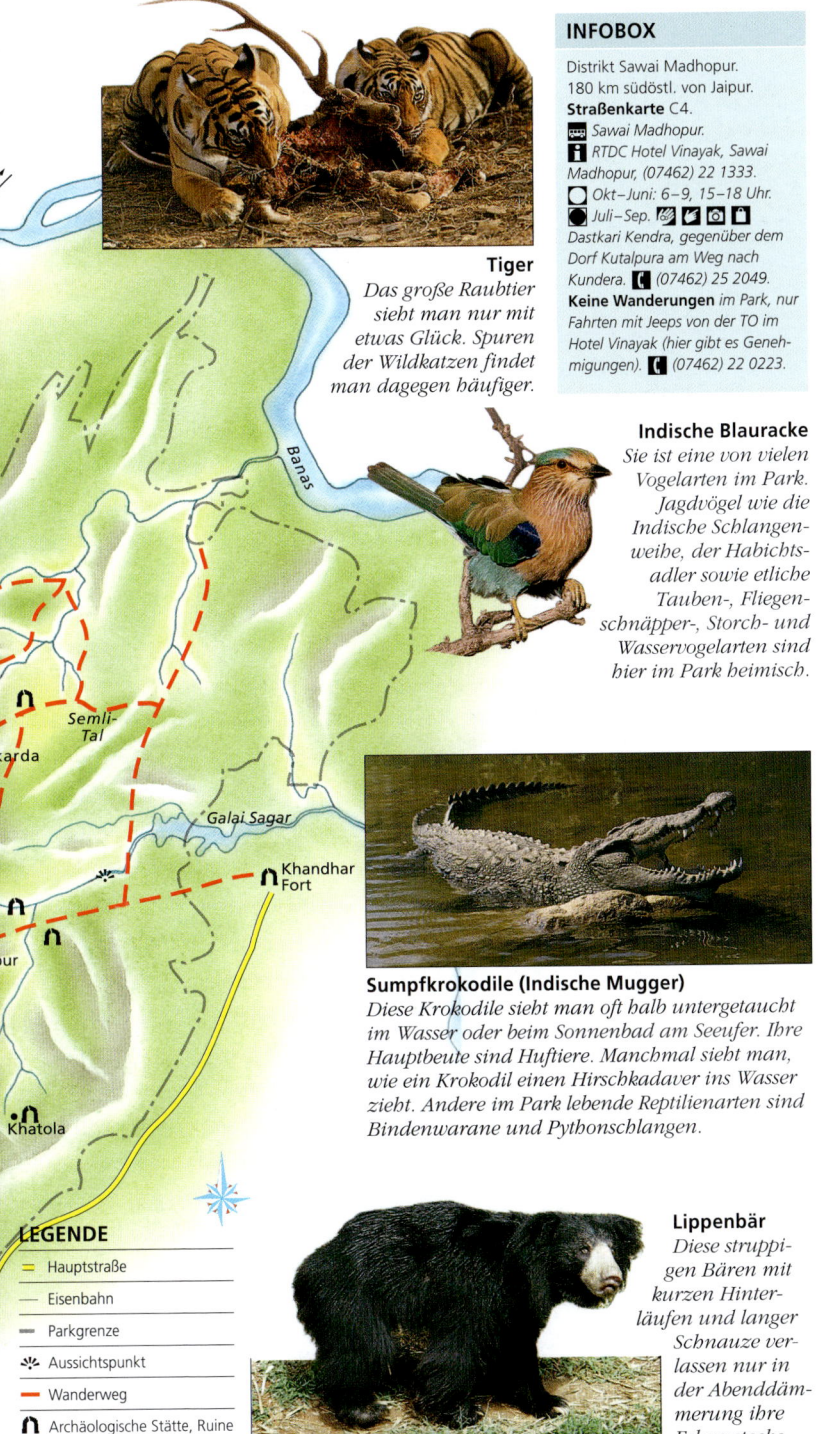

INFOBOX

Distrikt Sawai Madhopur.
180 km südöstl. von Jaipur.
Straßenkarte C4.
Sawai Madhopur.
RTDC Hotel Vinayak, Sawai Madhopur, (07462) 22 1333.
Okt–Juni: 6–9, 15–18 Uhr.
Juli–Sep.
Dastkari Kendra, gegenüber dem Dorf Kutalpura am Weg nach Kundera. (07462) 25 2049.
Keine Wanderungen im Park, nur Fahrten mit Jeeps von der TO im Hotel Vinayak (hier gibt es Genehmigungen). (07462) 22 0223.

Tiger
Das große Raubtier sieht man nur mit etwas Glück. Spuren der Wildkatzen findet man dagegen häufiger.

Indische Blauracke
Sie ist eine von vielen Vogelarten im Park. Jagdvögel wie die Indische Schlangenweihe, der Habichtsadler sowie etliche Tauben-, Fliegenschnäpper-, Storch- und Wasservogelarten sind hier im Park heimisch.

Sumpfkrokodile (Indische Mugger)
Diese Krokodile sieht man oft halb untergetaucht im Wasser oder beim Sonnenbad am Seeufer. Ihre Hauptbeute sind Huftiere. Manchmal sieht man, wie ein Krokodil einen Hirschkadaver ins Wasser zieht. Andere im Park lebende Reptilienarten sind Bindenwarane und Pythonschlangen.

Lippenbär
Diese struppigen Bären mit kurzen Hinterläufen und langer Schnauze verlassen nur in der Abenddämmerung ihre Felsverstecke zum Fressen.

LEGENDE
- Hauptstraße
- Eisenbahn
- Parkgrenze
- Aussichtspunkt
- Wanderweg
- Archäologische Stätte, Ruine
- Information

Zu Gast im Goldenen Dreieck

Hotels **228–247**

Restaurants **248–263**

Shopping **264–269**

Unterhaltung **270–271**

Sport und Aktivurlaub **272–275**

Hotels

Das »Goldene Dreieck« Delhi, Agra und Jaipur ist das beliebteste indische Reiseziel und bietet viele gut ausgestattete Unterkünfte. Man hat die Wahl zwischen internationalen und indischen Luxushotels, kleinen Gästehäusern und Jugendherbergen. Außerdem gibt es in vielen Städten preiswerte staatliche Touristenhotels. Wer echtes indisches Flair sucht, kann auch in prächtigen historischen Palästen und den *havelis* der Gegend um Jaipur wie ein Maharaja oder Rajputen-Fürst wohnen *(siehe S. 232f).* Für Urlauber mit kleinem Reisebudget gibt es Aschrams und kleinere Gästehäuser, die jedoch meist sehr einfach ausgestattet sind. Zeltplätze findet man in Indien dagegen kaum, ebenso wenig Unterkünfte mit Selbstverpflegung. In der Nebensaison (April bis September) sind die Zimmerpreise in der Regel günstiger. Eine Auswahl an Übernachtungsmöglichkeiten in dieser Gegend ist auf den Seiten 234–247 aufgelistet.

Türsteher im Nobelhotel

Hotelketten, Preise und Ausstattung

Die teuersten Hotels sind Fünf-Sterne-Luxushotels mit internationalem Standard. Viele dieser Häuser gehören indischen Ketten wie der **Ashok Group** oder internationalen Gruppen wie **Sheraton** und **Radisson** *(siehe S. 231)* an. Unterhalb dieser Kategorie findet man Vier- und Drei-Sterne-Hotels, Gästehäuser und sogenannte Lodges, einige davon bieten auch einen Pool oder einen Tennisplatz. In den meisten Hotelzimmern kann man inzwischen internationale Fernsehsender empfangen.

In Agra und Jaipur kann man in den Palästen, Bungalows und *havelis* der »Heritage Hotels« inmitten historischer Pracht logieren. Mit Ausnahme sehr preiswerter Hotels gibt es selbst in älteren Gebäuden Badezimmer in westlichem Stil. Zimmerservice, Hotelsafe und täglich frische Wäsche sind in den besseren Hotels Standard.

An der Hotelrezeption erhält man Auskunft über Ausflüge. In den größeren Hotels findet man auch Reisebüros vor.

Traditionelle Hütten, Desert Resort, Mandawa

Luxushotels

Indiens Spitzenhotels können in Eleganz, Service und Ausstattung mit den besten Hotels der Welt mithalten. Die Hotelarchitektur ist oft eine geschickte Mischung aus traditionellem indischem und modernem Stil. Die Innenräume sind verschwenderisch in bester indischer Handwerkskunst und mit den schönsten Stoffen ausgestattet. Die Hotels der großen internationalen und indischen Ketten verfügen über Klimaanlagen und warten mit Arztservice, Einkaufspassagen, Cafés, Bankettsälen, Bars und Gourmetrestaurants auf. Geschäftsreisende finden hier Business- und Konferenzzentren, die mit Computer und Internet für den persönlichen Gebrauch ausgestattet sind. Anschlüsse und Modems für eigene PCs und Laptops sind ebenfalls vorhanden. Außerdem gehören oft Kosmetiksalons und Fitnesszentren, Schwimmbäder sowie Tennisplätze zum Hotelangebot. Die Rezeption kümmert sich häufig auch um die Buchung von Sportangeboten wie Golf. In einigen Hotels werden sogar Hand- und Tarotkartenleser oder Astrologen beschäftigt.

Logo, Fünf-Sterne-Hotel

Das Mughal Sheraton in Agra, bekannt für seine innovative Architektur

◁ Verlockend angebotenes Gemüse an einem Straßenverkaufsstand

Heritage Hotels

Einige historische Paläste und Anwesen, vor allem in Rajasthan, sind aufwendig restaurierte Hotels. Sie tragen das Markenzeichen **Heritage Hotels Association of India**. Eine private Agentur mit Namen **WelcomHeritage** *(siehe S. 231)* nimmt Buchungen für die Hotels in den drei unterschiedlich teuren Kategorien Grand, Classic und Ordinary vor. Auch in den meisten Reisebüros kann man Zimmer in diesen Hotels reservieren lassen.

Mittelklassehotels

Dazu gehören Vier- und Drei-Sterne-Hotels mit etwas bescheidenerer Ausstattung und Einrichtung als die Fünf-Sterne-Hotels. Viele dieser Häuser sind zwar kleiner, aber dennoch bequem und sauber mit gutem Service. Die Räume haben meist Klimaanlage und Badezimmer mit kaltem und heißem Wasser. Einige liegen inmitten schöner Gärten und verfügen manchmal sogar über Cafés und Konferenzzentren.

Preiswerte Hotels und Lodges

Preiswerte Hotels findet man in den älteren Stadtteilen, meist in der Nähe von Bahnhöfen und Busbahnhöfen. Die Unterkünfte reichen von sehr einfachen bis zu durchaus gemütlichen Gästehäusern. Sie haben Deckenventilatoren, Moskitonetze und eigene Badezimmer im indischen oder westlichen Stil. Die Preise in Delhi liegen höher als außerhalb.

Das weit verzweigte Netz der Bungalows der staatlichen Tourismusbehörden sowie der Ashok Group der nationalen India Tourism Development Corporation ITDC *(siehe S. 297)* ist vor allem eine Alternative für wenig bereiste Ziele. Außerdem sind die Preise günstiger, man kann hier meist zwischen Mehrbett- oder Doppelzimmern mit Bad wählen.

Gästehäuser

Der Begriff Gästehaus kann vielerlei umfassen: Mittelklasse- und Billighotels können das Wort in ihrem Namen führen, Preise und Service sind jedoch sehr unterschiedlich. Bei einem günstigeren Hotel sollte man sich vor dem Einchecken Zimmer und Bad genau ansehen,

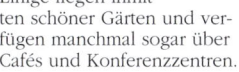

Logo der Welcomgroup-Kette

zumal es oft nur indische Toiletten gibt. Außerdem sollten Sie Bettzeug und Stoffe auf Insekten absuchen! Bessere Gästehäuser haben Klimaanlagen und Bäder mit westlichen Toiletten. In Jaipur sind Gästehäuser auch oft in großen, privaten *havelis* untergebracht, die sogar Halb- oder Vollpension anbieten.

Dharamshala in Haridwar

Privatunterkünfte

Privatunterkünfte (englisch »Paying Guest Scheme«) findet man in Delhi über das **Government of India Tourist Office** *(siehe S. 279)* oder über ein Reisebüro. In Agra hilft die Fremdenverkehrsinformation am Bahnhof weiter, in Jaipur wendet man sich an **Rajasthan Tourism (RTDC)** *(siehe S. 231)*, um eine offizielle und umfassende Liste von Privatunterkünften zu bekommen. **Munjeeta Travel** mit Sitz in England *(siehe S. 231)* organisiert Touren mit Übernachtungen in Privathäusern.

Dharamshalas und Aschrams

Pilgerherbergen, die sogenannten *dharamshalas*, sind äußerst preiswerte Unterkünfte, so beispielsweise das **International Rest House** in Brindavan oder die **Ramakrishna Mission** und der **Sri Aurobindo Ashram** in Delhi *(siehe S. 231)*. Die Gäste müssen hier strikt die Hausregeln befolgen, sonst müssen sie die Herberge verlassen. In den Altstadtbereichen von Großstädten haben die *dharamshalas* oft schlechte Hygienestandards, das Zimmer kann durchaus ein nackter Schlafsaal ohne Bettzeug mit nur einem Badezimmer sein. Einige Tempel und Aschrams vermieten ebenfalls Zimmer an Gäste. Die Ausstattung ist einfach, aber meist sauber. Auch hier wird erwartet, dass man die Regeln der Gemeinschaft respektiert.

Zimmer in einem Fünf-Sterne-Hotel

Jugendherbergen

In Indien gibt es ein Netzwerk von Jugendherbergen, dazu gehört auch das YMCA *(siehe S. 281)*. Hostels sind sehr preiswert, YMCAs dagegen etwas teurer und besser ausgestattet. Letztere gibt es nur in Großstädten. Man muss für einen Aufenthalt in einer indischen Jugendherberge kein JH-Mitglied sein, doch wer seinen (deutschen oder internationalen) JH-Ausweis vorzeigt, zahlt weniger. Es gibt Zimmer und Schlafsäle, die Regeln der Herberge müssen eingehalten werden.

Nationalparks und Campingplätze

In den Nationalparks gibt es mehrere Unterkunftsmöglichkeiten, jedoch keine Campingplätze. Während des Pushkar-Markts unterhält Rajasthan Tourism ein **Tourist Village** auf einem großen Campingplatz mit kleinen Häuschen und Zelten. Einige Hotels in Rajasthan wie das Samode Bagh oder die **Sawai Madhopur Lodge** bieten Zeltunterkünfte an. In Uttar Pradesh gibt es Lager von Privatanbietern wie **Outdoor Adventures** und **Milestones** sowie staatliche River-Rafting-Campingplätze in Rishikesh.

Preise und Rabatte

Die Hotelpreise schwanken je nach Stadt zum Teil erheblich: Am teuersten ist Delhi, kleine Stadthotels sind am günstigsten. Naturgemäß sind Fünf-Sterne-Luxushotels sowie Heritage Hotels am teuersten. Die Preise der von der staatlichen Tourismusbehörde unterhaltenen Häuser sind in den einzelnen Bundesstaaten unterschiedlich hoch, auch hier ist Delhi am teuersten. Die Preise in den Gästehäusern sind sehr gemischt. In der Nebensaison von April bis September bieten die meisten Hotels Ermäßigungen von bis zu 50 Prozent an.

Im Oktober steigen die Preise um einige Prozent. Außerdem werden verschiedene Steuern zusätzlich zum ausgewiesenen Zimmerpreis erhoben. Ausländer müssen in Devisen (Dollar) sowie die zusätzlichen Steuern zahlen. Meist liegen die Preise dadurch rund ein Viertel über dem entsprechenden Preis in Rupien.

Blick auf den großen Swimmingpool im Rajvilas Hotel in Jaipur

Logo eines Oberoi-Luxushotels

Steuern

Obwohl die indische Regierung die zehnprozentige staatliche Hotelsteuer gekippt hat, erheben die einzelnen Bundesstaaten eine Luxussteuer (zwischen fünf und 20 Prozent). In den meisten Bundesstaaten wird anstatt der alten Steuer auf Speisen und Getränke eine 12,5-prozentige Umsatzsteuer erhoben.

Versteckte Kosten

Zusätzlich berechnete Leistungen können Mineralwasserflaschen, Frühstück, Zimmerreinigung, zusätzliches Bettzeug, Telefongespräche, E-Mails und Faxe, Minibar oder kostenpflichtige Fernsehprogramme umfassen (lesen Sie die Zusatzinformation auf dem Room-Service-Informationsblatt). Hotels verlangen Zusatzgebühren für den Hoteltransfer. Die Fernsprecher in der Lobby oder außerhalb des Hotels in den STD-Zellen *(siehe S. 291)* sind günstiger als Gespräche vom Zimmer aus. In kleinen Stadthotels ohne fließendes warmes Wasser erhält man einmal täglich gegen geringe Gebühr einen Eimer heißes Wasser.

Buchung, Ein- und Auschecken

Grundsätzlich empfiehlt sich eine Hotelreservierung, vor allem in der Hauptreisesaison (Oktober bis März). Zu dieser Zeit finden

Das Glass House am Ganges in Rishikesh

viele Konferenzen und Kulturfestivals statt. Die Reservierung kann telefonisch oder per Fax geschehen. Man sollte sie sich jedoch schriftlich bestätigen lassen. Der Checkout muss im Allgemeinen bis 12 Uhr erfolgen. Kleinere Hotels achten nicht genau darauf und rechnen tageweise ab. Sie sollten die Rechnung prüfen und Quittungen behalten.

Hotelvermittler

Am Flughafen oder Bahnhof wird man häufig von Hotelvermittlern regelrecht belagert (siehe S. 265), viele arbeiten auch als Taxi- oder Autorikschafahrer und möchten Sie unbedingt zu einem bestimmten Hotel bringen – natürlich verdient der Schlepper dabei mit. Besser ist es, sich nicht darauf einzulassen, sondern im Voraus zu buchen. Man kann auch am Informationsschalter am Flughafen oder am Bahnhof wegen einer Unterkunft anfragen.

Falls Sie doch einem Fahrer folgen, sollten Sie vorher den konkreten Preis aushandeln, nach Alternativen fragen und das Zimmer kontrollieren, bevor Sie zahlen und den Fahrer gehen lassen. Fühlen Sie sich belästigt, wenden Sie sich an einen Polizeibeamten.

In den eleganten Zelten des Samode Bagh wohnt man wie ein Mogul

Mit Kindern reisen

Indisches Hotelpersonal ist grundsätzlich sehr kinderlieb. Gegen eine kleine Gebühr wird gern ein zusätzliches Bett aufgestellt. Nur wenige Hotels stellen allerdings einen Babysitter zur Verfügung – man erwartet, dass sich die Eltern um ihre Kinder kümmern. Erkundigen Sie sich dennoch an der Rezeption. In den meisten Hotels gibt es keine speziellen Einrichtungen für Kinder.

Behinderte Reisende

Nur neuere und gehobene Hotels haben eine Rollstuhlrampe, Aufzüge und Rollstühle für behinderte Reisende. Das Personal ist in der Regel jedoch sehr hilfsbereit. Viele ältere Hotels, die sich – vor allem in Rajasthan – in umgebauten Palästen und privaten Anwesen befinden, haben mehrere Stockwerke ohne Rampen und Aufzüge. Erkundigen Sie sich vor der Buchung über eine behindertengerechte Ausstattung.

Trinkgeld

Trinkgeld wird immer erwartet, selbst wenn der Service bereits in der Rechnung enthalten ist. Die Höhe bestimmt der Gast, von zehn Rupien für das Autoparken, etwas mehr für einen Träger und bis zu zehn Prozent der Rechnung im Restaurant.

AUF EINEN BLICK

Hotelketten

Ashok Group
3 Jeevan Vihar, Parliament Street, Delhi.
Stadtplan 4 F9.
((011) 2374 8165.
www.theashokgroup.com

ITC Welcomgroup Maurya Sheraton
Maurya Sheraton, Sardar Patel Marg, Delhi.
((011) 2611 2233.

Oberoi Group
7 Shamnath Marg, Delhi.
((011) 2389 0606.
www.oberoihotels.com

Radisson Hotels
National Highway 8, Mahipalpur Rd, Delhi.
((011) 2677 9191.

Taj Group
Taj Mahal, Mansingh Rd, Delhi. **Stadtplan** 5 B3.
((011) 2302 6162.
www.tajhotels.com

Heritage Hotels

Heritage Hotels Association of India
Mandawa Haveli, Sansar Chandra Rd, Jaipur.
((0141) 237 1194.

WelcomHeritage
31, FF Siri Fort Rd, Delhi.
((011) 2626 6650.

Privatunterkünfte

Munjeeta Travel
12 Cavendish Rd, Woking, Surrey GU22 OEP, UK.
((01483) 77 3331.

RTDC, Jaipur
Govt Hostel, MI Rd.
((0141) 237 1641.
Swagatam Tourist Campus.
((0141) 220 0595.

Dharamshalas und Aschrams

International Rest House
Shri Krishna-Balaram Temple, Brindavan.
((0565) 254 0021.

Ramakrishna Mission
Ramakrishna Ashram Marg, Delhi.
((011) 2358 7110.

Sri Aurobindo Ashram
Aurobindo Marg, Delhi.
((011) 2656 7863.

Nationalparks und Campingplätze

Milestones
C-426 Chittaranjan Park, Delhi.
((011) 2627 8529.
www.milestones.net

Outdoor Adventures
S-234 Panchsheel Park, Delhi.
((011) 2601 7485.

Sawai Madhopur Lodge
National Park Rd, Sawai Madhopur.
((07462) 22 0541.

Tourist Village (RTDC)
Pushkar.
((0145) 262 7426.

Stadtplan Delhi siehe Seiten 122–131

Highlights: Heritage Hotels

Die Auszeichnung »Heritage Hotel« wird nur an behutsam modernisierte Paläste und *havelis* verliehen, die als Spitzenhotels internationalen Standards entsprechen. Meist sind sie mit modernen Sanitär- und Klimaanlagen, Swimmingpool und Tennisplatz ausgestattet. Wichtiger ist jedoch, dass diese Hotels ihre Geschichte, Architektur und das individuelle, indische Ambiente besonders pflegen. In den Innenräumen findet man oft noch alte sepiafarbene Fotografien, erlesene Kunstobjekte und Möbel. Natürlich hat das einzigartige Flair vieler Heritage Hotels auch seinen Preis.

Castle Mandawa, Mandawa
Das Fort aus der Mitte des 18. Jahrhunderts ist ein bezauberndes Heritage Hotel, das zum Besuch der bemalten havelis *in Shekhawati einlädt. Volkstänzer und Musiker aus Rajasthan sowie Kamelausritte sind nur einige der Attraktionen (siehe S. 245).*

Samode Palace, Samode
Die ganze Pracht Rajasthans stellt dieser bemalte Palast zur Schau. Die glanzvolle Durbar Hall und der Sheesh Mahal dienen heute als Empfangsbereich, wo man auch speisen kann (siehe S. 247).

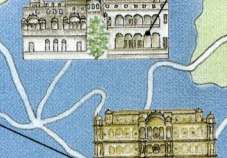

JAIPUR & ÖSTLICHES RAJASTHAN

Pushkar Palace, Pushkar
Der Palast am See gehörte einst dem Maharaja von Kishangarh und ist heute ein beliebtes Hotel. Die Aussicht ist wunderbar – auf die Ghats, die zerklüfteten Aravalli Hills und die 400 Tempel der Stadt (siehe S. 246).

Narain Niwas Palace, Jaipur
Der 1928 erbaute, traditionelle Palast (siehe S. 244) liegt inmitten ausgedehnter Gärten und Mangohaine.

Neemrana Fort Palace, Neemrana
Das 1464 erbaute Fort war eines der ersten indischen Heritage Hotels. Die Architektur des Baus wurde genau nach Originalplänen restauriert. Die Innenräume sind in einer Mischung aus traditionellem und behutsam-modernem Stil gestaltet worden (siehe S. 246).

0 Kilometer 100

DELHI

Hill Fort Kesroli
Das rund 600 Jahre alte Fort erhebt sich mit sieben Türmen auf einer Anhöhe. Die Zimmer bieten einen herrlichen Ausblick. Die Hotellage eignet sich gut für den Besuch von Sehenswürdigkeiten und Heiligtümern in der Nähe (siehe S. 243).

AGRA & UMGEBUNG

Laxmi Vilas Palace, Bharatpur
Der Palast entstand 1899 für die Frauen der königlichen Familie in der Nähe des Keoladeo National Park. Der Bau ist eine Mischung aus Mogul- und Rajputen-Stil. Die großen Zimmer sind mit Antiquitäten, die Innenhöfe mit farbenprächtigen Fresken geschmückt *(siehe S. 241).*

Sawai Madhopur Lodge, Sawai Madhopur
Die einstige Jagdhütte des Maharaja von Jaipur *(siehe S. 247)* ist ein Kolonialbau im Stil der 1930er Jahre. Er befindet sich am Rand des Ranthambhore National Park.

Usha Kiran Palace, Gwalior
Das Gästehaus des Maharaja von Gwalior ist ein bezaubernd altmodisches Hotel (siehe S. 242).

Hotelauswahl

Die Hotels in diesem Reiseführer wurden aus verschiedensten Preisklassen aufgrund ihres guten Preis-Leistungs-Verhältnisses, ihres hervorragenden Service und ihrer Lage ausgewählt. Sie sind hier nach Regionen aufgelistet. Den Stadtplan von Delhi finden Sie auf den Seiten 122–131.

PREISKATEGORIEN
Preise für ein Standard-Doppelzimmer pro Nacht, inklusive Steuern und Service – aber ohne Frühstück.

- ® unter 2000 Rs.
- ®® 2001–5000 Rs.
- ®®® 5001–8000 Rs.
- ®®®® 8001–15 000 Rs.
- ®®®®® über 15 000 Rs.

Delhi

NEW DELHI Prince Polonia
2325-2326, Tilak Gali, Paharganj **Tel** 011 2358 1930 **Fax** 011 2358 7026 **Zimmer** 31 — **Stadtplan** 1 B3

Mitten im Trubel von Paharganj befindet sich eines der besseren der günstigen Hotels in dieser Gegend. Entspannung im Swimmingpool und in den netten, gemütlichen Zimmern. Ideal für Urlauber und Rucksackreisende. Das Geschäfts- und Einkaufszentrum Connaught Place liegt nebenan. **www.princepolonia.com**

NEW DELHI YWCA des Delhi Blue Triangle Family Hostel
YWCA von Delhi, Ashoka Road **Tel** 011 2336 5411 **Fax** 011 2336 0202 **Zimmer** 43 — **Stadtplan** 1 B5

Das Blue Triangle Family Hostel erfüllt den Wunsch reisender Frauen nach Sicherheit und Komfort. Die Zimmer sind nett, im Restaurant wird gutes Essen serviert. Das Haus ist aufgrund der exzellenten Lage und günstigen Preisen bei internationalen Studenten beliebt. **www.ywcaindia.com**

NEW DELHI YWCA International Guest House
10 Sansad Street, Sansad Marg **Tel** 011 2336 1662 **Fax** 011 2334 1763 **Zimmer** 24 — **Stadtplan** 1 B5

Im YWCA mit guten Einrichtungen und ebensolchen Preisen nahe an Delhis wichtigstem Business- und Shopping-Distrikt nächtigen Studentinnen und allein reisende Frauen mit Kindern. Die Zimmer sind einfach, aber komfortabel. Kostenloses Frühstück von 8 bis 10 Uhr, Getränke bekommt man rund um die Uhr. **www.ywcaindia.org**

NEW DELHI Ahuja Residency
193 Golf Links **Tel** 011 2462 2255 **Fax** 011 2464 9008 **Zimmer** 12 — **Stadtplan** 5 B4

Die Golf Links Apartments, betrieben von Ahuja Residency, haben jeweils drei Schlafzimmer, ein Bad und eine gut ausgestattete Küche. Die Raumpflege ist im Preis inklusive. Die beschauliche grüne Umgebung macht den Aufenthalt noch angenehmer. **www.ahujaresidency.com**

NEW DELHI Hotel Centre Point
13 Kasturba Gandhi Marg **Tel** 011 2335 4304 **Fax** 011 2332 9138 **Zimmer** 55 — **Stadtplan** 1 C5

Aus einer Kolonialresidenz wurde ein Hotel mit exzellenten Einrichtungen zu vernünftigen Preisen. Die Zimmer haben das luxuriöse Flair vergangener Tage. Das Centre Point liegt nahe wichtiger Business- und Medienzentren. Eine der besten Mittelklasse-Unterkünfte für Geschäftsleute und Urlauber.

NEW DELHI Hotel York
K-10 Connaught Circus **Tel** 011 2341 5769 **Fax** 011 2341 4419 **Zimmer** 80 — **Stadtplan** 1 C4

Das York in Delhis Geschäftsgegend gehört zu den ältesten Drei-Sterne-Hotels der Stadt und bietet freundliches Personal und einen nützlichen Reiseschalter sowie saubere, komfortable Zimmer mit schlichter Einrichtung. Ideal für einen Aufenthalt inmitten der Kolonialarchitektur von Lutyens' Delhi. **www.hotelyorkindia.com**

NEW DELHI Jor Bagh '27' Guesthouse
27 Jor Bagh **Tel** 011 2469 4430 **Fax** 011 2469 8647 **Zimmer** 18

Das Gästehaus ist bescheiden, bietet aber mehr Komfort als andere Mittelklassehäuser. Es befindet sich nahe am Trubel der City, ist jedoch überraschend ruhig. Die gemütlichen Zimmer sind nett eingerichtet, das Personal ist freundlich. Alles in allem gutes Preis-Leistungs-Verhältnis. **www.jorbagh27.com**

NEW DELHI Master Bed & Breakfast
R-500, New Rajinder Nagar **Tel** 011 2874 1089 **Fax** 011 6547 9947 **Zimmer** 3

Das Master Bed & Breakfast in einer ruhigen Ecke der Stadt bietet drei individuelle Zimmer mit eigenen Namen (Mogul, Ganesh und Krishna) zu erschwinglichen Preisen. Hier ist ein geruhsamer Aufenthalt in dieser oftmals hektischen Stadt garantiert. **www.masterbedandbreakfast.com**

NEW DELHI YMCA Tourist Hostel
Jai Singh Road **Tel** 011 2336 1915 **Fax** 011 2374 6023 **Zimmer** 105 — **Stadtplan** 1 B5

In dem großen, günstigen Hotel im Herzen der Stadt steigen Studenten und preisbewusst reisende Urlauber ab. Die Gästezimmer sind sauber, das Essen sehr gut. Das Dekor allerdings ist verbesserungswürdig. Blick auf Jantar Mantar, das astrologische Observatorium aus dem 18. Jahrhundert. **www.delhiymca.org**

Zeichenerklärung siehe hintere Umschlagklappe

NEW DELHI The Hans Plaza

15 Barakhamba Road **011 2331 6868** FAX *011 2331 4830* **Zimmer** *74*   **Stadtplan** *2 D5*

Das Hotel bietet Komfort und Luxus aus dem Bilderbuch, dazu eine Prise Historie und die herrliche Architektur von Delhis Kolonialzeit. Es steht in einer der lebhaftesten Straßen der Stadt, nahe an beliebten Sehenswürdigkeiten. Große, schlichte Zimmer. Der Service könnte angesichts der Preise besser sein. **www.hanshotels.com**

NEW DELHI The Connaught

37 Shaheed Bhagat Singh Marg **011 2341 5769** FAX *011 2341 4419* **Zimmer** *80*   **Stadtplan** *1 B4*

Dieses schnörkellose Hotel bietet Bed & Breakfast. Meiden Sie Zimmer im dritten Stock – sie bieten keine gute Aussicht. Zentrale Lage bei großen Einkaufszentren. Die Zimmer sind nett, einige sind jedoch sehr renovierungsbedürftig. Alle Einrichtungen eines typischen Vier-Sterne-Hotels, z. B. ein Spezialitätenrestaurant und 24-Stunden-Coffeeshop.

NEW DELHI Hotel Janpath

Janpath Road **011 2334 0070** FAX *011 2334 68618* **Zimmer** *213*   **Stadtplan** *5 A1*

Das Janpath, eines der ältesten Mittelklassehotels, hat schon bessere Tage erlebt. Außen müsste es renoviert werden, die größeren Zimmer haben aber Balkon, sie sind komfortabel und sauber. Das südindische Restaurant Sagar Ratna ist sehr beliebt. **www.theashokgroup.com**

NEW DELHI Jaypee Sidharth

3 Rajendra Place **011 2576 2501** FAX *011 2578 1016* **Zimmer** *98*

Etwa 20 Minuten vom Stadtzentrum entfernt bietet dieses nette Hotel modern dekorierte, gut ausgestattete Gästezimmer. Es gibt gute Restaurants und Bars sowie einen großartigen Wellness-Club, Ananda, mit Fitness-Center und anderen Einrichtungen. **www.jaypeehotels.com**

NEW DELHI The Lalit

Barakhamba Avenue, Connaught Place **011 2341 1001** FAX *011 2341 2233* **Zimmer** *460*   **Stadtplan** *2 D5*

Das bei Geschäftsreisenden beliebte Hotel bietet eine Mixtur aus Kultiviertheit, Komfort und Eleganz. Die Zimmer sind groß und zeitgenössisch dekoriert. Der Law Club, der erste seiner Art, ist beliebter Treffpunkt der juristischen Fakultäten der Stadt. Die Restaurants und Bars sind erstklassig. **www.thelalit.com**

NEW DELHI The Park

15 Parliament Street **011 2374 3000** FAX *011 2374 4000* **Zimmer** *224*   **Stadtplan** *1 C5*

In diesem Hotel schwelgen Sie in echter Opulenz und Zurückgezogenheit. Die Zimmer haben progressiven Avantgarde-Look mit modernsten Einrichtungen. The Box, ein Souvenirladen in der Ladenarkade, verkauft einzigartiges Kunsthandwerk und Accessoires. Die Restaurants sind Weltklasse. **www.theparkhotels.com**

NEW DELHI Ramada Plaza

19 Ashok Road, Connaught Place **011 000 0000** **Zimmer** *448*   **Stadtplan** *5 A1*

Das neueste Hotel der Stadt steht an der Stelle des früheren Ashok Niwas Yatri. Die luxuriösen Gästezimmer bieten viel Platz sowie eine Mischung aus modernem und klassischem Dekor. Es ist zurzeit das größte Mittelklassehotel der Ramada-Kette. **www.ramada.com**

NEW DELHI The Taj Ambassador

Sujan Singh Park, Cornwallis Road **011 2463 2600** FAX *011 2463 2252* **Zimmer** *88*   **Stadtplan** *5 B3*

Das Hotel ist ideal für Kunstkenner. Das Gebäude verströmt Alte-Welt-Charme – wenn Sie eine ruhige, entspannte Unterkunft suchen, sind Sie in diesen einfachen und doch eleganten Zimmern richtig. Von hier aus können Sie zu den Lodi Gardens oder zum Khan Market (mit Boutiquen und Restaurants) spazieren. **www.tajhotels.com**

NEW DELHI Claridges

Aurangzeb Road **011 4133 5133** FAX *011 2301 0625* **Zimmer** *155*   **Stadtplan** *5 A3*

Dieses stilvolle Hotel in einer ruhigen Diplomaten-Straße vermischt perfekt Moderne und Tradition. Die Zimmer sind luxuriös und geschmackvoll möbliert, die meisten haben schönen Blick über den Pool oder Grünflächen. Die Einrichtungen sind ideal für den relaxten Urlaub. **www.claridges-hotels.com**

NEW DELHI The Imperial

Janpath Road **011 4150 1234** FAX *011 2334 2255* **Zimmer** *233*   **Stadtplan** *1 C5*

Das Imperial gilt als eines der besten Hotels in ganz Asien und bietet dem Gast einzigartiges Kolonial-Flair mit viel indischer Historie. Die opulenten Zimmer haben moderne Annehmlichkeiten. Es liegt ideal für die Erkundung des modernen Stadtlebens. **www.theimperialindia.com**

NEW DELHI Le Méridien

Windsor Place **011 2371 0101** FAX *011 2371 4545* **Zimmer** *358*   **Stadtplan** *5 A1*

Das hübsche Atrium-Hotel im Herzen der City hat auf seinem Dach den höchstgelegenen Nachtclub der Stadt sowie andere Bars und Gourmetrestaurants. Die luxuriösen Zimmer sind komfortabel ausgestattet. Die frisch renovierte Lobby ist modern, lässt aber die einstige Wärme vermissen. **www.lemeridien-newdelhi.com**

NEW DELHI The Metropolitan

Bangla Sahib Road **011 4250 0200** FAX *011 4250 0300* **Zimmer** *176*   **Stadtplan** *1 B5*

Dieses Hotel besitzt Weltklasse-Einrichtungen und ist eine perfekte Mischung aus Orient und Westen. Opulente, geräumige Zimmer in klassisch-elegantem Dekor. Der wunderbare Laden für Kunsthandwerk verkauft tolle Souvenirs. Im Zen Health Club genießt man Massagen und andere Anwendungen. **www.hotelmetdelhi.com**

Stadtplan Delhi *siehe Seiten 122–131*

NEW DELHI The Oberoi
Dr Zakhir Hussain Marg 011 4150 5050 FAX 011 2436 4758 **Zimmer** 303   **Stadtplan** 6 D4

Das mit vielen Preisen bedachte Oberoi garantiert einen komfortablen, aufregenden Aufenthalt. Die Zimmer mit stilvollem Interieur sind die besten der Stadt. Ein Muss für Liebhaber des Schönen und Aufwendigen. Das Thai-Restaurant Baan Thai ist sehr zu empfehlen. www.oberoidelhi.com

NEW DELHI Shangri La
19 Ashok Road, Connaught Place 011 4119 1919 FAX 011 4119 1988 **Zimmer** 323   **Stadtplan** 5 A1

Die Lobby ist mit Gemälden des weltberühmten Künstlers M. F. Husain geschmückt, die Zimmer sind luxuriös eingerichtet und bieten spektakulären Blick über die City. Die beliebte Shopping-Arkade Janpath liegt in Gehnähe. Das neu gebaute Luxushotel ist bei Geschäftsreisenden wie bei Urlaubern beliebt. www.shangri-la.com

NEW DELHI The Taj Mahal Hotel
1 Mansingh Road 011 2302 6162 FAX 011 2302 6070 **Zimmer** 296   **Stadtplan** 5 B3

Das Taj bietet üppig ausgestattete Zimmer, die auf den qualitätsbewussten Reisenden zugeschnitten sind. Das Dekor und der überaus freundliche Service sind wahrhaft königlich. Das Hotel rühmt sich eines sehr populären Coffeeshops, Machan, und einer lebhaften Lounge-Bar, Ricks. www.tajhotels.com

NIZAMUDDIN B nineteen Bed & Breakfast
B-19 Nizamuddin East 011 4182 5500 FAX 011 4182 5511 **Zimmer** 6   **Stadtplan** 6 E5

Das B nineteen liegt in einer Wohngegend und ist sehr beliebt bei Journalisten und Intellektuellen. Es gibt sechs schön dekorierte Zimmer. Ab Abend wird das Essen auf der Terrasse serviert mit Blick auf Humayuns Grabmal und andere beleuchtete Monumente. In einer Gemeinschaftsküche kann man auch selbst kochen. www.bnineteen.com

NIZAMUDDIN The Aman
Lodi Road, Nizamuddin West 011 4363 3333 **Zimmer** 60   **Stadtplan** 5 B4

Das 2008 eröffnete Designerhotel ist eines des besten Delhis. Zimmer und Suiten sind groß und luxuriös, jedes Zimmer hat eine eigene Badewanne. Zu Suiten gehört auch ein Butler. Zu den Annehmlichkeiten zählen ein Spa, ein Pool, ein Fitness-Center sowie eine Auswahl an Restaurants. www.amanresorts.com

OLD DELHI Hotel Broadway
4/15A Asaf Ali Road 011 4366 3600 FAX 011 2327 9966 **Zimmer** 26   **Stadtplan** 2 E3

Dies ist eines der ältesten Touristenhotels der Stadt und war vor 50 Jahren Delhis erstes Hochhaus. Die Zimmer mit Blick über die geschäftige Asaf Ali Road sowie die spektakuläre Moguln-Gegend von Old Delhi sind komfortabel, das Personal ist freundlich. Es gibt zwei Spezialitätenrestaurants. www.oldworldhospitality.com

ABSTECHER (OSTEN) Nirula's Hotel
C-135 Sector 2, Noida 0120 244 5260 FAX 0120 255 1069 **Zimmer** 29

Nirula's Hotel liegt nur wenige Fahrtminuten vom Connaught Place entfernt und ist sowohl bei Familien auch als bei Geschäftsreisenden beliebt. Die Zimmer sind gemütlich. Es gibt Restaurants mit indischen und internationalen Gerichten, ein Café und einen Buchladen. www.nirula.com

ABSTECHER (OSTEN) Radisson MBD
L-2 Sector 18, Noida 0120 430 0000 FAX 0120 430 3000 **Zimmer** 114

Noidas erstes Fünf-Sterne-Hotel bietet eine Vielzahl hervorragender Einrichtungen. Im S-18, der 24-Stunden-Brasserie, bekommt man Weltklasse-Küche mit besonderer Note. Das Beste ist aber, dass die Gäste kostenlos den Fitness-Bereich und die Sauna benutzen können. www.radisson.com/noidain

ABSTECHER (NORDEN) Hotel Clark
5/47 W.E.A., Saraswati Marg, Karol Bagh 011 2575 6552 FAX 011 2575 8080 **Zimmer** 32

Obwohl etwas abgelegen, gibt es in dieser Gegend doch zahlreiche Unterkünfte. Das Hotel Clark gehört nach wie vor zu den besseren Angeboten. Die Zimmer haben elegantes Interieur, der Service ist freundlich, und das Restaurant lohnt den Besuch. Gutes Preis-Leistungs-Verhältnis. www.hotelclarkdelhi.com

ABSTECHER (NORDEN) Maidens Hotel
7 Sham Nath Marg 011 2397 5464 FAX 011 2398 0771 **Zimmer** 56

Die klassische Architektur des Gebäudes, eines der ältesten Hotels der Stadt, könnte die Inspiration für Lutyens gewesen sein, der hier auf seiner ersten Indienreise vor über 100 Jahren abstieg. Mit spektakulären Blicken auf die grüne Delhi Ridge verströmt das Hotel Ruhe und Gastfreundlichkeit. www.maidenshotel.com

ABSTECHER (SÜDEN) Hotel Corporate World
B-495 New Friends Colony 011 2684 7053 FAX 011 5162 7166 **Zimmer** 25

Das in der Schweiz und in den USA ausgebildete Personal ist freundlich und hilfsbereit. Die Gästezimmer mit schlichtem Dekor sind nett. Es gibt auch Apartments und ein einfaches Café. Der Küchenchef bereitet für die Gäste internationale Gerichte zu. Charmantes preiswertes Hotel. www.hotelcorporateworld.com

ABSTECHER (SÜDEN) The Qutab Hotel
Shaheed Jeet Singh Marg 011 2652 1010 FAX 011 2696 8287 **Zimmer** 60

Das Hotel ist nach dem schönen Minarett Qutab Minar aus dem 13. Jahrhundert benannt, das ganz in der Nähe steht. Die Zimmer sind komfortabel und schick und bieten den Gästen eine Reihe modernster Einrichtungen. Für Unterhaltung sorgen u. a. viele Sportangebote und sogar eine Bowlingbahn.

Preiskategorien *siehe Seite 234* **Zeichenerklärung** *siehe hintere Umschlagklappe*

ABSTECHER (SÜDEN) Fortune Select Global

Global Arcade, MG Road, Gurgaon **C** *0124 419 6666* **FAX** *0124 406 2383* **Zimmer** *116*

Das Hotel im Herzen des Shopping-Viertels der Hauptstadt bietet luxuriöse Zimmer und Suiten. Zu den vielfältigen Annehmlichkeiten gehören ein Business-Center, ein Swimmingpool, ein Spa, ein Fitness-Center sowie eine Auswahl an Restaurants. Das Hotel kümmert sich auch gern um Transportmöglichkeiten. **www.fortuneparkhotels.com**

ABSTECHER (SÜDEN) Jaypee Vasant Continental

Vasant Vihar **C** *011 2614 8800* **FAX** *011 2614 5959* **Zimmer** *119*

Das beliebte Business-Hotel neben South Delhis beliebtester Shopping-Arkade, dem Priya Complex, bietet drei Gourmetrestaurants und einen Coffeeshop. Die Zimmer sind üppig und gut eingerichtet und haben nach der Renovierung erstklassige Ausstattung. Am Pool kann man romantisch dinieren. **www.jaypeehotels.com**

ABSTECHER (SÜDEN) Crowne Plaza Surya

New Friends Colony **C** *011 2683 5070* **FAX** *011 2683 7758* **Zimmer** *230*

Dieses Luxushotel befindet sich in einem schönen weißen Marmorgebäude mit noblen Restaurants und Cafés. Im Gemeindezentrum nebenan finden Sie weitere empfehlenswerte Speiselokale sowie Boutiquen. **www.ichotelsgroup.com**

ABSTECHER (SÜDEN) The Grand

Nelson Mandela Road, Vasant Kunj **C** *011 2677 1234* **FAX** *011 2670 5891* **Zimmer** *444*

Das Grand ist für Stil und Dekor berühmt. Es hat wunderbares Interieur und einen eleganten Coffeeshop. In den Zimmern findet man schöne Holzvertäfelungen und exquisite Möbel. Die Gäste haben die Wahl unter mehreren Feinschmecker-Restaurants und Pubs. **www.thegrandnewdelhi.com**

ABSTECHER (SÜDEN) Hyatt Regency

Bhikaji Cama Place **C** *011 2679 1234* **FAX** *011 2679 1122* **Zimmer** *508*

Die majestätischen Gästezimmer des Hyatt Regency verströmen Luxus pur. Moderne Möbel, Holzböden und exquisite Glasarbeiten schaffen einen schicken Avantgarde-Look. La Piazza serviert zweifellos die beste italienische Küche der Stadt, das TK's Oriental Grill bietet ein interaktives Koch- und Speise-Erlebnis. **http://delhi.regency.hyatt.com**

ABSTECHER (SÜDEN) InterContinental Eros

Nehru Place **C** *011 4122 3344* **FAX** *011 2622 4288* **Zimmer** *224*

Das Hotel ist opulent in allen Aspekten, von den eleganten Zimmern bis zur Lage an Delhis Silicon Valley, dem Nehru Place. In der Nähe liegen viele Restaurants und Einkaufskomplexe. Besuchen Sie auch das Restaurant Empress of China mit seiner echt orientalischen Küche und den luxuriösen Wellness-Bereich. **www.ichotelsgroup.com**

ABSTECHER (SÜDEN) The Leela Kempinski Gurgaon

Ambience Island, NH-8, Gurgaon **C** *0124 477 1234* **FAX** *0124 477 1235* **Zimmer** *322*

Das Hotel ist mit seinen riesigen, luxuriösen Zimmer, dem breiten Angebot an Annehmlichkeiten, der Vielfalt an Restaurants und einer vorzüglichen Shopping Mall die erste Wahl für Geschäfts- wie Urlaubsreisende. Auf der Etage The Royal Club gibt es zusätzlich Butler- und Limousinenservice. **www.theleela.com**

ABSTECHER (SÜDEN) The Manor

77 Friends Colony (West) **C** *011 2692 5151* **FAX** *011 2692 7510* **Zimmer** *8*

Das Ende der 1950er Jahre erbaute Manor steht in einem netten Wohnviertel. Hier fühlt man sich gleich zu Hause. In den Gästezimmern stehen große Queensize-Betten. Auf der Dachterrasse mit Blick auf den schönen, beschaulichen Garten lässt es sich hervorragend relaxen. **www.themanordelhi.com**

ABSTECHER (SÜDEN) Radisson Hotel

Sikandarpur, National Highway No. 8 **C** *011 2677 9191* **FAX** *011 2677 9090* **Zimmer** *256*

Dieses Hotel, Teil einer weltweiten Kette mit 350 Häusern, befindet sich in Flughafennähe. Es will die Erwartungen seiner Gäste übertreffen, indem es Zimmer von Weltformat und Luxus pur bietet. Zum Hotel gehören viele beliebte Restaurants und Bars – seien Sie hier jedoch auf horrende Getränkesteuern gefasst. **www.radisson.com**

ABSTECHER (WESTEN) The Ashok

50-B Chanakyapuri **C** *011 2611 0101* **FAX** *011 2687 3216* **Zimmer** *550*

Die dramatische, palastartige Mogul-Architektur des Ashok, die tolle Aussicht und das hervorragende Personal sorgen für einen einzigartigen Aufenthalt. Die Zimmer sind opulent und groß. Man kann den Tag am Pool oder im Wellness-Bereich Amatra City verbringen. Im Pub Soho finden häufig Konzerte statt. **www.theashok.com**

ABSTECHER (WESTEN) Hotel Samrat

Kautilya Marg, Chanakyapuri **C** *011 2611 0606* **FAX** *011 2467 9056* **Zimmer** *247*

Das Hotel Samrat ist für einen Zwischenstopp ideal, für längere Aufenthalte weniger. Oben befinden sich wichtige Regierungsbüros. Die Zimmer sind sauber und komfortabel, der Service könnte jedoch besser sein. Die größten Pluspunkte sind hingegen die Lage und der beliebte Wellness-Club. **www.theashokgroup.com**

ABSTECHER (WESTEN) ITC Maurya

Diplomatic Enclave, Sardar Patel Marg **C** *011 2611 2233* **FAX** *011 2611 3333* **Zimmer** *440*

Dieses exklusive Hotel bietet Luxus, Diskretion und Stil sowie Einrichtungen von Weltformat. Freizeitangebote von Tarot-Deutungen bis zum 27-Loch-Golfplatz, den Jack Nicklaus entworfen hat. Außerdem finden Sie hier Bukhara und Dum Pukht *(siehe S. 259)*, zwei von Delhis Top-Restaurants. **www.itcwelcomgroup.in**

Stadtplan Delhi *siehe Seiten 122–131*

ABSTECHER (WESTEN) The Taj Palace Hotel

Sardar Patel Marg, Diplomatic Enclave **C** *011 2611 0202* **FAX** *011 2611 0808* **Zimmer** *422*

Das majestätische Hotel mit Blick auf die Delhi Ridge vermischt ultramoderne Einrichtungen mit uralten Traditionen. Hier nächtigen häufig Prominente. Zum Hotel gehören ein Pool und ein exzellenter Wellness-Bereich. Abends sollte man weder rein- noch rausfahren, weil die umliegenden Straßen meist verstopft sind. **www.tajhotels.com**

ABSTECHER (SÜDLICH VON DELHI) The Pataudi Palace

Distrikt Pataudi, Haryana **C** *011 2301 3794* **FAX** *011 2301 7834* **Zimmer** *15*

Das in den frühen 1920er Jahren vom berühmten Architekten Heinz entworfene Ibrahim Kothi, auch bekannt als The Pataudi Palace, diente schon für viele Bollywood-Filme als Kulisse. Die Zimmer, die sich über einen riesigen Garten erstrecken, sind gekrönten Häuptern angemessen. **www.neemranahotels.com**

ABSTECHER (SÜDLICH VON DELHI) Heritage Village

NH-8, Manesar, Gurgaon **C** *0124 229 0305* **FAX** *0124 229 0345* **Zimmer** *154*

Dieses Hotel nahe der Metropole präsentiert die Opulenz des alten Indien und bietet seinen Gästen einen Touch indischer Kultur und palastartigen Luxus. Die Häuser sind von Bäumen umgeben, im Inneren herrschen sanfte Pfirsichtöne, traditionelle Möbel und moderne Annehmlichkeiten vor. **www.selecthotels.co.in**

ABSTECHER (SÜDLICH VON DELHI) Tikli Bottom

Manendar Farm, Gairatpur Bas, PO Tikli, Gurgaon **C** *0124 276 6556* **Zimmer** *4*

Die Schönheit und die Traditionen des kolonialen Indien kommen hier zur Geltung. Das hübsche Gebäude im Lutyens-Stil bietet vier luxuriöse Zimmer mit atemberaubender Aussicht auf die Aravalli Hills. Alle Mahlzeiten und Getränke sind im Preis inklusive. Hier lässt es sich prima entspannen. **www.tiklibottom.com**

ABSTECHER (SÜDLICH VON DELHI) The Bristol

Neben DLF Qutab Enclave Phase I, Gurgaon **C** *0124 235 6030* **FAX** *0124 235 7834* **Zimmer** *83*

Das zauberhafte Hotel in DLF, der populären Business-Gegend, hat von der hell erleuchteten Lobby bis zu den opulenten Zimmern europäisch anmutendes Dekor. Zum Freizeitangebot gehören ein Fitness-Center, ein Pool und ein Wellness-Bereich. Nach der Renovierung wurde es noch beliebter. **www.thebristolhotel.com**

ABSTECHER (SÜDLICH VON DELHI) Trident-Hilton Gurgaon

443 Udyog Vihar, Phase V, Gurgaon **C** *0124 245 0505* **FAX** *0124 245 0606* **Zimmer** *136*

Das Trident-Hilton, 2005 »Indiens bestes Business-Hotel«, ist das neueste unter den protzigen Hotels in Delhis Umgebung. Die opulenten Zimmer sind mit ultramodernen Ausstattungen versehen. Das beliebte Restaurant Cilantro serviert Küchen aus aller Welt. **www.trident-hilton.com**

Nördlich von Delhi

HARIDWAR Sagar Ganga Resorts

Niranjan Akhara Road, Mayapur **C** *01334 222 115* **Zimmer** *7*

Dieses exklusive Anwesen gehörte einst der nepalesischen Königsfamilie und hat große, luxuriöse Zimmer und Art-déco-Ambiente. Es liegt am Ufer des Ganges und verfügt über einen eigenen *ghat* (Treppe zum Fluss). Jedes Gästezimmer hat einen eigenen Balkon mit Blick auf den Fluss. **www.sagarresort.com**

HARIDWAR Teerth

Har-ki-Pauri, Subhash Ghat **C** *01334 225 311* **FAX** *01334 225 111* **Zimmer** *36*

Jedes Zimmer in diesem Hotel am Gangesufer hat einen Balkon, von dem aus man den Fluss und Har-ki-Pauri, den quirligen, farbenfrohen Haupt-*ghat* in Haridwar, überblickt. Im Hotel gibt es einen Schalter für Touristeninformation. **www.hotelteerth.com**

HARIDWAR Classic Residency

Jwalapur Road **C** *01334 228 005-07* **FAX** *01334 220 374* **Zimmer** *47*

Die Gästezimmer des Classic sind schlicht, aber komfortabel. Im Angebot stehen interessante Abenteueraktivitäten, zum Hotel gehören ein Pool, ein Wellness-Club und ein Restaurant mit guter vegetarischer Küche. Hübsche Rasenflächen und Gärten. **www.classichotelsindia.com**

RISHIKESH Bhandari Swiss Cottage

Laxman Jhula, By Pass Road **C** *0135 243 2939* **Zimmer** *29*

Ein altes Establishment mit viel Charme und Charakter. Das Gästehaus bietet zwei Räume für Yoga, Meditation, Reiki, Ayurveda und Pranic Healing unter professioneller Leitung. Zu den Unterkünften gehören – bei gutem Wetter – Zelte. **www.bhandariswisscottage.com**

RISHIKESH Ganga View

63 Haridwar Road **C** *0135 243 0781* **FAX** *0135 243 6146* **Zimmer** *30*

Von diesem modernen Hotel hat man einen wunderbaren Blick auf den Ganges und die umliegenden Berge. Die Einrichtungen sind für Gäste gedacht, die Komfort und Ruhe schätzen. Pilgerfahrten, Wildnistouren, Trekking, Boots- und Floßfahrten werden organisiert. Auch Yoga-Kurse. **www.uttrakhandhotels.com**

Preiskategorien *siehe Seite 234* **Zeichenerklärung** *siehe hintere Umschlagklappe*

RISHIKESH GMVN Tourist Bungalow

Muni-Ki-Reti 0135 243 0373 FAX 0135 243 1793 **Zimmer** *40*

Hübsche, geräumige Bungalows mit Flussblick in einem ruhigen Garten unweit des Stadtzentrums. Der Komplex hat kein eigenes Restaurant, aber man kann sich Essen aufs Zimmer kommen lassen. Es empfiehlt sich, Zimmer im Voraus zu buchen. **www.gmvnl.com**

RISHIKESH High Bank Peasants Cottage

Upper Tapovan 0135 243 3478 FAX 0135 243 1654 **Zimmer** *18*

Dieses gemütliche Anwesen liegt hoch über dem Ganges und hat einen hübschen Blumen- und Gemüsegarten. Für Aufenthalte über eine Woche gibt es Preisnachlässe. Zum Angebot gehören Abseil-, Kajak- und Kletterkurse für Kinder, Yoga-Kurse und Ayurveda-Massagen. **www.rishikesh.org**

RISHIKESH New Bhandari Swiss Cottage

After Ram Jhula 0135 243 1322 **Zimmer** *22*

Die Zimmer sind einfach, man teilt sich die Badezimmer. Die Hauptattraktion ist die hauseigene Bäckerei mit frischem Brot, köstlichen Muffins und Obstkuchen. Das Establissement in einem Wald bietet verschiedene Übernachtungsmöglichkeiten. Die Suite im Dachgeschoss hat Klimaanlage, Fernseher und Badewanne.

RISHIKESH Ganga Kinare

16 Veerabhadra Road 0135 243 1658 FAX 0135 243 5243 **Zimmer** *38*

Dieses Hotel am Fluss hat Panoramablicke über die Berge, einen schönen Rasen am Wasser und einen eigenen *ghat*. Geboten werden Yoga- und Meditationskurse sowie Ayurveda-Massagen. Bootsausflüge und Wildwasserfahrten können organisiert werden. **www.uttrakhandhotels.com**

RISHIKESH The Glasshouse on the Ganges

23rd Milestone, Rishikesh-Badrinath Road 01378 269 224 FAX 011 2435 1112 **Zimmer** *15*

Die exklusive Ferienanlage in einem königlichen Obstgarten mit tropischen Pflanzen und seltenen Vögeln hat eine eigene Quelle und einen Sandstrand. Die sechs Bungalows überblicken den Ganges und die Berge. Organisiert werden Wanderungen, Wasserski in Dak Pathar bei Dehra Dun und Wintersport in Auli. **www.neemranahotels.com**

RISHIKESH Ananda In The Himalayas, Rishikesh

The Palace Estate, Narendra Nagar 01378 227 500 FAX 01378 227 550 **Zimmer** *70*

Auf einem riesigen Anwesen steht eines der luxuriösesten Wellness-Hotels Indiens. Es ist auf die traditionellen indischen Wissenschaften Yoga und Ayurveda spezialisiert und kombiniert moderne Einrichtungen mit alten Traditionen. Meditation, Yoga- und Ayurveda-Anwendungen und ähnliche Angebote. **www.anandaspa.com**

Agra & Umgebung

AGRA Amar Yatri Niwas

Tourist Complex Area, Fatehabad Road 0562 223 3030 FAX 0562 223 3035 **Zimmer** *41*

Das Dekor des Amar Yatri Niwas zwar etwas schrill, doch das beliebte Hotel bietet Zimmer mit allen nötigen Annehmlichkeiten. Die Lage an der Hauptstraße des Urlauberviertels, nahe am Taj Mahal, Bahnhof und Busbahnhof ist ideal. **www.amaryatriniwas.com**

AGRA Ganga Ratan

Fatehabad Road 0562 400 1601 FAX 0562 233 0193 **Zimmer** *66*

Dieses Hotel ist für seinen freundlichen Service und saubere, komfortable Zimmer bekannt. Es bietet alle nötigen Annehmlichkeiten, und im Restaurant wird indisches, chinesisches und westliches Essen serviert. Das Haus steht ganz nahe beim Taj Mahal. **www.hotelgangaratan.com**

AGRA Lauries Hotel

Mahatma Gandhi Road 0562 242 1447 FAX 0562 226 8045 **Zimmer** *28*

Das Lauries, eines von Agras ältesten Hotels, hat keine Klimaanlage und entsprechend niedrige Preise. Das Hotel an der Mahatma Gandhi Road bietet komfortable Zimmer und guten Service. Es ist besonders bei Rucksackreisenden beliebt und bietet auch Camping sowie Geldwechsel.

AGRA Mayur Tourist Complex

Fatehabad Road 0562 233 2302 FAX 0562 233 2907 **Zimmer** *24*

Gut geführtes Mittelklassehotel mit Bungalows auf einer großen Rasenfläche. Jedes Häuschen hat seinen eigenen Garten. Es ist sehr beliebt und häufig ausgebucht. Das gute Gartenrestaurant Bage-E-Bahar hat effizientes, höfliches Personal. Es gibt auch einen Kinderpark und Campingeinrichtungen. **www.mayurcomplex.com**

AGRA Taj Khema (UPSTDC)

Osttor, Taj Mahal 0562 233 0140 FAX 0562 223 0001 **Zimmer** *14*

Kleines, staatlich betriebenes Hotel beim Taj Mahal mit einfachen, gut ausgestatteten Zimmern und acht Cottages. Im Restaurant kann man indisch, chinesisch oder westlich speisen. Fotografen schätzen die tollen Blicke vom Garten auf die Berge. Eine erschwingliche, saubere und unterhaltsame Unterkunft. **www.up-tourism.com**

AGRA Tourist Bungalow (UPSTDC)
Raja Ki Mandi, Delhi Gate 0562 285 0120 FAX 0562 285 3472 **Zimmer** 35

Ein kleines, angenehmes Hotel mit hübschem Hof, gutem Essen sowie einem hilfsbereiten, freundlichen Personal. Das preisgünstige Etablissement bietet verschiedene Übernachtungsmöglichkeiten, darunter De-luxe-Zimmer mit Klimaanlage. www.up-tourism.com

AGRA Clarks Shiraz
54 Taj Road 0562 222 6121 FAX 0562 222 6128 **Zimmer** 237

Inmitten gepflegter Gärten steht Indiens erstes Fünf-Sterne-Hotel, das kürzlich renoviert wurde. Von den Gästezimmern und vom Dachrestaurant blickt man auf den Taj Mahal. Zum Hotel gehören gute Restaurants und Bars, ein Coffeeshop und Süßwarenläden. www.hotelclarksshiraz.com

AGRA Hotel Yamuna View
6-B The Mall 0562 246 2990 FAX 0562 246 1960 **Zimmer** 58

Das gut geführte Hotel in Bahnhofsnähe bietet traditionelle Gastfreundschaft, komfortable Zimmer und freundliches Personal. Im Restaurant bekommt man chinesische, indische und westliche Küche, in der Bar einheimische und importierte Alkoholika. www.hotelyamunaviewagra.com

AGRA Howard Park Plaza International
Taj Ganj, Fatehabad Road 0562 404 8600 FAX 0562 233 0408 **Zimmer** 86

Elegantes Hotel mit Aussichtsgalerie auf dem Dach. Das Essen ist berühmt, besonders die hervorragende indische Küche des Pool-Restaurants. Das Hotel besitzt eine Ladenarkade, in der man Geschenke und Souvenirs kaufen kann. Klassische Konzerte finden allabendlich im Open-Air-Restaurant Oriental statt. www.parkplaza.com

AGRA Mansingh Palace
Fatehabad Road 0562 400 8441 FAX 0562 233 0202 **Zimmer** 97

Dieses nach einem berühmten Rajputen-König benannte Luxushotel hat einige Zimmer mit Blick auf Taj Mahal. Bar, Jacuzzi und Pool mit Wasserrutsche sind besondere Highlights. Im Restaurant Sheesh Mahal am Pool gibt es häufig Live-*ghazal*-Konzerte. Zum Hotel gehört auch ein guter Coffeeshop. www.mansinghhotels.com

AGRA The Gateway Hotel
Taj Ganj, Fatehabad Road 0562 660 2000 FAX 0562 223 2420 **Zimmer** 100

Dieses prächtige Hotel inmitten schöner Gärten hat stilvolle, opulente Zimmer mit tollem Taj-Mahal-Blick, einige führen auf sorgsam gepflegte Rasenflächen am Pool. Zum Unterhaltungsangebot gehören Sport, Zauber- und Marionettenshows sowie Kochkurse. www.thegatewayhotels.com

AGRA Hotel Merina
Sanjay Place, M G Road 0562 252 3460 FAX 0562 252 3591 **Zimmer** 145

Das relativ neue Hotel, das zu einer bekannnten internationalen Kette gehört, wurde mit Bedacht gestaltet und steht in der Tradition echt indischer Gastlichkeit. Die Einrichtungen sind modern, sauber und gepflegt. Besonders beliebt sind Frühstücks- und Mittagsbüfett.

AGRA Jaypee Palace Hotels
Tora Village, Fatehabad Road 0562 233 0800 FAX 0562 233 0850 **Zimmer** 350

Luxuriöse Zimmer an beeindruckenden Innenhöfen in einem großen Garten mit Teichen machen dieses Etablissement zum idealen Ort für längere Aufenthalte. Bharat-Natyam-Vorstellungen und *ghazals* stehen häufig auf dem abendlichen Veranstaltungskalender. Beliebt ist auch der Ayurveda-Bereich. www.jaypeehotels.com

AGRA Trident Agra
Taj Nagari Scheme, Fatehabad Road 0562 233 1818 FAX 0562 223 1516 **Zimmer** 138

Das imposante Dekor des Hotels ist von Mogul-Architektur inspiriert. Das Trident gilt als Agras beste Unterkunft mit luxuriösen, modernen Zimmern. Im Winter haben alle Trident-Hotels des Landes spezielle »Discover-India«-Angebote mit verbilligten Eintrittspreisen bei Sehenswürdigkeiten. www.tridenthotels.com

AGRA Amar Vilas
Taj East Gate Road 0562 223 1515 FAX 0562 223 1516 **Zimmer** 102

Das Wellness-Hotel in eleganten Mogul-Gärten mit Springbrunnen, Pavillons und Pools bietet Zimmer mit herrlichem Taj-Mahal-Blick. Die Bauweise ist von maurischer und Mogul-Architektur inspiriert, das opulente Interieur reflektiert den Luxus vergangener Zeiten. www.oberoiamarvilas.com

AGRA Welcomgroup Mughal Sheraton
Fatehabad Road 0562 233 1701 FAX 0562 233 1730 **Zimmer** 269

Dieses spektakuläre Hotel wurde für seine hervorragende Mogul-Architektur mit dem Aga Khan Award ausgezeichnet. Das üppig ausgestattete Haus in herrlichen Gärten gehört zu Indiens besten Hotels. Im Angebot stehen z.B. Sauna, Kutschfahrten und allabendliche Live-Musik im Restaurant Bagh-e-Bahar. www.welcomgroup.com

BHARATPUR Chandra Mahal Haveli
Peharsar, Nadbai tehsil, Jaipur Agra Road 05643 264 336 FAX 011 404 4657 **Zimmer** 22

Diese *haveli* aus dem 19. Jahrhundert steht versteckt in Peharsar, unweit der Stadt Bharatpur. Im Winter ist sie von sonnengelben Senffeldern umgeben. Das Gebäude ist im Mogul-Stil errichtet, samt Innenhof, Marmorbrunnen und zahlreichen Balkonen. www.chandramahalhaveli.com

Preiskategorien *siehe Seite 234* **Zeichenerklärung** *siehe hintere Umschlagklappe*

BHARATPUR Eagle's Nest

Bird Sanctuary Road 05644 225 144 FAX 05644 222 310 **Zimmer** 12

Dies ist eines von mehreren kleinen Gästehäusern nahe dem Bharatpur-Vogelreservat. Die große Gastfreundlichkeit macht den fehlenden Luxus wett. Es gibt einen schönen Rasen, auf dem man herrlich sonnenbaden oder nach einem Sightseeing-Tag entspannen kann.

BHARATPUR Hotel Saras (RTDC)

Agra Road 05644 223 700 **Zimmer** 28

Der größte Pluspunkt dieses staatlichen Ferienhotels ist die Nähe zum Keoladeo National Park. Das günstige Hotel mit einfachem Service und Standardzimmern ist häufig ausgebucht – reservieren Sie entsprechend weit im Voraus ein Zimmer. **www.rajasthan-tourism.com**

BHARATPUR Bharatpur Forest Lodge (ITDC)

Keoladeo National Park 05644 222 760 FAX 05644 222 864 **Zimmer** 17

Das umweltbewusste Hotel ist zwar nicht billig, aber die Lage innerhalb des Vogelschutzgebiets ist ideal. Das Restaurant bedient auch Nicht-Gäste. Die Zimmer sind klimatisiert und haben eigene Bäder. Fahrradrikschas und Fahrräder für die Parkerkundung sowie geführte Touren stehen im Angebot.

BHARATPUR Laxmi Vilas Palace

Kakaji Ki Kothi, Agra Road 05644 223 523 FAX 05644 225 259 **Zimmer** 30

Dieses alte Hotel von 1887, eine eklektische, lebhafte Mischung aus Rajputen- und Mogul-Architektur, steht in einem eigenen großen Anwesen. Die Zimmer sind elegant eingerichtet, das Dekor wahrhaft königlich. Im Innenhof kann man unter Sternen romantisch dinieren. Jeep-Safaris werden arrangiert. **http://laxmivilas.com**

BRINDAVAN Bhaktivedanta Ashrama & MVT Guest House

Hinter dem ISKON-Tempel, Raman Reti 0565 254 0050 **Zimmer** 29

Das Gästehaus gehört zum Bhaktivedanta Ashram und ist definitiv die netteste Unterkunft in Brindavan und makellos sauber. Das Haus steht inmitten von Mangobäumen und Rasenflächen mit Pfauen und Papageien. Einige Zimmer haben Küchenzeilen und eigene Bäder. Es gibt auch Informationen über Pilgerfahrten. **www.mvtindia.com**

BRINDAVAN Sri Krishna Balaram International Guest House

Raman Reti 0565 254 0020 FAX 0565 254 0023 **Zimmer** 32

Dieses Gästehaus neben dem ISKON-Tempel bietet einfache, saubere Zimmer – für Mitglieder und deren Gäste gibt es Preisnachlässe. Andere Gäste werden jedoch meist auch aufgenommen. Ein kleines neues Restaurant serviert ausschließlich vegetarische Küche. Probieren Sie bei Bhoga Bhandar indische Süßspeisen. **www.iskonvrindavan.info**

DEEG Midway Hotel

Distrikt Bharatpur 05641 221 000

Das winzige staatliche Hotel steht 24 Kilometer von Bharatpur am Alwar State Highway und nahe der Bushaltestelle Deeg, der Deeg Palace liegt in Gehweite entfernt. Die Zimmer haben eigene Bäder sowie fließend warmes und kaltes Wasser. In der Lounge steht der einzige Fernseher des Hauses.

DHOLPUR Raj Niwas Palace

Dholpur 011 2643 6572 FAX 011 4162 3448 **Zimmer** 8

Eine Fülle von Einrichtungen und luxuriösem Interieur nach traditionellem Design erwartet die Gäste dieses schönen alten Hotels. Die Zimmer sind opulent und haben hohe Decken. Der Unterhaltung dienen z. B. ein Kino, ein Pool, eine Bibliothek und abendliche Spaziergänge in den gepflegten Gärten. **www.dholpurpalace.com**

FATEHPUR SIKRI The Archaeological Survey Dak Bungalow

The Mall 05613 238 227 **Zimmer** 6

Zimmer in dem großen alten Gästehaus im Kolonialstil neben dem historischen Komplex Fatehpur Sikri müssen über das Büro des Archaeological Survey of India (ASI) reserviert werden. Meist sind sie jedoch für Staatsgäste ausgebucht. Mahlzeiten werden auf Nachfrage zubereitet.

FATEHPUR SIKRI Gulistan Tourist Complex

Agra Road 05613 282 490 **Zimmer** 24

Das Gulistan ist für ein staatlich betriebenes Kleinstadthotel überraschend attraktiv. Es steht nahe am Busbahnhof. Das komfortable Mittelklasse-Etablissement bietet von April bis September kleine Preisnachlässe. Die Gebäude gruppieren sich um einen Hof. Zum Haus gehört ein recht gutes Restaurant. **www.up-tourism.com**

GWALIOR Gwalior Regency

Link Road 0751 234 0670 FAX 0751 234 3520 **Zimmer** 48

Gut ausgestattetes Hotel im Stadtzentrum mit verschiedenen Zimmern, von preiswert bis superluxuriös. Das Haus in einem schönen Anwesen bietet zahlreiche Unterhaltungs- und Sportmöglichkeiten, eine Disco, eine Bar und ein exzellentes internationales Restaurant.

GWALIOR Shelter

Padav, beim Indian Airlines Office 0751 232 6209 FAX 0751 232 6212 **Zimmer** 54

Ein relativ neues Hotel, typisch für Kleinstädte, nahe an allen Sehenswürdigkeiten, Bushaltestelle und Bahnhof. Das Multi-Küchen-Restaurant bietet indische, chinesische, Mogul- und Kontinental-Gerichte. Es gibt eine Informationsstelle, einen 24-Stunden-Taxidienst und ein rund um die Uhr geöffnetes Café.

GWALIOR Tansen Gwalior (MPSTDC)
6-A Gandhi Road, Civil Lines 0751 234 0370 FAX 0751 234 0371 **Zimmer 36**

Dieses Hotel in einer hübschen Gegend ist bei Geschäftsreisenden beliebt. Die Zimmer sind sauber und komfortabel und haben alle nötigen Annehmlichkeiten. Konferenzraum und Restaurant im Haus. Da es oft ausgebucht ist, sollte man lange im Voraus buchen. www.mptourism.com

GWALIOR Usha Kiran Palace
Jayendraganj, Lashkar 0751 244 4000 FAX 0751 244 4018 **Zimmer 40**

Das glamouröse und luxuriöse Hotel war einst das Gästehaus des Maharaja. Billard, Krocket, Yoga, Kochkurse und Badminton stehen im Angebot, Outdoor-Aktivitäten können arrangiert werden. Der Wellness-Bereich in den königlichen *Zenana*-Räumen bietet Massagen und Aromatherapie. www.tajhotels.com

MATHURA Abhinandan
Govardhan Chauraha, nahe dem Bahnhof 0565 242 2290 FAX 0565 242 3213 **Zimmer 30**

Dieses freundliche Boutique-Hotel mit hübschem, modernem Dekor steht im Herzen der Stadt. Die Gästezimmer sind luxuriös mit vielen Annehmlichkeiten. Beliebt bei Geschäftsreisenden. Es gibt auch einen Schalter mit Touristeninformationen. www.hotelabhinandan.com

MATHURA Agra Hotel
Bengali Ghat 0565 240 3318 **Zimmer 11**

Das kleine, saubere 80 Jahre alte Hotel am Fluss bietet alle nötigen Einrichtungen. Die Zimmer sind recht nett. Jene mit fließend warmem Wasser und Blick auf den Yamuna kosten mehr. In etwa sechs Gehminuten erreicht man den Vishram Ghat.

MATHURA Brijwasi Royal Hotel
State Bank Crossing, Station Road 0565 240 1224 FAX 0565 240 1227 **Zimmer 40**

Das große Hotel befindet sich nahe dem Bahnhof und der Bushaltestelle sowie dem Dwarkadhish-Tempel. Die Zimmer sind sauber und komfortabel mit allen nötigen Annehmlichkeiten. Zum Hotel gehören ein internationales Restaurant und eine Bar. www.brijwasiroyal.com

MATHURA Madhuvan
Krishna Nagar 0565 242 0064 FAX 0565 242 0684 **Zimmer 27**

Das Madhuvan, eines der luxuriöseren Hotels der Stadt, hat einen Pool und ein Wellness-Center. Von den Zimmern mit allen nötigen Einrichtungen hat man Blick in den Garten. Das Restaurant Mayur serviert chinesische und Kontinentalküche zu Live-Musik. In der Freiluftbar kann man abends herrlich entspannen.

MATHURA Sheetal Regency
Deeg Gate, nahe Sri Krishna Janam Bhoomi 0565 240 4597 FAX 0565 240 0106 **Zimmer 28**

Das saubere, freundliche Hotel nahe Bus- und Zugbahnhof organisiert Führer und Fahrzeuge fürs Sightseeing sowie Spiele für Kinder. Es gibt einen Informationsschalter und ein Pauschalangebot namens »Jewels of Brij Bhoomi«. Zum Hotel gehört ein eigener Parkplatz. www.hotelsheetalregency.com

MATHURA Best Western Radha Ashok
P O GTB, Masani Bypass Road 0565 253 0395 FAX 0565 253 0396 **Zimmer 25**

Dieses opulente Kettenhotel ist bei internationalen Gästen beliebt. Es ist von üppigem Grün umgeben und liegt nahe an den Attraktionen von Agra und Mathura. Geldwechsel, Autovermietung und Informationen für Urlauber gehören zum Angebot. www.radhaashok.com

ORCHHA Betwa Cottages (MPSTDC)
Orchha, Dist Tikamgarh 07680 252 618 FAX 07680 252 624 **Zimmer 24**

Zauberhafte Häuschen in einem Garten am Fluss Betwa. Der Komplex befindet sich in Gehnähe zu den herrlichen Orchha-Grabmalen. Die ruhige Umgebung eignet sich für einen entspannenden, geruhsamen Aufenthalt, z. B. auch Campingferien. Man organisiert auch Flussfahrten. www.mptourism.com

ORCHHA Sheesh Mahal (MPSTDC)
Orchha, Dist Tikamgarh 07680 252 624 **Zimmer 8**

Ein neuerer Flügel des historischen Jahangiri Mahal aus dem 17. Jahrhundert wurde in ein charmantes staatliches Hotel umgewandelt. Die Gästezimmer bieten viel Historie und ein romantisches Ambiente – von preisgünstigen Zimmern bis hin zu den großartigen Maharani-Suiten. www.mptourism.com

ORCHHA Bundhelkhand Riverside
Orchha, Dist Tikamgarh 7680 252 612 FAX 7680 252 333 **Zimmer 29**

Einst war dieses exklusive Hotel in einem großen Anwesen am Fluss Betwa eine Residenz des Maharaja von Orchha. Die Zimmer sind groß und luxuriös und mit schönen handgefertigten Möbeln eingerichtet. Genießen Sie wahrhaft spektakuläre Vollmondnächte auf der Terrasse zum Fluss hin. www.bundelkhandriverside.com

ORCHHA The Orchha Resort
Kanchana Ghat, Dist Tikamgarh 07680 252 222 FAX 07680 285 677 **Zimmer 45**

Die Ferienanlage ist als eine der wenigen Standard-Unterkünfte bei Urlaubergruppen beliebt. Sie befindet sich am Ufer des Flusses Betwa und bietet – auch im Winter – Campingeinrichtungen. Im Restaurant wird ausschließlich vegetarisches Essen serviert. www.orchharesort.com

Preiskategorien *siehe Seite 234* **Zeichenerklärung** *siehe hintere Umschlagklappe*

Jaipur & östliches Rajasthan

AJMER KHADIM (RTDC)
Nahe Savitri Girls College, Civil Lines 0145 262 7490 FAX 0145 243 1330 **Zimmer** 57

Das staatlich betriebene Standard-Ferienhotel wird gut geführt und bietet verschiedene Unterkünfte, von Schlafsälen bis klimatisierten Zimmern. Es liegt zentral in Bus- und Zugbahnhofsnähe und organisiert auch Bahntickets. Zum Hotel gehören ein nettes Restaurant und eine Bar. **www.rajasthantourism.gov.in**

AJMER Mansingh Palace
Nahe Anasagar Lake, Vaishali Nagar 0145 242 5702 FAX 0145 242 5858 **Zimmer** 54

Trotz der wunderbaren Lage am See, der großen Zimmer und guter Einrichtungen – um die hohen Preise zu rechtfertigen, müsste der Service verbessert werden. Das Restaurant überblickt den See. Für einen Aufenthalt während des alljährlichen *Urs* (Sufi-Festival) sollte man weit im Voraus buchen. **www.mansinghhotels.com**

ALWAR Hotel Alwar
25 Manu Marg 0144 270 0012 FAX 0144 233 9501 **Zimmer** 18

Das Hotel ist günstig, sauber und ruhig und bietet komfortable Zimmer. Im Garten mit grünen Rasenflächen und schönen Blumenbeeten haben Sie zuweilen nur die Vögel als Gesellschaft. Jeep-Safaris zum Sariska National Park, Golf- und Angelausflüge werden arrangiert, im Haus kann man z. B. Billard spielen. **www.hotel-alwar.com**

ALWAR Hotel Aravali
1 CEB, nahe dem Bahnhof 0144 233 2316 FAX 0144 233 2011 **Zimmer** 36

Das Aravali in der Nähe des Bahnhofs ist zwar klein, aber zweifelsohne die beste Unterkunft in Alwar (wenn auch einige Zimmer recht laut sind). Es bietet die meisten nötigen Annehmlichkeiten, und die Besitzer organisieren Treks und Wanderungen. Im Restaurant speist man köstliche hausgemachte *Thali*-Küche. **www.hotelaravali.com**

ALWAR Hill Fort Kesroli
Village Kesroli, via MIA, PO Bahala 01468 289 352 FAX 01468 289 352 **Zimmer** 21

Die Sieben-Türme-Festung auf dunklem Fels außerhalb von Alwar ist eine der ältesten in Indien. Von den Wällen hat man eine spektakuläre Aussicht. Die Zimmer sind elegant, das Dekor wahrhaft königlich. Safaris, Kamel-Wagenfahrten und Besuche historischer Sehenswürdigkeiten werden organisiert. **www.neemranahotels.com**

DUNDLOD Dundlod Fort
Dundlod, Dist Jhunjhunu, Shekhawati 01594 252 199 FAX 01594 252 519 **Zimmer** 24

In dem historischen Gebäude aus dem 18. Jahrhundert wird – auf Anfrage – ein königlicher Empfang samt Folkloremusik und Kamelen arrangiert. Die Zimmer sind im Rajputen-Stil gehalten, das Dachrestaurant wird abends von rustikalen Öllampen beleuchtet. Im Angebot stehen Ausritte, Polo und Kulturprogramme. **www.dundlod.com**

FATEHPUR Hotel Haveli (RTDC)
NH-11, Fatehpur, Dist Sikar 01571 230 293 FAX 01571 232 831 **Zimmer** 8

Wer ein paar Tage in der Shekhawati-Gegend verbringen möchte, ist im sauberen, günstigen, altmodischen *haveli* mit klimatisierten Zimmern und Schlafsälen richtig. Es gibt Urlauberinformationen und Mietwagen. Kamelritte und Dorfführungen werden gern arrangiert. **www.rajasthantourism.gov.in**

JAIPUR Bissau Palace Hotel
Nahe Saroj Cinema, außerhalb Chandpol 0141 230 4371 FAX 0141 230 4628 **Zimmer** 51

Das zauberhafte Hotel ist eine Oase inmitten von Orangen- und Zitronenhainen im Herzen der »Pink City«. Es besitzt eine faszinierende Sammlung seltener Bücher, alten Silbers und Waffen. Mittags- und Abendbüfett mit Live-Folkloremusik und *Sitar*-Konzerten. Man organisiert Kamel- und Wagentouren. **www.bissaupalace.com**

JAIPUR Diggi Palace
Diggi House, S.M.S. Hospital Road 0141 237 3091 FAX 0141 237 0359 **Zimmer** 60

Eine kleine, attraktive *haveli* wurde zum Gästehaus umgewandelt. Der preisbewusste Reisende findet hier traditionelle Gastfreundschaft. Die Zimmer in dem Haus mit wunderschönen Gärten variieren zwischen einfach und luxuriös. Man arrangiert Safaris, Yoga und Kulturprogramme. **www.hoteldiggipalace.com**

JAIPUR Gangaur (RTDC)
Mirza Ismail Road 0141 237 1642 FAX 0141 237 1647 **Zimmer** 63

In einer ruhigen Seitenstraße steht dieses beliebte Hotel mit drei guten Restaurants, die indische und chinesische Küche servieren. An bestimmten Tagen gibt es auch ein Rajasthan-Menü. Zum Haus gehört ein Souvenirladen. Stadtführungen und Fahrdienste auf Anfrage. **www.rajasthantourism.gov.in**

JAIPUR Jai Mahal Palace
Jacob Road, Civil Lines 0141 222 3636 FAX 0141 222 0707 **Zimmer** 100

Das von Sir Swinton Jacob entworfene Gebäude aus dem 18. Jahrhundert ist heute ein luxuriöses Hotel in Gehnähe zu den Boutiquen der Civil Lines. Ein großes Anwesen, ein solarbeheizter Pool, elegantes Interieur mit antiken Möbeln, Barbecue-Dinner und hervorragender Service machen das Hotel sehr empfehlenswert. **www.tajhotels.com**

JAIPUR Jaipur Ashok (ITDC)

Jai Singh Circle, Bani Park **C** *0141 220 4491* **FAX** *0141 220 4498* **Zimmer** *97*

Das Ministerium für Fremdenverkehr betreibt dieses schöne Hotel nahe dem Bahnhof. Das Haus in einem Garten ist mit modernen Einrichtungen ausgestattet und beliebt bei Urlaubern wie Geschäftsreisenden. Geldwechsel, Reise-Arrangements und Sightseeing-Touren gehören zum Angebot. **www.theashokgroup.com**

JAIPUR Karauli House

New Sanganer Road **C** *0141 229 0763* **FAX** *0141 229 2633* **Zimmer** *4*

Dieser alte Familiensitz wurde zum kleinen, heimeligen Gästehaus umfunktioniert. Auf Anfrage werden köstliche Mahlzeiten serviert. Sightseeing sowie Fahrdienste vom/zum Flughafen, Bus- und Zugbahnhof werden arrangiert. **www.karauli.com**

JAIPUR Khasa Kothi

MI Road **C** *0141 237 5151* **FAX** *0141 237 4040* **Zimmer** *36*

Das alte Hotel, wörtlich »besonderes Haus«, wird vom RTDC betrieben. Vor 100 Jahren war es ein staatliches Gästehaus. Heute ist es leider etwas heruntergekommen. Die zentrale Lage, die großen Zimmer und die Rasenflächen machen das wieder wett. Touren werden organisiert. **www.rajasthantourism.gov.in**

JAIPUR L.M.B. Hotel

Johri Bazar **C** *0141 256 5844* **Zimmer** *34*

Hauptattraktion des Drei-Sterne-Hotels mit kleinen, gepflegten Zimmern ist seine Lage über dem berühmten vegetarischen Restaurant LMB *(siehe S. 262)* in einem von Jaipurs beliebtesten Märkten. Das Restaurant und der Laden sind sehr zu empfehlen. Sightseeing-Touren und Fahrdienste werden arrangiert. **www.hotellmb.com**

JAIPUR Alsisar Haveli

Nahe Bushaltestelle Sindhi, Sansar Chandra Road **C** *0141 236 4685* **FAX** *0141 236 4652* **Zimmer** *47*

Diese schöne *haveli* aus dem 19. Jahrhundert hat mittelalterliches Flair, mit großen Höfen, Gewölbegängen und einer großen Terrasse. Sie liegt zentral, aber in einem riesigen Garten versteckt. Der Service ist exzellent. Abends werden zum Essen Marionettenspiele und andere kulturelle Einlagen geboten. **www.alsisar.com**

JAIPUR Narain Niwas Palace Hotel

Kanota Bagh, Narian Singh Road **C** *0141 256 1291* **FAX** *0141 256 3448* **Zimmer** *37*

Das 1928 erbaute beliebte Hotel war einst Landsitz der königlichen Kanota-Familie. Es ist von Mangohainen umgeben, das traditionelle Rajasthan-Interieur hat man sorgfältig erhalten. Es gibt einen Pool, eine Bar, zwei Restaurants und einen gut sortierten Lesesaal. Sightseeing und Fahrdienste auf Anfrage.

JAIPUR Raj Mahal Palace

Sardar Patel Marg, C-Scheme **C** *0141 5105 665* **FAX** *0141 222 1787* **Zimmer** *31*

Prinz Philip und Jacqueline Kennedy Onassis gehörten zur illustren Gästeschar dieses Hotels. Das von der Königsfamilie betriebene Hotel hat luxuriöse Zimmer und Gärten mit Pfauen. Die mit Rosenholz vertäfelte Bibliothek, der Billardraum und die Andenkensammlung tragen zur Exklusivität bei. **www.royalfamilyjaipur.com**

JAIPUR Royal Castle Kanota

Kanota Bagh, Narian Singh Road **C** *0141 256 1291* **FAX** *0141 256 3448* **Zimmer** *10*

1872 wurde die befestigte Burg erbaut, heute ist sie ein exklusives Hotel inmitten farbenfroher Obsthaine. Die Zimmer sind opulent. Es gibt eine Bibliothek mit über 10 000 seltenen Büchern. Dorfführungen und Sightseeing-Touren sowie Kamel- und Pferdeausritte werden arrangiert. Abends unterhält ein Kulturprogramm die Gäste.

JAIPUR Umaid Bhawan

D1–2A, hinter Collectorate, Behari Marg via Bank Road **C** *0141 220 1276* **FAX** *0141 220 7445* **Zimmer** *35*

Der ehemalige Palast im traditionellen Rajputen-Stil wurde in ein familiengeführtes Hotel in einer des besseren Wohngegenden der Stadt umgewandelt. Die Zimmer sind komfortabel und mit Antiquitäten ausgestattet. Viele verfügen über Balkone oder Innenhöfe. Die Hoteliers sind sehr hilfreich. **www.umaidbhawan.com**

JAIPUR Chokhi Dhani

12th Mile, Tonk Road **C** *0141 277 0555* **FAX** *0141 277 0558* **Zimmer** *65*

Das Hotel im Stil eines Rajasthan-Dorfs bietet Unterkunft in klimatisierten Häuschen und *havelis*. Es gibt ein Restaurant und eine Bar, ein Unterhaltungszentrum und einen Hof, in dem gespeist wird. Manche mögen das Chokhi Dani kitschig finden, es gehört dennoch zu Jaipurs Top-Attraktionen. **www.chokhidhani.com**

JAIPUR Clarks Amer

P.O.Box 222, Jawaharlal Nehru Marg **C** *0141 255 0616* **FAX** *0141 255 0319* **Zimmer** *211*

Nahe dem Flughafen und der Textilstadt Sanganer steht dieses Hotel mit Dachrestaurant, Café und Bar. Seit einiger Zeit gibt es hier das »Jaipur Pride Project«, ein Homestay-Programm, bei dem auf Anfrage auch selbst gekochte Mahlzeiten serviert werden. **www.hotelclarks.com**

JAIPUR Holiday Inn Jaipur

Gegenüber Bushaltestelle Ramgarh Modh, Amer Road **C** *0141 267 2000* **FAX** *0141 267 2335* **Zimmer** *74*

Das schöne Hotel bietet Blick auf das wunderbare Nahargarh Fort. Die Zimmer sind komfortabel und geräumig, das Dekor ist modern. Das Freiluftrestaurant, in dem traditionelles indisches Essen serviert wird, ist nur abends geöffnet. Die Speisenden werden von Tänzern, Hellsehern und Feuerspuckern unterhalten. **www.holidayinnjaipur.com**

Preiskategorien *siehe Seite 234* **Zeichenerklärung** *siehe hintere Umschlagklappe*

JAIPUR & ÖSTLICHES RAJASTHAN

JAIPUR Hotel Mansingh
Sansar Chandra Road (0141 237 8771 FAX 0141 237 7582 **Zimmer** 106

Das mit vielen modernen Annehmlichkeiten ausgestattete Hotel wirkt wunderbar geräumig. In den hübsch dekorierten, komfortablen Zimmern gibt es große Fenster. Das bei Geschäftsreisenden beliebte Haus hat einen Wellness-Club, ein Dachrestaurant, eine Lounge-Bar und 24-Stunden-Geldwechsel. **www.mansinghhotels.com**

JAIPUR Hotel Mansingh Towers
Sansar Chandra Road (0141 237 8771 FAX 0141 237 7582 **Zimmer** 45

Der elegante, gut ausgestattete neue Flügel des Hotel Mansingh, mit dem es einige Einrichtungen teilt, bietet alle notwendigen Annehmlichkeiten. Die Suiten haben eigene Jacuzzis. Im Restaurant werden gute Küche sowie abendliche Musikveranstaltungen geboten. **www.mansinghhotels.com**

JAIPUR Rajputana Palace Sheraton
Palace Road (0141 510 0100 FAX 0141 510 2102 **Zimmer** 216

Ein großes, elegantes Hotel mit hervorragendem Service. Abendliche Kulturveranstaltungen tragen zur Attraktivität bei. Es gibt einen Wellness-Club, eine Disco, ein kleines Theater, eine Ladenarkade und einen Schönheitssalon. Musiker und Tänzer treten im Hof auf. **www.welcomgroup.com**

JAIPUR Ramgarh Lodge
Ramgarh Lake, Jamwa (01426 252 078 FAX 01426 252 079 **Zimmer** 11

Das einstige königliche Jagdschloss in einem schönen Garten verströmt Alte-Welt-Charme und rustikale Erdverbundenheit. Im Angebot stehen Polo, Tennis, Angeln und Bootfahren. Neben eleganten Zimmern gibt es auch Camping-Einrichtungen. Besonders schön: die Suiten mit Blick auf den Ramgarh Lake. **www.tajhotels.com**

JAIPUR Samode Haveli
Samode House, Gangapol (0141 263 2407 FAX 0141 263 1397 **Zimmer** 29

Diese anmutige Villa bietet wunderbare Zimmer mit Original-Wandgemälden, exquisiten Antiquitäten und Spiegeln. Speisen kann man z. B. auf einer luftigen Veranda und im rückwärtigen Garten – perfekt fürs romantische Essen zu zweit. Marionettentheater, Tanz und Live-Musik werden im zentralen Hof geboten. **www.samode.com**

JAIPUR Trident Hilton Jaipur
Amber Road (0141 267 0101 FAX 0141 267 0303 **Zimmer** 137

Neben erstklassigem Service und ebensolchem Dekor ist die Lage gegenüber Jal Mahal die Hauptattraktion. Die Gästezimmer sind luftig und luxuriös ausgestattet, einige haben Garten- oder Bergblick. Die Bar Mansagar überblickt den Swimmingpool, die Aravalli-Berge und den Man Sagar Lake. **www.hilton.com**

JAIPUR Rajvilas
Goner Road (0141 268 0101 FAX 0141 268 0202 **Zimmer** 71

Spektakuläres Boutique-Hotel der Oberoi-Kette mit makellosem Service. Die Anlage in schön angelegten Gärten lässt die Pracht der Rajputen-Zeit aufleben. Jedes Zimmer, jedes luxuriöse Zelt und jede Villa ist mit Liebe zum Detail wundervoll gestaltet. Das luxuriöse Spa ist mit Fresken geschmückt. **www.oberoihotels.com**

JAIPUR Rambagh Palace Hotel
Nahe Ram Bagh Circle, Bhawani Singh Road (0141 221 1919 FAX 0141 238 5098 **Zimmer** 89

Dieses Hotel hat noch viele Originalelemente aus der Zeit, als hier die königliche Familie von Jaipur lebte. Es bietet Einblick in die Lebensweise der Royals, von der herrschaftlichen Lobby bis zu den »historischen« Suiten. Das Dekor ist extravagant, aber geschmackvoll. Die Gratisführung durchs Hotel endet mit Champagner. **www.tajhotels.com**

JHUNJHUNU Hotel Jamuna Resort
Nathji ka Tila, Khemsati Road (01592 232 871 FAX 01592 234 070 **Zimmer** 14

Die Ferienanlage nahe dem Hotel Shiv Shekhawati hat den gleichen Besitzer wie dieses. Sie umfasst strohgedeckte Hütten in schönen Gärten, Schatten spendende Bäume und Blumenbeete. Es gibt Kurse über indische Kunst, Kochen und Yoga. Fahrradausflüge und Massagen werden auf Anfrage arrangiert. **www.shivshekhawati.com**

JHUNJHUNU Hotel Shiv Shekhawati
Nahe Muni Ashram, Khemsati Road (01592 512 695 FAX 01592 234 070 **Zimmer** 18

Der Besitzer dieser sauberen Unterkunft im *Haveli*-Stil ist eine wahre Fundgrube in Sachen Geschichte und Architektur der Shekhawati-Region und teilt sein Wissen gern seinen Gästen mit. Das Hotel bietet einfache, komfortable Zimmer und günstige Mahlzeiten sowie Halb- und Ganztagstouren in Autos oder Jeeps. **www.shivshekhawati.com**

KISHANGARH Phool Mahal Palace
Nähe Kishangarh Fort (01463 247 405 FAX 01463 247 505 **Zimmer** 21

Das frisch restaurierte Anwesen vor der Kulisse des Kishangarh Fort hat hübsche opulente De-luxe-Zimmer mit modernen Einrichtungen. Sightseeing-Touren und Besuche bei hiesigen Handwerkern und Künstlern sowie Ausflüge zu Steinbrüchen und Steinschneidefabriken werden arrangiert. **www.royalkishangarh.com**

MANDAWA Castle Mandawa
Mandawa, Dist Jhunjhunu (01592 223 124 FAX 01592 223 171 **Zimmer** 74

Eines der ältesten und beliebtesten historischen Hotels der Region mischt mittelalterlichen Charme mit exzellentem Service und modernem Komfort. Einige Zimmer haben Marmorbrunnen und Bogenfenster mit herrlicher Aussicht. Sightseeing wird arrangiert. Zum Angebot gehört ein Massagezentrum. **www.castlemandawa.com**

MANDAWA The Desert Resort
Mandawa, Dist Jhunjhnu **(** 01592 223 245/514 **FAX** 01592-223 151 **Zimmer** 70

Die hübsche Ferienanlage wurde auf einer Sanddüne erbaut und wie ein traditionelles Dorf gestaltet. Dies ist der ideale Ausgangspunkt für Ausflüge in die Wüste. Im Angebot stehen individuell entworfene Zimmer und Häuschen, deren Interieur von Spiegeln und Glasperlen verziert ist. **www.mandawahotels.com**

MUKUNDGARH Mukundgarh Fort
Mukundgarh, Dist Jhunjhunu, **(** 01594 252 397 **FAX** 01594 252 395 **Zimmer** 49

Im Herzen der Shekhawati-Region liegt dieses Hotel, das schon bessere Tage gesehen hat und eine Renovierung vertragen könnte. Es steht jedoch in einer schönen Grünanlage, und die Zimmer sind sauber. Sightseeing-Touren und Kamelritte werden arrangiert. **www.crosscountry.co.in**

NAWALGARH Apni Dhani
Jhunjhunu Road **(** 01594 222 239 **FAX** 01594 224 061 **Zimmer** 8

Der Besitzer dieser umweltbewussten Ferienanlage ist einer der besten Fremdenführer der Region. Zur Anlage gehören fantasiereich gestaltete Lehmhütten mit Bad und Solarheizung. Das Essen ist hervorragend. Außerdem werden geführte Ausflüge, Kamelwagen-Trips und Besuche bei Handwerkern angeboten.

NAWALGARH Roop Niwas Palace
PO Village Nawalgarh **(** 01594 222 008 **FAX** 01594 223 388 **Zimmer** 26

Dieses historische Hotel ist eine zauberhafte Mixtur aus europäischer und Rajputen-Architektur. Das höfliche Personal trägt zur herrschaftlichen Atmosphäre bei. Kutschentouren sowie Ausritte zu Pferd oder Kamel stehen im Angebot. Ein hübscher Garten, Billard, Pool und Sightseeing-Touren erhöhen noch den Reiz.

NAWALGARH Roop Vilas Palace
Rawal Sab Ki Kothi **(** 01594 224 321 **Zimmer** 21

Einst wohnte hier eine adelige Familie. Heute ist das wunderschöne Gebäude inmitten eines großen Gartens restauriert und in ein Luxushotel umgewandelt worden. Während das Hotel seinen originalen Charakter bewahren konnte, verbinden die Zimmer zeitgemäße Eleganz mit Komfort. Es gibt auch drei Luxuszelte mit Bädern.

NEEMRANA Neemrana Fort Palace
PO Neemrana, Dist Alwar **(** 01494 246 006 **FAX** 01494 246 005 **Zimmer** 44

Perfekte Gastfreundschaft erwartet den Gast in diesem schönen Palast. Das Hotel ist für seine herrliche Architektur, das prächtige Interieur und seine einzigartige Lage in den Aravelli Hills berühmt. Das zehn Stockwerke hohe Haus bietet wundervolle Aussicht auf die Umgebung. **www.neemranahotels.com**

PUSHKAR Hotel Sarovar
Pushkar, Dist Ajmer **(** 0145 277 2040 **FAX** 0145 277 2040 **Zimmer** 40

Das staatliche Ferienhotel nahe Pushkar Palace sowie Rangji- und Brahma-Tempel bietet Zimmer und Schlafsäle mit Blick auf den See. Eine der wenigen Unterkünfte in der Stadt, die Kamel-, Pferde- und Jeep-Safaris organisiert. Auf Anfrage werden auch Fahrdienste arrangiert. **www.rajasthantourism.gov.in**

PUSHKAR Peacock Holiday Resort
Panchkund Road **(** 0145 277 2093 **FAX** 0145 277 2516 **Zimmer** 32

Ein großer, schattiger Hof trägt seinen Teil zur beschaulichen Atmosphäre dieses Hotels bei. Die Gästezimmer haben eigene Bäder. Während Pushkar Mela gibt es Sonderangebote. Drei Restaurants, Wasserrutsche und eine Tretmühle, Kerala-Massagen und Ausritte zu Pferd und Kamel stehen im Angebot. **www.peacock-pushkar.com**

PUSHKAR Tourist Village (RTDC)
Ganhera-Nagaur Road **(** 0145 277 2074 **FAX** 0145 277 2040 **Zimmer** 30

Während des jährlichen Kamelmarkts lässt die Regierung ein Dorf aus 300 Einzel- und Doppelzelten in verschiedenen Preisklassen (Mahlzeiten sind inklusive) errichten. Ein paar Hütten sind das ganze Jahr über geöffnet – die Preise variieren je nach Saison. Ideale Lage mitten in der Stadt. **www.rajasthantourism.gov.in**

PUSHKAR Pushkar Palace
Pushkar Lake, Chhoti Basti **(** 0145 277 3001 **FAX** 0145 277 2226 **Zimmer** 53

Das 400 Jahre alte Palasthotel am Pushkar Lake bietet einen grandiosen Panoramablick. Die Zimmer sind geschmackvoll eingerichtet und schlicht-elegant dekoriert. Im Restaurant serviert man den Gästen indische, chinesische und westliche Küche. Während des Kamelmarkts kann man auch in Zelten schlafen. **www.pushkarpalace.com**

PUSHKAR Pushkar Resorts
Village Ganhera, Motisar Road **(** 0145 277 2944 **FAX** 0145 277 2946 **Zimmer** 40

Die Anlage aus luxuriösen Häuschen mit eigenen Rasenflächen ist eine großzügig bemessene Oase. Sie liegt inmitten von Obsthainen und bietet einen Pool, Golf, Beachvolleyball, Krocket und eine Bibliothek. Ein zusätzlicher Pluspunkt ist das einzige Restaurant für Nicht-Vegetarier der Stadt. **www.pushkarresorts.com**

ROOPANGARH Roopangarh Fort
Roopangarh Fort, Dist Ajmer **(** 01497 220 444 **FAX** 01497 220 217 **Zimmer** 23

Das Hotel in einer alten Festung liegt ideal für Ausflüge zu den historischen Stätten der Gegend. Es ist mit Antiquitäten eingerichtet, das Dekor reflektiert das historische Flair des Ortes. Die Küche verwendet jahrhundertealte Familienrezepte. Gäste können die Geheimgänge und die unterirdische Zisterne erkunden. **www.royalkishangarh.com**

Preiskategorien *siehe Seite 234* **Zeichenerklärung** *siehe hintere Umschlagklappe*

SAMODE Samode Bagh

Village Fatehpura, Bansa **C** *01423 240 236* **FAX** *01423 240 014* **Zimmer** *44 Zelte*

Das zum Hotel Samode Palace gehörende Bagh bietet in einem idyllischen Garten luxuriöse Zelte mit eigenen Bädern. Eine 61 Meter lange Reihe von natürlichen Springbrunnen ziert die Rasenflächen. Es herrscht das Flair eines königlichen Wüstenlagers. Massagen, Tennis und Vogelbeobachtung. **www.samode.com**

SAMODE Samode Palace

Samode Village **C** *01423 240 014* **FAX** *01423 240 014* **Zimmer** *41*

Dieser 400 Jahre alte Palast hat exquisites Interieur und moderne Einrichtungen. Das bezaubernde, romantische Haus bietet elegante, luxuriöse Zimmer. Die Kulisse des Marmor-Mosaik-Pools bilden die Aravalli Hills. Im Hof werden kulturelle Events veranstaltet. Zweifellos das schönste historische Hotel der Gegend. **www.samode.com**

SARISKA Tiger's Den (RTDC)

Sariska Road, via Thana Gazi **C** *0144 284 1342* **Zimmer** *30*

Dieses Hotel beim Sariska-Schutzgebiet ist die einzige preisgünstige Option für Parkbesucher. Die Schlafsäle, Zimmer und der Service sind anständig und effizient. Man arrangiert Fahrdienste, außerdem gibt es Informationen und Sightseeing-Touren für die Feriengäste. **www.rajasthantourism.gov.in**

SARISKA Sariska Palace

Sariska Road **C** *0144 284 1323* **FAX** *011 2615 4390* **Zimmer** *100*

Nach einem anstrengenden Tag im Sariksa-Park kann man sich in diesem früheren königlichen Jagdschloss entspannen. Das Dekor ist opulent, die Zimmer sind komfortabel. Es gibt ein Ayurveda-Zentrum und einen Wellness-Club. Für Gruppen werden Folklore-Abende mit Lagerfeuer arrangiert. Freilich gibt es auch Ausflüge in den Park.

SARISKA Hotel Amanbagh

Village Ajaibgarh, Tehsil Thana Gazi **C** *01465 223 333* **FAX** *01465 223 335* **Zimmer** *40*

Diese berühmte Ferienanlage, vom *Condé Nast Traveler* bei den besten des Landes eingestuft, liegt in einer ummauerten Oase und spiegelt den regionalen Architekturstil wider. Es gibt *Haveli*-Suiten, Poolpavillons und einen luxuriösen Wellness-Bereich. Gute Basis für Erkundungen der Alwar-Region. **www.amanresorts.com**

SAWAI MADHOPUR Castle Jhoomar Bari (RTDC)

Ranthambhore Road **C** *07462 220 495* **FAX** *07462 220 495* **Zimmer** *12*

Der charmante alte königliche Dschungelpalast auf einem Hügel bietet herrliche Sicht auf die bewaldete Umgebung und viel Atmosphäre. Nachts hört man sogar die Tiger im nahen Schutzgebiet brüllen. Sehr beliebte Unterkunft – buchen Sie also weit im Voraus. Safaris in den Park werden arrangiert. **www.rajasthantourism.gov.in**

SAWAI MADHOPUR Ranthambhore Regency

Ranthambhore Road **C** *07462 223 456* **FAX** *07462 223 500* **Zimmer** *60*

Ein recht neues Hotel, das guten Service für überraschend günstige Preise bietet. Das Gebäude steht inmitten schöner Rasenflächen, die klimatisierten Zimmer sind traditionell dekoriert. Das Personal ist freundlich, in den zwei Restaurants bekommt man gutes Essen – z. B. im Freiluft-Lehmofen gebackenes Brot. **www.ranthambhor.com**

SAWAI MADHOPUR Aman-i-Khas

Sherpur, Khiljipur **C** *07462 252 052* **FAX** *07462 252 172* **Zimmer** *10*

Am Rand des Ranthambhore National Park, inmitten der rauen Landschaft, liegt diese Anlage mit luxuriösen Zelten und einem Wellness-Center. Man arrangiert Safaris und Kamelritte. Das Aman-i-Khas ist nur sieben Monate im Jahr geöffnet: von Oktober bis Ende April. **www.amanresorts.com**

SAWAI MADHOPUR Sawai Madhopur Lodge

Ranthambhore Road **C** *07462 220 541* **FAX** *07462 220 718* **Zimmer** *32*

Das in den 1930er Jahren erbaute Haus inmitten gepflegter Rasenflächen gehörte einst dem Maharaja von Jaipur und kombiniert heute modernen Komfort mit elegant-klassischem Stil. Es werden Dschungel-Safaris, naturkundliche Vorträge, Luftgewehr-Schießen, Drachensteigen und Vogelbeobachtung geboten. **www.tajhotels.com**

SAWAI MADHOPUR Sher Bagh

Village Sherpur, Khiljipur **C** *07462 252 119* **FAX** *07462 220 811* **Zimmer** *12*

Das von Oktober bis März geöffnete Zeltlager organisiert interessante Waldexkursionen. Die Unterkünfte sind luxuriös und haben Verandas und eigene Bäder. Umweltexperten halten Vorträge. Wunderbares Essen, ebensolche Atmosphäre und exzellenter Service. **www.sherbagh.com**

SAWAI MADHOPUR Vanya Vilas

Ranthambhore Road **C** *07462 223 999* **FAX** *07462 252 042* **Zimmer** *25*

Die Zelte der abgeschiedenen Anlage im Wald haben Teak-Boden, Sonnenterrassen und Marmorbäder. Das Restaurant ist mit handgemalten Fresken herrlich dekoriert und bietet köstliches Essen aus mehreren Ländern. Vom Wellness-Bereich im hübschen Hof hat man Blick auf den See. **www.oberoihotels.com**

SILISERH Lake Palace (RTDC)

Siliserh **C** *0144 288 6322* **Zimmer** *10*

Dieser märchenhafte Sommerpalast mit Blick auf den See eignet sich für geruhsame Ferien und verspricht grandiose Sonnenuntergänge. Das 1845 von Maharaja Vinay Singh für seine Gattin Shila errichtete Gebäude bietet luxuriöse, königliche Zimmer, Bootsfahrten, Wanderungen und Vogelbeobachtung. **www.rajasthantourism.gov.in**

Restaurants

Die indische Küche verdankt ihren großartigen Geschmack den besonderen Gewürzmischungen und vielen frischen Zutaten. Früher bestimmten Obst und Gemüse der Saison die Speisekarten, sodass es meist nur eine Auswahl an Mughlai- und kolonialen Gerichten wie Lammbraten mit Minzsauce, gebratenen Fisch oder überbackenes Gemüse gab. Heute haben sich die Essgewohnheiten vor allem in Delhi verändert. Die meisten Inder sind anspruchsvoller geworden und möchten in Restaurants etwas Ausgefalleneres als zu Hause genießen. Dieser Wunsch nach kulinarischer Abwechslung hat ausgezeichnete Spezialitätenrestaurants, aber auch Fast-Food-Läden und Pizzerien hervorgebracht. Doch trotz der modernen und internationalen Restaurants ist indisches Essen mit seinen herzhaften Kebabs und aromatischen Currys oder den einfachen *dals* und *rotis*, in *dhabas* serviert, noch immer sehr populär. Die Restaurantübersicht auf den Seiten 256–263 ist nach Regionen geordnet und soll bei der Auswahl der Lokalität helfen.

Küchenchef eines Fünf-Sterne-Hotels in Delhi

Die stilvolle Polo Bar des Hotels Rambagh Palace in Jaipur

Restaurants

Delhi bietet eine große Auswahl an Restaurants – von Imbissen auf Märkten bis zu Spezialitätenrestaurants in Luxushotels. In jedem Einkaufsviertel gibt es etliche Restaurants, angefangen von mobilen Imbisswagen, die billige Sandwiches, Burger und chinesisches Chowmein indischer Art sowie Suppen verkaufen. Südindische Restaurants findet man ebenfalls an jeder Ecke, meist mit vielfältiger, preiswerter Auswahl. Andere Restaurants sind auf nordindische Grill- und Tandoori-Gerichte mit Fleisch oder Fisch spezialisiert. Überall gibt es indisches Brot und Currys. Viele der amerikanischen Fast-Food-Giganten wie Pizza Hut, McDonald's und Dominos sind bereits in den größeren Städten vertreten und bei Kindern und Erwachsenen beliebt. Auch Agra und Jaipur bieten eine große Restaurantauswahl, westliches Essen findet man jedoch nur in den Fünf-Sterne-Hotels. Hier locken mittags die verführerischen Büfetts.

Die meisten Restaurants haben von 11 Uhr bis Mitternacht geöffnet. In gehobenen Restaurants sollte man reservieren. Sehr spät oder früh isst man in den 24 Stunden geöffneten Coffeeshops in den Hotels.

Indisches Restaurantschild

Spezialitätenrestaurants

Gehobene Restaurants, die sich auf authentische Küche aus verschiedenen Teilen der Welt spezialisiert haben, sind besonders beliebt, vor allem in Delhi, wo man chinesisches, thailändisches, japanisches, mexikanisches und italienisches Essen schätzt, das sogar Köche aus den jeweiligen Ländern zubereiten.

Viele dieser Restaurants findet man in Luxushotels, einige auch an Orten wie dem Hauz Khas Village in Delhi. Die Preise sind recht hoch, doch das Essen und die Umgebung sind es wert. Gelegentlich werden auch Spezialitäten aus Afghanistan, dem Mittleren Osten, Kaschmir sowie Tibet angeboten. Neben indischen Spezialitätenrestaurants bieten gute Hotels in Jaipur und Umgebung auch traditionelle rajasthanische Gerichte an. In Delhi und Agra gibt es fast überall leckere Mughlai- oder Punjabi-Gerichte nach traditionell überlieferten Rezepten.

Grillgerichte sind die Spezialität des Bukhara im Maurya Sheraton

Frühstück auf den Mauern des Kesroli Fort

Coffeeshops

Alle größeren Hotels haben rund um die Uhr geöffnete Coffeeshops, dort gibt es auch kleinere Gerichte. In Delhi haben alle bekannten Coffeeshop-Ketten Filialen. Auf Märkten finden Sie Cafés, die meist von 10 Uhr bis Mitternacht geöffnet haben und Erfrischungen sowie eine einfache Küche von indisch über indisch-westlich bis chinesisch anbieten. Hier begnügt man sich besser mit einfacher Kost und sollte keine Fisch- oder Krabbengerichte bestellen.

Imbiss

Wer Abenteuer liebt, kann an den Straßen-Imbissbuden *(dhabas)* die typisch indischen Gerichte mit einer Auswahl an (häufig vegetarischen) Currys vom Grill versuchen: Diese Gerichte sind für indische Gaumen zubereitet und daher sehr scharf. Bitten Sie bei der Zubereitung darum, dass das Gericht weniger gewürzt wird. Grundsätzlich sollte man an Imbissbuden mit viel Kundschaft essen, da hier alles frisch zubereitet werden muss. Hinweise zu Gesundheitsvorkehrungen finden Sie auf Seite 286.

Probieren Sie die Gewürz- und Süßigkeitenläden indischer Art. Die Auswahl ist überwältigend – häufig klebrig, aber köstlich. Kleine Speisen für zwischendurch sind oft frittiert, beispielsweise panierte Kartoffelstückchen oder eine Auswahl gewürzter Nüsse. Gebratenes chinesisches Chowmein indischer Art ist sehr beliebt. In indischen Städten findet man auch zunehmend westliche Speisen. Imbissbuden auf Märkten verkaufen Suppen, Salate und Backwaren westlicher Art, die Speisekarten sind fast immer auch auf Englisch.

Vegetarier

Die indische Küche kann auf eine stolze vegetarische Tradition zurückblicken. Die meisten Straßenimbisse sind fast ausschließlich vegetarisch, alle drei Städte haben gute vegetarische Restaurants. Dazu gehören auch die zahllosen südindischen Restaurants mit den vegetarischen *thalis*. Einige werben mit »cooked in pure ghee« oder »cooked in ghee from cow's milk«, d. h. mit hochwertigen Fetten.

Buntes Salatbüfett

Wein und Getränke

Der Alkoholausschank in der Region Delhi, Agra und Jaipur ist strikten Bestimmungen unterworfen. Nur einige wenige Restaurants und Hotels mit Schankerlaubnis bieten überhaupt alkoholische Getränke an, obwohl es in der Stadt auch Wein- und Alkoholläden gibt. Manchmal wird auch nur Bier angeboten. Größere Hotels haben eigene Bars mit in Indien hergestellten Getränken (Whisky, Rum, Gin, Wodka und Bier) und ausländischen Marken zu entsprechenden Preisen. Eigene alkoholische Getränke dürfen nicht in Restaurants mitgebracht werden. Am 1. und 7. jeden Monats, an indischen Feier- und Wahltagen ist Alkoholgenuss untersagt.

Preise und Trinkgeld

Die Preise sind überall festgelegt, selbst an Straßenimbissen. In Luxushotels sind die Preise hoch, entsprechende Steuern kommen noch hinzu. Die Restaurants und Coffeeshops in den Städten sind jedoch generell günstig, Straßenimbisse äußerst preiswert. Die Preise findet man auf der Speisekarte, man sollte die Rechnung überprüfen. Kellner erwarten ein Trinkgeld – mit etwa zehn Prozent der Gesamtrechnung liegt man meist richtig.

Teeausschank an einer Straße in Rajasthan

Spezialitäten

Die traditionelle Küche dieser Region ist für ihre Vielfalt bekannt. Delhis beste Rezepte entstammen der Küche der Moguln (Mughlai-Küche) und einer langen vegetarischen Tradition. Jaipur und Agra sind berühmt für mit Nelken, Kardamom und Pfeffer gewürzte Snacks, die für westliche Gaumen »entschärft« werden. Die Tandoori-Küche *(siehe S. 252f)*, von Traditionalisten noch immer als Emporkömmling betrachtet, wird immer populärer. Um die hiesige Küche wirklich zu schätzen, muss man auch die köstlichen Milchdesserts probieren.

Lorbeerblätter, Zimt, Kardamom, Kümmel, Nelken und Kurkuma

Frisches Gemüse in einem Marktstand in Delhi

Delhi

In Delhi mit seinen Bewohnern aus ganz Indien und anderen Ländern gibt es Gerichte aus allen Teilen Indiens und fremdländischen Küchen. Sein eigenes kulinarisches Erbe wird in uralten Rezepten erhalten, die von Generation zu Generation weitergegeben und in Restaurants in Old Delhi serviert werden. Sogar Premierminister genießen hier authentische Mughlai-Gerichte, die noch immer in riesigen Messingtöpfen über Holzfeuer gekocht werden. Die kleinen, häufig versteckt liegenden Lokale bilden einen wichtigen Teil von Delhis authentischem kulinarischem Leben. Gewürze werden täglich frisch gerieben und verleihen den Gerichten ihre speziellen Aromen. Gefülltes Brot *(paratha)* ist eine Old-Delhi-Spezialität – nach ihm wurde sogar eine Gasse benannt. Kein Besucher darf die Farben und Düfte von Delhis Obst- und Gemüsemärkten versäumen. Die Verkäufer preisen singend ihre Waren an, während sie auf die umherstreunenden Kühe achten. Gewürze sind ein bedeutsamer Teil der kulinarischen Tradition, und jede Region hat dafür ihre eigenen geheimen Kombinationen und Rezepte.

Eine kleine Auswahl aus der Vielzahl indischer Brote: Missi Roti, Naan, Lachcha Paratha, Poori, Knoblauch-Naan, Bhatura, Lachcha Paratha Pudina (mit Minze)

Regionale Gerichte und Spezialitäten

Die Küchen dieser Region kann man in vegetarisch und nichtvegetarisch einteilen, sie reflektieren die traditionelle Hindu- bzw. Moslem-Küche. Gemüse wird mit verschiedenen Broten serviert. Überall gibt es zum Frühstück oder zur Hauptmahlzeit oft *aloo poori* oder *paratha*. Hammelfleisch (das in Indien auch Ziegenfleisch sein kann) und Hühnchen, Hauptzutaten der Mughlai-Küche, werden für Eintöpfe wie *korma* und *rogan josh* verwendet. Gedämpfte Linsen, *dal*, sind ein Grundnahrungsmittel in ganz Nordindien und werden mit Reis oder Brot gegessen. Milch bildet die Basis vieler Desserts, häufig mit hauchdünnen Silberblättern und Nusssplittern verziert.

Minzeblätter und Chilischoten

Poori, *lockere, frittierte Brote, werden mit gewürzten Kartoffeln* (aloo) *oder anderem Gemüse serviert.*

SPEZIALITÄTEN

Chilischoten werden getrocknet, ehe man sie zu Pulver zerreibt

Agra

Fast jedes Viertel, jeder Markt in Agra hat einen eigenen *Halwai*-Laden. In diesen Feinkostläden für vegetarische Gerichte und Süßwaren bekommen Sie eine ganze Mahlzeit, serviert auf *thali* (Platten), oder Snacks.

Auf typischen *thali* findet man in kleinen Schüsseln *dal*, Kartoffelcurry, Kürbis und anderes Gemüse der Saison. *Pooris* und Reis werden zu Gemüsecurrys gegessen, dazu *raita*, Chutneys und eingelegtes Gemüse. Der Hygienestandard in *Halwai*-Läden ist inzwischen viel höher als früher, und man bekommt Wasser aus Flaschen. Der Service ist zudem schnell: Die Bedienungen rufen die Bestellungen in die Küche, die meist im hinteren Teil liegt.

Jaipur

In Jaipur sollten Sie auf robuste Aromen gefasst sein, wenn Sie essen gehen. Die Rajasthani-Küche – ob vegetarisch oder nicht – ist kräftig und stark gewürzt.

Ein Basarverkäufer bereitet in einem *tawa* (Wok) Samosas zu

Frische Scheiben von der runden Zwiebel *masala kachauri* werden von morgens bis abends in riesigen Woks gegart und den Kunden auf Blättern serviert. *Lal maas*, ein sättigendes Hammelgericht, und das vegetarische *Gutta*-Curry sind die Spezialitäten in der Region Jaipur. Hirsebrote (*bajra rotis*), die mit Chutneys, hiesigem Gemüse und Beeren gegessen werden, sind ebenfalls typisch für Jaipurs Küche. Quark aus Lehmbehältern wird mit Zucker und Kardamom zum erfrischenden Getränk *lassi* aufgeschäumt, das häufig in hübschen Terrakottabechern serviert wird.

Essen im Basar

Das Brutzeln von Ghee auf heißen Blechen, das Zischen von Gewürzen, wenn sie in den Topf geworfen werden, sowie wunderbar aromatische Gerichte in riesigen Kesseln und Pfannen ziehen die hungrigen Kunden der Basare an. Sie können aus einer unglaublichen Vielfalt auswählen: vom üppigen roten Hammel-*korma* mit verschiedenen Brotsorten bis hin zu *karhi* mit Kurkuma, dazu gibt es gelbe Klößchen und Reis. In der Nähe der Basare entstanden Food Courts mit einer großen Auswahl an regionalen und traditionellen Küchen. Zum Essen kann man heißen, süßen, milchigen *masala chai* (mit Zimt, Kardamom und Ingwer aromatisierten Tee) trinken.

Korma ist ein aromatisches Curry mit Kardamom und Nelken. Es wird mit Brot oder Reis gegessen.

Dal, eine Mischung aus Linsen, Zwiebeln, Knoblauch und Gewürzen, ist Indiens Leib- und Magengericht.

Gulab Jamun kann man kalt und warm essen. Auf die süßen Krapfen wird oft Eiscreme gegeben.

Tandoori-Gerichte

Ein mit Holz befeuerter Lehmofen namens *tandoor* wird in ganz Westasien verwendet. Sein Einzug in die indische Küche begann mit Flüchtlingen aus dem Punjab zur Zeit der Teilung des Subkontinents (siehe S. 58f). Fleisch oder Gemüse wird in gewürztem Joghurt mariniert, auf Spieße gesteckt und im *tandoor* gegart, bis es knusprig ist. Tandoori-Brote werden von Hand gerollt, in die Luft geworfen, um sie zu dehnen, und im *tandoor* gebacken. Tandoori-Gerichte sind zweifellos das beliebteste »Fingerfood« in der Region Delhi, Agra und Jaipur.

Raita, erfrischender Joghurtsalat

Murg Tikka *ist ein Würfel* (tikka) *aus gegrilltem würzigem Hühnchenfleisch ohne Knochen.*

Barra Kebab *besteht aus scharf gewürzten Lammkoteletts*

Tandoori Murgh, *ein im Ganzen gebratenes Küken* (murgh), *ist das Original-Tandoori-Gericht.*

Reshmi Kebab *besteht aus gehacktem Hühnchenfleisch und ist so zart wie Seide* (resham).

Mughlai Kebab *ist nach Mughlai-Art gewürztes gehacktes Lammfleisch.*

Seekh Kebab *aus würzigem gehacktem Lammfleisch ist nach dem Spieß* (seekh) *benannt.*

Tandoori-Speisekarte

Achari Murg: Hühnchen-Kebab in Pickle-*(achar-)*Marinade.

Achari Paneer Tikka: Hüttenkäsestückchen *(paneer)* in scharfer Pickle-*(achar-)*Marinade, dazu passt kühles Bier.

Afghani Murg: mit Butter und Gewürzen gegrilltes Hühnchen.

Bharwan Tamatar: Tomaten *(tamatar)* mit würziger Kartoffelfüllung. Das matschige Gericht wird in einem Bissen gegessen.

Boti Kebab: medium gegrillte Lammstücke.

Dahi ka Kebab: Basis dieses überaus zarten Kebabs ist gepresster Quark *(dahi)*.

Galouti Kebab: stark gewürzte Lammpastetchen, die im Mund zergehen. Vorsicht: Den Pfeffer darin merkt man recht spät.

Hariyali Murg: gegrilltes Küken in grüner Marinade, häufig mit Koriander.

Kakori Kebab: mit Kardamom gewürzte weiche Kebabs, ursprünglich vom königlichen Küchenchef Kakoris für einen zahnlosen Nawab erfunden.

Kalmi Kebab: Hühnchenkringel in buttriger Marinade.

Kathal Kebab: Kebab aus Jackfrucht (vegetarischer Lammfleischersatz), schmeckt wie *mutton shami kebab*.

Lehsuni Murg Tikka: Hühnchen-Kebab mit Knoblauch *(lehsun)*.

Machli Tikka Ajwani: Fisch-*(machi-)*Kebab mit dem dem Oregano ähnlichen *ajwain*.

Malai Makai Seekh: zarte gegrillte Mais-*(makai-)*Kebabs auf Spießen.

Mutton Chop Adrakhi: Ingwer-*(adrak-)*Gericht.

Paneer Pudina Tikka: mit Minze *(pudina)* aromatisierte Hüttenkäse-Kebabs.

Pasanda: knochenfreies Lammfleisch in Kardamom-Marinade, mit gebratenen Mandeln und Sultaninen garniert.

Pickles und Chutneys

Zu jedem indischen Essen gehören Beilagen in kleinen Schüsseln. Ein Favorit sind in Senföl und Gewürzen eingelegte Mangos. Mango ist auch die Grundzutat würziger Chutneys mit frischem Koriander, Minze und Chili. Weitere beliebte Chutneys bestehen aus Tomaten und Knoblauch. Zu Tandoori-Gerichten werden häufig eingelegte Schalotten serviert. In Zitronensaft eingelegter Ingwer wird mit der Zeit rosa – er fördert die Verdauung. Süße Pickles werden mit Gewürznelken verfeinert.

Mango-, Minze- und Tomaten-Chutneys werden zu vielen Mahlzeiten angeboten

Tandoori Gobhi *ist würziger Blumenkohl* (gobhi), *der im* tandoor *gegrillt wird.*

Paneer Tikka *ist gegrillter Hüttenkäse* (paneer).

Tandoori Sabzi *besteht aus gegrilltem Gemüse* (sabzi) *am Spieß.*

Bharwan Simla Mirch *sind gebackene rote und grüne Paprikaschoten* (simla mirch) *mit scharfer Kartoffelfüllung.*

Bharwan Aloo *sind gegrillte ausgehöhlte Kartoffeln* (aloo) *mit einer würzigen Füllung.*

Hariyali Kebabs *sind grüne* (hara) *Kebabs aus Linsen und Spinat.*

Tandoori-Koch mit einer ganzen Lammkeule *(raan)*

Sabzi Seekh Kebab: vegetarische *(sabzi)* Variante des beliebten *seekh kebab.*

Seekh Kebab Roll: Weiches *Rumali-*(Taschentuch-)Brot wird um einen *seekh kebab* gerollt und mit Minze-Chutney und Zwiebelringen serviert.

Shami Kebab: mit Zwiebeln, Ingwer und Koriander gefülltes Hackfleisch. Manchmal werden Rosinen hinzugefügt.

Tandoori Bater: gegrillte marinierte Wachtel *(bater)* am Spieß.

Tandoori Bhindi: mit Tandoori-Marinade bestrichene, knusprig gebratene zarte Okraschote *(bhindi).*

Tandoori Jhinga: marinierte Riesengarnelen *(jhinga)* mit Granatapfelkernen.

Tandoori Salad: Gemüse der Saison wie Paprika, Tomaten und Lotuswurzeln.

Tandoori Khumb: Kashmiri-Pilze *(khumb)* werden gewürzt und gegrillt.

Tandoori Pomfret: ganzer marinierter Fisch mit Zwiebelringen, Zitrone und Minze-Chutney.

Tandoori Raan: gegrillte Lammkeule, mit würzigem Joghurtdressing mariniert.

Tangri Kebab: Kebab aus Hühnchenkeulen.

Glossar indischer Gerichte

Jamun, eine Monsunfrucht

Das Besondere der traditionellen indischen Küche ist die Mischung verschiedener Gewürze. Chili ist dabei nicht so wichtig, wie man denkt, sondern gilt als Verlegenheitslösung eines schlechten Kochs, dem es an Raffinesse fehlt. Zu den typischen Gerichten der Region zählen Fleisch, Linsen, Gemüse und *Tandoori*-Gerichte, die mit Reis und *rotis* serviert werden. Die Inder selbst lieben die würzigen Snacks an den Straßenimbissen, wo man zu jeder Tageszeit eine Kleinigkeit zwischendurch genießen kann.

Snacks

Süße und salzige Snacks sind ein wichtiger Teil des indischen Speiseplans.

Aloo tikki
Gefülltes Kartoffelschnitzel vom Blech.

Chaat
Die wichtigsten Zutaten sind *papri*, aus Schmalzgebäck, Kichererbsen, Kartoffeln, Joghurt und Saucen, sowie *golguppas*, luftiges, leichtes Mehlgebäck mit Kichererbsen und Kurkuma-Wasser.

Idli und **Dosa**
Beliebte südindische Reiskuchen und knusprige Pfannkuchen. Sie werden gern mit Kokos- und Linsencurry zum Frühstück serviert.

Tikkas am Spieß

Jalebi
Knusprige Mehlwickel in Sirup mit Rosengeschmack.

Pakora
In Kirchererbsenmehl frittiertes Gemüse oder *paneer*.

Samosa
Frittierte, dreieckige Pasteten, mit Erbsen und Kartoffeln gefüllt.

Tikkas
Marinierte und gegrillte Hühnchen-, Hammel-, Fisch- und Hüttenkäsestückchen. Beim *Burra*-Kebab wird Fleisch samt Knochen auf die gleiche Art zubereitet.

Gerichte mit Fleisch

Die folgenden Gerichte gehören zu den würzigsten und auch sättigendsten der indischen Küche.

Bhuna gosht
Ein trockenes, weich gegartes Fleischcurry.

Butterhühnchen
Tandoori-Hühnchen mit Tomaten- und Buttersauce.

Dal gosht
Fleisch mit Linsen.

Dil bahar dopiaza
Würziger Hammeleintopf in dicker Zwiebelsauce.

Kadhai murg
Saftiges Hühnercurry aus dem Wok.

Kofta
Fleischbällchen in Brühe.

Lal maas
Rajasthanisches Hammelgericht mit rotem Chili. *Safed maas* ist eine »weiße« Curryvariante mit Mandeln und Cashewkernen.

Nargisi kofta
Mughlai-Version von Schottischen Eiern – Hackfleisch und hart gekochte Eier mit scharfer Sauce.

Murg mussallan
Gebratenes Masala-Huhn, oft mit hart gekochten Eiern gefüllt.

Rogan josh, ein Fleischgericht

Korma
Langsam geschmortes Fleisch (auch Huhn) mit Joghurt und Gewürzen.

Nihari
Über Nacht über glühender Asche geschmorte Lammkeulen. Gibt es im Ramadan-Monat zum Frühstück.

Rogan josh
Hammelfleischwürfel mit rotem Chili und Gewürzen.

Saag gosht
Gekochtes Fleisch mit Spinat.

Curryblätter und *Masur dal*

Chilischote

Vegetarische Gerichte

Früher wurde nur Gemüse der Saison (*sabzi*) verwendet, was die Vielfalt einschränkte.

Aloo gobhi
Kartoffeln (*aloo*) mit Blumenkohl (*gobhi*) und Ingwer.

Aloo methi
Gebräunte Kartoffeln und Kari-(*methi*-)Blätter.

Baingan ka bharta
Geräucherte Auberginen mit Zwiebeln und Tomaten.

Bhindi piaz
Okraschoten und Zwiebeln.

Dum aloo
Kartoffeln mit Joghurt und Gewürzen, langsam gekocht.

Gatta-Curry
Kichererbsenmehl-Knödel, in einer delikaten, aromatischen Sauce gekocht.

Pikante Köstlichkeiten hat der *Chaat-wallah* im Angebot

GLOSSAR INDISCHER GERICHTE

Dieses Straßenrestaurant hat sich auf *parathas* spezialisiert

Kadhi
Frittierte Kichererbsenmehl-Klöße, in Joghurt und einer angedickten Sauce gekocht.
Kair sangri
Kleine einheimische Beeren mit spinatähnlichen Blättern.
Khumb-matar-Curry
Curry mit Pilzen und Erbsen.
Malai kofta
Hüttenkäse-Klöße in einer dicken Tomatensauce.
Masala baingan
Gefüllte, ausgebackene Auberginen.
Paneer
Paneer (Hüttenkäse) wird auf unterschiedlichste Weise zubereitet. *Palak paneer* wird mit Spinat und matar paneer mit Erbsen angerichtet.
Paneer makhani
Hüttenkäse in Tomaten- und Buttersauce.
Sarson ka saag
Senfblätter in Milch gekocht und in pürierter Form mit Butter serviert.

Brote

Brot wird auf dem Blech gebacken, so z. B. *Chapati*, hauchdünnes *Roomali roti* und *Paratha*. *Pooris* werden frittiert, *Tandoori*-Brote gibt es als *Tandoori* und *Khastha roti* sowie *Naan*.

Reis

Biryanis und *pulaos* werden mit *raita* (Joghurt mit Zwiebeln, Tomaten, Koriander und grünem Chili) und unterschiedlichen Pickles und Chutneys gegessen.
Biryani
Hammel- oder Hühnerfleisch, zwischen Reis geschichtet, mit Safran über kleiner Kohlenflamme gebraten.
Navratan pulao
Gekochter Reis mit neun unterschiedlichen Gemüsen.
Yakhni pulao
Reis und Hammelfleisch, in Brühe gekocht, mit Anis und ganzen Gewürzstücken.

Linsen

Dal, ein Linsencurry, ist die Grundversion. *Masur* und *Moong* sind zwei Varianten.

Chhola bhatura

Chhola bhatura
Die Kichererbsen mit scharfer Sauce werden mit frittiertem Brot gegessen.
Dal makhani
Dal mit ganzen Linsen, in Sahne und Butter gekocht.
Rajma-Curry
Ein Curry aus Kidneybohnen.
Sambhar
Eine südindische Spezialität aus *Arhar dal* und einem speziellen Currypulver.

Süßspeisen

Sie werden meist auf Milchbasis hergestellt.
Gajar ka halwa
Karotten, in Milch und Zucker gekocht, mit Pistazien und Mandeln geröstet.
Gulab jamun
Frittierte Milch-und-Mehl-Klöße in dickflüssigem Sirup.
Kulfi
Selbst gemachte Eiscreme mit Pistaziengeschmack.
Phirni
Ein Mughlai-Reispudding, mit Safran *(kesar)* abgeschmeckt.
Rabri
Angedickte Milch und Zucker, mit Nüssen garniert.
Rasmalai
Eine flachere Variante von *rasgulla* (*Paneer*-Bällchen in Sirup) in milder Creme.

Gajar ka halwa

Getränke

Elaichi chai
Kardamomtee.
Lassi
Joghurtshake.
Nimbu pani
Süßer oder salziger Limonensaft mit Wasser oder Brause.
Panna
Mango, gekocht, püriert und mit Wasser, Salz, Zucker und Kreuzkümmel vermischt.
Limonade
In verschiedenen Sorten.

Paan

Betelblätter mit Arekapalmnüssen, Limonen-(*Catechu*-)Paste und Zutaten wie Kardamom oder Gewürznelken.

Paan gibt es für jeden Geschmack – von salzig bis süß

Restaurantauswahl

Die Restaurants in diesem Reiseführer wurden aus einem breiten Preisspektrum ausgewählt. Viele befinden sich in empfohlenen Hotels. Als Kriterien dienten Qualität des Essens, Preis-Leistungs-Verhältnis und Lage. Die Restaurants sind nach Regionen aufgelistet. Den Stadtplan von Delhi finden Sie auf den Seiten 122–131.

PREISKATEGORIEN
Preise für eine Mahlzeit inklusive Steuern und Service – aber ohne alkoholische Getränke.

- ® unter 200 Rs.
- ®® 201–500 Rs.
- ®®® 501–750 Rs.
- ®®®® 751–1500 Rs.
- ®®®®® über 1500 Rs.

Delhi

NEW DELHI Triveni Tea Terrace ®
Triveni Kala Sangam, 205 Tansen Marg (011 2371 8833   **Stadtplan** 2 D5

Das Lokal in einer Ecke der berühmten Kunstgalerie ist abgeschieden und heimelig. Geboten werden schlichte Hauptgerichte wie *Shammi*-Kebabs, vegetarisches *pulao* und *aloo paranthas*, daneben erfrischender *chai* und Snacks. Künstler und Anwälte (der nahe gelegenen Kanzleien) sitzen hier jeden Nachmittag. ● So.

NEW DELHI The Big Chill ®®
68 A, Khan Market (011 41757588   **Stadtplan** 5 B3

Plakate berühmter Kinofilme zieren die Wände des populären Big Chill. Zu den Spezialitäten gehören Garnelen-Zucchini-Salat, Minestrone, Hühnchen in würziger *Piri-piri*-Sauce und knusprige Pizzas. Meiden sollte man Gebackenes und Risottos. Der durchnässte Kuchen, Bananen-Toffee-Kuchen und gefrorener Joghurt sind beliebte Desserts.

NEW DELHI Have More ®®
11–12 Pandara Road Market (011 2338 7070   **Stadtplan** 5 B3

Dieses Restaurant in einem Komplex mit vielen Lokalen bietet beliebte indische und Punjab-Gerichte. Butterhühnchen, ein Favorit bei Liebhabern der indischen Küche, ist eine Spezialität des Hauses. Zu empfehlen sind auch *rogan josh*, *mutton do piaza* und *dal makhani*. Abends erwacht dieser Komplex zum Leben.

NEW DELHI Kwality ®®
67 Regal Building, Connaught Place (011 2374 2310   **Stadtplan** 1 C5

Delhis erste Eisdiele wurde später in ein Restaurant umgewandelt. Unter den Punjab-Gerichten besonders beliebt sind *chhola bhaturas* (scharfe Kichererbsen mit frittiertem, luftigem Brot). Empfehlenswert sind auch Kebabs, besonders Hammel-*gilafi*. Probieren Sie zum Nachtisch unbedingt ein Kwality-Eis.

NEW DELHI Oh! Calcutta ®®®
HA-1 International Trade Tower, Erdgeschoss, Nehru Place (011 2646 4180   **Stadtplan** 2 D5

Das Restaurant auf dem Gelände des Park Royal Hotel ist Teil der bekannten Kette, die echte Bengali-Gerichte, traditionell wie modern, serviert. Freundliche Servicekräfte helfen einem bei der Auswahl so köstlicher Gerichte wie Krabbenfleisch und Shrimps in Bananenblättern. Unter der Woche gibt es ein günstiges Mittagsbüfett.

NEW DELHI Aqua ®®®®
The Park, 15 Parliament Street (011 2374 3000   **Stadtplan** 1 C5

Die coole Pool-Lounge mit zeltähnlichen Alkoven ist perfekt fürs Stelldichein. Hier sieht man die Prominenz der Stadt häufiger als anderswo. Serviert wird Mittelmeer- und Barbecue-Küche. Gegrillte Pilze mit Basilikum und die Falafel-Platte lassen das Wasser im Munde zusammenlaufen. Die Desserts sind ebenso lecker.

NEW DELHI Daniell's Tavern ®®®
The Imperial, Janpath (011 2334 1234   **Stadtplan** 1 C5

Erleben Sie die Raj-Zeit durch die Augen von William Daniell, einem leidenschaftlichen Reisenden und Maler, der Indiens Kolonialarchitektur auf der Leinwand einfing. Die Küche in dem eleganten Restaurant ist leider nicht so beeindruckend wie das Ambiente. *Gosht shorba*, *Hyderabadi dum-pukht biryani* und *raan-e-dam* sind aber recht gut.

NEW DELHI Dhaba ®®®®
The Claridges, 12 Aurangzeb Road (011 2301 0211   **Stadtplan** 5 A3

Das Dhaba hat das Ambiente unzähliger kleiner Lokale an Nordindiens Autobahnen, in denen man authentische Punjab-Küche bekommt. Setzen Sie sich auf einen Lkw-Sitz, und bestellen Sie *Balti*-Fleisch, Tandoori-Garnelen oder ein anderes frisches, würziges Gericht. Eine echt indisches Esserlebnis in all seinen rustikalen Formen.

NEW DELHI Lodi, The Garden Restaurant ®®®®
Lodi Garden, gegenüber Mausam Bhavan, Lodi Road (011 2465 5054   **Stadtplan** 5 A5

Das Gartenrestaurant mit Bäumen und hübschen Laternen verspricht eine Dinner-Erfahrung der gehobenen Art. Bestellen Sie *salata dijaj*, marokkanisches Lamm oder geschmortes Schweinefleisch in exotischer Sauce, die Spezialität des Kochs. Vegetarier mögen die Gartengemüse-Platte. Auf der Weinkarte stehen einige der weltbesten Tropfen.

Zeichenerklärung *siehe hintere Umschlagklappe*

NEW DELHI The Spice Route

The Imperial, Janpath ☎ *011 2334 1234*

Stadtplan 1 C5

Auf der historischen Spice Route kamen die Gewürze Südostasiens nach Europa. Dieses Restaurant präsentiert sie in den exotischen Küchen dieser Länder. Das Interieur reflektiert die Reise sowie die Kunst und Kultur entlang dieser berühmten Strecke. Sri-lankisches *Marris*-Curry und *phad phak ruam mitr* sind zu empfehlen.

NEW DELHI Threesixty°

The Oberoi, Dr Zakir Hussain Marg ☎ *011 2436 3030*

Stadtplan 6 D4

Das Multi-Küchen-Restaurant ist sehr beliebt. Besonders gut sind die japanischen Gerichte. Pizza-Liebhaber mögen Chorizo-Jalapeño-Pizza aus dem Holzofen. Auf dem hervorragenden Büfett findet jeder etwas nach seinem Geschmack. Dazu wählt man Wein aus einer umfangreichen Karte.

NEW DELHI Varq

Taj Mahal Hotel, 1 Mansingh Road ☎ *011 2302 6162*

Stadtplan 5 B3

Das Varq im Taj Mahal Hotel ist ein elegantes Restaurant, das eine Mischung aus moderner und traditioneller indischer Küche serviert. Alte Favoriten wie Kebabs und Currys erhalten hier eine moderne Überarbeitung. Die Gerichte werden wunderschön präsentiert. Die Desserts sind köstlich. Es gibt eine große Auswahl an Tees.

NEW DELHI House of Ming

Taj Mahal Hotel, 1 Mansingh Road ☎ *011 2302 6162*

Stadtplan 5 B3

Delhis angeblich bestes chinesisches Lokal bietet würzige Szechuan- und Kanton-Küche vom Feinsten. Haifischflossensuppe und knusprige Thousand-Corner-Riesengarnelen, die Spezialität von Küchenchef Wang, sollte man unbedingt probieren. Auch hervorragend: gebratener Spinat und andere vegetarische Kreationen.

NEW DELHI Wasabi

Taj Mahal Hotel, 1 Mansingh Road ☎ *011 2302 6162*

Stadtplan 5 B3

Das Wasabi im Taj Mahal Hotel mit einer exklusiven Saki-Bar und einem exzellenten *teppanyaki* ist eines der besten japanischen Restaurants in Delhi. Auf der Karte stehen Klassiker wie *tempura* und Dorsch-*miso*, aber auch Sushi und Sashimi, das jeden Tag frisch aus Japan eingeflogen wird. Verpassen Sie nicht das Wasabi-Sorbet.

NIZAMUDDIN Karim's

168/2 Jha House, Hazrat Nizamuddin West ☎ *011 2435 4481*

Stadtplan 6 D5

Das Karim's ist das Flaggschiff von Delhis authentischer Mughlai-Küche, deren Rezepte von königlichen Küchenchefs an ihre Erben weitergegeben wurden. Die Restaurantkette hat sich ihren unvergesslichen Geschmack bewahrt. Von *nihari* (Gericht aus Kürbis) bis *Barra*-Kebab und *phirni* (cremiger Reispudding) ist alles verlockend.

NIZAMUDDIN The Lodhi

Aman Hotel, Lodi Road, Nizamuddin West ☎ *011 4363 3333*

Stadtplan 5 B4

Das Restaurant, das sich in einem der schönsten Hotels in Delhi befindet, serviert spanische Gerichte, die in einer offenen Küche zubereitet werden. In der Tapas Lounge gibt es authentische Tapas in gemütlicher Atmosphäre. Im oberen Stockwerk werden katalanische Spezialitäten serviert.

OLD DELHI Karim's

16, Jama Masjid ☎ *011 2326 9880*

Stadtplan 2 E2

Dies war das erste Karim's des Landes. Es befindet sich nahe der schönen Jama Masjid, Indiens größter Moschee. Das kulinarische Paradies für Nicht-Vegetarier bietet z.B. die Klassiker Jehangiri-Hühnchen, *mutton burra* und Tandoori-*raan*. Probieren Sie als Nachtisch *phirni*.

OLD DELHI Chor Bizarre

Hotel Broadway, 4/15 Asaf Ali Road ☎ *011 2327 3841*

Stadtplan 2 E3

Das Chor Bizarre (wörtlich »Diebesmarkt«) mit seinen farbenfrohen Wänden ist bekannt für seine Kashmiri-Küche. Probieren Sie *yakhni* oder *gushtaba*, in Joghurt gekochte Fleischbällchen, oder *thali*, eine Reihe verschiedener Gerichte. Vegetarier sollten unbedingt Kaschmir-*dum aloo* versuchen.

ABSTECHER (SÜDEN) Sagar

18 Defence Colony Market ☎ *011 2433 3185*

Vor diesem erstaunlichen südindischen Restaurant steht fast immer eine Warteschlange. Doch jede Minute des Wartens lohnt sich. Bestellen Sie z.B. die langen, knusprigen, kuppelförmigen *dosas* mit scharfem *sambhar* oder das klassische südindische *thali* als Hauptgang und *sooji halwa* mit Filterkaffee als Dessert.

ABSTECHER (SÜDEN) Flavors

52-C Flyover Complex, bei Moolchand Flyover, Defence Colony ☎ *011 2464 5644*

Tarsillo Nataloni ist der leutselige Besitzer und Küchenchef dieses italienischen Lokals. Die Pizzas und die scharfe Peperoni-Chorizo-Pasta sind sehr zu empfehlen. Vegetarier sollten sich die Spinat-Ricotta-Ravioli gönnen. Unter den Desserts sind Mango-Käsekuchen und Crème brûlée die Stars.

ABSTECHER (SÜDEN) The Great Kebab Factory

Hotel Radisson, National Highway No. 8, Mahipalpur ☎ *011 2677 9191*

Das Spezialitätenrestaurant serviert leckere Kebabs und hat ein »Essen-Sie-so-viel-Sie-können«-Angebot. Besonders beliebt sind die Kebab-Platten. *Galouti*-Kebabs und *gosht babri seekh* (für Nicht-Vegetarier), *Malai*-Brokkoli und *pudina paneer tikka* (für Vegetarier) sind einfach köstlich.

Stadtplan Delhi *siehe Seiten 122–131*

ABSTECHER (SÜDEN) Swagath
14 Defence Colony Market 011 2433 0930

Das Swagath ist ein gutes Restaurant, das alles Mögliche bietet, von Chettinad-Gerichten bis indischer und indisch angehauchter chinesischer Küche. Zu den Favoriten gehören Chettinad-Huhn, Butterhühnchen, gegrillte Garnelen und Knoblauchbutter-Krabben. Große Portionen und erschwingliche Preise machen es zum beliebten Familienlokal.

ABSTECHER (SÜDEN) Aangan
Hyatt Regency Hotel, Bhikaji Cama Place 011 2679 1234

Das heutige Restaurant hat ein größeres Angebot als früher unter dem Namen Delhi ka Aangan. Probieren Sie unter den traditionellen Delhi-Gerichten *raan-e-aangan* oder Tandoori-Seafood (z. B. Garnelen und Butterfisch). Das *thali* besteht aus einer guten Auswahl klassischer indischer Gerichte.

ABSTECHER (SÜDEN) Diva
M-8 Greater Kailash II, M-Block Market 011 2921 5673

Das einladende Restaurant des Gastronomen-Duos Gita und Ritu bietet kreative italienische Gerichte. Bestellen Sie zuerst die Antipasti-Platte, als Hauptgang *gamberoni de chardonnay* (mit Wein gegrillte Garnelen) oder Pizza alla Diva. Dazu können Sie aus über 450 Weinen wählen.

ABSTECHER (SÜDEN) Kylin
24 Basant Lok, Vasant Vihar 011 4166 9178

Das Kylin bietet Küche des Fernen Ostens. Probieren Sie den *Gado-gado*-Erdnuss-Salat, vietnamesische Garnelenbällchen oder *Sui-mai*-Dim Sum, danach Chili-Tintenfisch oder *kai sen udon* (gebratene Nudeln mit Austernsauce). Die Cocktails sind sehr erfrischend. Delhi ist voller orientalischer Lokale, aber dieses ist einen Tick besser als der Rest.

ABSTECHER (SÜDEN) Nanking
Gegenüber Delhi Public School, Vasant Kunj 011 2613 8936

Die Speisen in diesem chinesischen Restaurant – einem der besten der Stadt – sind einfach famos. In dem geräumigen Lokal servieren freundliche Bedienungen fabelhafte Ente, Krabben und andere Meeresfrüchte. Berühmt sind auch die mittäglichen Dim-Sum-Pakete (vegetarisch und nichtvegetarisch) mit vielen Köstlichkeiten.

ABSTECHER (SÜDEN) Park Baluchi
Im Deer Park, Hauz Khas 011 2696 9829

Inmitten des üppig grünen Deer Park und nahe dem exklusiven Shopping-Komplex Hauz Khas Village serviert man bei Baluchi, einem wahren Paradies für Fleischesser, gute nordwestliche Küche. *Murgh potli* und *haryali choosa* sind groß- und einzigartige Hühnchengerichte. Die vegetarischen Optionen sollte man meiden.

ABSTECHER (SÜDEN) China Kitchen
Hyatt Regency, Bhikaji Cama Place 011 6677 1334

Die Gerichte in dem Restaurant zählen zu den besten chinesischen, die man in Delhi bekommen kann. Zu den Vorspeisen gehören Garnelen-*siew mai* und köstliche Frühlingsrollen. Viele halten die Peking-Ente, die hier serviert wird, für die beste in Delhi. Es ist immer voll, deshalb ist eine Reservierung unerlässlich.

ABSTECHER (SÜDEN) La Piazza
Hyatt Regency, Bhikaji Cama Place 011 2679 1234

Eine umfangreiche Weinkarte, exquisite Gerichte des italienischen Küchenchefs und ein Ambiente mit Kerzenschein und viel Holz machen La Piazza zum attraktivsten Italiener der Stadt. Der Antonio-Gavi-Wein, die Pizza La Piazza und gegrillter Lachs sind die absoluten Highlights. Sonntags gibt es Brunch zum Fixpreis.

ABSTECHER (SÜDEN) Olive Bar & Kitchen
Kalka Das Marg, Haveli 6–8, 1 Style Mile, Mehrauli 011 2664 2552

Olive Bar & Kitchen, einer der Hotspots der Stadt, hat ein mediterranes Ambiente und einen luftigen Innenhof. Gäste kommen wegen der freundlichen Atmosphäre und der köstlichen mediterranen Gerichte, etwa frischer Fisch, Fleisch vom Grill und hausgemachte Nudelspeisen. Sonntags gibt es Brunch. Sehr populär sind auch die Tapas-Nächte.

ABSTECHER (SÜDEN) TK's Oriental Grill
Hyatt Regency, Bhikaji Cama Place 011 2679 1234

Das TK's gehört zu den berühmtesten japanischen (Teppanyaki-)Restaurants der Stadt und bietet das beste Sushi in ganz Delhi. Probieren Sie mittags mongolisches Barbecue oder aus Japan importierte Sashimi-Kreationen. Sie bestellen hier nicht einfach nur, sondern können auch bei der Zubereitung helfen.

ABSTECHER (SÜDEN) Sagar Ratna
The Ashok Hotel, 50-B Chanakyapuri 011 2687 8885

Sagar Ratna ist gleichbedeutend mit dem besten südindischen Essen in Delhi. Das De-luxe-*thali* ist sehr beliebt, da es eine günstige und sättigende Mahlzeit bietet. Zwiebel-*rava masala dosa* und *idli* sind besonders zu empfehlen. Die Preise sind jedoch im Vergleich zum Schwesterlokal in der Defence Colony hoch.

ABSTECHER (WESTEN) Basil and Thyme
Santusthi Shopping Complex, New Wellington Camp 011 2467 4933

Kleines Speiselokal mit beschaulichem Ambiente – perfekt, um sich nach einem Einkaufsbummel im Santushti-Komplex zu erholen. Das Basil and Thyme bietet italienische und andere europäische Gerichte. Die Hühner-Enten-Pastete, die Quiche Lorraine und Pasta bolognese sind besonders lecker.

Preiskategorien siehe Seite 256 **Zeichenerklärung** siehe hintere Umschlagklappe

ABSTECHER (WESTEN) Kumgang

The Ashok Hotel, 50-B Chanakyapuri **011 2611 0101**

Der Küchenchef des koreanischen Restaurants kreiert aus direkt aus Korea eingeflogenen Zutaten ausgesuchte Leckereien. Sehr zu empfehlen sind etwa der Salat *dubu kimchi*, die beliebte Nudelsuppe *naengmyeon* und der Eintopf *kimchi jeongal*.

ABSTECHER (WESTEN) Olive Beach

Hotel Diplomat, 9 Sardar Patel Marg, Diplomatic Enclave, Chanakyapuri **011 4604 0404**

Das Olive Beach verströmt eine mediterrane Atmosphäre und ist sehr beliebt. Auf der Karte stehen frische italienische Gerichte wie *foie gras* auf Rosinenbrioche, Käseplatte mit Kastanienhonig und dünne Pizza aus dem Holzofen. Der Brunch am Sonntag ist sehr gut besucht.

ABSTECHER (WESTEN) Bukhara

ITC Maurya Sheraton Hotel and Towers, Diplomatic Enclave **011 2611 2233**

Das Bukhara war schon auf dem Cover des *Time*-Magazins abgebildet. Zwischen den schönen Steinwänden mit dunklen Holzbalken genießen viele internationale Politiker die berühmten Kebabs und köstliche *tikkas*. Probieren Sie *Sikandari raan* oder einen *Murgh-malai*-Kebab.

ABSTECHER (WESTEN) Dum Pukht

ITC Maurya Sheraton Hotel and Towers, Diplomatic Enclave **011 2611 2233**

Dieses von Kritikern gelobte Restaurant mit exzellenter Speisekarte serviert die beste Awadhi- und Hyderabadi-Küche der Stadt. Bestellen Sie *Kakori*-Kebabs oder gegrillte Riesengarnelen. Auch *dum-pukht* oder *kachchi gosht ki biryani* sind zu empfehlen. Hervorragendes Essen und das majestätische Ambiente sorgen für ein unvergessliches Erlebnis.

ABSTECHER (WESTEN) Orient Express

Taj Palace Hotel, 2 Sardar Patel Marg **011 2611 0202**

Die berühmte Eisenbahn, nach der das Lokal benannt ist, inspirierte auch das Dekor. Zu essen gibt es europäische Gerichte wie Lammrücken und zarte Steaks sowie wunderbare Schokoladendesserts. Das Fünf-Gänge-Menü ist immer eine gute Wahl.

ABSTECHER (WESTEN) Tea House of the August Moon

Taj Palace Hotel, 2 Sardar Patel Marg **011 2611 0202**

Den Namen hat das Restaurant von einem Film mit Marlon Brando (der bei uns unter dem Titel *Die Geishas des Captain Fisby* lief). Der chinesische Küchenchef macht die beste Peking-Ente der Stadt, außerdem hervorragendes Seafood, dazu gedämpfte *Hofan*-Nudeln. Das Ambiente ist chinesischen Teehäusern nachempfunden.

Nördlich von Delhi

HARIDWAR Ahaar

Upper Road, Haridwar.

Das Ahaar ist zwar nicht so berühmt wie das Chotiwala in Rishikesh, wird aber dennoch von vielen Urlaubern aufgesucht, die einen schnellen Imbiss möchten. Das Restaurant bietet Punjab-, Kontinental- und China-Küche, am beliebtesten sind aber *mattar paneer* und Butter-*naan* sowie süßes oder pikantes *lassi*.

HARIDWAR Bestee

Shiv Murti Chowk, Jassa Ram Road **01334 227 210**

Das Bestee liegt versteckt nahe dem Hotel Panama. Zu erschwinglichen Preisen werden hier gute südindische und westliche Gerichte serviert. Bestellen Sie ein vegetarisches Club-Sandwich oder Butter-*masala dosa*, danach eventuell ein Glas mit frischem Mango-Shake.

HARIDWAR Chinkara Hills

Straße Haridwar–Rishikesh, Raiwala

Hier bekommt man auf der Fahrt nach Haridwar einen schnellen Snack. Geboten werden indische, chinesische und westliche Standardgerichte. Die Attraktion ist jedoch, dass hier nichtvegetarisches Essen und Alkoholika zu haben sind, die in Haridwar verboten sind. Der Favorit ist gebratenes Hühnchen mit Bier.

HARIDWAR Mid-Way Resort

Nahe Raiwala Railway Bridge, Straße Rishikesh–Haridwar **0135 248 4208**

Die Raststelle an der langen Strecke zwischen Rishikesh und Haridwar bietet Erfrischungen und warme Snacks an. Das Essen ist recht gut, jedoch weder innovativ noch exotisch, die Preise sind niedrig und die Bedienungen schnell und effizient.

HARIDWAR Shivalik

Station Road.

Das Shivalik ist auf die Gujarati-Küche Westindiens spezialisiert, die hauptsächlich vegetarisch ist und viel Hirse, Joghurt, Buttermilch und Sesamsamen verwendet. Daneben gibt es auch andere indische Standardgerichte und chinesisches Essen.

KHATAULI Cheetal Grand
Straße Delhi–Mussorie, Khatauli 01396 272 468

Das nett gestaltete Hotel mit Restaurant, auf halbem Wege zwischen Meerut und Roorkee, hat einen schönen Rasen und hübsche Blumenbeete, zwischen denen die Tische stehen. Höfliche, schnelle Kellner servieren Multi-Küchen-Kreationen wie lockeres Käseomelett und gefüllte *paranthas*.

RISHIKESH Chotiwala
Swargashram 0135 243 0070

Bei einer Tour durch die heilige Stadt Rishikesh sollte man unbedingt in diesem 40 Jahre alten Restaurant essen. Auf der vegetarischen Speisekarte stehen viele indische Gerichte, Favoriten sind aber *thali* und südindisches *bhojanam* sowie köstliche, cremige *rasmalai* (Klöße in süßer, angedickter Milch).

RISHIKESH Danapaani
Hotel Baseraa, Ghat Road 0135 243 0720

Das Restaurant im Herzen des lokalen Marktes beim farbenfrohen Triveni Ghat bietet exzellente, frisch zubereitete Gerichte. Ein guter Ort, um die lebhafte Atmosphäre zu genießen und sich bei einem Teller siedend heißen Essens und einem erfrischenden alkoholfreien Getränk zu entspannen.

RISHIKESH German Bakery
Lakshman Jhula 0135 244 2089

In diesem luftigen Lokal im ersten Stock eines Gebäudes mit hübschem Blick auf den Ganges und die Berge servieren freundliche Bedienungen großartige Speisen. Die meisten der nichtvegetarischen Gerichte sind gut. Vegetarier sollten die Auberginen-Lasagne bestellen. Yakkäse-Sandwich und Obstpfannkuchen sind ebenfalls zu empfehlen.

RISHIKESH Rangoli
16 Veerabhadra Road 05942 237 341

Vom Rangoli im Hotel Ganga Kinare *(siehe S. 239)*, einem der besten Hotels der Stadt, hat man schöne Aussicht auf den Fluss. In dem freundlichen Coffeeshop bekommt man frische, leichte vegetarische Mahlzeiten und eine Auswahl an warmen und kalten Getränken.

RISHIKESH Kautilya Restaurant
Dehradun Road 0135 243 1099

Das von 12 bis 15 und von 19 bis 23 Uhr geöffnete Restaurant bietet recht gute nordindische, chinesische und westliche Gerichte. Der Nichtraucherbereich ist vom Raucherbereich abgetrennt. Schon das schöne Ambiente allein ist einen Aufenthalt wert.

Agra & Umgebung

AGRA Only Restaurant
45 Taj Road 0562 222 6834

Das traditionelle Restaurant ist ideal für Familien, da es einen Park samt Spielplatz gibt. Zum verlässlichen indischen, westlichen und chinesischen Essen wird man mit indischer und Rajasthani-Musik unterhalten. Abends gibt es auch Marionetten-Theater. Die beliebtesten Gerichte sind *Kadhai*-Hühnchen und *kadhai paneer*.

AGRA Capri
Hari Parvat 0562 252 2171

Dieses beliebte Restaurant am Ortseingang serviert nordindische und Mughlai-Küche und ist für sein Butterhühnchen und *malai kofta* (Bällchen aus vegetarischem Fleischersatz in einem dicken, üppigen Curry) berühmt. Hier lässt es sich am Abend herrlich entspannen.

AGRA Dasaprakash
Meher Theatre Complex, Balu Ganj, Gwalior Road 0562 246 3535

Das Restaurant wird von einer renommierten Kette geführt und ist auf gut zubereitete Küche zu vernünftigen Preisen spezialisiert. Von der südindischen Speisekarte besonders zu empfehlen sind alle acht Arten von *dosas* und die *thali*. Es gibt spezielle Unterhaltung für Kinder sowie einen Take-away-Service.

AGRA Pizza Hut
8 Handicrafts Nagar, Fatehbad Road 0562 233 3051

Wer amerikanisches Fast Food mag, wird in diesem Lokal einer beliebten Restaurantkette fündig. Geboten werden Pizzas nach indischer Art mit Belägen wie Tandoori-Hühnchen oder *paneer tikka*. Die eher langweilige Salatbar ist jedoch nicht zu empfehlen.

AGRA Bagh-E-Bahar
Welcomgroup Mughal Sheraton, Taj Ganj 0562 233 1701

Attraktives Restaurant im architektonisch wunderbar gestalteten Hotel Mughal Sheraton. Bei herrlicher Aussicht über den Pool und die gepflegten Gärten bekommt man internationale Küche, daneben wird man am Abend mit westlicher Musik unterhalten.

Preiskategorien *siehe Seite 256* **Zeichenerklärung** *siehe hintere Umschlagklappe*

AGRA Olive Garden
Hotel Merina, M G Road, San Jay Place 📞 *0562 252 3460*

Das internationale Restaurant bietet eine interessante Mischung verschiedenster Küchen. Die Spezialität des Hauses sind Frühstücks-, Mittags- und Abendbüfetts, man kann aber auch à la carte bestellen. Wunderbarer Blick auf die schönen Rasenflächen des Hotels.

AGRA Taj Bano
Welcomgroup Mughal Sheraton, Taj Ganj 📞 *0562 233 1701*

In diesem Restaurant mit indischer, chinesischer und westlicher Küche werden keine Snacks serviert, sondern komplette, sättigende Mahlzeiten. Daneben besitzt das Lokal ein Feinschmecker-Büfett, an dem es einen interaktiven Schalter gibt.

BHARATPUR Hotel Pelican
Nahe dem Eingang des Keoladeo National Park 📞 *05644 224 221*

Das Restaurant in dem Hotel am Rand des berühmten Vogelschutzgebietes ist bei Vogelliebhabern sehr beliebt. Das Essen, eine Mischung aus indischer und westlicher Küche, ist gut – allen voran die nordindischen und israelischen Gerichte.

BHARATPUR Spoonbill
Hinter dem RTDC, Hotel Saras 📞 *05644 223 571*

Einen Steinwurf vom Keoladeo National Park entfernt befindet sich das Hotel mit seinem beliebten Restaurant, in dem gute indische und chinesische Küche serviert wird. Abends tanzen Folkloretänzer um ein Lagerfeuer. Der perfekte Ort, um sich nach einem anstrengenden Sightseeing-Tag zu entspannen.

BHARATPUR Bharatpur Forest Lodge
Im Keoladeo National Park 📞 *05644 222 722*

Das kleine, staatlich betriebene Restaurant neben dem efeuberankten Bungalow im Park bietet den hungrigen Vogelbeobachtern indische und westliche Büfetts. Das Lokal könnte zwar eine Renovierung vertragen, ist aber angenehm, und in einer angeschlossenen Bar bekommt man Getränke und Snacks.

BRINDAVAN ISKCON Bhojanalaya
Bhakti Vedanta Swami Marg, Raman Reti 📞 *0565 254 0021*

Im Restaurant des sauberen ISKCON-Gästehauses serviert man gesunde vegetarische Kost zu guten Preisen. Das Frühstück bestellen Sie à la carte, mittags und abends gibt es *thalis*. Im Angebot steht auch eine gute Auswahl an Süßspeisen und Konfekt.

FATEHPUR SIKRI Gulistan Tourist Complex
Fatehpur Sikri Complex 📞 *05613 282 490*

Das Gartenrestaurant mit seinem heiteren, beschaulichen Ambiente hat eine eher langweilige Speisekarte. Die Standardgerichte sind nicht besser als durchschnittlich. Dennoch ist das Lokal bei Reisenden als Zwischenstopp recht beliebt.

GWALIOR Volga
Jayendraganj, Lashkar 📞 *0751 232 1092*

Das alte Restaurant in Gwalior war 1961 das erste in dieser Gegend. Trotz des Namens hat es nichts Osteuropäisches an sich, sondern gilt als eines der besten indischen Speiselokale der Stadt. Auch die günstigen Preise machen es zu Recht beliebt.

GWALIOR Kwality
M L B Road, Deen Dayal Market 📞 *0751 242 3243*

Das Kwality, eines der populärsten Restaurants in Gwalior, ist auf indische Küche spezialisiert. Das *Kakori*-Hühnchen ist der Favorit der Stammkundschaft. Ebenso empfehlenswert ist Hühnchen-*malmal*. Das Essen ist frisch, der Service zuvorkommend, und die Preise sind recht vernünftig.

MEERUT Alfa
Bombay Bazar, Meerut Cant 📞 *0121 266 0532*

Klimatisiertes internationales Restaurant im Herzen von Meerut. Die indischen Tandoori-Gerichte sind lecker. Auf der langen Speisekarte stehen z. B. Köstlichkeiten wie *paneer masala* und Butterhühnchen. Die mit Knoblauch und Senf gewürzten *tikkas* sind ebenfalls sehr zu empfehlen.

ORCHHA Sheesh Mahal
Orchha, Dist Tikamgarh 📞 *07680 252 624*

Das Sheesh Mahal im Jahangiri Mahal gilt als eines der besten Restaurants in Orchha. Auf der Terrasse werden stärkende Frühstückskreationen und am Abend Büfett geboten. Zur romantischen abendlichen Stimmung trägt die Folkloremusik bei.

ORCHHA Kaleva
The Orchha Resort, Kanchana Ghat, Tikamgarh 📞 *07680 252 222*

Dieses fantasievoll gestaltete, günstig liegende Restaurant bietet sowohl vegetarisches Büfett als auch À-la-carte-Bestellung. Als Snacks und Hauptmahlzeiten gibt es indische, chinesische und westliche Gerichte. Abends werden die Gäste von regionalen Volkstänzen unterhalten.

Jaipur & östliches Rajasthan

AJMER Bhola Hotel
Agra Gate, Subzi Mandi ☎ *0145 243 2844*

Das Hotelrestaurant ist für Familien ideal. Serviert werden vegetarische Gerichte wie *thalis*, die eine ganze sättigende Mahlzeit bilden. Die Spezialitäten des Hauses sind *gatta* (frittierte Kichererbsenkrapfen mit Gewürzen) und *dal*. Für Chauffeure gibt es einen separaten Speisesaal.

AJMER Honey Dew
Nahe dem KEM Resthouse, Station Road ☎ *0145 262 2498*

Das 1962 erbaute beliebte Urlauberrestaurant konzentriert sich inzwischen auf indische, chinesische und westliche Gerichte statt auf Fast Food. Dennoch gibt es nach wie vor Pizzas und Burger auf indische Art. Ihr erfrischendes Bananen-*lassi* ist das Getränk der Wahl.

ALWAR Prem Bhojanalaya
Nahe der alten Bushaltestelle ☎ *0144 270 0544*

Unprätentiöses vegetarisches Lokal mit günstigen Imbissangeboten. Die Spezialität ist die wirklich preiswerte *Thali*-Mahlzeit. Sehr beliebt sind frische, würzige *dahi vada* (Snack aus Linsen in Joghurt mit Minze, Masala und Tamarindensauce) und der süße, cremige indische Reispudding namens *kheer*.

ALWAR Hotel Aravali
Nahe dem Bahnhof ☎ *0144 233 2883*

Das Restaurant mit Bar in einem Hotel bietet indische Klassiker und chinesische Gerichte mit indischem Einschlag. Die Tische am Pool sind perfekt fürs romantische Dinner unter Sternen. Zu trinken gibt es z. B. indische und importierte Weine. Samstags wird Live-Unterhaltung geboten.

JAIPUR Bake Hut
Arvind Marg, MI Road ☎ *0141 236 2811*

Der Name sagt es schon: Hier bekommt man ofenfrische Brote, Croissants und anderes Gebäck sowie eine große Auswahl an Kuchen in verschiedensten Geschmacksrichtungen – alles zum Mitnehmen. Probieren Sie auch die Shakes und Eiscremes. Beliebt bei einheimischen wie ausländischen Kids und Jugendlichen.

JAIPUR Copper Chimney
Maya Mansion, gegenüber GPO, MI Road ☎ *0141 237 2275*

Das Restaurant der Kwality-Kette zeichnet sich durch den hohen Standard in Sachen Hygiene und Service aus. Geboten wird traditionelle heimische Küche wie das scharfe Hammelgericht *lal maas*. Daneben gibt es aber auch westliche Küche. Zu trinken gibt es Bier und indische Weine.

JAIPUR Indian Coffee House
MI Road ☎ *0141 236 2024*

Der Duft frisch gemahlener Kaffeebohnen führt Sie hierher, wo Sie den besten Kaffee der Stadt bekommen. Die indische Regierung betreibt diese Coffee-House-Kette. Das Lokal hat Alte-Welt-Charme und bietet auch ein paar Snacks und Frühstück an, jedoch keine vollen Mahlzeiten.

JAIPUR Lassiwala
Gegenüber Niros, MI Road

Für Lassiwalas unwiderstehliche nordindische *lassi*, ein cremig süßes oder salziges Getränk mit Quark, steht man gern an. Das *lassi* ist unterschiedlich aromatisiert, wird vor Ihnen frisch gemixt und in Terrakottabechern serviert. Das beliebte Lokal gibt es seit über 50 Jahren und ist ein absolutes Muss für Urlauber.

JAIPUR Midway Motel Behror (RTDC)
Jaipur Highway No. 8, Behror ☎ *01494 220 049*

Die Cafeteria wird vom Fremdenverkehrsministerium betrieben. Serviert werden indische, südindische und Rajasthani-Gerichte. Die Spezialität ist Rajasthani-*thali*. Es gibt auch ein Büfett, und Snacks werden rund um die Uhr serviert. In der Bar kann man unter vegetarischen und fleischhaltigen Tandoori-Snacks und vielen Getränken wählen.

JAIPUR Bhuwaneshwari
Bissau Palace, außerhalb von Chandpol ☎ *0141 230 4371*

Dieses Restaurant in einem großartigen alten Hotel mit elegantem und traditionellem Dekor bietet authentische Regionalküche. Auf der Karte stehen aber auch vielerlei westliche und asiatische Gerichte. Der Service ist freundlich und effizient. Bei gutem Wetter kann man draußen am Pool speisen.

JAIPUR Laxmi Mishtan Bhandar
Johari Bazar ☎ *0141 256 5844*

Jaipurs ältestes und berühmtestes vegetarisches Restaurant serviert unter anderem köstliche *thalis*. Außerdem rühmt es sich der größten Auswahl an indischen Süßspeisen und Desserts, zubereitet von traditionellen *halwais*. Berühmt ist das *chaat* (eine Mischung aus Kichererbsenbällchen, Kartoffeln, Joghurt und scharfer Sauce).

Preiskategorien *siehe Seite 256* **Zeichenerklärung** *siehe hintere Umschlagklappe*

JAIPUR Nahargarh Fort Restaurant
Nahargarh Fort ☎ *0141 514 8044*

Ein hervorragender Platz, um bei einer dampfenden Tasse Kaffee oder einem kühlen Sundowner den Blick auf die Stadt zu genießen. Das kleine Restaurant, das vom Fremdenverkehrsministerium betrieben wird und typisch nordindische Küche bietet, befindet sich im prächtigen Nahargarh Fort.

JAIPUR Hightz
Hotel Mansingh Tower, Sansar Chandra Road ☎ *0141 511 8771*

Von dem Dachrestaurant im zentral gelegenen Mansingh Hotel hat man wunderbare Aussicht auf die Stadt. Zu essen gibt es eine hervorragende Auswahl an *thalis* und traditionelle Rajasthani-Gerichte. In der neuen Bar bekommt man internationale Snacks.

JAIPUR Niros
MI Road ☎ *0141 237 4493*

Das beliebte Speiselokal bietet indische, westliche und chinesische Gerichte. Probieren Sie die erfrischende amerikanische Eiscreme-Soda. In der Restobar bekommt man Bier und Wein. Versuchen Sie auch die Rajasthani-Spezialitäten *lal maas* (scharfes Hammelcurry), *Sula*-Fleisch und göttliches *kulfi falooda* (Kardamom-Eis mit Vermicelli und Sirup).

JAIPUR Rajasthan Hotel
Jaipur Highway No. 8, Dughera, Behror ☎ *01494 220 087*

Sehr empfehlenswerter Zwischenstopp für den hungrigen Reisenden an der Straße von Jaipur nach Agra. Hier werden tolle Büfetts und herzhafte *thalis* geboten. Sowohl Bar als auch Restaurant sind klimatisiert. Den ganzen Tag über werden kalte und warme Getränke serviert.

JAIPUR The Marble Arch
Jacob Road, Civil Lines ☎ *0141 222 3636*

Das elegante Restaurant mit sehr nettem Personal ist berühmt für seine Rajasthani-*thalis* und saftige, mit Knoblauch gewürzte Hähnchen-*tikkas*. Auf der Karte stehen vielerlei thailändische, westliche, chinesische, indische und italienische Gerichte. Seit der kürzlich erfolgten Renovierung ist das Dekor eher westlich.

JAIPUR Reds Fun Dining Restaurant
Mall 21 (5. Stock), MI Road ☎ *0141 400 7710*

Das Reds gilt als eines der besten Restaurants der Stadt wegen seiner Multi-Cuisine-Gerichte, der exzellenten Weinauswahl und des tadellosen Service. Vom Restaurant im fünften Stock hat man einen fantastischen Ausblick auf die Aravalli-Berge und die Altstadt. Im Reds legen regelmäßig DJs auf.

JAIPUR Spice Court
Jacob Road, Civil Lines ☎ *0141 222 0202*

Spice Court bietet seinen Gästen die Möglichkeit, aus einer umfangreichen Karte Gerichte aus Indien (v. a. Rajasthan), China und Europa auszuwählen. Das Restaurant ist wie ein koloniales Clubhaus eingerichtet, auch im Garten kann man schön sitzen. Nach dem Essen gibt es oft Puppentheater.

NAWALGARH Apani Dhani
Jhunjhunu Road ☎ *01594 222 239*

In diesem außergewöhnlich gut gestalteten Bio-Hof wird den Gästen gesunde vegetarische Kost nach traditionellen indischen Rezepten aus frischem Gemüse, das vor Ort organisch angebaut wird, serviert. Gekocht wird mit Bio-Gas und solarbetriebenen Herden.

NAWALGARH Roop Niwas Palace
Hotel Roop Niwas Palace ☎ *01594 222 008*

Exzellente vegetarische, fleischhaltige und Rajasthani-Gerichte und ein gutes Büfett stehen hier im Angebot. Man kann sich nach der Besichtigung des Nawalgarh Fort wunderbar ausruhen und stärken. Die Bar führt eine große Auswahl an Weinen und anderen Getränken.

PUSHKAR Om Shiva
Chhoti Basti ☎ *0145 277 2647*

Eines der wenigen Lokale in Pushkar, die exzellentes Frühstück (samt Cerealien, Obst, Vollkornbrot, Erdnussbutter, Käse und Marmelade) im Angebot haben. Zu Mittag und zu Abend gibt es Büfetts, das Mittagsbüfett ist für seine Suppen, das frische Gemüse und knusprige Falafel bekannt. Tolle Sicht auf die Tempelstadt.

PUSHKAR Sun-n-Moon
Nahe dem Brahma-Tempel ☎ *0145 277 2883*

Dieses Open-Air-Restaurant für Urlauber bietet vielerlei Gerichte, vom Curry bis Kartoffelpüree, von italienisch bis israelisch. Probieren Sie den köstlichen Apfelkuchen. Die Tische stehen um einen Bodhi-Baum. Alles in allem ein geruhsamer, hübscher Ort.

PUSHKAR Pushkar Palace
Pushkar Palace ☎ *0145 277 3001*

Die Preise sind hier für Pushkar recht hoch, doch das Ambiente, das Büfett und die Mahlzeiten rechtfertigen sie durchaus. Die vegetarischen indischen, westlichen und chinesischen Gerichte werden drinnen und draußen (mit Blick über den See) serviert. Am Abend werden die Gäste mit Musik und Tanz unterhalten.

Shopping

Auf den farbenprächtigen Märkten der Region findet man viel Kunsthandwerk. Die staatlichen Warenhäuser («Government Emporia») verfügen über eine große Auswahl an Produkten zu moderaten Preisen. Die Einkaufspassagen größerer Hotels sind für Reisende mit wenig Zeit gedacht, die eleganten Boutiquen hier sind relativ teuer. Abenteuerlustigere können an den bunten Straßenständen und auf Basaren die Preise aushandeln. In Delhi findet man einige der elegantesten Läden der Region *(siehe S. 118f)*, in den bezaubernden Basaren von Jaipur und Agra kann man kunstfertigen Handwerkern bei der Arbeit zusehen. In kleineren Orten kauft man lokal gefertigtes Kunsthandwerk in malerischen Dorfläden, direkt beim Hersteller oder an der Straße.

Puppe

Straßenhändler in Jaipur

Armreife aus Glas und Plastik

Öffnungszeiten

Die meisten Läden haben von 10 Uhr bis 19.30 Uhr geöffnet, kleinere Märkte auch länger, und es gibt eine zunehmende Anzahl an rund um die Uhr geöffneten Läden. Die staatlichen Warenhäuser schließen um 18.30 Uhr. Lebensmittelmärkte öffnen bei Sonnenaufgang und bleiben bis zum späten Abend geöffnet. Basare, die an unterschiedlichen Orten an Feier- oder Wochentagen abgehalten werden, haben bis spät in die Nacht offen. In Jaipur und Agra ist sonntags geschlossen, in Delhi haben Märkte und Einkaufszentren ihre jeweils eigenen Schließtage. Einkaufszentren in New Delhi sind sonntags geschlossen. In Süd-Delhi und Karol Bagh ist am Montag oder Dienstag geschlossen. An den drei nationalen Feiertagen Republic Day (26. Jan), Independence Day (15. Aug) und Mahatma Gandhis Geburtstag (Gandhi Jayanti, 2. Okt) sind alle Läden zu.

Bezahlung

Die Rupie wird überall angenommen. Größere Geschäfte akzeptieren Kreditkarten wie Visa, MasterCard, American Express und Diners, in Schaufenstern sind meist die entsprechenden Logos zu sehen. Mit EC-Karten kann man nicht bezahlen! In kleineren Läden und Städten sind Kreditkarten eher unüblich, hier müssen Sie Bargeld dabeihaben. Reiseschecks können in Filialen der State Bank of India *(siehe S. 288)* eingelöst werden, allerdings nicht in kleineren Städten.

Handeln

Handeln gehört in Indien dazu. Auf kleineren Märkten sind die genannten Preise sogar darauf ausgerichtet. Zu den bekanntesten Szenen auf allen Basaren gehören lange und häufig durchaus hitzige Debatten mit dem Ladenbesitzer über Preis und Qualität. Von ausländischen Reisenden wird meist von vornherein ein höherer Preis verlangt. Um eine Vorstellung von angemessenen Preisen und Qualität zu bekommen, sollte man sich die Festpreise in den staatlichen Warenhäusern genau ansehen. Der von Ihnen beim Handeln angebotene Preis sollte dennoch realistisch bleiben und nicht so niedrig ausfallen, dass Ihnen am Ende vielleicht ein Schnäppchen entgeht. Falls Ihr Preis dem Ladenbesitzer nicht gefällt, verlassen Sie einfach den Laden und zeigen sich betont gleichgültig, dann haben Sie die besten Aussichten auf Erfolg – meist wird Ihnen der Händler hinterherlaufen.

Größere und bessere Läden und Boutiquen, Einzelhandelsmärkte und staatliche Warenhäuser haben Festpreise. Dort kann man nicht handeln, die Preisschilder sind hier verbindlich.

Der Shopping-Komplex Connaught Place in Delhi

SHOPPING

Papierdrachen in Jaipur

Rechte und Umtausch

Alle Händler sind gesetzlich verpflichtet, ihren Kunden eine Kassenquittung auszustellen. Bestehen Sie gegebenenfalls auf einem Bon, auf dem die Umsatzsteuer (meist sieben bis zehn Prozent) ausgewiesen ist. Häufig erzählt Ihnen der Geschäftsinhaber, dass Sie ohne Quittung diese Steuer sparen können – beharren Sie dennoch darauf. Eine Rückerstattung oder ein Umtausch beschädigter Waren ist ohne Quittung nicht möglich. Größere Geschäfte tauschen häufig nicht gern um. Im Notfall verlangen Sie den Geschäftsführer.

Wenn Sie Ihren Einkauf vom Laden verschiffen lassen wollen, vergewissern Sie sich, dass alle Kosten und Steuern bereits im Preis enthalten sind. Achten Sie auf korrekte Papiere, nehmen Sie Kopien davon mit. Sie können Ihre Waren auch selbst per Post oder Kurierdienst verschicken *(siehe S. 290 f.)*.

Antiquitäten

Antiquitäten und alte Kunstgegenstände, die über 100 Jahre alt sind, dürfen nicht ausgeführt werden. Im Zweifelsfall sollten Sie sich an den Archaeological Survey of India *(siehe S. 279)* wenden. Der Verkäufer muss Ihnen beim Kauf außerdem ein Zertifikat über das Alter der Ware geben.

Kundenschlepper

Auf von Urlaubern besuchten Märkten können Kundenschlepper zum Problem werden: Ignorieren Sie günstige Angebote, da die Preise häufig undurchschaubar sind. Auch jungen Männern, die Sie nach Hause zum Tee einladen wollen, sollten Sie mit Distanz begegnen, da man Sie nur in den eigenen Laden locken will. Touristenbusse halten an bestimmten Läden, in denen Sie jedoch nichts kaufen müssen. Versuchen Sie, teure Artikel in großen Läden zu erstehen. Meiden Sie »Government-approved«-Shops – eine solche Auszeichnung gibt es offiziell nicht.

Basare

Einen indischen Basar sollten Sie unbedingt besuchen – das Erlebnis ist wichtiger als der Einkauf. Basare sind lebendig und locken mit fantastischen Angeboten und farbenprächtiger Atmosphäre. Die meisten Basare befinden sich in der Altstadt. In engen Gassen liegen dort Geschäfte dicht nebeneinander – verkauft wird alles vom Autozubehör über Maschinen und Kochgeräte bis zu Textilien und Schmuck. Gemüse und andere frische Produkte werden an der Straße feilgeboten. Die meisten Städte haben Wochenbasare, im ländlichen Indien finden saisonal *haats* statt, die von Dorf zu Dorf reisen. Dort kaufen Inder alles – von Landwirtschaftsprodukten über Kleidung bis zu Töpfen und Pfannen. Die Basare in Agra und Jaipur waren einst Handwerkerzünfte, hier kann man Handwerkern bei der Herstellung von Textilien, Schmuck, Marmorintarsien und Lederarbeiten zusehen und gleich etwas kaufen.

Hübsche Marmorintarsien

Straßenladen – hier ist das Handeln unerlässlich

Staatliche Warenhäuser

Bundesregierung und Bundesstaaten unterhalten eigene Kaufhäuser (»Government Emporia«), die Handwerk und handgewebte Stoffe verkaufen. Die Preise sind festgelegt, die Produkte echt. Rajasthali, das rajasthanische Warenhaus, führt vor allem Kunsthandwerk aus Jaipur. In Delhi gibt es Kaufhäuser aus allen Bundesstaaten – eine größere Auswahl als in Agra und Jaipur. Im Oktober erhält man oft Preisnachlässe.

Früchte der Saison leuchten in intensiven Farben

Bei Anokhi (Jaipur) kauft man traditionelle Stoffe

Agra

Die feinen *Pietra-dura*-Arbeiten am Taj Mahal werden heute von den Nachfahren der Handwerker, die an diesem historischen Denkmal tätig waren, fortgeführt: Repliken der zierlichen Schmucksteinintarsien auf Marmor und Alabaster findet man in Kästchen und Schalen, Tischauflagen, Schachbrettern und Tabletts in Agra. Man kann große Wandvertäfelungen und Sofarücklehnen mit Ornamenten bestellen und sie nach Europa verschiffen lassen. Gegenstände aus Naturmarmor, rotem Sandstein und Speckstein sind auch sehr beliebt. Ebenso schön ist die *Zardozi*-Stickerei auf Samt oder Seide mit Gold- oder Silberfäden sowie Pailletten für Kleiderstoffe, Taschen, Jacketts und Schuhe.

Agra ist bekannt für seine Schuhindustrie. Die Modelle sind schlicht, aber haltbar und preiswert. Einen Kauf wert sind auch Baumwoll-*dhurries* mit modernen oder traditionellen Mustern.

Nördlich von Delhi

Die kleineren Städte in der Nähe von Delhi haben ihre eigenen Traditionen: Manche Dörfer sind auf Webprodukte spezialisiert, die u. a. nach Delhi verkauft werden. **Panipat** ist berühmt für seine schönen Baumwollläufer und gewebten Möbelstoffe. In **Saharanpur** findet man eine große Auswahl an Holzschnitzereien in komplizierten Ausführungen und mit eingelegtem Messing (Tische, Kästchen oder Aschenbecher).

Jaipur

Ein echtes Einkaufsparadies ist Jaipur. Die Auswahl an Textilien und Handarbeiten umfasst unwiderstehliche Stoffe (bestickt, handbedruckt, Knüpfbatik) und Kleidung von der Stange. Bunte Decken aus leichter Baumwolle, die überraschend warm sind, stapeln sich in Straßengeschäften. Staatliche Einkaufszentren und größere Läden führen schöne Wollteppiche im Mogul-Design aus Jaipur. Die Stadt ist bekannt für ihren Silberschmuck im volkstümlichen Design sowie für eleganten und teuren Goldschmuck in *Meenakari*- und *Kundankari*-Technik *(siehe S. 187)*. Verlockend ist auch die große Auswahl handgearbeiteter Lederwaren von *jootis*, Geldbörsen und Taschen bis hin zu Sätteln. Bei Möbeln gibt es eine Auswahl geschnitzter und bemalter Tische, Stühle, Raumteiler, Wandkonsolen, Kerzen- und Lampenständer.

Jaipur war einst Zentrum der Miniaturmalerei. Heute verkaufen Künstler perfekte Reproduktionen zu einem Bruchteil des Originalpreises. Die religiösen *Pichhwai*- und die narrativen *Phad*-Stoffmalereien sind schöne Wandbehänge. Blaue Keramik hat ebenfalls Tradition in Jaipur: Man findet Vasen und Fliesen mit persischen, türkischen und indischen Motiven.

Blaue Keramik aus Jaipur

Rund um Jaipur

Sanganer und Bagru *(siehe S. 204)* sind für ihre Textilien mit Blockdruck aus natürlichen Farben bekannt. In Rajasthan hat jedes Dorf eigene Kunsthandwerker: Schuster stellen verzierte Sandalen und Taschen her, Töpfer produzieren hübsche Terrakottaschüsseln und Platten, Holzschnitzer haben großäugige, geschnitzte Puppen in ihren Werkstätten hängen. Auf den Märkten lassen sich bunt gekleidete Männer und Frauen von den Schmeicheleien der Straßenhändler verlocken. Neben traditionellen Metallkochtöpfen und moderner Synthetikkleidung gibt es hier Spielzeug und Lackarmreife, Mode- und Silberschmuck.

Ein Teppich wird auf einem traditionellen Webrahmen gewebt

AUF EINEN BLICK

Staatliche Warenhäuser

Handloom House
MI Rd, Jaipur.
(0141) 236 0537.

Khadi Ghar
MI Rd, Jaipur.
(0141) 237 3745.

Oswal Emporium
30 Munoro Rd,
Sadar Bazar, Agra.
(0562) 222 5710.

Rajasthali
MI Rd, gegenüber
Ajmeri Gate, Jaipur.
(0141) 237 2974.

Rajasthan State Handloom Dev. Corp. Ltd.
Chomu House, Jaipur.
(0141) 237 1109.

Schmuck

Amrapali
Tholia Building,
MI Rd, Jaipur.
(0141) 237 7940.

Bhuramal Rajmal Surana
Johari Bazar, Jaipur.
(0141) 257 0429.

Dwarka's
H 20 Bhagat Singh
Marg, C-Scheme,
Jaipur.
(0141) 236 0301.

Gem Palace
MI Rd, Jaipur.
(0141) 237 4175.

Koh-i-Noor
41 MG Rd, Agra.
(0562) 246 0855.

Munshi Ganeshi Lal & Son
9 MG Rd, Agra.
(0562) 233 0168.

Silver Mountain
Chameli Mkt, Jaipur.
(0141) 237 7399.

Surana Jewellers
B 73, Surana Encl, Jaipur.
(0141) 237 2544.

Textilien

Anokhi
2. Stock, KK Square,
Jaipur.
(0141) 400 7244.

Naika
Tholia Building,
MI Rd, Jaipur.
(0141) 236 2664.

Rashid
Shri Govind Dev Colony,
Tal Katora Rd, Jaipur.
(0141) 231 3237.

Ratan Textiles
Papriwal Cottage
Ajmer Rd, Jaipur.
(0141) 222 2526

Shilpi Handicrafts
Nähe Siliberi, Sanganer.
(0141) 273 1106.

Soma Shop
5 Jacob Rd, Civil Lines,
Jaipur.
(0141) 222 2778.

Bestickte Textilien

Indian Crafts Gallery
Fatehabad Rd, Agra.
(0562) 223 0336.

Thar Inc.
65, Mathur Vaishya Nagar,
Tonk Rd, Jaipur.
(0141) 272 1913.

Teppiche und *Dhurries*

Ambika Exports
Moti Doongri Rd,
Jaipur.
(0141) 260 7665.

Jaipur Carpets
G 250 Mansarovar
Industrial Area.
(0141) 239 8948.

Kanu Carpet Factory
18/160/1-A, Purani Mandi
Taj Ganj, Agra.
(0562) 233 0167.

Gemälde und Kunstobjekte

Juneja Art Gallery
Lakshmi Complex, MI Rd,
Jaipur.
(0141) 403 4964.

Saurashtra Oriental Arts
Beim Ayurveda College,
im Zoravar Singh Gate
Amer Road.
(0141) 263 5774.

Shree Ganpati Arts
S-17 Golimar Garden,
Amer Rd, Jaipur.
(0141) 267 2212.

Ved Pal Sharma Banno
Chanakya Marg, Subhas
Chowk, Jaipur.
(0141) 260 3450.

Blaue Keramik

Kripal Singh Shekhawat
B 18a Siva Marg, Bani
Park, Jaipur.
(0141) 220 1127 (vor
dem Besuch anrufen).

Handgeschöpftes Papier

Salim's Paper
Gramodyog Rd,
Sanganer.
(0141) 273 0076.

Bücher, Tee und Gewürze

Books Corner
MI Road, Jaipur.
(0141) 236 6323.

Grah Sangrah Dept Store
Khasa Kothi Circle, Jaipur.
(0141) 220 0271.

Maharaja Exports
Fatehabad Rd, Agra.
(0562) 400 5622.

Saroj Handicrafts and Arts
A-2 Tilak Marg, C-Scheme,
Nandanam Apts, Jaipur.
(0141) 511 0927.

The Book Shop
Rambagh Palace,
Bhawani Singh Rd, Jaipur.
(0141) 238 5030.

Schuhe

Bharat Boot House
Johari Bazar, Jaipur.
(0141) 256 4914.

Mojari
Bhawani Villa, Gulab Path,
Chomu House, Jaipur.
(0141) 237 7037.

Yogi Shoes & Leather Crafts
Fatehabad Rd, Agra.
(0562) 233 0029.

Marmorintarsien

Akbar International
289, Fatehabad Rd,
Agra.
(0562) 233 0076.

Ganesi Lal International
Clarks Shiraz, Agra.
(0562) 222 6126.

UP Handicrafts Complex
Handicrafts Nagar,
Fatehabad Road, Agra.
(0562) 233 1666.

Basare

Agra
Johari Bazar
Dhurries aus Baumwolle.
Kinari Bazar
Schmuck und *Zari*-Waren.
Taj Ganj
Marmorintarsien.

Jaipur
Johari Bazar, Gopalji ka Rasta, Haldiyon ka Rasta
Schmuck und Knüpfbatik-Textilien.
Khajanewalon ka Rasta
Marmorschnitzereien.
Kishanpol Bazar
Knüpfbatik-Textilien
Maniharon ka Rasta
Lackarmreife.
Nehru Bazar
Bestickte *jootis*.
Ramganj Bazar
Schuhe.

Souvenirs

Affe aus Bronze

Die Basare, Märkte und Boutiquen in Delhi, Agra und Jaipur bieten eine große Auswahl regionalen Kunsthandwerks. Oft kann man den (Kunst-)Handwerkern bei der Arbeit zuschauen und die Waren direkt bei ihnen kaufen. Zwar ist die Qualität unterschiedlich, die Vielfalt aber unglaublich – sie reicht von exotischen Gewürzen bis zu Keramik, Handarbeiten, Teppichen, Textilien und Schmuck, oft in traditionellen und modernen Designs.

Geflochtene und bestickte Armbänder

Schmuck

Antiquitäten- und Schmuckläden verkaufen schöne Stücke, von edelsteinverziertem Kundankari- und emailliertem Meenakari-Schmuck bis zu verziertem Silberschmuck, wie er von Indern getragen wird.

Fußkettchen und Armbänder aus Silber

Handgearbeitetes Besteck

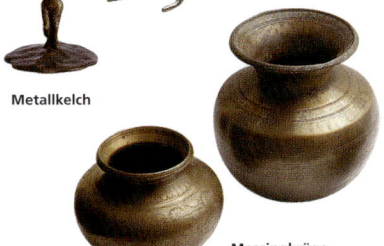

Stiftehalter

Metallkelch

Metallwaren

Bronze- und Messinggegenstände für den Alltag wie Töpfe, Lampen oder Schachteln sind neben Kunstobjekten aus Silber und anderen Metallen in modernem Design fast überall zu kaufen.

Silberfächer (pankha)

Messingkrüge (lotas)

Keramik

Unzählige Keramikgefäße und -spielzeug einheimischer Töpfer findet man oft an Straßenständen. Häufig werden eine sehr gute Auswahl gemusterten Tischgeschirrs aus Khurja sowie Jaipurs berühmte blaue Keramik angeboten.

Türknäufe

Votivfigur aus Terrakotta

Handbemalter Keramikteller

Keramikdose aus Jaipur mit Deckel

Mythologische Figur aus Terrakotta

Textilien

Blockdruckstoffe sowie aus Seide und Baumwolle gewebte Stoffe in unzähligen Farben und Mustern kauft man maßgefertigt oder als Konfektionskleidung, als Schals und saris. *Webteppiche oder bunte* dhurries *werden ebenfalls häufig angeboten.*

Webteppich mit Blumenmuster

Fenstergitter

Schals von Abraham & Thakore

Leichte Baumwolldecken

Kräuterprodukte

Traditionelle Naturrezepte werden neu entdeckt, um umweltfreundliche Kosmetik, pflegende Öle und Lotionen sowie Tee und Räucherstäbchen herzustellen.

Räucherstäbchen (agarbatti)

Traditionelles Parfüm *(attar)*

Ayurvedische Kosmetika

Natürliches Rosenwasser

Kräutertee

Seife

Handarbeiten

Produkte aus handgeschöpftem Papier, Leder, Stein und Holz werden als Schuhe, Teller, Schachteln und Puppen verkauft.

Handgearbeitete Papierschachtel

Bestickte Pantoffeln

Unterhaltung

Delhi hat ganzjährig ein großes kulturelles Veranstaltungsangebot *(siehe S. 120f)*, in den anderen Städten finden kulturelle Veranstaltungen meist nur in Hotels statt. Obwohl Agra und Jaipur eine stolze Tradition volkstümlicher und klassischer darstellender Kunst haben, sieht man entsprechende Aufführungen nur zur Hochsaison: Viele Inder bleiben abends lieber zu Hause. Da man meist mit Kindern ausgeht, ist Kino besonders beliebt. Auch religiöse Feste mit Gratisunterhaltung finden ihr Publikum. Die städtische Mittelschicht Indiens geht heute am liebsten zum Essen aus.

Indischer Gaukler

Information

Eine gute Informationsquelle für Veranstaltungen und Aufführungsorte ist Ihr Reiseveranstalter vor Ort. Darüber hinaus erhält man im Fremdenverkehrsbüro und in Hotels Informationen. In den Tageszeitungen gibt es eine Übersicht über Tagesveranstaltungen und wichtige Feste wie das Taj Mahotsav *(siehe S. 41)*. Informative Broschüren für Reisende wie die *Jaipur Vision* erhält man in Buchhandlungen und an Hotelrezeptionen. Dort sind auch Kinos, Restaurants und Bars, Schwimmbäder und Geschäfte verzeichnet.

Tickets

Alle größeren Hotels bieten regelmäßig Abendveranstaltungen mit klassischer Musik und Tanz in ihren Restaurants an. Der Preis für die Vorstellung ist im Abendessen enthalten. Karten für Inszenierungen in Theatern oder anderen Orten kann man an der Abendkasse kaufen, aber auch über das Hotel oder ein Reisebüro bestellen.

Klassische Musik und Tanz

Kathak- und Hindustani-Musik *(siehe S. 30)* wurden in dieser Region zunächst durch die Moguln gefördert und später an den regionalen Höfen gepflegt. Diese traditionellen Kunstformen werden auf Festivals mit klassischem Tanz und Musik in größeren Städten während der Hochsaison neu belebt. Zu den beliebtesten Auditorien gehören das **Sur Sadan** in Agra und das **Ravindra Manch** in Jaipur. Zu speziellen Anlässen treten bekannte Tänzer vor der Hauptgottheit des Govind-Dev-Tempels in Jaipur auf. In Mathura und Brindavan kommen zu den religiösen Festen Holi und Janmashtami klassische Tänzer und Sänger. Das fromme Sufi-Qawwali, das von der klassischen *Raga*-

Volkstänzerin aus Rajasthan

Form *(siehe S. 30)* abstammt, ist eine beliebte Konzertform, die man am besten in den Sufi-Schreinen in Ajmer und Fatehpur Sikri erleben kann, wo sie ein tägliches Ritual sind: Während der Urs-Festivitäten finden besondere, die ganze Nacht über dauernde Musikabende statt.

Volkstheater, Musik und Tanz

Nur wenige Orte dieser Region können sich in Farbenpracht und Lebendigkeit mit der Volkskunst Rajasthans messen: Leider erfahren das Volkstheater und reisende Geschichtenerzähler wie die *Phad*-Sänger immer weniger Zulauf und können nur in kleinen Städten gesehen werden. Jaipur hat als Hauptstadt des Bundesstaats einige der besten Sänger und Tänzer in städtischen Zentren wie **Jawahar Kala Kendra** zu bieten. Den von Frauen während religiöser Feiern und auf Hochzeiten getanzten

***Bhopa*-Musiker spielen am Lagerfeuer**

Ghumar und den *Kalbelia* (Schlangentanz) eines Nomadenstammes kann man in Hotelaufführungen sehen.

Volkssänger wie die *Bhopas*, die *Manganiyars* oder *Langas* treten regelmäßig auf Märkten in Pushkar und kleineren Städten auf. Während des Janmashtami-Festes (Aug/Sep) wird das *Raslila*, eine Inszenierung der Geschichte Krishnas, in der Gegend von Brajbhumi bei Brindavan und Mathura *(siehe S. 162f)* gezeigt. *Ramlilas (siehe S. 37)* gibt es zum Fest Dussehra (Okt/Nov) in ganz Nordindien: Diese Volksspektakel sind oft laut und melodramatisch, dafür sehr lebendig und voller Charme.

Puppentheater

Puppentheater ist eine volkstümliche Tradition, die von der seelsorgerischen Bhatt-Gemeinde gepflegt wird. Marionetten, *kathputlis* genannt, sind die Darsteller populärer Heldengeschichten. Ein Klassiker ist die Liebesgeschichte von Dhola und Maru, den königlichen Liebenden, die wenige Wochen vor ihrer Verlobung getrennt werden, aber wieder zueinanderfinden. Reisende Puppenspieler treten auf vielen Märkten und Festen auf.

Kino

Kino ist die beliebteste Unterhaltungsform in Indien – selbst in der kleinsten Stadt gibt es ein Kino, das den neuesten Hindi-Blockbuster spielt. Jaipurs Kinos sind berühmt, das **Raj Mandir**, eigentlich ein Theatersaal mit kitschiger Innenausstattung, zeigt sogar Worldcup-Kricketspiele. Indische Filme sind eine faszinierende Mischung aus Action und Romanze, mit Gesang und Tanz in exotischen Dekorationen und Orten.

Auf Hindi synchronisierte Erfolgsfilme wie *James Bond* sind sehr »in«. Obwohl indische Filme viele internationale Auszeichnungen gewonnen haben und Regisseure wie Satyajit Ray weltweit zu den besten ihrer Zunft gehören, werden diese anspruchsvolleren Filme selten aufgeführt. Dennoch sollte man in Indien einmal ins Kino gegangen sein, um die Lieblingsunterhaltung der Inder live und hautnah zu erleben – wie im Film.

Jurassic Park, in Hindi synchronisiert – natürlich ist der Andrang groß

Nachtleben und Bars

Außer in den Fünf-Sterne-Hotels gibt es in Agra und Jaipur kaum ein Nachtleben. Die Luxushotels haben ihre eigenen Bars mit nettem Ambiente und einem guten Alkoholangebot. Nur wenige andere Lokale verfügen über eine Schankerlaubnis. Die Getränkeauswahl ist hier klein, dafür herrscht eine lebendige, authentischere Atmosphäre.

AUF EINEN BLICK

Veranstaltungsorte

Birla Auditorium
Statue Circle, Jaipur.
((0141) 238 5224.

Jawahar Kala Kendra
Jawaharlal Nehru Marg, Jaipur.
((0141) 270 5879.

Ram Niwas Bagh
Hinter dem Central Museum, Jaipur.
((0141) 256 5244.

Ravindra Manch
JN Marg, Jaipur.
((0141) 261 9061.

Sur Sadan
Mahatma Gandhi Rd, Agra.
((0562) 215 4498.

Welcomgroup Rajputana Palace Sheraton
Palace Rd, Jaipur.
((0141) 510 0100.

Kinos

Ankur
Jaipur.
((0141) 260 0531.

Big Cinema
Fatehabad Rd, Agra.
((0562) 3989 4040.

Entertainment Paradise
Jawahar Circle, Jaipur.
((0141) 512 7777.

Golcha Chandra Mahal
Nahe New Gate, Jaipur.
((0141) 257 7011.

Inox
Crystal Palm Mall, Jaipur.
((0141) 511 6511.

Raj Mandir
Jaipur.
((0141) 237 9372.

Sanjay Talkies
Sanjay Place, Agra.
((0562) 285 0384.

Shree
MG Road, Agra.
((0562) 285 3737.

Space 1-2-3
City Plaza, Bani Park, Jaipur.
((0141) 220 8444.

Bars

Cheeta
Hotel Jaipur Ashok, Jaipur.
((0141) 220 4491.

Polo Bar
Rambagh Palace, Bhawani Singh Rd, Jaipur.
((0141) 221 1919.

Rajwada Library Bar
Rajvilas, Jaipur.
((0141) 268 0101.

Rana Sanga Roof Top Bar
Mansingh Palace, Jaipur.
((0141) 237 8771.

Sport und Aktivurlaub

Früher konnte man als Besucher nur traditionelle Sportarten wie Kricket und Polo betreiben. Heute bietet die indische Freizeitindustrie vielfältige Angebote für den Sport- und Aktivurlaub. Vor allem in großen Städten wie Delhi und Jaipur findet man Golf- und Tennisplätze, Reitclubs und Schwimmbäder. Wer Bergtouren liebt, kann die Ausläufer des Himalaya und der Aravalli Hills erwandern oder dort bergsteigen. Die Bergflüsse oberhalb von Rishikesh sind für Wassersport wie Wildwasser-Rafting und Kanufahren geeignet.

Die Schönheiten der Wüste Rajasthans erlebt man am besten im Rahmen einer Kamel- oder Pferde-Safari. Wer Tiere in freier Wildbahn beobachten will, kann in den Nationalparks Tiger und Vögel bestaunen. Die lebendige Spiritualität Indiens erlebt man in Zentren für Yoga, Meditation, Naturheilkunde oder spirituelle Forschung.

Nach einem Polospiel

Kricket und Fußball

Kricket ist der indische Nationalsport – überall sieht man Männer und Jungen beim Kricketspielen. Indien war 2011 Gastgeber des Worldcup, was die Leidenschaft für dieses Spiel und seine Spieler, die in Indien einen Status wie Filmstars genießen, weiter verstärkt hat. Jedes Jahr, vor allem im Winter, kommen mehrere internationale Kricketteams nach Indien und veranstalten in verschiedenen Städten Trainingsspiele. Der schön gelegene Kricketplatz Feroze Shah Kotla in Delhi ist eine der wichtigsten Veranstaltungsstätten. Die ganze Nacht über werden in Delhis Jawaharlal Nehru Stadium Spiele ausgetragen. In Jaipur finden die wichtigsten Kricketspiele im Mansingh Stadium statt.

Anzeigen für alle nationalen und internationalen Spiele erscheinen in den Zeitungen. Eintrittskarten (die zehn Tage vor dem Spiel zum Verkauf freigegeben werden) sind heiß begehrt, wenngleich man die bedeutenden Spiele auch im Rundfunk und auf dem Sportkanal des Fernsehens verfolgen kann.

Indischer Fußball erreicht nur allmählich internationalen Standard, Spiele der Weltklasse werden selten im Land ausgetragen. Dennoch kann der Besuch eines Spiels in Delhis Ambedkar Stadium mit seinen begeisterten Zuschauern ein Erlebnis sein.

Tennis und Schwimmen

In Delhi bieten die Lawn Tennis Association sowie einige Clubs und Sportkomplexe sehr gute Tennisplätze. In Jaipur findet man die meisten Plätze im **Jai Club**, direkt an der Mirza Ismail (MI) Road. In beiden Städten finden Daviscup-Spiele statt. Nachdem Indien 1999 die Doppelmeisterschaft in Wimbledon gewonnen hatte, nahm das Interesse an Tennis rapide zu. Da es nur wenige öffentliche Plätze gibt, sind sie oft ausgebucht – für ein spontanes Match verabredet man sich als Besucher am besten auf dem Tennisplatz seines Hotels.

Im Sommer öffnen alle Clubs, Sportzentren und Fünf-Sterne-Hotels ihre Swimmingpools. Am leichtesten erhält man Zutritt in den Fünf-Sterne-Hotels, meist sind hier Sauna und Fitnesszentren integriert. Nicht-Hotelgäste erhalten meist eine Tagesmitgliedschaft oder zahlen für die Nutzung des Hotelpools eine Gebühr.

Tennismatch in praller Sonne

Golf

Alle großen Städte haben gute Golfplätze. In Delhi ist der älteste und renommierteste Platz im **Delhi Golf Club**, in der Nähe des Oberoi Hotels, zu finden. Der 27-Loch-Platz ist fantasievoll um mittelalterliche Pavillons angeordnet. Dort finden in der Wintersaison viele internatio-

Das Jawaharlal Nehru Stadium in New Delhi

nale Golfturniere statt. Die Cantonments in Delhi und Agra verfügen über eigene Golfplätze. Etwas außerhalb von Delhi liegt das **Classic Golf Resort**, das auch wochentags geöffnet ist. In Jaipur hat das Rambagh Palace Hotel einen eigenen Golfplatz. Hotelgäste können sich die Ausrüstung leihen und auf dem Platz spielen. Gegen Gebühr (Kurzmitgliedschaft) kann man auch in den meisten Golfclubs spielen.

Reiten

Hervorragende Reitclubs auch für Nichtmitglieder (gegen geringe Gebühr) gibt es in Delhi sowie Jaipur und Umgebung. Im **Delhi Riding Club** kann man sich ein Pferd leihen. In Shekhawati bietet das Heritage Dundlod Fort *(siehe S. 243)* einen Poloplatz sowie Reitunterricht und organisiert Pferde-Safaris.

Golfspieler unterhalb der Wehrmauern des Moti Doongri Fort in Jaipur

Einige Hotels in Rajasthan organisieren für ihre Gäste Ausritte

Polo

Polo war einst ein exklusiver Sport für die Adligen und die Armee. Auf Wettkämpfen im Ausland führten die Maharajas von Jaipur persönlich ihre Mannschaften an. Dank der Förderung durch Unternehmen hat das Interesse an dem Spiel wieder zugenommen. In Delhi und Jaipur findet ein Großteil der Spiele im Winter statt. Die meisten Turniere werden auf der Rennbahn an der Kamal Ataturk Road in Delhi und im **Rajasthan Polo Club** in der Nähe des Hotels Rambagh Palace in Jaipur veranstaltet. Ramgarh und Dundlod sind wichtige Polozentren, dort wird das Spiel auch gelehrt. Im März können Besucher beim traditionellen Elefantenpolo in Jaipurs Chaugan Stadium zuschauen.

Hubschrauberflüge

Helikoptertouren sind im indischen Tourismus noch neu: Neben dem Flug sind Unterkunft, Mahlzeiten und Besichtigungen im Preis inbegriffen. Entsprechende Ausflüge werden für betuchtere Reisende mit wenig Zeit von **Deccan Aviation** angeboten, dazu gehören Touren nach Agra, von Jaipur nach Sariska und von Jaipur nach Ranthambhore. World Expeditions India organisiert von Delhi aus Helikopter-Skiing im Winter und außerdem Radtouren.

Jeep- und Wüstensafaris

Auf Safaris lernt man das abenteuerliche Indien kennen. In Wildtierschutzgebieten sind Jeep-Safaris mit Camping üblich. Kamel-Safaris werden in Jaipur von Reisebüros und von Heritage Hotels, vor allem in Kishangarh *(siehe S. 215)*, Mandawa und Nawalgarh *(siehe S. 246)*, angeboten. Dabei erlebt man die Wüste hautnah. Die Preise sind je nach Dauer und Umfang einer Safari unterschiedlich. Camping in der Wüste ist immer ein besonderes Erlebnis, besonders wenn der Kameltreiber am Lagerfeuer spannende Geschichten erzählt. Elefanten- und Pferde-Safaris für Gruppen werden von privaten Reiseunternehmern organisiert.

Spaß für Kinder

In Delhi gibt es auch kindgerechte Unterhaltung, etwa im Zoo. Der Appu-Ghar-Vergnügungspark bietet Achterbahnen, Wasserfahrten und andere Abenteuer. Das **National Science Centre** sowie das **Nehru Planetarium** organisieren zu besonderen Anlässen spezielle Shows für Kinder. Das Eisenbahnmuseum ist bei Kindern ebenfalls sehr beliebt, da es u. a. eine Fahrt in einem Spielzeugzug anbietet.

Wüstenerfahrung auf einer Kamel-Safari in Rajasthan

Kletterer an einer steilen Wand

Camping und Trekking

Die Ausläufer des Himalaya oberhalb von Rishikesh eignen sich ideal zum Campen, Bergwandern und Klettern. Da die meisten Forts von Rajasthan auf Bergvorsprüngen errichtet wurden, bieten diese gute Ausgangspunkte zum Bergsteigen und zur Erkundung der Landschaft. Südlich von Süd-Delhi, in der Nähe von Sohna in Gurgaon, gibt es viele hervorragende Wanderwege. Die besten Informationen über Trekking und Bergsteigen liefern die **Indian Mountaineering Federation** und private Anbieter wie Milestones und Outdoor Adventures *(siehe S. 231)*, die spezielle Wandertouren veranstalten. Die meisten dieser Anbieter verfügen über erfahrene Führer und verleihen Campingausrüstungen (Zelte und Schlafsäcke), obwohl man sich in seiner eigenen Ausrüstung vielleicht wohler fühlt. Diese Sportarten betreibt man am besten zwischen April und Juni sowie nach dem Monsun, von Oktober bis Anfang Dezember.

Ökotourismus

Dieser recht neue Tourismuszweig wird in Indien immer beliebter: In Rajasthan gibt es drei Nationalparks. Ranthambhore *(siehe S. 224f)* und Sariska *(siehe S. 210f)* sind für ihre Tiger bekannt. Vogelliebhaber finden viele ihrer gefiederten, exotischen Freunde in Bharatpurs Keoladeo Ghana *(siehe S. 168f)*. Besichtigungstouren organisiert Rajasthan Tourism. In der Nähe von Delhi gibt es kleinere Naturschutzgebiete wie das Sultanpur Bird Sanctuary *(siehe S. 116)*. Der **World Wide Fund for Nature India** mit Hauptsitz in Delhi bietet viele Ökotourismusprogramme an. Dazu gehören Naturcamps, Filmvorführungen und Seminare.

Yoga und Meditation

Yoga und Meditation werden in den Aschrams in den meisten Städten unterrichtet. Im **Sivananda Yoga Vedanta Nataraja Centre** in Delhi gibt es ganzjährig ein gutes Programm. Die besten Zentren findet man in Rishikesh, wo einige herausragende Gurus Kurse in Yoga und hinduistischer Philosophie abhalten. Jedes Jahr gibt es dort auch ein internationales Yoga-Festival *(siehe S. 41)*.

Logo eines Yogazentrums in Rishikesh

Naturheilkunde und Ayurveda

Naturheilkunde und Ayurveda, zwei indische Heilmethoden, die auf natürliche Ernährung und Kräuter ausgerichtet sind, werden auch in verschiedenen Zentren wie der **Ayurveda Kendra Clinic** praktiziert und unterrichtet. In Delhi ist u. a. das **Kairali Health Resort** auf ayurvedische Ölmassagen spezialisiert. Spontanheilung, eine Methode, die die positive Energie in den Chakren (Energiezentren) anregen soll, wird im **Aurobindo Ashram** gelehrt.

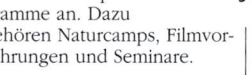

Ein Yoga-*asana*

Kulturelle Angebote

Wer sich für buddhistische Philosophie interessiert, kann mehr darüber im Tibet House und im **Tushita Mahayana Meditation Centre** lernen. Das **Vipassana Sadhana Sansthan** ist auf Kurse in *Vipassana*, einer alten Meditationsform, spezialisiert. Unterricht in Astrologie und Handlesen gibt es im Bharatiya Vidya Bhavan.

Das Triveni Kala Sangam *(siehe S. 76)* hält Kurse in klassischem Gesang, Tanz und in Malerei ab. Für handwerkliche Fertigkeiten ist das Crafts Museum der richtige Ort. Einige Reiseagenturen bieten Architektur-, Kunsthandwerks- oder religiöse Touren und auf Wunsch andere Themen an. Diese Agenturen sind in der Regel staatlich anerkannt und Mitglieder internationaler Organisationen.

Eine »Gourmetreise durch Indien« steht beispielsweise bei **Indo Asia Tours** auf dem Programm, als Berater sind Spezialisten dabei.

Trekking im Vorgebirge des Himalaya

Floßfahrer entspannen am Ufer des Ganges

Kajakfahren und Wildwasser-Rafting

Nördlich von Rishikesh gibt es eine Reihe von Stromschnellen im Ganges, die hervorragend zum Kajakfahren und Rafting geeignet sind *(siehe S. 145)*. Eine durchschnittliche Tour dauert drei Tage, dabei werden die Teilnehmer vorsichtig auf die Wucht der Stromschnellen vorbereitet. Die beste Zeit für diese Sportarten ist von September bis April, wenn Uttar Pradesh Tourism *(siehe S. 279)* und professionelle Anbieter wie Outdoor Adventures *(siehe S. 231)* sowie **Himalayan River Runners** Campingplätze am Flussufer einrichten. Die entsprechende Ausrüstung dafür – Zelte, Boote, Helme und Rettungswesten – sowie alle Mahlzeiten sind inklusive.

Angeln

Angeln ist an vielen Flüssen und Seen der Region erlaubt, allerdings nur mit einer amtlichen Lizenz. In Delhi sind der Okhla Barrage und die nahe gelegenen Seen Surajkund und Badkhal bei Sportanglern beliebt. Weiter nördlich, wo Bergströme in den Chandrabhaga und den Ganges fließen, insbesondere oberhalb von Haridwar und Rishikesh, kann man den Indischen Karpfen und andere einheimische Fischarten fangen. Forellen sind dagegen eher selten.

Wassersport

Der Ramgarh Lake bei Jaipur *(siehe S. 197)*, wo 1984 auch Veranstaltungen der Asian Games abgehalten wurden, ist zum Wassersportzentrum ausgebaut worden. Hier kann man Paragliding betreiben, Wasserski fahren und windsurfen. Auch Ruder-, Tret- und Motorboote werden vermietet. In Delhi und Umgebung gibt es außerdem einige künstlich angelegte Seen für Bootsfahrten und andere Wassersportarten.

Wildwasser-Rafting auf dem Ganges

AUF EINEN BLICK

Sport

Classic Golf Resort
NH8 (nach Gurgaon), Dist Gurgaon.
(0124) 237 8841/42.

Delhi Golf Club
Zakir Hussain Marg, Delhi. **Stadtplan** 5 C4.
(011) 2340 7100.

Delhi Riding Club
Safdarjung Rd, Delhi. **Stadtplan** 4 F5.
(011) 2301 1891.

Jai Club
Mahaveer Marg, C-Scheme, Jaipur.
(0141) 237 2321.

Rajasthan Polo Club
Ambedkar Circle, Nähe Rambagh Palace, Jaipur.
(0141) 238 3580.

Hubschrauberflüge

Deccan Aviation
G-11 Hauz Khas Market, Delhi.
(011) 2652 0035.

Spaß für Kinder

National Science Centre
Bhairon Marg, Delhi. **Stadtplan** 6 D1.
(011) 2337 1893.

Nehru Planetarium
Teen Murti House, Delhi. **Stadtplan** 4 E3.
(011) 2301 6350.

Camping und Trekking

Indian Mountaineering Federation
Benito Juarez Road, Delhi.
(011) 2411 7935.
www.indmount.org

Ökotourismus

WWF India
Max Mueller Marg, Delhi. **Stadtplan** 5 A4.
(011) 4150 4815.

Yoga und Meditation

Sivananda Yoga Vedanta Nataraja Centre
52 Community Centre, Östl. von Kailash, Delhi.
(011) 2924 0869.

Naturheilkunde und Ayurveda

Aurobindo Ashram
Über Aurobindo Marg, Delhi.
(011) 2656 7863.

Ayurveda Kendra Clinic
Rishikesh.
(0135) 243 0626.

Kairali Health Resort
120 Andheria More, Mehrauli, Delhi.
(011) 2680 2106.
www.kairali.com

Kulturelle Angebote

Indo Asia Tours
C-28 Housing Society, South Extn I, Delhi.
(011) 2469 1733.

Tushita Mahayana Meditation Centre
9 Padmini Enclave, Delhi.
(011) 2651 3400.

Vipassana Sadhana Sansthan
16 Hemkund Towers, Nehru Place, Delhi.
(011) 2645 2772.

Rafting

Himalayan River Runners
N-8 Green Park Main, Delhi.
(011) 2696 4643.
www.hrrindia.com

World Expeditions India
G-1 MG Bhavan, Madangir, Delhi.
(011) 4164 9358.

Stadtplan Delhi *siehe Seiten 122–131*

Grund-informationen

Praktische Hinweise **278–291**

Reiseinformationen **292–301**

Praktische Hinweise

Die beliebteste Rundreise in Indien führt durch das »Goldene Dreieck«, in die drei Städte Delhi, Agra und Jaipur. Die meisten der jährlich 2,5 Millionen Indien-Besucher reisen in diese Gegend, sodass die Region recht gute Transportmittel, Unterkünfte und Informationen bietet. Abgelegenere Gegenden sind nach westlichem Standard noch nicht so gut erschlossen. Der Bankenservice ist hier mäßig und das Bezahlen mit Kreditkarte kaum möglich. Das staatliche Department of Tourism (DOT) unterhält sein Hauptbüro in Delhi und viele Zweigstellen – auch im Ausland. Aktuelle Informationen erhält man in den Fremdenverkehrsbüros in Delhi, Rajasthan und Uttar Pradesh. Es gibt unzählige Reisebüros – man sollte aber nur bei seriös wirkenden Büros Unterkunft, Fahrkarten oder Tickets für Besichtigungstouren buchen. Im Winter, der Hochsaison für diese Region, sollte man im Voraus planen und buchen.

Logo des Department of Tourism

Reisezeit

Das beste Reisewetter genießt man in Nordindien von Oktober bis März. Zu dieser Zeit gibt es auch zahlreiche Festivals und kulturelle Ereignisse, vor allem zwischen Oktober und Dezember *(siehe S. 40 f)*. Obwohl es in den Winternächten (Dez/Jan) ziemlich kalt werden kann, sind die Tage doch sonnig, und der kurze Frühling im Februar und März zeigt sich als wahre Blütenpracht. Im Sommer (Apr–Juni) und in der Regenzeit (Juli–Sep) sollte man möglichst nicht reisen: In Nordindien ist der Sommer unerträglich heiß und trocken. Während des Monsuns machen Feuchtigkeit und Hitze das Reisen beschwerlich. Klima- und Niederschlagstabellen finden Sie auf den Seiten 39–41.

Kreisverkehr in Delhi mit Blumenbeeten auf der Verkehrsinsel

Kleidung

Kleidung sollte man passend zur Jahreszeit mitnehmen. Im Winter benötigt man warme Kleidung – eine Jacke oder einen dicken Pullover, besonders am frühen Morgen oder nachts, tagsüber ist es meist viel wärmer. Im Herbst und Frühjahr sollte man leichte, einfach waschbare Wollsachen und Kleidung aus Naturfasern mitnehmen. Im Sommer ist leichte Baumwollkleidung angenehm. Indische Baumwollhemden und Bekleidung für Frauen kann man überall erwerben. Das Schuhwerk sollte man rasch ausziehen können, da man heilige Stätten nur barfuß betreten darf. Eine Erste-Hilfe-Ausrüstung ist wichtig *(siehe S. 286)*. Ein Regenschirm oder ein Regenschutz sind ebenso wie eine Taschenlampe für Stromausfälle empfehlenswert.

Buchungen

Da alle drei Städte Urlaubs- und Geschäftszentren sind, empfehlen sich (bestätigte) Reservierungen für Unterkunft und Reise vor allem in der Hochsaison. Tickets für Inlandsflüge erhält man auch kurzfristig. Für Zugfahrten sollte man reservieren, da Fahrkarten schon zwei Monate im Voraus buchbar sind. Hotels und Reisebüros buchen für Sie auch Busverbindungen in Delhi sowie nach Agra und Jaipur. Die drei Städte liegen nicht weit voneinander entfernt und sind auch mit dem Bus recht gut zu erreichen.

Einreise

Für die Einreise nach Indien brauchen Sie einen noch mindestens sechs Monate gültigen Reisepass und ein Visum. Die indischen Bot-

Indisch gekleidete Besucher bei einem Fest auf dem Land

◁ Farbenprächtiger Kamel- und Rindermarkt in Pushkar *(siehe S. 216 f)*

schaften und Konsulate *(siehe S. 281)* auf der ganzen Welt stellen ein sechs Monate gültiges Visum für Besucher aus, mit dem Sie mehrfach einreisen können (multiple entry visa). Jedoch kann nach erfolgter Ausreise aus Indien eine erneute Einreise grundsätzlich erst nach zwei Monaten erfolgen. Die Gebühr für das Visum beträgt rund 50 Euro. Bei Pauschalreisen kümmert sich das Reisebüro darum.

Es gibt in Indien einige »Sperrgebiete«, für die eine Sondererlaubnis nötig ist, u. a. Sikkim, alle Bundesstaaten im Nordosten, die Andamanen, Nikobaren und Lakkadiven.

Urlauber beim Handeln

Botschaften

Deutschland, Österreich und die Schweiz haben diplomatische Vertretungen in Delhi, nicht jedoch in den anderen Städten. Die Botschaft kann Ersatzpässe ausstellen oder bei Diebstahl, Haft, Krankenhausaufenthalt und anderen Notfällen helfen. Die Botschaftsadressen in Indien finden Sie auf Seite 281.

Zoll

Bei der Einreise nach Indien dürfen Besucher 950 ml Alkohol und 200 Zigaretten sowie einen Laptop zollfrei einführen. Wenn der Wert eines Gegenstands den erlaubten Freibetrag übersteigt, wird dem Wert gemäß Zoll verlangt.

Die Ein- und Ausfuhr der indischen Währung ist verboten. Wenn Sie mehr als 5000 US-$ in bar und/oder als Reiseschecks mitführen, müssen Sie die Summe auf einem entsprechenden Formular am Flughafen deklarieren.

Visumstempel

Über 100 Jahre alte Antiquitäten dürfen nicht aus Indien ausgeführt werden. Das gilt auch für Artikel, die von wilden Tieren stammen, wie Pelze, Tibetantilopenschals oder Elfenbein. Informieren Sie sich bei der **Archaeological Survey of India (ASI)** oder beim **Ministry of Environment & Forests** über die genauen Bestimmungen. Der Handel mit Betäubungsmitteln und Psychopharmaka wird mit Haftstrafen geahndet.

Impfungen

Es gibt keine offiziellen Impfvorschriften, außer Sie reisen über Afrika, Südamerika und Papua-Neuguinea nach Indien ein. In diesen Fällen ist eine gültige Gelbfieberimpfbescheinigung nötig. Impfungen gegen Wundstarrkrampf, Typhus und Hepatitis A und Hepatitis B sind jedoch unbedingt empfehlenswert. Man kann auch mit der Einnahme von Malariatabletten beginnen, bevor man nach Indien reist, sollte sich aber vorher beim Arzt informieren.

Versicherungen und Führerschein

Vor der Einreise nach Indien sollte man eine Reisekrankenversicherung sowie eine Diebstahlsversicherung abschließen. Wenn Sie einen Sport- und Aktivurlaub planen, ist eine Unfallversicherung unumgänglich. Wenn Sie in Indien ein Auto mieten wollen, benötigen Sie einen internationalen Führerschein. Die **Automobile Association of Upper India (AAUI)** *(siehe S. 299)* hilft im Notfall mit einem vorübergehenden Führerschein, für den man aber einen Fahrtest absolvieren muss.

AUF EINEN BLICK

Fremdenverkehrsbüros

Indisches Fremdenverkehrsamt
88 Janpath, Delhi.
Stadtplan 1 C5.
(011) 2332 0008.
191, The Mall, Agra.
(0562) 222 6378.
State Hotel, Khasa Kothi, Jaipur.
(0141) 237 2200.
www.tourismindia.com

Delhi Tourism
N-36, Middle Circle, Connaught Place, Delhi. **Stadtplan** 1 C5.
(011) 2331 5322.
www.delhitourism.nic.in

Rajasthan Tourism
Bikaner House, Shah Jahan Rd, Delhi. **Stadtplan** 5 B2.
(011) 2338 9525.
TRC Govt Hostel, MI Road, Jaipur. (0141) 511 0598.
www.rajasthan-tourism.com

Uttar Pradesh Tourism
Chandralok Building,
36 Janpath, Delhi.
Stadtplan 1 C5.
(011) 2371 1296.
64 Taj Rd, Agra.
(0562) 222 6431.
www.up-tourism.com

Wichtige Adressen

Archaeological Survey of India
Janpath, Delhi. **Stadtplan** 5 A2.
(011) 2301 3574.

Foreigners' Regional Registration Offices
8, East Block, RK Puram
Sector I, Delhi.
(011) 2671 1443.
16 Idgah Colony, Agra.
(0562) 221 7629.
Police Headquarters,
hinter Hawa Mahal, Jaipur.
(0141) 261 8508.

Ministry of Environment & Forests
Paryavaran Bhavan CGO Complex,
Lodi Road, Delhi. **Stadtplan** 5 A5.
(011) 2436 1669.
www.enfor.mc.in

Ministry of Home Affairs
North Block, Central Secretariat,
Mansingh Rd, Delhi.
Stadtplan 4 E2.
(011) 2309 2011.

Stadtplan Delhi *siehe Seiten 122–131*

Information

Die Fremdenverkehrsbüros des Department of Tourism und der Schalter der Behörde in der Ankunftshalle des internationalen Flughafens von Delhi helfen gern weiter. Die staatlichen Tourismusabteilungen *(siehe S. 279)* können jedoch genauere Auskünfte über die drei Städte geben. Das Personal unterstützt Sie mit vielen praktischen Ratschlägen zu Besichtigungen, Reisen, Veranstaltungen und Unterkünften. Broschüren für Besucher und Kartenmaterial erhält man normalerweise gratis.

Reisebroschüren

Eintritt

Die meisten Museen, historischen Denkmäler und Naturschutzparks verlangen Eintrittsgeld. Dies ist meist ein geringer Betrag, nur Eintritte für UNESCO-Welterbestätten sind teurer. In der Regel kommen zusätzliche Gebühren für Kameras und Videokameras hinzu. Religiöse Orte erheben keine Eintrittsgebühr, haben aber häufig eine Spendenbüchse aufgestellt.

Feiertage und Öffnungszeiten

Alle Banken und staatlichen Büros bleiben an den drei Nationalfeiertagen geschlossen – dem Republic Day (26. Jan), Independence Day (15. Aug) und Gandhis Geburtstag (2. Okt) *(siehe S. 40)*, dann haben auch die Märkte geschlossen. Die indische Regierung veröffentlicht alljährlich eine neue Liste mit Feiertagen und religiösen Festen, die gemäß Mondkalender immer auf einen anderen Tag fallen. Einige religiöse Feiertage gelten nur »bedingt«, d. h., dass zwar das Büro geöffnet hat, der gewünschte Beamte eventuell aber nicht da ist. Denkmäler und Museen sind meist von 10 bis 18 Uhr offen, montags und an staatlichen Feiertagen haben sie geschlossen. Läden sind von 10 bis 19.30 Uhr geöffnet. In Delhi sind die Märkte an verschiedenen Tagen geschlossen, in Agra und Jaipur haben sie alle sonntags geschlossen. Regierungsbüros sind montags bis freitags von 9.30 bis 18 Uhr besetzt.

Geführte Touren

Fremdenverkehrsbüros, Reisebüros und Hotels können auf Ihren Wunsch zu einem festen Stundenpreis ausgebildete Führer bestellen. Vor Sehenswürdigkeiten wird man oft von Amateurführern bedrängt. Ignorieren Sie diese und schauen Sie sich nach Englisch sprechenden, offiziellen Führern um, die an einer Metallplakette zu erkennen sind.

Besucher genießen einen Kamelritt auf dem Markt in Pushkar

Rucksackreisende

Studenten und jüngere Reisende finden in allen drei Städten Häuser der **Youth Hostels Association of India (YHAI)**. In Delhi sollte man sich an das **Vishwa Yuvak Kendra** wenden. Außerdem bietet Delhi ein **YMCA**. Wer mit Bus oder Zug reist, benötigt einen stabilen Rucksack. Der sicherste Aufbewahrungsplatz für Geld ist der Gürtel, nicht der Rucksack!

Behinderte Reisende

Nur wenige öffentliche Gebäude oder Sehenswürdigkeiten sind behindertengerecht ausgestattet. Rollstuhlrampen oder Griffleisten sind äußerst selten. Flughäfen und alle Hauptbahnhöfe verfügen jedoch über Rollstühle, Rampen, Aufzüge und Träger für das Gepäck. Bürgersteige sind mit dem Rollstuhl häufig schwer zu befahren, da sie holprig sind. Leider sind auch nur wenige Hotels auf behinderte Reisende eingestellt. Das Personal ist jedoch in aller Regel äußerst hilfsbereit.

Mit Kindern reisen

Spezielle Angebote für Kinder gibt es kaum. Da Inder aber kinderlieb sind, können die Kleinen fast überallhin mitgenommen werden. Man sollte Kinder vor starker Sonneneinwirkung schützen und sie viel Mineralwasser trinken lassen. Die meisten Restaurants haben Gerichte, die Kinder essen können.

Religiöse Stätten

In allen drei Städten gibt es zahlreiche Tempel, Gurdwaras, Kirchen und Moscheen. Delhi besitzt auch eine Synagoge. Da viele dieser Orte historisch oder archäologisch interessant sind, stehen sie auch für Reisende offen. Bestimmte Anstandsregeln *(siehe S. 282f)* sollten Sie jedoch bei Ihrem Besuch beachten. Viele dieser Orte haben bis spät in die Nacht geöffnet. Sicherer ist es jedoch, sie tagsüber zu besichtigen.

Zeitzone und Kalender

Trotz der Größe des Landes gibt es in Indien nur eine Zeitzone. Der Zeitunterschied beträgt plus 4,5 Stunden zur Mitteleuropäischen Zeitzone, entsprechend plus 3,5 Stunden während der Sommerzeit. Eine Sommerzeit wie in Europa gibt es in Indien nicht.

Offiziell gilt in Indien der westliche, gregorianische Kalender. Dieser vermeidet das Durcheinander der traditionellen Kalender, die in jeder Religion (und entsprechend in jeder zugehörigen Region) von unterschiedlichen Daten ausgehen. Zur Jahreswende 2011 hatte der offizielle indische Kalender (die Saka-Zeitrechnung) erst das Jahr 1933 erreicht, während der alte Hindu-Kalender, der der Samvat-Zeitrechnung folgt, schon das Jahr 2068 zählte.

Maße

Ungeachtet des langen britischen Einflusses wird im ganzen Land das metrische System benutzt.

Sprache

In Indien gibt es viele Regionalsprachen, so spricht man in Kolkata und Westbengalen Bengali, in Mumbai und Maharashtra Marathi, in Tamil Nadu Tamil, in Andhra Pradesh Telugu und in Kerala Malayalam. In der nördlichen Region sind Hindi und Englisch Amtssprachen. In den Städten sprechen viele Menschen Englisch, vor allem alle, die mit Tourismus zu tun haben – Taxifahrer und Führer, aber natürlich auch Angestellte in Hotels, Läden und Büros. Für Besucher, die sich auf dem Land aufhalten wollen, kann es allerdings nützlich sein, einige Standardsätze in der Regionalsprache *(siehe S. 320)* zu lernen. Die Straßenschilder sind in aller Regel auf Englisch und Hindi.

Strom

Die Stromspannung beträgt 220 bis 240 Volt bei 50 Hertz. Die Stromversorgung ist im Sommer unregelmäßig, es gibt häufig stundenlange Stromausfälle. Im Winter ist sie recht sicher. Dreipolstecker sind die Norm. Adapter für Stecker (und Transformatoren) gibt es auf jedem Markt. Für Laptops sollte man ein Ausgleichskabel mitnehmen, um Stromschwankungen abzufangen.

Fotografieren

Fast überall finden Sie Läden, in denen Sie Batterien oder Speicherkarten kaufen können.

Bevor Sie Frauen, Stammesangehörige oder religiöse Stätten fotografieren oder filmen, sollten Sie immer um Erlaubnis bitten. Das Ablichten von Sicherheitsbereichen wie Bahnhöfen, Dämmen, Flughäfen und militärischen Einrichtungen ist untersagt.

Umweltbewusst reisen

Es gibt zwar mittlerweile Ökotourismus in Indien, jedoch von Bundesstaat zu Bundesstaat sehr unterschiedlich. In Delhi ist in den vergangenen zehn Jahren das Umweltbewusstsein enorm gestiegen. In der grünsten Stadt Indiens gibt es mit Erdgas betriebene öffentliche Transportmittel *(siehe S. 292)*, Mülltrennung, und man versucht, den Einsatz von Plastik zu verringern. Auch stehen an den Sehenswürdigkeiten immer mehr Abfallbehälter.

Während der Commonwealth Games 2010 in Delhi wurden alle Register gezogen, damit sich die Besucher wohlfühlen, etwa Unterkünfte in **Bed & Breakfasts** bei Einheimischen.

In Agra und Jaipur entwickelt sich das Umweltbewusstsein wesentlich langsamer. Dort findet Ökotourismus eigentlich nur in den Nationalparks in der Nähe von Jaipur statt. Ausländische Besucher können helfen, indem sie ihre Abfälle nur in dafür vorgesehenen Behältern entsorgen und darauf achten, dass die Fahrzeuge, mit denen sie sich bewegen, und die Dienstleistungen von Touranbietern, die sie in Anspruch nehmen, umweltfreundlich sind.

AUF EINEN BLICK

Nützliche Adressen

Bed & Breakfast
www.delhitourism.nic.in

Youth Hostels/Vishwa Yuvak Kendra
5 Nyaya Marg, Chanakyapuri, Delhi. **Stadtplan** 4 D3.
(011) 2301 6604.
Sanjay Place, MG Rd, Agra.
(0562) 285 4462.
Bhagwan Das Rd, Jaipur.
(0141) 274 0515.

YMCA
Jai Singh Rd, Delhi.
Stadtplan 1 B5.
(011) 2374 6063.

Botschaften

Deutschland
6/50 G Shanti Path, Chanakyapuri, Delhi 110021.
Stadtplan 3 C5.
(011) 44 199 199.
www.new-delhi.diplo.de

Österreich
Ep-13 Chandra Gupta Mart, Chanakyapuri, Delhi 110021.
Stadtplan 3 C5.
(011) 2419 2700.
www.bmaa.gv.at/newdelhi

Schweiz
Nyaya Marg, Chanakyapuri, Delhi 110021. **Stadtplan** 3 C5.
(011) 2687 8372.
www.eda.admin.ch/newdelhi

Indische Botschaft
Tiergartenstraße 17, 10785
Berlin. *(030) 2300 5892.*
www.indianembassy.de

Religiöse Stätten

Bahá'i House of Worship
Kalkaji, Delhi.
(011) 2338 9326.

Cathedral of the Immaculate Conception
Wazirpura Rd, Agra.
(0562) 285 1318.

Cathedral Church of the Redemption
Church Rd, Delhi. **Stadtplan** 4 E1.
(011) 2309 4229.

Judah Hyam Synagogue
2, Humayun Rd, Delhi.
Stadtplan 5 B3.
(011) 2463 5500.

Sacred Heart Cathedral
Bangla Sahib Rd, Delhi.
Stadtplan 1 B5.
(011) 2336 3593.

Stadtplan Delhi *siehe Seiten 122–131*

Etikette

Die Inder sind freundlich und gelassen, sie begreifen Gastfreundschaft als wichtigen Teil ihrer Kultur und Religion. Gäste werden daher mit außergewöhnlicher Höflichkeit behandelt, viele Menschen bemühen sich rührend darum, Besuchern zu helfen. Wenn Sie einmal einen Fahrpreis, Tarife oder Richtungsangaben anzweifeln, verhalten Sie sich ruhig und sachlich, ohne zu streiten oder aggressiv zu werden. Da die Region von verschiedenen Religionen, Kasten und gesellschaftlichen Hierarchien bestimmt wird, sollte man am besten jedem mit Respekt begegnen und religiöse, ethnische oder regionale Themen meiden. Küssen in der Öffentlichkeit wird ungern gesehen. Man verhält sich hier meist nach traditionellen Normen.

Vor Betreten eines Tempels sollte man den Kopf bedecken

Begrüßung

Die häufigste Form des indischen Willkommens- oder Abschiedsgrußes ist das *namaskar* oder *namaste*: Man legt die Handflächen zusammen, erhebt sie zum Gesicht und beugt den Kopf leicht nach vorn. Begrüßung und Gestik sind je nach Religion und Region unterschiedlich. Muslime führen ihre rechte Hand zur Stirn mit den Worten *adaab* oder *salaam aleikum*.

In Nordindien folgt »*ji*« dem Namen als Zeichen des Respekts. Beim ersten Treffen sollte man jedoch seine Gesprächspartner mit Mr oder Mrs bzw. Madam anreden. Der Gebrauch des Vornamens ist ein Zeichen größerer Vertrautheit. Die westliche Begrüßungsform des Händeschüttelns wird auch häufig benutzt, obwohl indische Frauen lieber mit einem *namaskar* grüßen.

Namaskar, der traditionelle Gruß

In vielen traditionellen Familien ist es ein Zeichen der Höflichkeit, die Füße eines Älteren zur Begrüßung zu berühren. Ältere werden grundsätzlich nie mit dem Vornamen angesprochen. Ein höflicher Gruß jeglicher Art wird immer gern angenommen. Persönliche Fragen, die Europäer als unhöflich betrachten (beispielsweise Fragen nach dem Einkommen oder Familienstand), gelten in Indien als wohlmeinende, freundliche Neugier.

Körpersprache

Während eines Gesprächs schütteln Inder häufig den Kopf: Das kann verwirrend sein, da es wie eine Verneinung oder Ablehnung wirkt, in Wirklichkeit aber Zustimmung bedeutet. Inder reden gern mit lauter Stimme und gestikulieren viel, was sie aufgeregt erscheinen lässt, obwohl sie sich ganz normal unterhalten. Der Kopf gilt als spirituelles Zentrum. Wenn Ältere den Kopf eines Jüngeren berühren, bedeutet dies eine Segnung. Füße gelten als niederster Teil des Körpers, Schuhe als unrein. In vielen traditionellen indischen Häusern lässt man die Schuhe beim Eintreten vor der Wohnungs- oder Küchentür stehen. Bei Zusammenkünften sitzt man häufig im Schneidersitz auf dem Fußboden, allenfalls kann man die Füße auch seitlich anwinkeln, aber niemals ausstrecken. Essen sollte man nur mit der rechten Hand, niemals mit der linken, »unreinen« Hand.

Religiöse Stätten

Fast jede Weltreligion wird in Indien praktiziert. Die Verhaltensregeln sind dabei je nach Religion unterschiedlich, Grundregeln guten Benehmens werden aber überall erwartet. Im Zweifelsfall sollte man einfach Inder beobachten. Stören Sie nie Leute beim Gebet durch Fotografieren oder laute Unterhaltung. Sie sollten vor dem Fotografieren von Menschen um Erlaubnis bitten. Tragen Sie saubere, nicht aufreizend wirkende Kleidung und eine Kopfbedeckung. Frauen sollten Kleider anziehen, die ihre Oberarme bedecken und zumindest mittellang sind, Männer

Eine Gläubige, die in einem Shiva-Tempel einen *linga* in Milch badet

auf kurze Hosen verzichten. An religiösen Stätten lässt man die Schuhe vor der Tür. Beim Sitzen sollten die Füße nicht in Richtung von Götterbildnissen oder dem Koran zeigen. In Hindu-Tempeln opfert man für gewöhnlich Blumen und Räucherstäbchen als Zeichen der Verehrung. Neben der Hauptgottheit gibt es häufig zusätzliche Schreine in anderen Teilen des Tempelbezirks. Lehnen Sie sich niemals daran – auch in Ruinen gelten solche Abbilder als heilig. In einigen wenigen Tempeln sind Nichthindus nicht willkommen. Werden Sie an der Tür angehalten, sollten Sie das respektieren. In Moscheen und Gurdwaras sollte man den Kopf mit einem Schal oder einem Tuch bedecken, nicht jedoch mit einem Hut. Gehen Sie nicht während des Gebets in eine Moschee. Männer dürfen nicht in den Frauenbezirk.

Bekleidung

Der indische Kleidungsstil ist eher konservativ, der Körper wird bedeckt gehalten. In kleinen Städten ziehen Frauen heute noch den traditionellen Sari oder den *salwar-kameez* westlicher Kleidung vor. Manchmal sieht man kleine Mädchen in Röcken oder Kleidern. Internationaler geht es in Delhi zu, wo man in schickeren Stadtteilen Jeans, kurze Röcke und Hosen sieht. Indische Männer schauen Frauen häufig intensiv an – egal, wie diese angezogen sind. Agra und Jaipur gelten als sehr konservative Städte, wo man mit kurzen Röcken und Hosen unangenehm auffällt.

Wenn Sie Inder zu Hause besuchen, sollten Sie sich etwas formeller kleiden, da dies in Indien bei Besuchen so üblich ist. Man kann ruhig einige indische Kleidungsstücke für diese und andere Gelegenheiten kaufen: Sie sind preiswert, bequem und ein schönes Andenken.

Handeln

Handeln ist fester Bestandteil des indischen Alltags, doch man sollte es nicht aggressiv betreiben. Sagen Sie ruhig, was Sie zahlen möchten, und gehen Sie, wenn der Händler nicht zustimmt. Große Läden haben feste Preise.

Indisch essen

Meist essen die Inder mit den Fingern und brechen *chapati* oder Brot, um Reis oder Curry zu fassen. Fragen Sie ruhig nach einem Löffel. Essen mit der linken Hand ist sehr unhöflich. In den meisten Restaurants gibt es eine Fingerschale zum Reinigen.

Trinkgeld

Es gibt keine festen Trinkgeld- oder *Baksheesh*-Regeln. In den meisten Restaurants ist ein Servicebetrag schon in der Rechnung enthalten. Zehn Prozent Trinkgeld zusätzlich sind gleichwohl üblich. In kleineren Restaurants ist man auch mit weniger zufrieden. Hotelangestellte, Träger und die meisten Taxifahrer und Friseure erwarten ein Trinkgeld. Auch Schuhwächter an Tempeln freuen sich über etwas Geld.

Die traditionelle *thali* wird mit der rechten Hand auf dem Fußboden sitzend gegessen

Rauchen und Alkohol

Obwohl man überall Zigaretten kaufen kann, ist Rauchen in Delhi an öffentlichen Orten wie Flughäfen, Bahnhöfen und in Büros verboten (was in der Realität häufig ignoriert wird). Nur bestimmte Restaurants haben eine Ausschanklizenz für Alkohol. In Parks, Bussen oder Zügen ist Alkoholgenuss untersagt. Wer in der Nähe eines Andachtsorts trinkt,

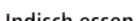

Schuhe vor dem Eingang eines Tempels

kann verhaftet werden. Ein solches Verhalten wird als Beleidigung verstanden.

Bettler

Der Umgang mit Bettlern ist für westliche Besucher schwierig, da sie sehr aufdringlich sein können. Wer einem Bettler Geld gibt, wird sogleich von einer ganzen Gruppe umlagert, die *baksheesh* fordert. Achten Sie in solchen Situationen auf Taschendiebe! Sehr viele Bettler findet man in der Nähe von Tempeln, da sie hier Almosen oder etwas zu essen bekommen. Man sollte sie jedoch nicht ermuntern und einfach weitergehen, im Notfall die Polizei rufen.

Wenn Sie Geld spenden möchten, fragen Sie in Ihrem Hotel nach einer Spendenbüchse, außerdem kann man Ihnen hier lokale wohltätige Einrichtungen nennen.

Ghunghats verschleiern die Gesichter der Dorfbewohnerinnen

Sicherheit und Gesundheit

Abzeichen eines Polizeibeamten

Delhi, Agra und Jaipur verfügen über eine gute Polizei und einige Krankenhäuser. Wer grundlegende Vorsichtsmaßnahmen beachtet, wird eine sorgenfreie Reise genießen: Man sollte im Umgang mit Fremden nicht zu vertraut werden, auf Wertsachen achten und nur an sauberen Orten essen und übernachten. Gerät man in eine schwierige Situation, sollte man sich an einen Polizisten oder die nächste Polizeistation wenden.

Polizisten in Uniform

Notfall

Die landesweite Notfallnummer für die Polizei ist 100, für die Feuerwehr 101 und für Krankenwagen 102. Auch Ihre Botschaft hilft Ihnen im Notfall weiter. Im Fall eines medizinischen Notfalls kann Sie der für Ihr Hotel zuständige Arzt an eine Klinik weiterverweisen. Alle öffentlichen und die meisten privaten Kliniken haben für Unfälle und Notfälle einen 24-Stunden-Dienst.

Allgemeine Vorsichtsmaßnahmen

Das Reisen in dieser Region ist recht sicher. Da Delhi, Agra und Jaipur große Tourismuszentren sind, gibt es dort jedoch auch viele Kundenschlepper, Bettler und Taschendiebe, die es auf Besucher abgesehen haben. Einfache Sicherheitsmaßnahmen wie ein Geldgürtel unter dem Hemd, in dem auch wichtige Dokumente aufbewahrt werden, sind empfehlenswert. Achten Sie auf Ihre Kamera, und tragen Sie besser keinen Schmuck. Wertsachen können Sie im Hotel lassen – unbedingt gegen Quittung. Beim Einkaufen sollten Sie darauf achten, dass der Ladenbesitzer eine Quittung ausstellt und die Kreditkarte nur in Ihrer Anwesenheit durchzieht. Auf Zugreisen sollten Sie ein Vorhängeschloss, das es an Bahnhöfen gibt, benutzen. Einige Händler versuchen, Urlauber davon zu überzeugen, dass in Indien gekaufte Waren in Europa mit großem Gewinn weiterverkauft werden können: Lassen Sie sich nicht auf einen solchen Handel ein. Wenn Sie sich in einer unangenehmen Situation befinden, Pass oder Wertgegenstände verloren haben, müssen Sie die nächste Polizeistation informieren und einen FIR (First Information Report) ausfüllen. Auf jeden Fall sollten Sie auch Ihre Botschaft kontaktieren.

Drogen

Die Vorstellung, dass Indien gegenüber Drogenmissbrauch tolerant ist, trifft nicht zu: Jeglicher (!) Drogenbesitz ist illegal. Besitz, Konsum und Handel mit Drogen werden konsequent mit einer Mindeststrafe von zehn Jahren *ohne* Bewährung geahndet. Lassen Sie Ihr Gepäck an öffentlichen Plätzen nie unbeaufsichtigt oder unverschlossen stehen. Nehmen Sie auf keinen Fall von Fremden etwas mit. Checken Sie nie etwas für andere am Flughafen ein.

Alleinreisende Frauen

Sowohl indische als auch ausländische Frauen werden von nordindischen Männern sehr aufmerksam beobachtet – auch wenn diese Art des durchaus aggressiven, einseitigen »Flirts« strafbar ist. Alleinreisende Frauen können Schwierigkeiten haben – vom Angestarrtwerden über verbale Aufforderungen bis hin zu ungewolltem Körperkontakt in Bussen oder auf überfüllten Plätzen.

Machen Sie es wie die indischen Frauen, die ihren unabhängigen Lebensstil dennoch behaupten: Vermeiden Sie an öffentlichen Plätzen Kleidung, die als anstößig empfunden werden könnte (kurze Hosen, knappe Kleidchen). Ignorieren Sie herumstehende Männer, wenn diese aufdringlich werden, wenden Sie sich an einen Polizisten. Vermeiden Sie es, von Männern in eine Unterhaltung gezogen zu werden, und drohen Sie notfalls mit der Polizei.

Halten Sie sich nicht allein an verlassenen Orten auf, und meiden Sie bestimmte Stadtteile. Lassen Sie sich Taxi oder Wagen vom Hotel bestellen. Das Fahren per Anhalter sollten Sie auf jeden Fall vermeiden. Selbstbewusstes Auftreten, gesunder Menschenverstand und Wachsamkeit sind jedoch für alleinreisende Frauen auch in Indien die besten Reisebegleiter.

Polizeijeep in Delhi

Krankenwagen

SICHERHEIT UND GESUNDHEIT

Rechtsbeistand

Rechtsprobleme haben Reisende selten. Sollten Sie dennoch in einen Rechtsstreit verwickelt werden, wenden Sie sich sofort an Ihre Botschaft (siehe S. 281). Nehmen Sie immer Ihren Reisepass mit, halten Sie an einem getrennten Ort auch eine Kopie davon bereit. Bevor Sie Ihre Botschaft informiert haben, dürfen Sie Ihre Papiere nie aus der Hand geben.

Öffentliche Toiletten

Öffentliche Toiletten an der Straße sind meist unhygienisch. Einige wenige, *sulabh shauchalayas* genannt, befinden sich an Hauptstraßen und gelten als große Errungenschaften. Durch ihr attraktives Äußeres sieht man sie leicht, gegen eine Gebühr kann man sie nutzen. Sie sind jedoch nach asiatischer Art (ein Loch im Boden) gebaut. In einigen Restaurants und Hotels kann man die Toiletten ebenfalls benutzen – man sollte jedoch eigenes Toilettenpapier dabeihaben, da dies auf öffentlichen Toiletten selten vorhanden ist.

Krankenhäuser und medizinische Hilfe

Vor einer Indienreise sollte man unbedingt eine Reisekrankenversicherung (möglichst inklusive Unfallversicherung) abschließen. Viele Krankenkassen und Kreditkartenfirmen bieten entsprechenden Schutz an.

In Delhi gibt es hervorragende Privatkrankenhäuser. Das renommierte **All India Institute of Medical Sciences (AIIMS)** ist ein sehr modernes Krankenhaus (wenn es auch so voll ist wie alle staatlichen Hospitäler). Die meisten Botschaften haben eine Liste empfehlenswerter Krankenhäuser und der Namen der besten medizinischen Spezialisten und Zahnärzte einer Stadt. Die **Indian Red Cross Society** ist der sicherste Ort für Bluttransfusionen.

Auf den meisten Märkten findet man auch eine Apotheke

Apotheken

Die meisten Märkte der drei großen Städte bieten gut ausgestattete Apotheken («Chemist Shops»). Die Apotheker wissen bei leichten Beschwerden meist guten Rat. Sie führen auch Toilettenartikel, Monatsbinden und Tampons, Kosmetik, Babynahrung und Wegwerfwindeln. Benötigen Sie besondere Medikamente, sollten Sie ein Rezept dabeihaben oder eine alte Packung zeigen, falls der Apotheker den Markennamen nicht kennt. Die meisten Apotheken haben zwischen 9 und 19.30 Uhr geöffnet. Öffentliche Krankenhäuser wie das AIIMS besitzen eine Nachtapotheke, die auch für nichtstationäre Patienten offen ist.

Toilettenschild

AUF EINEN BLICK

Notrufnummern

- Krankenwagen/Notarzt *102.*
- Feuerwehr *101.*
- Polizei *100.*

Krankenhäuser und medizinische Hilfe

Delhi

All India Institute of Medical Sciences (AIIMS), Aurobindo Marg.
(011) 2658 8863.

Max Medcentre, N-110, Panchsheel Park.
(011) 2649 9870.

Escorts Heart Institute, Maulana Muhammad Ali Rd.
(011) 2682 5000.

Indraprastha Apollo, Mathura Rd, NH2.
(011) 2692 5858.

Agra

Parikh Nursing Home, MG Rd.
(0562) 285 4781.

Jaipur

Sawai Man Singh Medical College. Sawai Ram Singh Rd.
(0141) 256 0291.

Indian Red Cross Society

1 Red Cross Rd, gegenüber Parliament House, Delhi.
Stadtplan 4 F1.
(011) 2371 6441.

Tropeninstitut Berlin

(030) 301 166.
www.charite.de/tropenmedizin

Straßenhändler verkaufen dubiose Tinkturen

Stadtplan Delhi *siehe Seiten 122–131*

Hitze und Smog

Der nordindische Sommer ist trocken und sehr heiß, die Monsunmonate sind drückend und feucht. Man benötigt etwas Zeit zur Akklimatisierung, in den ersten Tagen sollte man besondere Anstrengung vermeiden. Trinken Sie viel, salzen Sie Ihr Essen etwas nach. Halten Sie sich in der heißesten Zeit des Tages, zwischen 12 und 16 Uhr, möglichst nicht im Freien auf. Versuchen Sie, sich beim Gehen regelmäßig im Schatten auszuruhen. Ein zu langer Aufenthalt in der Sonne kann zu einem Hitzschlag führen.

Tragen Sie leichtes Schuhwerk und weite Baumwollkleidung, die Arme und Beine bedeckt – nackte Haut ist schnell verbrannt. Kunstfasern und geschlossene Schuhe mit Strümpfen führen manchmal zu Hitzebläschen. Puder zur Linderung findet man in den meisten Apotheken. Tragen Sie einen breitkrempigen Hut und eine Sonnenbrille, benutzen Sie Sonnencreme.

Denken Sie daran: Für Räume mit Klimaanlage brauchen Sie auch im Sommer ein warmes Kleidungsstück.

Im Winter gibt es in den größeren Städten häufig Smog. Asthmatiker sollten ihre Medikamente dabeihaben.

Reiseapotheke

Die meisten Erste-Hilfe-Artikel gibt es in den städtischen Apotheken. Bei längeren Ausflügen sollte man stets ein Erste-Hilfe-Set dabeihaben. Dazu gehören persönliche Medikamente, Aspirin, Tabletten gegen Fieber und leichte Schmerzen, ein Desinfektionsmittel sowie eine schmerzlindernde Salbe für Schnitte und Stiche. Nicht fehlen sollten eine Salbe gegen Hautpilz, Pflaster und Bandagen, eine Schere, Insektenschutz und eine Pinzette, Antihistamine gegen Allergien, ein Durchfallmittel und Wasserdesinfektionstabletten, Lippenschutz, Einwegspritzen und ein Fieberthermometer.

Es gibt gute pflanzliche Heilmittel. Man sollte jedoch nur bekannte und empfohlene Markenartikel kaufen.

Zuckerrohrsaft und andere offene Getränke sollten Sie meiden

Magenbeschwerden

Durchfall trifft fast jeden Reisenden schon aufgrund der Ernährungsumstellung, des Wassers und des Klimas. Da indisches Essen meist scharf gewürzt ist, kommt es leicht zu Verdauungsschwierigkeiten. Man sollte sich dann auf gekochtes, ungewürztes Essen beschränken. Trinken Sie immer viel, um Wasserverlust vorzubeugen! Vermeiden Sie auf jeden Fall (auch zum Zähneputzen) Leitungswasser, nehmen Sie stattdessen Mineralwasser. Die meisten international bekannten Mineralwässer erhält man fast überall. Sie sind sauber und sicher – wie auch frische Kokosmilch. Am besten essen Sie nicht an Straßenständen: Wenn Sie unbedingt in einem *dhaba* essen möchten, wählen Sie einen Stand mit viel Kundschaft, da hier das Essen wahrscheinlich frischer ist. Vermeiden Sie jedoch Salate, aufgeschnittenes Obst,

Handfächer

kalte Speisen und frische Säfte. Falls Sie doch an Durchfall erkranken, können Apotheker mit entsprechenden Medikamenten helfen. Im Fall einer ernsteren Erkrankung mit Brechreiz, Krämpfen und Erschöpfungszuständen sollten Sie sofort zum Arzt gehen. Sie müssen außerdem Salztabletten gegen Dehydration einnehmen, die es unter den Namen »Electral« oder »Electrobion« im Handel gibt. Notfalls hilft auch ein wirksames Hausrezept gegen Durchfall: eine Mischung aus einem halben Teelöffel Salz und drei Teelöffeln Zucker, die in heißem Wasser aufgelöst und dann gekühlt getrunken werden.

Insektenstiche

Der Sommer und die Monsunmonate sind die Zeit der Malaria, mit der man sich leider ganzjährig infizieren kann. Symptome sind Schüttelfrost, hohes Fieber und Schweißausbrüche. Malaria wird durch einen Parasiten im Speichel des weiblichen *Anopheles*-Moskitos ausgelöst, die Inkubationszeit beträgt drei Tage bis zu mehreren Wochen.

Eine weitere, schwere und durch Moskitos hervorgerufene Krankheit ist Dengue-Fieber, das der *Aëdes-egypti*-Moskito überträgt. Die Symptome sind ähnlich wie bei Malaria, dazu kommen Glieder- und Muskelschmerzen sowie oft

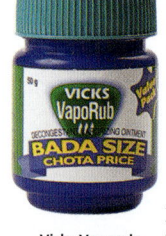

Vicks Vaporub bei Erkältung

auch Ausschläge. Der Dengue-Moskito ist im Gegensatz zu anderen Moskitoarten auch am Tag aktiv.

Wenn Sie in einem Raum ohne Klimaanlage schlafen, sollten Sie die Fensterläden stets geschlossen halten. Sie können im Hotel auch nach einem Moskitoschutz oder -netz für das Bett fragen. Tragen Sie keine dunkle Kleidung und stark duftendes Parfüm – beides zieht Moskitos an. Wenn Sie abends ausgehen, sollten Sie Schuhe und Kleidung, die den ganzen Körper bedeckt, tragen. Reiben Sie sich mit einer Antimückencreme ein.

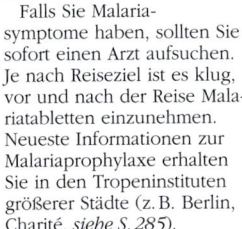

Antimoskitospirale und -salbe

Falls Sie Malariasymptome haben, sollten Sie sofort einen Arzt aufsuchen. Je nach Reiseziel ist es klug, vor und nach der Reise Malariatabletten einzunehmen. Neueste Informationen zur Malariaprophylaxe erhalten Sie in den Tropeninstituten größerer Städte (z.B. Berlin, Charité, *siehe S. 285*).

Schnitte und Bisse

Insektenstiche sind in der Regenzeit ein Dauerproblem. In einigen Denkmälern gibt es riesige Bienenstöcke – es empfiehlt sich, eine desinfizierende Salbe und Antihistamine dabeizuhaben. Schlangenbisse kommen selten vor. Passiert es doch, sollte man die Bissstelle abbinden, das betroffene Glied nicht bewegen und sofort medizinische Hilfe suchen. Desinfizieren Sie alle Schnitte, schützen Sie die Wunde mit einem Verband.

Keime in Lebensmitteln und Wasser

In Indien ist man zwei Arten extremer Darminfektionen, der Ruhr-Erkrankung, ausgesetzt. Die erste wird durch Bakterien ausgelöst und geht mit starken Magenschmerzen,

Mineralwasserflasche

Erbrechen und Fieber einher, dauert aber selten länger als eine Woche. Die gefährlichere Amöbenruhr macht sich auf ähnliche Weise bemerkbar, bis zum Ausbruch dauert es aber länger. Wird diese Erkrankung nicht sorgfältig behandelt, kann sie zu einem chronischen Leiden führen. Das gilt auch für Giardiasis, einen chronischen Durchfall, der von verunreinigtem Wasser verursacht wird. Zwei Hepatitisarten, einer schweren Lebererkrankung, Hepatitis A und B, kann man durch Impfung vorbeugen – was sich für eine Indienreise empfiehlt. Zu den Symptomen dieser Erkrankung gehören Müdigkeit, Körperschmerzen, Fieber, Schüttelfrost und Gelbsucht.

Wenn Sie ein Gebiet besuchen, das einer Flutkatastrophe ausgesetzt war, müssen Sie sich vorher gegen Cholera, eine manchmal tödliche Krankheit, impfen lassen.

Auch gegen Typhus kann man sich impfen lassen. Die Erkrankung erfasst das Verdauungssystem und entsteht aufgrund einer Infektion durch verdorbenes Essen oder Wasser. Erste Anzeichen ähneln einer Erkältung, weiten sich aber zu hohem Fieber aus, das zu einem rapiden Gewichtsverlust führt.

Da alle diese Krankheiten häufig auftreten, sollte man immer vorsichtig sein: nur in sauberen Restaurants essen, nur Mineralwasser trinken (auch zum Zähneputzen verwenden) und Obst nur essen, wenn man es selbst geschält hat.

Infektionskrankheiten

Das öffentliche Bewusstsein hinsichtlich sexuell übertragbarer Krankheiten wie AIDS ist in Indien gut ausgeprägt. Das Screening bei Blutbanken ist jedoch noch unzuverlässig. Wer eine Bluttransfusion benötigt, sollte sich deshalb an die **Indian Red Cross Society** *(siehe S. 285)* wenden.

Meningitis, die gefährliche Hirnhautentzündung, wird von hohem Fieber und gelegentlichen Anfällen begleitet. Bei Meningitisverdacht sollte man sofort ein Krankenhaus aufsuchen!

Um eine Ansteckung mit Tollwut zu vermeiden, sollte man nach einem Tierbiss die Wunde sofort mit einem Desinfektionsmittel säubern und einen Arzt aufsuchen, der ein Gegenmittel spritzt. Es gibt auch eine Impfung gegen Tollwut. Eine Tetanusimpfung ist auf einer Indienreise manchmal lebensrettend, da die tödliche Infektion durch offene Wunden übertragen wird. Zu den Symptomen zählen Krämpfe und Versteifungen der Muskeln. Säubern Sie eine Wunde sofort, und gehen Sie zum Arzt.

Tuberkulose, eine Tröpfcheninfektion, ist für Reisende meist kein großes Risiko.

Müssen Sie sich eine Spritze geben lassen, sollten Sie eigene, mitgebrachte Einwegspritzen verwenden oder darauf bestehen, dass die verwendete Einwegnadel vor Ihnen ausgepackt wird. Lassen Sie sich nicht in Friseursalons rasieren bzw. bestehen Sie immer auf einer frischen Rasierklinge. Auf alle Prozeduren mit Nadeln – dazu gehören Tattoos und Piercings – sollte man in Indien unbedingt verzichten.

Leckeres Essen von der Straße bekommt dem Magen nicht immer

Währung und Geldwechsel

Logo der State Bank of India

Delhi, Agra und Jaipur verfügen über ausreichend Banken und Wechselstuben mit Englisch sprechendem Personal. Der Geldumtausch ist bei allen Banken, den meisten Hotels, in Reisebüros, am internationalen Flughafen und in den offiziellen Wechselstuben möglich. Illegale Händler und Kundenschlepper mögen einen besseren Kurs anbieten. Allerdings ist diese Art des Umtauschs gesetzeswidrig. Einige Läden geben bei Einkäufen in wichtigen Fremdwährungen einen besseren Umtauschkurs. Am sichersten sind Reiseschecks. Halten Sie jedoch Kleingeld und Banknoten für Trinkgelder, Telefon, Verkehrsmittel und kleinere Einkäufe bereit.

Gäste eines staatlichen Hotels müssen eine Quittung vorlegen, die belegt, dass sie ihr Geld in einer Bank gewechselt haben. Die State Bank of India, die **Allahabad Bank** in Agra und die Rajasthan Bank in Jaipur sind die besten Banken der Region. Agenturen wie **Thomas Cook** (siehe S. 297) und **LKP Forex Ltd** wechseln Geld zum offiziellen Kurs, verlangen jedoch eine höhere Gebühr. Die aktuellen Wechselkurse findet man in der Zeitung. Der Schwarzmarkt bietet bessere Kurse als der offizielle, sicherer sind jedoch legale Wechselstuben.

Banken und Öffnungszeiten

In der Region gibt es viele Banken mit einem weiten Filialnetz, die u. a. auch internationale Geldüberweisungen ausführen. Die meisten nationalen Banken wie die **State Bank of India** unterhalten mehrere Filialen in Delhi und auch in anderen Städten. Der Schalter der State Bank am internationalen Flughafen, die Filiale der Central Bank of India im **Ashok Hotel** (siehe S. 231) und einige Filialen der **Standard Chartered** in Delhi bieten einen 24-Stunden-Service. Auch im Ashok kann man rund um die Uhr Geld wechseln. Ausländische Banken haben Niederlassungen in Delhi.

Die Banken haben von Montag bis Freitag zwischen 9.30/10 und 14 Uhr und Samstag 9.30/10 bis 12 Uhr geöffnet. Banken können an Feiertagen geschlossen sein (siehe S. 39) – oder bei Streiks.

Geldwechsel

Die meisten Hotels bieten einen Geldwechselservice für Hausgäste, der Kurs der Banken ist jedoch besser.

American Express bietet Geldwechsel und andere Dienstleistungen an

Kreditkarten

Große Läden, Hotels und Restaurants akzeptieren Kreditkarten wie **Visa**, **MasterCard**, **American Express** und **Diners Club**. **American Express** (in Delhi) zahlt Reiseschecks in US-Dollar aus.

Kreditkartenverlust

Allgemeine Notrufnummer
0049 116 116.
www.116116.eu

American Express
012 4680 1122.

Diners Club
1800 11 2484.

MasterCard
000 800 100 10871.

Visa
000 800 100 1219.

girocard (Maestro/EC)
0049 69 740 987.

AUF EINEN BLICK

Internationale Banken

American Express Bank
Hamilton House,
Connaught Pl, Delhi.
Stadtplan 1 C4.
1800 22 2397.

Citibank
Jeevan Bharti,
Connaught Pl, Delhi.
Stadtplan 1 C5.
(011) 2371 4211.

HSBC
Birla Towers, Barakhamba Rd, Delhi. **Stadtplan** 2 D5.
(011) 2371 6000.

Standard Chartered
Narian Manzil, Barakhamba Rd, Connaught Pl, Delhi. **Stadtplan** 2 D5.
(011) 3940 4444.

Indische Banken

State Bank of India
Sansad Marg, Delhi.
Stadtplan 1 B5.
(011) 2340 7141.

MG Rd, Agra.
(0562) 225 2076.
Tilak Marg, Jaipur.
(0141) 510 1547.

Geldwechsel

Allahabad Bank
Hotel Clarks Shiraz,
54 Taj Rd, Agra Cant.
(0562) 222 6531.

American Express
Connaught Pl, Delhi.
Stadtplan 1 C4.
1800 22 2397.

LKP Forex Ltd
M-56 Connaught Pl,
Delhi. **Stadtplan** 1 C4.
(011) 2341 8797.

Thomas Cook
Jaipur Towers, MI Rd,
Jaipur.
(0141) 236 0940.

Nur in Delhi gibt es bei diesen Banken 24-Stunden-Geldwechsel: State Bank am Flughafen, Central Bank im Ashok Hotel, Thomas Cook im Bahnhof von New Delhi.

WÄHRUNG UND GELDWECHSEL

Währung

Währungseinheit ist die Rupie (Rupee, Rs), aufgeteilt in 100 Paise. Die gängigsten Münzen sind 50 Paise sowie 1-, 2- und 5-Rupien-Stücke. Scheine gibt es zu 10, 20, 50, 100, 500 und – seit Kurzem – 1000 Rupien.

Vorsicht ist bei 100- und 500-Rupien-Noten geboten, da sie in der Farbe sehr ähnlich sind. Akzeptieren Sie keine zerrissenen oder geklebten Banknoten, da Banken und Geschäfte sich oft nicht annehmen.

Reiseschecks

Bekannte Reiseschecks, die in US-Dollar oder britischen Pfund ausgestellt sind, kann man leicht einlösen und bei allen Banken und Wechselstuben eintauschen. Banken verlangen dafür die geringste Gebühr. Da dabei meist nur ein fixer Betrag pro Scheck anfällt, sollte man eher einen großen als viele kleine Reiseschecks eintauschen. Für Reiseschecks bekommt man einen besseren Kurs als für Bargeld der gleichen Summe.

Logo der Citibank

Geldautomaten

Alle ausländischen und einige indische Banken haben 24-Stunden-Geldautomaten, die die gängigen Kreditkarten akzeptieren. Die Anweisungen sind auf Englisch, ausbezahlt wird in Rupien. Erkundigen Sie sich bei Ihrer Bank, welche Bank in Indien Ihre girocard akzeptiert.

Banknoten
Die Währung wird von der Reserve Bank of India gedruckt. Die Banknoten zeigen Mahatma Gandhi oder den Ashoka-Löwen.

10-Rupien-Schein

20-Rupien-Schein

50-Rupien-Schein

100-Rupien-Schein

500-Rupien-Schein

1000-Rupien-Schein

Münzen
Dieses Hartgeld ist (mit unterschiedlichen 1-Rupie-Münzen) im Umlauf. Es zeigt die indischen Nationalsymbole.

50 Paise — 1 Rupie — 2 Rupien — 5 Rupien — 10 Rupien

Kommunikation

Telefonzellenschild

Post und Telekommunikation sind in Indien inzwischen gut ausgebaut. Neben der staatlichen Post findet man auch die großen internationalen Kurierdienste. Alle großen Hotels haben Business-Center, viele Marktläden bieten auch internationale Telefongespräche sowie E-Mail, Internet-Zugang und Faxversand an. Inder sind begeisterte Zeitungsleser. Eine große Auswahl an Zeitungen und Zeitschriften wird in allen drei Städten verkauft. Internationale Zeitungen und Zeitschriften gibt es in Delhi auch im Buchhandel.

Briefmarken für 5 Rupien

Post

Die indische Post ist effizient und zuverlässig. Die meisten Postämter sind montags bis freitags von 10 bis 17 Uhr, samstags jedoch nur bis mittags geöffnet. Bestimmte Dienste, beispielsweise das Versenden von Einschreiben, sind weniger lange verfügbar.

Postlagernde Briefe werden im Postamt bis zu einem Monat aufbewahrt. In Delhi empfängt das **Foreign Post Office** und in Agra und Jaipur das **General Post Office (GPO)** Ihre Briefe. Man muss aber häufig einige Zeit darauf warten. Auf einem Brief sollte der Nachname unterstrichen und in Großbuchstaben »c/o Poste Restante« vermerkt sein. Danach sollten Name und Ort des Postamts folgen. American Express bietet seinen Kunden diesen Service ebenfalls an wie auch das India Tourist Office von Janpath in Delhi (siehe S. 279). Der Paketversand ist etwas komplizierter als in Europa. Man sollte sich hier die Formulare genau durchlesen.

Manche Hotels verkaufen Briefmarken und bieten auch einen Brief- und Päckchenversand an. Indische Briefkästen sind farblich gekennzeichnet: Grüne sind für regionale Post, rote für Briefe innerhalb einer Stadt sowie in andere Städte und gelbe für Eilpost (Quick Mail Service, QMS).

Indischer Briefkasten

Fax

Faxservice wird in den meisten Postämtern ebenso wie auf Märkten in ISD/STD-Läden (dort allerdings zu etwas höheren Gebühren) angeboten. Die Business-Center der großen Hotels verfügen über zentrale Telekommunikations-Dienstleistungen, allerdings nur für Hotelgäste.

Internet und E-Mail

Das Internet wird in indischen Städten viel genutzt, die meisten größeren Hotels bieten ihren Gästen Internet-Zugang. Private, technisch gut ausgestattete Internet-Cafés findet man vor allem in Delhi, aber auch in Agra und Jaipur. Bibliotheken wie der British Council und das United States Information Centre in Delhi haben Internet-Zugang, den man gegen geringe Gebühr nutzen kann.

Kurierdienste

Größere Gegenstände wie Möbel sollte man besser mit Land-, See- oder Luftfracht verschicken lassen. Briefe, Dokumente oder kleinere Pakete gibt man bei einem Kurierdienst auf, auch wenn das teurer sein mag. **United Parcel Service (UPS)** verfügt über Niederlassungen in aller Welt. Viele Läden bieten ihren Kunden an, ihre Waren per Kurier zu verschicken, doch mit Ausnahme von staatlichen Warenhäusern und bekannten Geschäften bleibt das Ihr eigenes Risiko. Falls nötig, verschicken Sie das Paket selbst, auch wenn dies mehr Mühe macht.

Fernsehen und Radio

Das staatliche Doordarshan-Fernsehen sendet seine Programme auf Englisch und in den regionalen Hauptsprachen. Seitdem es Satellitenfernsehen gibt, hat das Fernsehangebot deutlich zugenommen: Kabelfernsehen gibt es fast überall, auch in den meisten Hotelzimmern, wo man internationale Sender wie Deutsche Welle TV, BBC World Service, CNN, Discovery, National Geographic und

Hauptpostamt (Gole Dak Khana) in New Delhi

KOMMUNIKATION

Star TV empfängt. Star Sports und ESPN sind Sport-, Channel V und MTV sind Musiksender. Indien hat ein umfassendes Rundfunkprogramm, mit Sendungen auf Englisch und in den Regionalsprachen. Vor allem auf dem Land ist dies die beste Möglichkeit, um sich zu informieren. UKW-Sender kann man inzwischen in vielen Städten empfangen. Hinweise zu Fernseh- und Radiosendungen findet man in den Tageszeitungen.

Englischsprachige Tageszeitungen in Indien

Tageszeitungen und Zeitschriften

Man bekommt in Indien eine große Auswahl nationaler englischsprachiger Zeitungen. Führende Blätter wie *The Times of India* und *The Hindustan Times* geben einen interessanten Einblick in den indischen Alltag. Wochenmagazine wie *India Today* und *Outlook* versorgen ihre Leser mit lokalen und internationalen Nachrichten. Monatsmagazine wie *Delhi Diary* und *First City* haben einen Veranstaltungskalender mit Restaurants, Filmen und Ausstellungen in Delhi. In Agra und Jaipur erscheinen Lokalzeitungen auf Englisch und Hindi, die auch über das Kulturangebot informieren.

Internationale und Ortsgespräche

Alle großen Hotels bieten Selbstwahltelefone (in Indien »ISD Service« genannt) mit internationaler Verbindung. Die meisten Märkte haben ISD/STD-Zellen, in denen man Orts- und internationale Gespräche zu günstigeren Tarifen als im Hotel führen kann. Achten Sie einfach auf ISD/STD-Schilder an den Geschäften. Für ein internationales Gespräch müssen Sie die Auslandsvorwahl »00«, die Länder-, die Ortsvorwahl und die Teilnehmernummer wählen. Ferngespräche innerhalb Indiens führt man über STD-Verbindungen. Die Gebühren hängen von der Entfernung ab, am günstigsten telefoniert man zwischen 23 und 6 Uhr. Für Ortsgespräche an öffentlichen Telefonen muss man neue 1-Rupie-Münzen einwerfen und alle drei Minuten nachzahlen.

Informieren Sie sich vor der Reise bei Ihrem Mobilfunk-Provider bezüglich der Funktionsfähigkeit Ihres Handys in Indien.

Fernsprecher sind leicht zu bedienen

AUF EINEN BLICK

Foreign Post Office
Kotla Marg, bei ITO, Delhi.
Stadtplan 2 F4.
☎ *(011) 2323 1281.*

General Post Office
Ashok Rd, Delhi. **Stadtplan** 4 F1.
☎ *(011) 2336 4111.*
The Mall, Agra.
☎ *(0562) 236 2867.*
Mirza Ismail Rd, Jaipur.
☎ *(0141) 236 8740.*

UPS Courier Service
☎ *(011) 2638 9323.* Delhi.
☎ *(0141) 511 3800.* Jaipur.

Adressen

Die Altstadtbezirke indischer Städte sind meist ein Gewirr aus Gassen und Durchgängen. Einige Straßenschilder sind verwirrend und schwer zu entziffern, manchmal fehlen sie ganz. Wenn Sie den Weg nicht finden, lassen Sie sich von einem Passanten helfen – oder besser von einem Taxi- oder Autorikschafahrer. Neuere Wohnbezirke sind in Blöcke aufgeteilt. Die Blocknummer findet man gewöhnlich neben der Hausnummer. B4/88 Safdarjung Enclave wäre Hausnummer 88 im Block B4 der Kolonie Safdarjung Enclave.

Große Schilder werben für verschiedene Kurierdienste

Stadtplan Delhi *siehe Seiten 122–131*

Nützliche Telefonnummern
- Vorwahl von Indien: 0091
- Innerstädtische Anrufe: Wählen Sie die STD-Vorwahl und die Rufnummer. Delhi: 011; Agra: 0562; Jaipur: 0141.
- Auf dem Land wählt man 180 für Ferngespräche und 186 für internationale Telefonate.
- Für direkte internationale Gespräche (ISD) wählen Sie 00, die Landes-, die Ortsvorwahl (ohne Null) und die Teilnehmernummer.
- Landesvorwahlen: Deutschland 49; Österreich: 43; Schweiz: 41.
- Deutschland Direkt für Direktverbindungen nach Deutschland: 000 49 17.
- Auskunft in Delhi, Agra und Jaipur: 197.
- Weckrufe in Delhi, Agra und Jaipur: 116.

Reiseinformationen

Fast alle Besucher reisen mit dem Flugzeug nach Indien. Es gibt zwar Straßen- und Schiffsverbindungen zwischen Indien und seinen Nachbarn Pakistan, Bangladesch und Sri Lanka, allerdings ist diese Anreise eher beschwerlich. In Indien und zwischen den drei Städten des »Goldenen Dreiecks« reist man per Flugzeug, Zug, Auto oder Bus. Bei allen indischen Verkehrsmitteln sollte man sich allerdings auf Verspätungen und Umwege gefasst machen. Die drei Städte sind jeweils weniger als 250 Kilometer voneinander entfernt und per Bus oder Zug rasch zu erreichen. Die staatliche Fluggesellschaft Indian Airlines bietet die meisten Verbindungen. Auch private Fluglinien wie Sahara und Jet Airways fliegen viele Städte der Region an. Indian Railways besitzt eines der größten Schienennetze der Welt. In der ersten Klasse kann man das Land ebenso gut kennenlernen wie bei Fahrten in den Luxusbussen.

Das Maskottchen der Air India

Flugzeuge auf dem Rollfeld des internationalen Flughafens

Umweltbewusst reisen

Delhi, Agra und Jaipur zu bereisen, ist einfach, bequem und preisgünstig, aber nicht immer umweltfreundlich. Das öffentliche Transportsystem ist sehr gut ausgebaut und sehr verlässlich. Besucher können fast jede Destination rund um die drei Städte mit dem Zug oder einem Überlandbus erreichen. Will man mit einem eigenen Auto reisen, kann man sich auch mit anderen Reisenden ein Taxi oder einen Mietwagen mit Fahrer teilen.

In Delhi sind die Straßen gut, es kommt jedoch häufig zu Staus, vor allem während der Rushhour. Aufgrund der steigenden Benzinpreise und des zunehmenden Smogs werden Fahrzeuge nun auch mit umweltfreundlicherem Erdgas (Compressed Natural Gas, CNG) betankt. Alle Dreiräder (Autorikschas) und Taxis mit grünen Streifen haben mit Erdgas angetriebene Motoren. Delhi Tourism (http://delhitourism.nic.in) betreibt auch eine Flotte von CNG-Bussen für Stadtrundfahrten. Mit dem guten Metro-System in Delhi kann man die Stadt ebenfalls umweltfreundlich besichtigen.

In Agra und Jaipur gibt es weit weniger umweltfreundliche Alternativen innerhalb der Städte. Man kann zwar in Jaipur Fahrräder ausleihen, da es jedoch sehr heiß und staubig sein kann, sollten nur die auf ein Fahrrad umsteigen, die auch körperlich fit genug sind.

Mit dem Flugzeug

Alle großen internationalen Fluggesellschaften steuern Indien von den großen europäischen Flughäfen direkt an. Die wichtigsten internationalen Flughäfen sind Delhi, Mumbai (Bombay), Kolkata (Kalkutta) und Chennai (Madras), von Deutschland werden auch Bangalore und Goa direkt angeflogen. Der Flug von Frankfurt am Main nach Delhi dauert etwa acht Stunden. Von Delhi gibt es Verbindungsflüge nach Agra und Jaipur.

Zoll

Reisende ohne zollpflichtige Waren nehmen den grünen Ausgang. Der rote Ausgang dient Reisenden, die zollpflichtige Waren auf dem Immigration Certificate anmelden müssen, dazu zählt auch Bargeld über 5000 US-$.

Internationale und Inlandsflughäfen

Der Hauptflughafen in Delhi ist der Indira Gandhi (IG) International Airport. Dort gibt es zwei Terminals: Terminal I für Inlandsflüge und Terminal II für Auslandsflüge. Der zweite Terminal bietet mehr Service, u.a. eine 24 Stunden geöffnete Wechselstube, Gepäckaufbewahrung und eine klimatisierte Besucherlounge. In den Reise- und Hotelbüros in der Ankunftshalle kann man Touren, die Weiterreise und Unterkünfte buchen. Terminal I (Inlandsflüge) liegt in Palam, sieben Kilometer von Terminal II (internationale Flüge) entfernt.

Die Fahrt zwischen den Terminals dauert etwa 15 Minuten. In den zwei Stunden dauernden Stoßzeiten, wenn die meisten internationalen Flüge ankommen, gibt es stündliche Gratisbusverbindungen zwischen den beiden Terminals.

REISEINFORMATIONEN

Passagiere in der Wartehalle des Flughafens

Flughafentransfer

Der Inlandsterminal liegt zwölf Kilometer, der internationale Terminal 19 Kilometer südwestlich vom Stadtzentrum (Connaught Place). Zwischen den Terminals und der Stadt verkehren kostenlose Shuttlebusse. Sie können auch mit einem vorab bezahlten Taxi vom Stand vor der Ankunftshalle in die Stadt fahren. Der Preis ist festgelegt: rund 750 Rupien von Terminal II und 500 Rupien von Terminal I ins Stadtzentrum.

Hat man eine Hotelreservierung, sollte man das Hotel nach einem kostenlosen Zubringerdienst fragen. Die Fahrt vom Flughafen ins Stadtzentrum dauert bis zu 50 Minuten. Falls der Flug in den frühen Morgenstunden ankommt oder startet, dauert es nicht ganz so lange.

Flugpässe

Bei Indian gibt es zwei Flugpässe, die in US-$ bezahlt werden müssen: Die »Discover India Fare« für 15 oder 21 Tage kostet 700 bzw. 900 US-$ und umfasst beliebig viele Flüge (mit wenigen Beschränkungen). »India Wonder Fare« für 300 US-$ gilt sieben Tage in einer Region.

Inlandsflüge

Die meisten Flugverbindungen bietet Indian Airlines an. Auch die großen privaten Anbieter Jet Airways und Sahara Airlines fliegen zahlreiche Städte an. SpiceJet, IndiGo, JetLite und Kingfisher Airlines bieten günstige Flüge in viele Städte. Delhi ist mit allen indischen Flughäfen vernetzt. Agra und Jaipur, beide eine Flugstunde von Delhi entfernt, sind weniger gut erreichbar. Flugtickets kann man direkt bei den Airlines buchen oder über ein Reisebüro *(siehe S. 297).*

Steuerbefreiung

Bleiben Sie länger als 120 Tage in Indien (vom Tag der Visumausstellung an gerechnet), benötigen Sie einen Steuerbefreiungsbescheid für die Ausreise. Das Formular erhält man beim **Income Tax Department** (Foreign Section). Darauf bestätigen Sie, dass Sie den Aufenthalt selbst finanziert haben. Bewahren Sie alle Dokumente über die Reisefinanzierung auf, da diese später eventuell benötigt werden.

Abflugsteuer

Bei der Ausreise aus Indien muss eine Abflugsteuer von 500 Rupien bezahlt werden, falls diese nicht im Flugpreis enthalten ist. Wer nach Pakistan, Nepal, Sri Lanka, Bhutan, Myanmar, Afghanistan oder auf die Malediven weiterreist, zahlt 150 Rupien.

AUF EINEN BLICK

Income Tax Department (Ito)

IP Marg, Delhi. **Stadtplan** 2 F5.
(011) 2337 9161.

Bandansagen der Fluginformation

Indian Airlines (IA)
140 allgemein.
142 Ankunft.
143 Abflug.

Air India
144 Ankunft.
145 Abflug.

Fluggesellschaften

Air India
(011) 2463 1337.

Austrian Airlines
(011) 2335 0125 (Delhi).
(0141) 2377 695 (Jaipur).

British Airways
(0124) 254 0547.

IndiGo
(0124) 435 2500.

Japan Airlines
(0124) 634 1292.

Jet Airways
(011) 3989 3333 (Delhi).
(0141) 511 2222 (Jaipur).

Kingfisher Airlines
(011) 3900 8888.

KLM/Air France
(0124) 272 0272.

Lufthansa
(011) 2372 4200.

North West Airline
(011) 2335 7747.

SpiceJet
1800 180 3333.

Swiss
(011) 2341 5000.

Flughafen	Information	Entfernung zum Stadtzentrum	Durchschnittliche Fahrzeit
Delhi (IG Inlands-) Terminal I	(011) 2567 5121/26	12 km	Straße: 30 Minuten
Delhi (IG Internationaler) Terminal II	(011) 2565 2021	19 km	Straße: 50 Minuten
Agra (nur Charter)	(0562) 222 6821	16 km	Straße: 45 Minuten
Jaipur (Sanganer)	(0141) 272 3655	13 km	Straße: 30 Minuten

Stadtplan Delhi *siehe Seiten 122–131*

Mit dem Zug unterwegs

Logo der Indian Railways

Eine Zugfahrt durch Indien ist ein unvergessliches Erlebnis – entspannend oder unbequem, unterhaltend oder auch frustrierend. Wer genügend Zeit mitbringt, lernt so Land und Leute am besten kennen. Indien hat ein gut funktionierendes Bahnsystem, die Züge sind jedoch immer sehr voll. Man sollte eine Zugreise sorgfältig planen und die Fahrkarten rechtzeitig kaufen. In Bahnhöfen gibt es sogar Fahrkartenautomaten, Tickets erhält man aber auch in den meisten Reisebüros. Die Reise zwischen Agra, Delhi und Jaipur dauert jeweils nur wenige Stunden.

Moderne Diesellokomotive

Eisenbahnnetz

Das indische Eisenbahnnetz ist in Regionen aufgeteilt. Agra, Delhi und Jaipur werden von den Northern Railways betrieben. Delhi hat drei große Bahnhöfe: Delhi Main, New Delhi und Nizamuddin. Achten Sie darauf, von welchem Bahnhof Ihr Zug abfährt. Die meisten Schnellzüge nach Agra, wie der Shatabdi Express (New Delhi) und der Taj Express (Nizamuddin), benötigen weniger als drei Stunden. Ein anderer Shatabdi Express braucht von Delhi nach Jaipur fünf Stunden. Andere Züge sind Guwahati–Barmer–Bikaner Express, Gwalior–Udaipur Super Express, Ibadat Express und Annanya Express.

Zugfahrplan

Züge und Fahrpläne

Es gibt drei Arten von Zügen: Passagier-, Express- und Postzüge. Am besten nimmt man einen Expresszug, da diese seltener halten und meist einen besseren Service bieten. Passagierzüge sollte man meiden, da sie an vielen Stationen halten und häufig überfüllt sind. Die größeren Städte werden durch klimatisierte, sehr schnelle Züge wie den Rajdhani und den Shatabdi Express verbunden.
Im Fahrpreis sind Mahlzeiten enthalten. Im Rajdhani Express gibt es sogar Liege- und recht komfortable Schlafwagen.
In allen Zügen gibt es eine erste und zweite Klasse, Salonwagen sowie Liegewagenabteile mit zwei oder drei Plätzen. Züge mit Klimaanlage kosten etwas mehr. Liegewagenabteile sind eine angenehme Variante für längere Reisen. Die Abfahrtszeiten der Züge ändern sich häufiger als in Europa. Den neuesten Stand findet man in *Trains at a Glance*, einem 100-Seiten-Kursbuch, das es sowohl an jedem Bahnhof wie auch in einigen Buchhandlungen gibt.

Fahrkarten, Preise und Reservierungen

Zugfahrkarten sollte man im Voraus mit darauf vermerkten, reservierten Platznummern kaufen. Das kann der Reiseservice des Hotels erledigen. Kaufen Sie nie Fahrkarten von Straßenhändlern, da dies illegal ist. Die Reservierungsgebühr ist gering, Fahrkarten sind bis zu sechs Monate im Voraus buchbar. Das **International Tourist Bureau** im ersten Stock der New Delhi Railway Station hilft Ausländern (Mo–Sa 7.30–17 Uhr): Die hier in US-$ bezahlten Tickets beinhalten einen reservierten Sitzplatz ohne zusätzliche Reservierungsgebühr. Man kann sie zurückgeben, dabei fallen jedoch Stornierungsgebühren an. Fahrkartenschalter gibt es auch an den Bahnhöfen **Nizamuddin** und **Sarojini Nagar**.

Indrail Pass

Wer in Indien viel herumreisen möchte, sollte den Indrail Pass kaufen. Man kann damit unbegrenzt zwischen sieben und 90 Tage lang im Land herumfahren. Außerdem muss man nicht für Fahrkarten anstehen und keine Reservierungsgebühren bezahlen. Den Indrail Pass erhält man in Indien und im Ausland, er kann unter Umständen jedoch teurer sein als einzeln gebuchte und bezahlte Reisen. Achten Sie darauf, für jede Fahrt einen reservierten Sitzplatz zu bekommen.

Überfüllter Bahnsteig

Fahrkartenschalter im Bahnhof von New Delhi

AUF EINEN BLICK
Bahnauskunft

Delhi
Allgemeine Auskunft
📞 139.
Ankunft
📠 Norden 1331. Osten 1332. Westen 1333. Süden 1334.
Abfahrt
📠 Norden 1336. Osten 1337. Westen 1338. Süden 1339.

Agra
📞 131-35 Cantonment.
📞 36 4612 City.

Jaipur
📞 131.

Fahrkartenreservierung in Delhi

www.indianrail.gov.in

International Tourist Bureau
Stadtplan 1 C3.
📞 (011) 2340 5156.

Nizamuddin
Stadtplan 6 E5.
📞 (011) 2435 8753.

Hauptbahnhof Delhi
Stadtplan 2 D1.
📞 (011) 239 7357.

Palace on Wheels
www.palaceonwheels.net

Royal Rajasthan on Wheels
www.palaceonwheels.net

Service

Halten Sie am Bahnhof Ausschau nach offiziell zugelassenen Trägern, die ein rotes Hemd und ein Armband mit einer Zulassungsnummer tragen. Merken Sie sich die Nummer des Trägers, da Sie ihn im Gewühl aus den Augen verlieren können. Bezahlt wird nach Gewicht, 10 bis 20 Rupien pro Gepäckstück sind angemessen. Machen Sie den Preis vorher aus.

In Wartehallen kann man durchaus die Nacht verbringen. Gehen Sie in den Wartesaal für die erste Klasse. Die Rail Yatri Niwas im Bahnhof von New Delhi ist einfach ausgestattet, gewährt in der Nacht jedoch einen sicheren Aufenthalt. Eine Gepäckaufbewahrung (»Cloakroom«) gibt es in den meisten Bahnhöfen, hier kann man Gepäck auch kurzzeitig für wenig Geld aufgeben.

Essen Sie nicht an Ständen, sondern besser in den Bahnhofsgaststätten, die in der Regel recht sauber sind und außerdem Mineralwasser und hygienisch verpackte Nahrungsmittel im Angebot haben.

Offizieller Gepäckträger mit rotem Hemd

Im Zug

Inder reisen mit viel Gepäck und schließen im Zug gern Bekanntschaften: Machen Sie sich darauf gefasst, viel zu erzählen. Versuchen Sie, einen Fensterplatz oder ein oberes Bett zu bekommen. Im Zug gibt es indische und westliche Toiletten, nehmen Sie aber Papier und Seife mit.

Die königlichen Züge

Symbol der Jaipur State Railway

Reisen Sie wie ein Maharaja in den luxuriösesten Zügen Indiens, dem **Palace on Wheels** und dem **Royal Rajasthan on Wheels**. Der Palace on Wheels fährt von September bis April zu Rajasthans schönsten Orten wie Jaipur, Udaipur, Jaisalmer, Jodhpur, Bharatpur und Agra (Dauer: eine Woche). Der Royal Rajasthan on Wheels fährt bis auf Agra dieselben Städte an und zusätzlich Sawai Madhopur und Chittorgarh. Opulent ausgestattete Waggons haben das Flair königlicher Salonwagen, der Service auf der Reise ist angemessen königlich.

Königlicher Service im Palace on Wheels

Stadtplan Delhi siehe Seiten 122–131

Mit dem Bus unterwegs

Logo der India Tourism Development Corporation (ITDC)

Alle größeren indischen Städte sind durch ein gutes Straßennetz miteinander verbunden, die Autobahnen zwischen Delhi, Agra und Jaipur gehören zu den verkehrsreichsten in Nordindien. Überlandbusfahrten bieten gegenüber Zugreisen den Vorteil häufiger Fahrzeiten und vieler Haltestellen. Staatliche Touristen-Luxusbusse sind bequem und pünktlich. Herkömmliche staatliche Busse, die zwischen den städtischen Busbahnhöfen verkehren, sind billiger, aber oft überfüllt. Private Reisebüros und -veranstalter bieten darüber hinaus Reisemöglichkeiten zwischen den drei Städten und der Umgebung an.

Busse mit verschiedenen Zielrichtungen am ISBT, Delhi

Indischer Luxusbus

Das Ticket sollte man vorher kaufen. Auf der fünfstündigen Fahrt wird eine Pause eingelegt. Die staatlichen Touristen-Luxusbusse nach Jaipur fahren am Hotel Sheetal ab.

Staatliche Busse

Staatliche Buslinien verkehren zwischen Delhi, Jaipur, Agra und anderen Städten in Indien. Der zentrale Busbahnhof Delhis ist der **Inter-State Bus Terminus (ISBT)** am Kashmiri Gate. Hier geht es oft chaotisch zu, kommen Sie daher rechtzeitig, um eine Fahrkarte zu kaufen. Fragen Sie am Informationsschalter, wo Ihr Bus abfährt – und stellen Sie sich auf Gedrängel bei der Platzsuche ein. Die staatlichen Rajasthan-Busse fahren vom Bikaner House ab. Busse nach Agra fahren von einem anderen, etwas ruhigeren Busbahnhof, dem **Sarai Kale Khan (SKK)**, ab, der sich in der Nähe des Nizamuddin-Bahnhofs befindet.

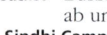

RTDC-Busticket

Die Busfahrt nach Agra dauert vier, nach Jaipur fast fünf Stunden. Zwischen Agra und Jaipur verkehrt stündlich ein Bus. In Agra fährt er vom Busbahnhof **Idgah** ab und in Jaipur vom **Sindhi Camp**.

Busse der Tourismusbehörde

Rundfahrten durch die drei Städte werden von den staatlichen Tourismusbehörden und dem staatlichen **Ashok Tours & Travels** veranstaltet. Adressen der staatlichen Fremdenverkehrsbüros finden Sie auf Seite 279. Das Government of India Tourist Office, das es in jeder Stadt gibt, informiert über aktuelle Abfahrtszeiten und -orte. Die Busse des Fremdenverkehrsamts sind die beste Wahl. Sie sind sauber, nicht überfüllt und recht bequem. Außerdem halten sie seltener als herkömmliche, deutlich günstigere Busse. Ankunfts- und Abfahrtsorte liegen meist in den Stadtzentren. Die Busse des Uttar Pradesh Tourism Department (UPTDC) holen Besucher, die mit dem Taj Express aus Delhi kommen, in Agra am Bahnhof zu einer Stadtrundfahrt ab. Danach werden die Passagiere wieder zum Bahnhof gebracht, damit sie den Abendzug nach Delhi erreichen.

Von Delhi nach Jaipur nimmt man am besten die Rajasthan Tourism Pink Line, die um 13.30 Uhr vom Bikaner House (siehe S. 279) abfährt.

Delhi Tourism bietet verschiedene Pauschaltouren an

Private Busunternehmen

Verschiedene private Busunternehmen und Busse von Reisebüros steuern während der Hauptsaison von Delhi aus regelmäßig verschiedene Orte der Region an. Agra bietet sich für einen Tagesausflug an. Wer weiter nach Fatehpur Sikri und zu

Ein überfüllter Bus ist in Indien ein häufiger Anblick

AUF EINEN BLICK

Busbahnhöfe

Delhi
📞 ISBT *(011) 2296 0290.*
📞 SKK *(011) 2463 8092.*

Agra, Idgah
📞 *(0562) 236 4557.*

Jaipur, Sindhi Camp
📞 *(0141) 511 6031.*

Reisebüros

American Express Travel Related Services
Cyber City, Tower C, DLF, Phase 2, Gurgaon.
📞 *(0124) 280 1800.*

Ashok Tours & Travel
Jeevan Vihar, 3. Stock, Parliament St, New Delhi. **Stadtplan** 1 B5.
📞 *(011) 2374 8165.*

Cox & Kings
H Block, Connaught Place, Delhi. **Stadtplan** 1 C4.
📞 *1800 209 0400.*

Mercury Travels
Jeevan Tara Building, Sansad Marg, Delhi.
Stadtplan 1 B5.
📞 *(011) 2336 2008.*
Hotel Clarks Shiraz, 54 Taj Rd, Agra. 📞 *(0562) 222 6531.*
www.mercury-india.com

Sita World Travel
Tower B, Delta Square, MG Road, Sector 25, Gurgaon.
📞 *(0124) 470 3400.*
www.sita.in

Travel Corporation (India) Ltd
504–505 New Delhi House, 5. Stock, 27, Barakhamba Rd, Delhi. **Stadtplan** 2 D5.
📞 *(011) 2331 5834.*
Hotel Clarks Shiraz, 54, Taj Rd, Agra.
📞 *(0562) 222 6521.*
19-C, Gopal Bari, Jaipur.
📞 *(0141) 236 2075.*

Thomas Cook
85-A, Rishyamook, Panchkuian Rd, Delhi.
Stadtplan 1 B4.
📞 *(011) 2334 7466.*
www.thomascook.com

---

den Sehenswürdigkeiten Agras möchte oder noch einkaufen will, muss (wie auch bei Fahrten nach Jaipur) eine Übernachtung einplanen. Die meisten Hotels und Reisebüros können eine Unterkunft zu soliden Preisen organisieren. Bei Busreisen von Veranstaltern sind Führer vor Ort und Hotelübernachtung meist inbegriffen. Viele Reiseveranstalter kooperieren mit Luxusbusunternehmen, die Fahrgäste aus bestimmten Hotels abholen. Sie können an der Hotelrezeption oder in einem der Reisebüro in der Region eine Reservierung vornehmen lassen.

Logo der Rajasthan Transport Corporation

Bustickets und Fahrpreise

Bustickets sind wesentlich preiswerter als Zugfahrkarten – je nach Art des gewählten Busses. Man hat dabei eine gute Auswahl von einfachen bis zu Luxusbussen, die teuersten haben Klimaanlage. Einfache Busse sind langsam, unbequem und meist sehr voll. Ein Luxusbus ist im Winter angenehm, im Sommer wegen der Klimaanlage für längere Reisen ein Muss! Wenn Sie sich für einen Luxusbus entscheiden, können Sie Ihr Ticket im Voraus buchen und eine Sitzplatzreservierung vornehmen lassen.

Pauschaltouren

Es gibt in und rund um die drei großen Städte des »Goldenen Dreiecks« gut erreichbare, sehenswerte Ausflugsziele: Dazu gehören religiöse Stätten, architektonische Sehenswürdigkeiten, historische Orte sowie Naturschutzgebiete. Die staatlichen Tourismusbehörden organisieren entsprechende Touren. Diese werden auch von privaten Reiseunternehmern angeboten, die Ihnen eine Tour nach individuellem Interesse zusammenstellen. Fremdenverkehrsbüros und Reisebüros, die auf Abenteuertouren spezialisiert sind *(siehe S. 275)*, bieten Ausflugspakete mit Busfahrt, einem Führer und Übernachtungen an.

Komfortabler Luxusbus des Unternehmens Rajasthan Tourism

Stadtplan Delhi *siehe Seiten 122–131*

Mit dem Auto unterwegs

Meilenstein mit Kilometerangaben

Zwischen den drei Städten kann man bequem mit dem Auto reisen, Strecken selbst bestimmen und auf der Fahrt Sehenswürdigkeiten besichtigen. Wer einen Wagen mit Fahrer mietet, kann Land und Leute, aber auch Besichtigungen oder eine Shopping-Tour entspannt genießen, ohne sich selbst um den Verkehr kümmern zu müssen. Autos kann man direkt bei Mietwagenfirmen, in Hotels oder an Taxiständen mieten.

Autovermietung

Überall in Delhi gibt es Niederlassungen einheimischer und internationaler Autovermieter, so z. B. **Hertz**, **International Travel House** und **Avis**, die Autos zum Selbstfahren und mit Fahrern anbieten. Man kann Autos auch beim Reiseservice größerer Hotels oder über die Fremdenverkehrsbüros buchen. Die Gebühren werden nach Tagen und nach Kilometern abgerechnet, Letzteres ist nicht besonders teuer. Benzin und andere Betriebskosten sind extra zu bezahlen. Man muss bei Anmietung einen Betrag hinterlegen, der nur rückerstattet wird, wenn der Wagen bei Abgabe keinen Schaden aufweist. Die Anmietung vor Ort ist günstiger als von Europa aus. Vergessen Sie Ihren internationalen Führerschein nicht, der übrigens offiziell nur zusammen mit dem nationalen Führerschein gültig ist. Haben Sie den internationalen Führerschein vergessen, lassen Sie sich von der **Automobile Association of Upper India (AAUI)** einen neuen auf Zeit ausstellen.

Dazu benötigen Sie einen Reisepass und einen gültigen Führerschein Ihres eigenen Landes. Manchmal wird auch ein Fahrtest verlangt.

Sinnvoller und in Indien allgemein üblich ist die Anmietung eines Wagens mit Fahrer: Das ist meist günstiger und bequemer, als selbst zu fahren. Wenn Sie Glück haben, ist der Fahrer auch noch Reiseführer und Dolmetscher.

Wagen mit Fahrer

Wer in Indien nicht selbst fahren möchte, sollte einen Wagen mit Fahrer anmieten. Die Fahrer kennen die indischen Verkehrsregeln und -verhältnisse, außerdem erspart man sich so die leidige Parkplatzsuche. Taxis mit DLY- oder DLZ-Nummernschild kann man über Reisebüros, Hotels und einige Taxistände buchen. Diese Taxis dürfen auch über die Stadtgrenze hinaus fahren. Sie sollten auf einem Fahrer bestehen, der sich in der Stadt, die Sie besuchen wollen, auch wirklich auskennt. Manche Vermieter möchten, dass Ausländer mit westlicher Währung

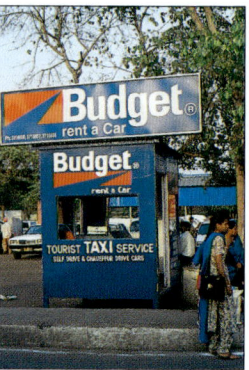

In Indien gibt es viele internationale Autovermietungen

bezahlen. Manche akzeptieren aber auch eine Barzahlung in Rupien, nachdem man den Kilometerpreis ausgehandelt hat. Autovermietungen in großen Städten verlangen normalerweise einen festen Preis für vier Stunden bzw. 40 Kilometer oder für 80 Kilometer bzw. acht Stunden Mietdauer. Die Preise sind jedoch je nach Wagentyp und Anmietstation sehr unterschiedlich.

Logo einer Autovermietung

Benzin und Tankstellen

An Autobahnen und in den Hauptstraßen findet man in regelmäßigen Abständen Tankstellen, meist in der Nähe einer Ortschaft. Die meisten Tankstellen bieten auch unverbleites Benzin und Diesel an. In allen drei Städten gibt es rund um die Uhr geöffnete Tankstellen wie auch an manchen Autobahnen (National Highways).

Die meisten Autos in Indien fahren mit Benzin, einige neuere Wagen auch mit Diesel. Taxis fahren mit Diesel, das nur halb so viel wie Benzin kostet. Tankstellen haben oft Waschräume und Toiletten, obwohl sie meist nicht allzu sauber sind und es oft kein Toilettenpapier gibt. An Tankstellen in den Städten gibt es meist auch eine Telefonzelle für innerstädtische Gespräche.

Tankstellen findet man an Autobahnen in regelmäßigen Abständen

Straßenschilder und Straßenkarten

Für alle drei Städte und auch einige kleinere Orte gibt es durchaus gutes Kartenmaterial. Verkehrsschilder sieht man nur sporadisch und manchmal nicht auf Englisch.

Straßennamen haben sich vor allem in Delhi geändert. Alte, englische Straßennamen wurden häufig nach indischen Persönlichkeiten umbenannt. In Delhi findet man sich gut mit der *Eicher City Map* zurecht. Für Agra und Jaipur gibt es gute Karten der Fremdenverkehrsämter mit allen großen Straßen und Sehenswürdigkeiten auf Englisch. Wer zwischen den drei Städten mit dem eigenen Auto unterwegs ist, sollte sich eine Nordindienkarte der **AAUI (Automobile Association of Upper India)** besorgen. Auch das staatliche **Survey of India** bietet in seinen Büros Kartenmaterial an. Auf den Karten sind auch unbekanntere Plätze und Straßen verzeichnet. Die Autobahnverkehrsschilder weisen auf Motels und Raststätten hin.

Verkehrsregeln

In Indien wird links gefahren. Natürlich gibt es auch hier Verkehrsregeln, etwa die Vorschrift, in der Spur zu fahren oder die Scheinwerfer einzuschalten. In der Praxis ist der Verkehr auf Indiens Straßen chaotisch. Oft funktionieren Ampeln nicht, an großen Kreuzungen helfen auch Verkehrspolizisten nicht immer weiter. Als Autofahrer muss man sich auf Massen von Fußgängern und Radfahrern, mitunter sogar auf Ochsengespanne einstellen. Auf Autobahnen muss man sich vor allem vor rücksichtslosen Lastkraftwagen in Acht nehmen. Viele Inder fahren nicht in der Spur, überholt wird häufig nicht (wie vorgeschrieben) von rechts, sondern von links und ohne Vorwarnung. Ampeln an Kreuzungen sind eine besondere Unfallquelle, da Inder nicht immer anhalten. Dafür wird viel und laut gehupt.

DLY- und DLZ-Taxis, die auch außerhalb der Stadt fahren dürfen

Logo der Automobile Association

Parken

Parken ist in den Geschäfts- und Einkaufsvierteln der drei Städte ein echtes Problem: Immer mehr Inder haben ein Auto, sodass es nicht genügend Parkplätze in den Innenstadtbereichen gibt. Private Firmen bieten im Auftrag der Städte u. a. bewachte Parkplätze gegen eine Gebühr von fünf bis zehn Rupien an: Man gibt hier nicht den Autoschlüssel ab, muss das Auto aber in den Leerlauf schalten, damit es notfalls weggeschoben werden kann.

Lassen Sie sich vom Parkwächter auf jeden Fall eine Quittung über die Parkgebühr ausstellen, damit Sie nicht zu viel bezahlen. In New Delhi gibt es am Connaught Place einen der wenigen übersichtlich angelegten, geteerten und bewachten Autoparkplätze.

Schubkarren verboten

Hupen verboten

Fahrräder kreuzen

Ochsenkarren verboten

AUF EINEN BLICK

Autovermietung

Avis Oberoi Hotel
D-4 Shubham Gardens,
Rammandir Marg,
Vasant Kunj, Delhi.
☎ (011) 6568 0664.

International Travel House
3. Stock, 306 Bhikaji Cama Bhavan, Bhikaji Cama Place, Delhi.
☎ (011) 4165 9466.
Mughal Sheraton, Agra.
☎ (0562) 233 0350.
Shri Gopal Tower, Krishna Marg, C-Scheme, Jaipur.
☎ (0141) 236 1268.
www.travelhouseindia.com

Hertz
434 Westend Green Farm House Road, Mahipalpur, Delhi.
☎ (011) 4166 7232.
www.hertz.de

AAUI

C-8 Qutub Institutional Centre, Delhi. ☎ (011) 2685 2052.
www.aaui.org

Straßenkarten

Survey of India
24 Janpath Barracks, Delhi.
☎ (011) 2332 2288.

24-Stunden-Tankstellen

Queens Rd Service Stn
Vasant Vihar, Delhi.
☎ (011) 2614 7843.

Inter Club
L1/15 Haus Khas, New Delhi.
☎ (011) 2651 2605.

Stadtplan Delhi *siehe Seiten 122–131*

In den Städten unterwegs

Logo der Delhi Transport Corporation

Auf den Straßen der drei Städte herrscht ein unglaubliches Durcheinander: Busse und Taxis, pferdegezogene *tongas* und knatternde Autorikschas quälen sich durch den Verkehr. Es verwundert daher nicht, dass diese Städte für ihre Staus berüchtigt sind. Die engen Gassen der Altstadtviertel sollte man möglichst mit kleinen Fahrzeugen, wie z. B. einer Fahrradriksha, erkunden. Auch Parken ist schwierig, in einigen überfüllten Vierteln gibt es strenge Parkvorschriften. Am bequemsten (und sichersten) sind Taxis oder Mietwagen mit Fahrern. Viele Fahrer sprechen übrigens auch ein wenig Englisch.

Taxistände findet man überall

Verkehrsmittel

Delhi, Agra und Jaipur sind historische Städte mit oft verstopften Altstadtgassen. Auf den Straßen sieht man vom Ochsenkarren bis zum Mercedes alle möglichen Fahrzeuge, darunter auch Fahrräder, Fahrradrikschas, Pferdegespanne, Dreiradfahrzeuge, Busse, Lastwagen und in Jaipur sogar einige Kamelkarren.

Am besten voran kommt man wahrscheinlich mit einer Autoriksha (auch als »Scooters« oder »Autos« bekannt) oder im Taxi. In den engen Straßen der alten Stadtteile ist eine Fahrradriksha noch günstiger.

Fast alle Luxushotels unterhalten einen Reiseservice (»Concierge Desk«), bei dem man Ihnen ein Auto oder Taxi bestellt. Öffentliche Busse sind zwar sehr billig, aber meist hoffnungslos (und gefährlich) überfüllt.

Taxis

Die schwarz-gelben Taxis in Delhi fahren nur innerhalb der Stadtgrenzen. Im Gegensatz zu anderen Städten kann man sie hier an der Straße heranwinken. Es ist jedoch sicherer, zu einem Taxistand zu gehen. Große Hotels haben eigene Taxistände mit Wagen in gutem Zustand und funktionierenden Taxametern. Oft gibt es sogar mehrere Stände in der Umgebung, sodass man Taxis auch telefonisch von dort bestellen kann (falls man Name und Nummer des Stands hat).

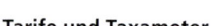

Taxameter

Taxis, die außerhalb der Stadt verkehren dürfen, sind meist weiß und mit einem »DLY« oder »DLZ« auf dem Nummernschild markiert. Diese kann man über Autovermietungen, Reisebüros und einige Taxistände bestellen. In Agra und Jaipur gibt es dafür nur das Touristentaxi, das nach Entfernung, pro Tag oder zu einem festgesetzten Preis gebucht wird. Ihr Hotel oder Reiseveranstalter vor Ort informiert Sie über neueste Regeln. Viele Fahrer erhalten von bestimmten Läden eine Provision – beharren Sie deshalb auf Ihrem gewünschten Fahrziel!

Autorikschas

Autorikschas sind günstig und schnell

Diese Dreiradfahrzeuge in Schwarz-Gelb oder Grün-Gelb sieht man überall auf den Straßen vorbeirasen. Sie sind laut und schlecht gefedert, aber besser als Busse und günstiger als Taxis. In Delhi nehmen sie bis zu drei Passagiere auf, in kleineren Städten, wo sie meist auch etwas anders aussehen, sind sie mit Menschen und Gepäck geradezu vollgestopft. Autorikschas sind ein gutes Transportmittel für kurze Entfernungen und enge, meist überfüllte Stadtviertel.

Tarife und Taxameter

Alle Autorikschas und Taxis in Delhi besitzen Taxameter, nicht jedoch in Agra und Jaipur, wo man den Preis mit dem Fahrer aushandelt. Da sich die Tarife wegen der Benzinpreise ändern, ist die Taxameteranzeige nicht immer auf dem neuesten Stand. Die Fahrer haben daher eine Umrechnungstabelle dabei. Tages- und Nachttarife sind separat verzeichnet. Vergewis-

Auf den Straßen von Jaipur herrscht ein buntes Verkehrstreiben

IN DEN STÄDTEN UNTERWEGS

Fahrradrikschas eignen sich für geringe Entfernungen in der Stadt

sern Sie sich, dass Sie nach der richtigen Tabelle zahlen!

An Bahnhöfen und am Flughafen sollten Sie ein Taxi oder eine Autoriksha nehmen, die man im Voraus nach Anzahl der Kilometer an einem entsprechenden Stand bezahlt. Den erhaltenen Beleg gibt man bei Fahrtende dem Taxifahrer. Haben Sie kleinere Geldscheine und Münzgeld dabei, da die Fahrer häufig kein Wechselgeld dabeihaben. Man muss in Indien kein Trinkgeld geben. Falls Sie es jedoch möchten, werden die Fahrer es dankbar annehmen.

Rikschas, Tongas und Tempos

Die Fahrradriksha ist das häufigste Verkehrsmittel in kleineren Städten und den überfüllten Altstadtvierteln. Sie eignen sich gut für kürzere Entfernungen, am häufigsten sieht man sie innerhalb der Stadtmauern von Old Delhi. Auch in Agra und Jaipur sind sie das beliebteste Transportmittel. Handeln Sie auf jeden Fall vor Fahrtantritt mit dem Fahrer den Preis aus. In kleineren Städten gibt es knarrende Pferdekutschen, *tongas* und *ikkas* genannt. *Tempos* sind Lieferwagen, die hinten zur Hälfte mit Sitzplätzen ausgestattet sind. Sie sind nicht besonders bequem und fahren erst los, wenn alle Plätze besetzt sind.

Busse

Die Busse in indischen Städten sind das billigste Verkehrsmittel und daher ständig überfüllt. Man kauft die Fahrkarte nach dem Einsteigen bei einem Schaffner. Ist der Bus voll, hält er nicht an den Haltestellen, egal, wie viele Menschen dort warten. Delhis Busfahrer sind berüchtigt für ihre rücksichtslose Fahrweise. Auch viele sogenannte Luxusbusse fahren mit überhöhter Geschwindigkeit: Vermeiden Sie diese Erfahrung möglichst!

Metro in Delhi

Delhi verfügt über ein teils ober-, teils unterirdisches Metro-Netz, das den inneren Stadtbereich und Verbindungen zu Teilen außerhalb Delhis abdeckt. Linie 1 verkehrt zwischen Shahdara und Dilshad Garden und hält an 21 Stationen. Linie 2 fährt elf Kilometer unterirdisch zwischen Jahangirpuri und Central Secretariat (mit den für Besucher wichtigen zentralen Stationen Kashmere Gate, Chandni Chowk, Chawri Bazar, New Delhi, Connaught Place und Patel Chowk). Linie 3 legt 32 Kilometer zwischen Yamuna Bank über Barakhamba Road nach Dwarka zurück.

Die Metrozüge fahren zwischen 6 und 22 Uhr etwa alle vier bis sechs Minuten. Die Metro ist gut vernetzt mit anderen öffentlichen Transportmitteln.

Textregister

Fett gedruckte Seitenzahlen verweisen auf Haupteinträge.

A

Aapki Pasand 119
Aath (›acht‹) Havelis 213
Abbottabad (Pakistan) 104
Abdar Khana 172
Abdur Rahim Khan-i-Khanan 105
Abflugsteuer 293
Abhimanyu 209
Abraham & Thakore (Delhi) 119
Abstecher (Delhi) **98–115**
    Im Detail 100f
    Übersichtskarte 99
Abu'l Fazl 191, 206
Achariyon ki Haveli 196
Adhai Din ka Jhonpra **218**
Adham Khan 82, 85
    Grabmal 111, **113**
Adi Granth 21
Adiga, Aravind 61
Adilabad 114, 115
Aëdes egypti (Moskito) 286
Affen
    Languraffen 20, 210
    Rhesusaffen 20
Afghanische Küche 248
Afghanistan 18, 47, 293
Afsarwalas Grabmal 83
Afzal Khan 158
Agra **150–159**
    Agra & Umgebung **146–177**
    Hotels 239–242
    Regionalkarte 148f
    Restaurants 260f
    Shopping 266
    Zentrumskarte 151
Agra Club 153
Agra Fort 11, 26, 147, **150**, 166
Ägyptische Kunstobjekte 74
Ahmad Shah Abdali 140
AIDS 287
Ajabgarh 209
Ajitgarh 103
Ajmer 134, **218f**, 221, 270
    Hotels 243
    Restaurants 262
    Zentrumskarte 219
Ajmeri Gate **96**
Akbar II. 113
Akbar, Mogul 52, 111, 150, 152, 160, 170, 191, 202, 223
Akbar-Moschee 221
Akbari-Moschee 203
Alai Darwaza 26, 51, 112
Alamgiri Koran Sharif 222
Alauddin-Khilji-Mausoleum 112
Albert, Prince of Wales 194
Alexander der Große 45, 161

All India Institute of Medical Sciences (Delhi) 285
Allahabad 144
Allahabad Bank (Agra) 288
Alleinreisende Frauen 284
Alwar 134, 181, **206f**, 208, 210
    Hotels 243
    Restaurants 262
    Zentrumskarte 207
Amanat Khan 157
Amar Singh Gate 150
Amaravati (Andhra Pradesh) 74
Ambala 101, 138
Ambedkar Stadium (Delhi) 272
Amber 200–203
    Fort 11, **200–203**
    Geschichte 179f, 209
    Stadt **203**
Ambika Exports (Jaipur) 267
Ambikeshwar-Mahadev-Tempel 203
American Express Bank (Delhi) 288, 290
American Express Reiseservice (Delhi) 297
Amir Khan 222
Amir Khusrau 51, 81, 82
Amöbenruhr 287
Amrapali (Jaipur) 267
Amritsar 58
Amtssprache in Indien 281
Anaji 219
Anangpal 117
Anangpur-Damm 117
Anasagar Lake 218, **219**
Ancient Monuments Preservation Act 1904 57
Andamanen und Nikobaren (Inselgruppen) 58, 279, 293
Angeln 275
Angloafghanischer Krieg 57, 71
Angloindische Bevölkerung 21
Anguri Bagh 150
Anhilwad 49
Anjana (Agra) 271
Ankh Michauli 171
Ankur Exports (Jaipur) 267
Ankur (Jaipur) 271
Annakut 37
Anoop Talao 170, 172
Anopheles (Moskito) 286
Antike Reiche **46f**
Antiquitäten 118, 265, 279
Apartheid 59
Apotheken 285
Appu Ghar 85, 273
Arab ki Sarai 83
Arabische Händler 20
Aram Bagh
    Agra 158
    Jaipur 202

Aram Mandir 199
Aravalli Hills 17, 20, 104, 134, 179, 180, 208, 210, 224, 272, 274
Arayish 198
Archaeological Survey of India 105, 203, 218, 265, **279**
Architektur **26–29**
    Architekturgeschichte 26
    Fortarchitektur 28
    Frühindische Architektur 26
    Glossar der Architekturbegriffe 29
    Kolonialstil 27
    Palastarchitektur 28
Arier 43, 44
Arische Siedlungen 17
Arjuna 141, 209
Art Heritage (Delhi) 121
Aryabhatta 47
Ashley, Edwina (Mountbatten) 103
Ashok Tours & Travel (Delhi) 296, 297
Ashoka-Baum *(Saraca indica)* 21
Ashoka, Maurya-Kaiser 46, 208
    Ashoka-Edikt 46
    Ashoka-Säulen 97, 103
Asian Games Village Complex 108
Asiatic Society of Bengal 55
Atamsukh 190
Atgah Khans Grabmal 82
Athpula 79
Attar 91
Aufführungsorte 271
Aurangabad 190
Aurangzeb, Mogul 53, 73, 94, 97, 150, 182, 183, 206, 222
Aurobindo Ashram (Delhi) 274, 275
Austrian Airlines 293
Autofahren 298f
Automobile Association of Upper India (AAUI) 279, 298, 299
Autovermietung 298, 299
    Wagen mit Fahrer 298
Ayurveda Kendra Clinic (Rishikesh) 274, 275
Ayurveda und Naturheilkunde 274

B

Baba Kharak Singh Marg 77
Babri Masjid 61
Babur Nama 32, 74, 206
Babur, Mogul 52, 84, 140, 143, 158, 167, 214
Bad 76
Badal Mahal 182
Badi Chaupar 11, 186
    Im Detail **184f**
Badi-Ganeshji-Tempel 216
Badkhal Lake 275
Badshahi Darwaza 173

Baghera 218
Bagichi Masjid 110
Bagru 180, **204**, 205, 266
Bahadur Shah Zafar 94, 96, 97, 110, 113
Bahá'i House of Worship (Delhi) **115**, 281
Bahá'i-Glaubensgemeinschaft 115
Bahlol Lodis Grabmal 79, 108
Bahnangebot 295
Bahnauskunft 295
Bahri & Sons (Delhi) 79
Bairat **208f**
Baisakhi 36, 38
Baker, Herbert 27, 68, 70
Bakers Ofen 27
Bakterielle Darminfektion 287
Bala Qila **206**, 208
Balban 50
　Grabmal 111
Balloon Mela (Delhi) 40
Bandipol 210
Bandung Conference 60
Banganga, Fluss 197, 209
Bangladesch 292
Bani Thani 215
Banke-Bihari-Tempel 163
Banken *siehe* Währung und Geldwechsel
Banyan-Baum *(Ficus bengalensis)* 18, 224
Bara Darwaza 84
Bara Gumbad 79
Bara Hindu Rao 103
Baradari 202
Baramasa 33, 191
Bari **167**
Bars 121, 271
Barsana **162**
Basare 93, 265, **267**
Basilika 142
Bayabani, Hazrat Shah Turkman 96
BBC World Service 290
Beating Retreat 41, 70
Beetli Hill 218
Begg, John **104**
Begrüßung (Menschen) 282
Begum Bagh 92
Begum Samroo 55, 137, 142
Begum Skinner 140
Begumpuri 96
Begumpuri-Moschee **109**
Behinderte Reisende **231**, 280
Bekleidung, angemessene **283**
Bemalte *havelis* in Shekhawati 212
Bengalen 48, 54, 162, 202
　Bengalische Hungersnot (1770) 54
　Bengalische Renaissance 33
　Bengalische Teilung 57

Ber (Zizyphus mauritiana) 212
Besant, Annie 58
Bestickte Textilien 267
Bettler 283
Betwa, Fluss 135, 176
Bhagavad Gita 47, 137, 141
Bhai Duj 37
Bhajans 30
Bhakti-Bewegung 18
Bhangarh **209**
Bhansali-Stamm 86
Bharany's (Delhi) 118
Bharat Boot House (Jaipur) 267
Bharata Natyam 120
Bharatiya Janata Party 61
Bharatiya Vidya Bhavan 274
Bharatpur 147, **166**, 168, 179, 295
Bharatpur Fort 54
Bharatpur-Könige 163, 164
Bharmal ki Chhatri 203
Bhartiya Haveli 29
Bhatt (Landgemeinde) 271
Bhim ki Doongri 209
Bhopa-Musiker 270
Bhopal 149
Bhuramal Rajmal Surana (Jaipur) 267
Bhutan 293
Bihar 48, 87
Bijak ki Pahadi 208
Bijasan Mata (Durga) 223
Bijay Mandal 109
Bikaner House 279, 296
Bir Singh Deo 174, 176
Birbal ka Chatta 140
Birbal's House 172
Birla Auditorium (Jaipur) 271
Birla, B.D. 77
Birla Mandir **77**
Birla Planetarium 195
Birlas 78, 194, 212
Bismillah Khan 31
Biyani Haveli (Sikar) 212, 213
Blaue Keramik (Jaipur) 204, 266, 267
Blockdrucktextilien 205, 266
Blumenmärkte 34
Bodyline 117
Boileau, J.T. 153
Bombay *siehe* Mumbai
Book Shop (Jaipur) 267
Books Corner (Jaipur) 267
Bose, Subhash Chandra 59
Botschaften 279
Botschaften in Delhi 281
Bougainvillea 104
Bourbonen (frz. kgl. Familie) 153
Bradman, Donald 61
Brahma 25, 216
Brahma-Tempel 216

Brahmapuri 145
Brahmasar 140
Brahmi-Inschriften 103
Brahmi-Schriften 97
Brahmpuri 198
Brajbhumi, Fahrt durch **162f**
Brendish & Pilkington 101
Brindavan 18, 38, 39, 147, **162f**, 182, 270, 271
Britische Krone 18, 56
British East India Company 18, 23, 43, 54, 55, 56, 113, 166
Buddha, Gautama 23, 45, 47, 74, 104
Buddha Jayanti 37, 38, 104
Buddha Jayanti Park (Delhi) 38, **104**
Buddhismus 22, 23, 43, 46, 47, 74, 161
Buddhistische Kunst, Gandhara (Pakistan) 47, 161
Buddhistische Philosophie 274
Buddhistisches Königreich 17, 148
Bugatti (Autos) 207
Buland Darwaza
　Dargah Sharif (Ajmer) 221
　Fatehpur Sikri 52, 173
Bulbulekhan-Region **96**
Bundela-Könige 135, 175, 176
Bundelkhand 175
Buntstorch 21, 116, 169
Burg Mandawa **232**
Burma (Myanmar) 293
Bus, unterwegs mit dem **296f**
　Busse, Tickets und Preise 297
　Pauschalangebote 297
Busse in Städten 301
　Busbahnhöfe 297
　Staatliche Busse 296
Bustan-e-Sadi 74
Buxar, Schlacht von 54

C

Camping, Trekking und Bergsteigen **274**
Canning, Lord 56
Carpet Cellar, The 118, 119
Cellular Jail (Andamanen) 58
Central Cottage Industries (Delhi) 118
Central Post Office (Agra) 153
Chahamanas 49
Chaitanya Mahaprabhu 162
Chaitya-Halle 208
Chakra Yantra **192**
Chakravarty, Vidyadhar 183, 186
Chaksu 36, 181, **222**
Chalukyas 49
Chambal, Fluss 20, 21
Chambal-Schluchten 16
Champaran Satyagraha 58

Chand Pol 203
Chand, Nihal 191, 215
Chandellas 49
Chandigarh 138
Chandni Chowk 89, **92**, 93, 118, 119,
  Im Detail **90f**
Chandra Kumari Ranawatji 195
Chandra Mahal 182, 188, 189, 190,
  198, 212
Chandrabhaga, Fluss 144
Chandragupta 45
Chandragupta I. 47
Chandragupta II. 47
Channel V (Fernsehkanal) 291
Char Chowk Haveli 213
Char-Dham-Pilgerweg 144
Char Qutbs 140
Charbagh 105, 155, 160, 165, **167**,
  182, 196
Chatar ki Burj 183
Chatta Chowk 94
Chaturbhuj-Tempel 176
Chaugan 183
Chaugan Stadium 38, **183**, 273
Chauhan, Prithviraj **48**, 50, 107, 219
Chauhans 179
Chaunsath Khamba 82
Chaurasi Kos ki Yatra 162
Chausa, Schlacht von 52
Chawri Bazar 93
Check-in (Hotel) 293
Cheeta (Jaipur) 271
Cheetal (indisches geflecktes
  Rotwild) 20
Cheltenham 76
Chennai (Madras) 292
Chhipa Mohalla 205
Children's Day 40
China 47, 75, 248
Chini ka Rauza **158**
Chini ki Burj 183
Chiragh Delhi **108**
  Raushan Chiragh-i-Dehlvi 108
Chishti, Khwaja Moinuddin 37, 40,
  134, 218, 220
Chishti, Salim 170
Chishti-Orden 82, 108, 140
Chittor 221
Chittorgarh 203
Chola-Dynastie 74
Cholera 287
Chomu **212**
Chor Minar 106
Choti Chaupar 184
Chowsingha 211
Christentum **23**
Christlich-armenische Gemeinde 23
Chrysanthemenschau (Delhi) 40
Church Missionary Society 152, 160
Churiwali Gali 93
Citibank (Delhi) 288
City Palace
  Alwar **206**
  Jaipur 11, 183, 186, 199
City Palace Museum (Jaipur)
  188–191
  Kunstmuseum 190
  Plan 189
  Textil- und Bekleidungsmuseum
  190
  Verkehrsmuseum 191
  Waffenmuseum 191
Civil Disobedience Movement 59
Civil Lines 99, 100, **102**
Classic Golf Resort 273, 275
Clive, Lord 54
CNN 290
Coffeeshops (Cafés) **249**
Commonwealth War Graves
  Cemetary 104
Company Bagh
  Alwar **207**
  Saharanpur 143
Company School of Painting 33
Computer 228
Conference Centres 228
Congress Party 58, 60, 69
Connaught, Duke of 76
Connaught Place 64, **76f**, 78, 118,
  292, 299
Cooch Behar 194
Cooke & Kelvey (Delhi) 118
Coronation Durbar 57
Coronation Memorial **103**
Coronation Park 71
Correa, Charles 85, 195
Cox & Kings (Delhi) 297
Crafts Museum 11, **86f**
  Grundriss 86f
  Kurzführer 87
  Laden 87, 118, 119
Cunningham 218
Curzon, Lord 57, 111, 170, 218

D

Da Milano 118, 119
Dabra 175
Dacca *siehe* Dhaka
Dalai Lama 23, 104
Dalhousie, Lord 56
Dalmias 212
Damoh 167
Dandi-Salzmarsch 59
Daniells 71
Dara Shikoh 83
Dargah Bazar 221
Dargah Qutb Sahib 110, **113**
Dargah Sharif 218, **220f**
Dariba Kalan 91, 93, 118, 119
Darlington 105
Darstellende Kunst 30
Daryaganj 119
Datia 147, **174**, 175
Datia Palace 174
Daulat Bagh 219
Daviscup 272
Deccan Aviation (Delhi) 273, 275
Deeg **163**
Degs 221
Delhi **62–131**
  Abstecher 98–115
  Ausflüge 116f
  Delhi im Überblick 64f
  Hotels 234–238
  New Delhi 66–79
  Nizamuddin bis Purana Qila
  80–87
  Old Delhi 88–97
  Restaurants 256–259
  Shopping 118f
  Stadtplan 122–131
  Unterhaltung 120f
Delhi Cantonment **104**
Delhi College 96
Delhi Diary 120, 291
Delhi Flughafen 114
Delhi Gate 150, 152
Delhi Gliding Club 105
Delhi Golf Club 272, 275
Delhi Metro 77, **301**
Delhi Riding Club 273, 275
Delhi-Sultanat **50f**, 112
Delhi Tourism 40, 279
Delhi University 99, **103**
Demetrius 46
Dengue-Fieber 286
Department of Tourism 278
Department of Tourism, staatliche
  Busse **296**
Deutsche Botschaft 281
Deutsche Welle 290
Devanagari 97
Dhak (Butea monosperma) 20,
  211
Dhaka (Bangladesch) 58, 190
Dhamma 46, 103
Dhanna-Bhagat-Tempel 216
Dhar 49
Dharamshalas und Aschrams 229,
  231
Dharma 141
Dhola und Maru 271
Dholpur **166f**
Dhrupad 163
Dhrupad Festival (Delhi) 41
Dhurries 266
Digamber Jain Mandir 92
Dilaram Bagh 202
Dilkusha Kothi 142
Dilli Haat 118, 119

TEXTREGISTER

Diners Club 288
Dinpanah 84
Directorate of Film Festivals 120
Discover India Fare 293
Discovery Channel 290
Diva Burj 199
Diwali 37, 40, 197, 199
Diwan-i-Aam
    Amber 201, 202
    Fatehpur Sikri 170
    Lal Qila – Red Fort 95
Diwan-i-Khas
    Amber 201, 202
    City Palace (Jaipur) 189, 190
    Fatehpur Sikri 170
    Lal Qila – Red Fort 94
Doctrine of Lapse 56
Doordarshan 290
Draupadi 141, 209
Drei- und Vier-Sterne-Hotels 228, 229
Drogen 284
Duleh Rai 197
Dundlod Fort 213, 273
Dunhuang (China) 75
Durbar von 1903 57
Durga 25, 36, 77, 223
Durga Puja 37
Dussehra 30, 37, 40
Dwarka's (Jaipur) 267

E

Eastern Court 78
Edward VII von England 157
Eicher City Map 299
Einkaufen *siehe* Shopping
Einkaufspassagen 228
Einrichtungen für Behinderte 231, **280**
Einrichtungen für Kinder **231**
Eintritt 280
Einwohnerzahl 12, 64
Eisensäule **112**
Eisvögel 116, 211
Elephant Festival (Jaipur) 38
Elizabeth I von England 152
England *siehe* United Kingdom
Erste-Hilfe-Set 286
Escorts Heart Institute 285
ESPN (Sportfernsehen) 291
Essen
    im Goldenen Dreieck **250–255**
Etikette **282f**
Europäische Händler
    und Kolonisten **54**
Europäische Söldner 54
Everest, Mount 60
Exchange Stores (Delhi) 102
Expo Plus (Jaipur) 267

F

Fa Hsien 47
Fabindia (Delhi) 118, 119
Fahrkartenreservierung in Delhi 295
Fakr-ul-Masjid 100
Falaknuma 85
Faqir Chand's (Delhi) 79
Far Pavilions, The 212
Fariburz Sahba 115
Fateh Burj 166
Fateh Jangs Grabmal **207**
Fatehpur 54, 213
Fatehpuri Begum 92
Fatehpuri Masjid 92
Fatehpur Sikri 147, **170–173**
    Grundriss 171
Father Santos 153
Faxe und Telegramme 290
Ferghana 167
Fernsehen und Radio 290f
Ferozabad 97, 107
Feroze Shah Kotla **97**, 272
Feroze Shah Tughlaq 51, 103, 104, 107, 109, 112, 140, 167
Feste und Festivals **36f**
Firoz Khan Khwajasaras Grabmal **153**
First City 120, 291
Fitness-Center 228
Flora und Fauna **20f**
Fluggesellschaften
    Air India 293
    Austrian Airlines 293
    British Airways 293
    Fluggesellschaften 293
    IndiGo 293
    Japan Airlines 293
    Jet Airways 293
    Kingfisher Airlines 293
    KLM/Air France 293
    Lufthansa 293
    North West Airline 293
    SpiceJet 293
    Swiss 293
Flugzeug, Anreise mit dem **292f**
    Abflugsteuer 293
    Flughafeninformation 293
    Flugpässe 293
    Internationale und
    Inlandsflughäfen 292
Flussebenen **19**
Flussfahrt am Ganges **145**
Foreign Post Office (Delhi) 290, 291
Foreigner's Regional Registration Offices
    Agra 279
    Delhi 279
    Jaipur 279

Forest Essentials 119
Fotografie 281
Fraser, William 101
Frazer & Haws (Delhi) 118
Frühindische Architektur **26**
Frühzeitliche Zivilisationen **44f**
Full Circle 99, 119
Fünf-Sterne-Luxushotels 228
Fußball 272

G

Gaitor **198**, 203
Galav, Sage 196
Galis und *katras* 89
Galta 181, **196**
Gandhak ki Baoli **111**
Gandhara-Skulptur 47
Gandhi, Indira 60
Gandhi, Kasturba 78
Gandhi, M. K. 58, **59**, 68
    Geburtstag 40, 97
    Schriften 78
Gandhi, Rajiv 60, 61, 78
Gandhi Samadhi 59
Gandhi Smriti **78**
Gandhi, Sonia 60
Ganeriwala-Familie 213
Ganesh Pol 201, 202
Ganesh-Tempel 223
Ganesha 24, 25
Ganga-Canal-Bewässerungsprojekt 143
Ganga Canal Workshop 143
Ganga Devi 87
Gangaur Festival (Jaipur) 38, 213
Ganges, Fluss 25, 43, 144, 230, 275
Gangestal 44, 45, 46
Gartenmausoleum 29
Garuda 25, 218
Gästehäuser **229**
Gauri 38
Gauri Shankar Mandir 92
Gayatri 216
Gayatri Devi 194, 195
Gayatri-Tempel 216
Geführte Touren **280**
Geldautomaten 289
Geldwechsel 288
Gem Palace (Jaipur) 267
Gemälde und Kunstobjekte 267
Gemalte Blumenmotive 159
General Post Office (GPO)
    Agra 290, 291
    Jaipur 290, 291
    Old Delhi **101**
Generalkonsulat von Malta 76
George V von England 71, 76, 103
George Walter 103

Geschichte Nordindiens **42–61**
   Antike Reiche 46f
   Delhi-Sultanat 50f
   Frühzeitliche Zivilisationen 44f
   Kolonialepoche 54f
   Das moderne Indien 60f
   Mogul-Dynastien 52f
   Pax Britannica 56f
   Rajputen-Dynastien 48f
   Unabhängigkeitsbewegung 58f
Gesetz 1858 56
Getränke 251, 255
   Mineralwasser 286
Ghalib Academy 82
Gharial *(Gavialis gangeticus)* 21
Ghat ke Balaji **196**
Ghat ki Guni **196**
Ghata-(»Wolken«-)Moschee 97
Ghazi-ud-Din 96
   Grabmal und Madrasa 96
Ghiyasuddins Grabmal 115
Ghumar-Tanz 270
Giardiasis 287
girocard 288
Gita Jayanti 140
Gita Research Centre 140
Glasgow 105
Goa 152, 292
Godse, Nathuram 78
Goenkas 212, 213
Goethe-Institut Delhi 120, 121
Gokul 162
Golden Temple (Amritsar) 23
Goldenes Dreieck 10, 292
Gole Market 76
Golf 272f
Golkara 105
Gondophernes 46
Good Earth (Delhi) 119
Gopal Bhavan 164
Gopal Sagar 164
Gopalji ka Rasta (Jaipur) 185, 187, 267
Gopinath-Tempel 163
Gourmetrestaurants 228
Govardhan **162**
Govardhan, Mount 37
Govardhan Puja 37
Government Central Museum (Albert Hall) **194**
Government Emporia **265**, 267
Government Museum (Mathura) 161
Government of India Tourist Offices 279
Govind-Dev-Tempel **182**, 199, 270
Govindeoji-Tempel (Brindavan) 162

Grand Trunk Road 138, 140, 150, **160**
Graureiher 168
Gregorianischer Kalender 281
Grishma 37
Großstorch 168
Grover, Satish 85
Grundinformationen **292–301**
Gujarat 52, 75, 86, 172
Gujari Mahal 174
Gujjar-Stamm 114
Gulistan 206
Gupta-Reich 43, 46, 47, 74, 161
Gurjara-Pratiharas 48
Guru Purab 37
Guru-ka-Tal 160
Gurukul Kangri University 144
Gwalior 147, 153, **174**, 175
Gwalior Fort 174
Gwalior Gharana (Musik) **174**

H

Hailey Road 76
Haji Begum 83
Haldiyon ka Rasta (Jaipur) 187, 267
Hall of Nations and Industries 85
Hamams 94
Hammonds (London) 195
Hamsadhwani Auditorium 85
Handarbeiten *siehe* Souvenirs und Mitbringsel
Handloom House (Jaipur) 267
Hansi 101, 137, **140**
Hanuman 24, 25, 37, 48, 196, **197**
Haram Sara 172
Harappa-Kultur 17, **44f**, 74, 75
Hardayal Library 92
Hardinge, Lord 103, 152
Haridwar 135, 137, **144**, 229, 275
Har-ki-Pauri 144
Harsha Vardhana 47
Haryana Tourism 117
Hastinapur 141
Hathi Pol 172
Hauz Khas **106**
Hauz Khas, Dorf 118, 248
Hauz Suiwalan 96
Hauz-i-Shamsi 110
Havelis **29**, 212
Havelock Memorial Church 153
Hawa Mahal (Palast der Winde) Fatehpur Sikri 172
   Jaipur 11, **186**
Hazarilal 96
Heilige Dreieinigkeit 25
Hemant 37
Henry IV von England 153
Hepatitis 287
Herat 190
Heritage Hotels **232f**

Heritage Hotels Assocation of India 229, 231
Hertz, Autovermietung 298, 299
Hessing, John 153
Hill Fort (Kesroli) **233**
Hillary, E. 60
Himachal Pradesh 76
Himalaya 18, 134, 138, 144, 272, 274
Himalayan River Runners (Delhi) 275
Hindola Gate 174
Hindu Shahis 49
Hindu-Astrologie 144
Hinduismus **22**, 115
Hinduistische Feste 36
Hinduistische Götter und Göttinnen **24f**
Hindustan Times 291
Hindustani, klassische Musik **30**, 270
Hiran Minar 172
Hissar 140
Hitze und Smog 286
Hiuen Tsang 47
Hodson, Leutnant 97
Holi 36, **38**, 163
Holika 36
Holländische East India Company 153
Hollywood 271
Home Rule League 58
Hotels **228–247**
   Ashok Group 228, 229, 231
   Ashok Hotel 288
   Bezahlen 264
   Gästehäuser 229
   Hotelketten 231
   Hotelklassen und -ausstattung 228
   Hotelvermittler 231
   Kinder, Reisen mit 231
   Nebenkosten 230
   Preiswerte Hotels und Lodges 229
   Reservierung 230f
HSBC (Delhi) 288
Hubschrauberflüge 273, 275
Hujra 173
Humayun, Mogul 52, 65, 83, 84, 107, 220
Humayun's Gate 84
Humayuns Bibliothek 84
Humayuns Grabmal 10, 29, 52, 65, 81, **83**
Hunnen 43
Husain, M.F. 71
Hyderabad 75, 96
Hyderabad House 71
Hyänen 211

I

Ibn Batuta 109
Ibrahim Kothi 117
Ibrahim Lodi 52, 106, 140
Ibrahim Shah Sur 140
Id-ul-Fitr **37**
Illbert Bill 57
Iltutmish 50, 51, 110, 112, 114, 220
    Iltutmish-Mausoleum **113**
Immigration Certificate 292
Impfungen **279**
In den Städten unterwegs **300f**
    Rikschas, Tongas und Tempos 301
Income Tax Department (Foreign Section) 293
Independence Day 39, 179, 280
Indergarh **223**
India Gate 10, 57, 67, 68, **71**, 103
India Habitat Centre 120, 121
India International Centre 120, 121
India International Travel and Tourism Show 85
India Today 291
India Tourism Development Corporation (ITDC) 229
India Tourist Office (Delhi) 279, 290
India Trade Promotion Organization 85
India Wonder Fare 293
Indian Board for Wildlife 223
Indian Council Act (ASI) 1861 56
Indian Council for Cultural Relations (ICCR) 120
Indian Crafts Gallery (Agra) 267
Indian Express (Gebäude) 97
Indian Institute of Technology (IIT) Roorkee 143
Indian Made Foreign Liquor 249
Indian Mountaineering Foundation (Delhi) 274, 275
Indian National Airport 105
Indian National Congress *siehe* Congress Party
Indian Red Cross Society **285**, 287
Indika 45
Indira Chowk 76
Indira Gandhi (IG) International Airport 292
Indira Gandhi National Centre for the Arts 71, 121
Indische Bäume **20**
Indische Blauracke 225
Indische Elefanten 20
Indische Fahne 60
Indische Kiefer *(chir)* 20
Indischer Aufstand von 1857 54, 55, 65, 89, 142, 147, 153, 175

Indische Teilung 19, 59
Indischer Uhu 211
Indisches Essen 248
    Glossar **254f**
Indisches Kunsthandwerk **34f**
Indo Asia Tours (Delhi) 274, 275
Indoislamische Architektur 111, 112, 172
Indopakistanischer Krieg 60, 71
Indosarazenische Architektur 27, 194, 219
Indra 37
Indrail Pass (Eisenbahn) 294
Indraprastha 84
Indus (Sindhu), Fluss 43, 44
Industal 43, 44, 45, 72, 74, 137
Information **270**
Inlandsflüge **293**
Insektenstiche **286**
Inter State Bus Terminus 102
Inter State Bus Terminus (ISBT), Kashmiri Gate 296
International Film Festival 120
International Tourist Bureau 295
International Trade Fair (Delhi) 40
International Travel House
    Agra 299
    Delhi 299
    Jaipur 299
International Triennale Exhibition 76
International Yoga Festival (Rishikesh) **41**, 274
Internationale Telefonate 291
Internet und E-Mail **290**
Iris 156
Isfahani, Abdullah 191
Ishwar Lat 184
Islam *siehe* Muslime
Islamische Architektur 26, 111, 112
Islamische Kunst 222
Italien 248
ITC Sangeet Sammelan (Delhi) 38
Itmad-ud-Daulahs Grabmal 11, 53, **158f**

J

Jacob, Sir Samuel Swinton 194
Jagat-Shiromani-Tempel 203
Jahanara Begum 81, 82, 90, 150f
Jahan-e-Khusrau (Delhi) **38**
Jahangir, Mogul 52, 150, 156, 158, 173, 176, 191, 206, 209, 218, 221
Jahangiri Mahal 150, **176f**
Jahangiri Mahal Museum 176
Jahanpanah 99, 107, **109**
Jahaz Mahal 40, 110
Jai Mandir 200, 202
Jai Niwas Bagh **182**

Jai Prakash Yantra 77, 193
Jai Singh, Alwar 207
Jai Singh I. 191, 200,
Jai Singh II. 182, 184, 188
Jai Van 199
Jai-Vilas-Palast 174
Jaigarh 198, 199
Jaigarh Fort 200, 203
Jain, OP 114
Jain-Fruchtbarkeitsgöttin (Mathura) 74
Jainismus 23, 204
    Digambaras 23
    Svetambaras 23
    Tirthankaras 204, 219
Jaipur **182–193**
    Zentrumskarte 182f
Jaipur & östliches Rajasthan **178–225**
    Hotels 243–247
    Im Detail (Jaipur) 184f
    Im Detail (Pushkar) 216f
    Regionalkarte 180f
    Restaurants 262f
Jaipur House 71
Jaipur Vision 270
Jaisalmer 295
Jal Mahal 140, **199**
Jalan-Havelis 213
Jaleb Chowk 202
Jalianwala Bagh 58
Jamali-Kamali-Moschee und Grab **111**
Jama't-Khana-Moschee 82
Jamawar, (Umhänge-)Tuch 75, 118
Jami Masjid
    Agra 150, **151**, 152
    Fatehpur Sikri **173**
    Jaipur 185
    Mathura 161
    Meerut 142
    Old Delhi 89, 91, **92**
Jamvai Mata 197
Janata Party 60
Janmashtami 37, 39, 163, 182
Janpath 67, 71, 77, 78, 118
Jantar Mantar
    Delhi **77**
    Jaipur 11, 184, **192f**
Japan 248, 291
Jas Mandir 200, 202
Jawahar Burj 166
Jawahar Kala Kendra **195**, 271
Jawahar Mela 164
Jawaharlal Nehru Stadium (Delhi) 272
Jeep- und Wüstensafaris 273
Jhansi 148, 149, **175**
Jhor 167
Jinnah, M.A. 59

Jodhpur 295
Jogi Mahal 224
Jogmaya-Tempel 40, 113
Johari Bazar
    Agra 151
    Jaipur 185
Johari Mal, Gulab Singh 119
John Brothers (Delhi) 118
Jones, William 55
Jorawar Singh Gate 199
Judah Hyam Synagogue (Delhi) 281
Juden 23
Jugal-Kishore-Tempel 163
Jugendherbergen 230, 280
Juneja Art Gallery (Jaipur) 267
Jungfernkraniche 116

K

Kabul 49, 158, 160
Kachhawahas 179, 190, 197, 198, 200, 202, 204, 206
Kachi-ki-Sarai 160
Kadamba *(Anthocephalus cadamba)* 21
Kagazi Mohalla 205
Kair (Capparis decidua) 211
Kairali Health Resort (Delhi) 274, 275
Kajaksport und Wildwasser-Rafting 275
Kala Hanumanji 199
Kala Pani 58
Kalan Masjid 96
Kalbelia 271
Kali **25**, 115
Kalidasa 46
Kalighati 210
Kalinga, Schlacht von 46
Kaliya 74
Kaliyamardan (Chola-Bronze) 74
Kalkaji-Tempel **115**
Kalkutta *siehe* Kolkata
Kalligrafie 50, 73, **157**
    Kalligrafische Paneele 155
Kamagata Maru 58
Kamani Auditorium 76, 120
Kamaraj, Nadar 69
Kamasutra 47
Kamel- und Rindermarkt (Pushkar Anokhi) 79, 118, 267
Kamsa 161, 162
Kanak-Vrindavan-Tempel 199
Kanch Mahal 160
Kanchana Ghat 176
Kandy (Sri Lanka) 153
Kanishka 46, 47, 161
Kannauj 48
Kans Qila 161
Kantha-Stickarbeiten (Bengalen) 75

Kanu Carpet Factory (Agra) 267
Kanvinde, Achyut 85
Karbala 36
Kargil 61
Karim's 90
Karnal 96, 103
Karnataka 87
Karol Bagh 264
Kartenvorbestellung 278
Kartik 217
Kartik Purnima 179
Kaschmir 46, 61, 100, 190, 293
Kaserat Bazar 151
Kashmiri Bazar 151
Kashmiri Gate
    Im Detail **100f**
Kasumbhil 106
Katcheri (Hof) Bagh 166
Kathak 31, 120, 270
Kathak Bindadin Mahotsav (Delhi) 41
Kathak Kendra 41
Kathak Utsav (Delhi) 40
Kathakali 120
Katra Neel 93
Katras 93
Kaudiyala 145
Kauravas 140, 141, 209
Keime in Lebensmitteln und Wasser 287
Kennedy, Jacqueline 195
Keoladeo Ghana National Park **168f**
Kerala 87
Keramikfliesen 50
Kesar Kyari Bagh 202
Keshav Bhavan 164
Keshi Ghat 163
Ketu 140
Khadi 78
Khadi Ghar (Jaipur) 267
Khair-ul-Manazil 81, **85**
Khajanewalon ka Rasta (Jaipur) 267
Khajuraho-Tempel 49
Khalsa 23, 38
Khan Abdul Ghaffar Khan 79
Khan, Amjad Ali 30
Khan, Chenghiz 50
Khan, Nawab Faiz Ali 186
Khan, Ghazi-ud-Din 96
Khan, Iqbal 106
Khan, Isa 83
Khan-i-Jahan Junan Shah 96, 109
Khan Market 11, **79**, 118, 119
Khan Sahib, Dr. 79
Khari Baoli 92, 93
Khas Mahal 95, 150
Khazana 119
Kheri Gate 203
Khilji, Alauddin 51, 106, 107, 108, 112, 223

Khilji-Epoche 106
Khirkee 96, **109**
Khoja Mortenepus 152
Khuni Darwaza 97
Khwabgah
    Lal Qila – Red Fort 95
    Fatehpur Sikri 170, 172
Kikar 104
Kimkhabs 190
Kinari Bazar 90, 93, 151
    Agra 267
Kinder, Reisen mit **273**, 275, 280
King Virat 209
Kingsway 67
Kino 120f, 271
Kirchen
    Cathedral Church of the Redemption (Delhi) **71**, 281
    Cathedral of the Immaculate Conception (Agra) 281
    Church of North India (Delhi) 102
    Roman Catholic Church of the Sacred Heart (Mathura) 161
    Sacred Heart Cathedral (Delhi) 281
    St George's Church (Agra) 153
    St James's Church (Delhi) 102
    St John the Baptist Church (Roorkee) 143
    St John's Church (Meerut) 142
    St Martin's Church (Delhi) 104
Kishangarh 180, **215**
Kishangarh-Malereischule **215**
Kishanpol Bazar (Jaipur) 267
Klassische Musik und Tanz **270**
Kleidung 278
Knäkente 168
Knüpfbatik *(bandhini)* 190, 266
Koh-i-Noor (Agra) 267
Kolkata (Kalkutta) 57, 59, 103, 160, 212, 292
Kolonialarchitektur **27**, 142
Kommunikation **290f**
Konferenz am runden Tisch 58
König Lear 31
Königskobra 21
Koran 22, 37, 82, 112, 206, 222
    Illuminierter Koran 73
    Illustrierter Koran 50
Koran-e-Kamal 222
Kormorane 168
Körpersprache 282
Kos minar 138, 140, 148
Kosi 162
Kotwali 92
Kräuterprodukte *siehe* Souvenirs und Mitbringsel
Krankenhäuser und medizinische Hilfe **285**
Kreditkarten **288**

TEXTREGISTER

Kricket 61, 272
Krishna 18, 23, 36, 37, 74, 140, 141, 161, 162, 163
Krishna Katha 39
Krishna Museum (Kurukshetra) 140
Kuanwalji (Lord Shiva) 223
Kubera 72
Kufisches Schriftstück 73, 218
Kulis 295
Kumbh Mela 135, **144**
Kundankari 75, 187
Kundenschlepper 265
Kurierdienste **290**
Kuru-Stamm 140
Kurukshetra 138, **140**, 141, 209
Kushak Mahal 78
Kushak-i-Shikar 103
Kushanas 17, 46, 72, 161
Kusum Sarovar 162
Kutch 86

L

Laburnum 104
Lachhmangarh 213
Ladliji-Tempel 162
Laghu Samrat Yantra 192
Lahore 187, 190
Lahore Gate 28, 91, 94
Lal Qila – Red Fort (Delhi) 39, 65, 89, 90, 92, **94f**, 280
 Grundriss 95
Lake Palace (Udaipur) 199
Lakkadiven 279
Lakshman 37
Lakshman Jhula 145
Lakshmi 24
Lakshmi Narayan Mandir (Delhi) **77**
Lakshmi-Narayan-Tempel (Jaipur) 194
Lal Darwaza 84
Lal Kot 99, 110
Lal Kuan Bazar 96
Lalit Kala Akademi 76
Langas 271
Lanka 37
Laxmi Bai 147, 175
Laxmi Mandir (Jaipur) 271
Laxmi Niwas 199
Laxmi Vilas Palace (Bharatpur) **233**
Left Book Club 78
Legislative Assembly 102
Lehenga 30
Linga 92
Linsen 252, 254
Lippenbär 225
LKP Forex Ltd 288
Lodi-Dynastien 79
Lodi Estate 79

Lodi Gardens 11, **79**
Lodis 51, 110
Lohagarh Fort 166
Lohri 36, 41
Lok Sabha 70
London 72, 189, 292
Lord Lake 166
Lotus 35
Lotus Garden 167
Lotus Pool 155
Lotus-Keilsteine 165
Lotus-Tempel 115
Ludo 172
Lutyens, Edwin Landseer 27, **68**, 70, 78, 104, 167
Luxushotels **228**

M

Machchhi Bhavan 150
Machkund 167
Madan-Mohan-Tempel 163
Madhavendra Bhavan 198
Madhi Masjid 110
Madho Singh I. 184, 199, 222
Madho Singh II. 188, 189, 193, 195, 198
Madhubani-Malerei 87
Madras *siehe* Chennai
Maffi, Bernardino 153
Magenbeschwerden **286**
Mahabharata 47, 77, 84, 137, 140, **141**, 191, 209, 222
Mahal Khas 166
Maham Anga 85
Maharaja Exports (Agra) 267
Maharaja von Gwalior 233
Maharaja von Jaipur 233
Maharaja von Kishangarh 232
Maharaja Sawai Man Singh II. Museum
 siehe City Palace Museum
Maharana Pratap 102
Maharana Sangram Singh 75
Maharani ki Chhatri 199
Mahavira 23, 204
Mahesh Yogi 144
Mahishasura 25, 223
Mahmud von Ghazni 50
Makar Sankranti 36, 41
Makhdum Shah Wilayat 142
Makrana **214**
Malachitstein 156
Malaria **286**
Malediven 293
Malerei **32f**
 Company School of Painting 33
 Mogul-Malerei 32, 75
 Pahari-Gemälde 33, 75
 Rajputen-Gemälde 32, 33, 75
 Zeitgenössische indische Kunst 33

Malik Talao 224
Man Mandir 174
Man Prakash (Jaipur) 271
Man Sagar 199
Man Singh I. **49**, 162, 187, 191, 199, 200, 202, 203, 204
Man Singh II. 194, 195, 199
Manchester 105
Mandalas 162
Mandawa 213
Mandi House Complex **76**
Mangala-Devi-Tempel 209
Manganiyars 271
Mango Festival (Delhi) 39
Maniharon ka Rasta (Jaipur) 267
Mansa-Devi-Tempel 144
Mansabdar 53
Mansingh Stadium (Jaipur) 272
Mansur 32
Mant, Charles 219
Maota Lake 200, 202
Marathen 54, 140, 150
Marco Polo 51
Mariam Zamanis Grabmal 160
Marmorintarsien *siehe* Pietra dura
Marschgebiete 21
Maße und Gewichte 281
MasterCard 288
Mathura 17, 18, 44, 47, 147, 148, 149, **161**, 192, 270, 271
Mathura-Kunstschule **47**, 161
 Die betrunkene Kurtisane 47
Matka Pir 81, **85**
Maulana Abul Kalam Azad Arabic and Persian Research Institute 222
Max Medcentre 285
Max Mueller Bhavan 120, 121
Mayo, Lord 219
Mayo College **219**
Mazar Sharif 220
McDonald's 248
Medd, Henry Alexander 71
Medizinische Hilfe 285
Meena Bazar 150
Meena-Stamm 197, 198
Meenakari 75, 187, 266
Meerut 103, **142**
Megasthenes 45
Mehfil Khana 220
Mehmankhana (Lodi Gardens) 79
Mehrauli 110, 113, 118
Mehrauli Archaeological Park **110f**
Meilensteine 230, 231, 274
Mekka 82, 218
Menander 46
Menschen und Kultur in Indien 17

TEXTREGISTER

Mercury Travels
   Agra 297
   Delhi 297
   Jaipur 297
Mesopotamien 44, 74
Metcalfe, Sir Thomas 102
Metcalfe House 102
Metrisches System 281
Metro in Delhi 301
Mexiko 248
Milad-ul-Nabi 36
Mildenhall, John 152
Military Works Department 104
Mina Masjid (Agra Fort) 150
Miniaturmalerei 266
Ministry of Civil Aviation 105
Ministry of Defence 102
Ministry of Environment & Forests 279
Ministry of External Affairs 70
Ministry of Home Affairs 279
Mir Qamar-ud-Din 96
Mira Bai 203
Mirak Mirza Ghiyas 83
Miran Sayyid Hussain 218
Mirza Ghalib 81, 82
Mirza Ulugh Beg 192
Misra Yantra 77
Missionaries of Charity 102
Mithi (»süß«) Id, Fest 37
Mittelklassehotels **229**
Miyan Bhuwa 106
Modems 228
Mogul-Architektur **27**, 159, 188
Mogul-Gärten 41, 70
Mogul-Kunst **52**, 75
Mogul-Marmorschaukel 164
Mogul-Miniaturgemälde 32, 72, 190, 194
Mohammed 22
Mohenjodaro 74
Mohnblume 156
Mondkalender 36
Monsunarchitektur **165**
Moosi Maharani ki Chhatri **206**
Moth ki Masjid **106**
Moti Burj 183
Moti Doongri, Jaipur **194**
Moti Doongri Palace, Alwar 207
Moti Mahal (Jaipur) 271
Moti Masjid 94, 113, 150
   Agra Fort 150
   Lal Qila – Red Fort (Delhi) 94
Motilal Banarsidas 119
Mountbatten, Lord Louis 59, 103
Mrignayani 174
MTV Asia 291
Mubarak Mahal 188, 190, 191
Muhammad Ghauss' Grabmal 174

Muhammad Shah 77, 102, 105
   Grabmal 79
Muhammad Shah Rangila 81
Muhammad-bin-Tughlaq 107, 108, 109, 115, 143
Muhammed Ghori 50, 206
Muharram 36
Multan 114, 158
Mumbai (Bombay) 23, 55, 212, 292
Mumtaz Mahal 135, 150, 154
Muni-ki-Reti 144
Munjeeta Travel 229, 231
Munshi Ganeshi Lal & Son (Agra) 267
Musamman Burj 150
Museen und Sammlungen
   Archäologisches Museum (Gwalior) 174
   City Palace Museum (Alwar) 206
   City Palace Museum (Jaipur) **188–191**
   Crafts Museum (Delhi) 11, **86f**
   Government Central Museum (Jaipur) 194
   Government Museum (Ajmer) **218**
   Government Museum (Mathura) **161**
   Jawahar Kala Kendra (Jaipur) **95**
   Kitchen Museum 70
   Krishna Museum und Gita Research Centre (Kurukshetra) 140
   Maulana Abul Kalam Azad Arabic and Persian Research Institute (Tonk) 222
   Museum of Indology (Jaipur) **194**
   National Gallery of Modern Art (Delhi) **71**
   National Museum (Delhi) 10, **72–75**
   National Rail Museum (Delhi) 10, **104**
   Nehru Memorial Museum and Library (Delhi) **78**
   Purana Quila Museum 84, **218**
   Sanskriti Museum (Delhi) **114**
   Scindia Museum (Gwalior) 174
Musik, Tanz und Theater **30f**
Muslim League 58, 59
Muslime 58f
   Schiiten 22
   Sunniten 22
Mutiny Memorial 103
Mutter Theresa 102

N

Nachtleben und Bars 271
Nadir Shah 54, 89, 90, 92
Nag-Könige 175
Nagina Masjid
   Agra Fort 150
   Fatehpur Sikri 172
Nagphas 206
Nahar Singh 198
Nahargarh **198**
Nai ki Mandi (Agra) 267
Nai Sarak 93
Naidu, Sarojini 58
Naika (Jaipur) 267
Najaf Khan 142
Nakul 209
Namazgah (Fatehpur Sikri) 173
Nanak, Guru 23, 37
Nand 162
Nand Bhavan 164
Nandgaon 162
Nandi 25
Naqqar Khana 94
Narada 24
Narain Niwas Palace (Jaipur) 232
Narasing Dev 203
Narivalaya Yantra 192
Narmada-Bachao-Aktivisten 61
Narmada Dam 61
Narnaul **140**
Narsimha-Tempel 203
Nasik 144
Nasiruddin 82
Nasiruddin Mahmud 108
Nasiyan-Tempel 219
National Archives 71
National Film Festival (Delhi) 39
National Gallery of Modern Art **71**, 121
National Geographic 290
National Museum (Delhi) 10, **72–75**
   Antike und mittelalterliche Skulpturen 74
   Bronzeabteilung 74
   Dara Shikohs Hochzeitsprozession 72
   Dekorative Kunst 75
   Grundriss 72f
   Handschriften und Wandgemälde 74
   Indische Miniaturgemälde 75
   Industal-Sammlung 74
   Kleidung, Waffen, Rüstungen und Musikinstrumente 75
   Kurzführer 73
   Legende zum Grundriss 73
   Münzen und Schriften 72
   Zentralasiatische Antiquitäten 75

TEXTREGISTER

National Rail Museum 10, **104f**
National School of Drama (Delhi) 39, 76, 120
National Science Centre (Delhi) 85, 273, 275
National Stadium 68
National Theater Festival 120
Nationalparks
   Keoladeo Ghana National Park **168f**
   Ranthambhore National Park **224f**
   Sariska National Park **210f**
Nationalparks und Campingplätze 230f
Naturheilkunde und Ayurveda 274
Natya Shastra 31
Naubat Khana 172
Nauchandi Mela 38
Navaratna 75
Navaratri 36f, 251
Nawab Saheb ki Haveli 186
Nawabganj 143
Nawalgarh 213
Neem *(Azadirachta indica)* 21
Neemrana Fort Palace 233
Neemrana Shop 119
Nehru Bazar (Jaipur) 267
Nehru (Familie) 60
Nehru, Jawaharlal 22, 59, 60, 61, 78, 113
   Privatsammlung 78
Nehru Memorial Museum and Library 10, **78**
Nehru Planetarium 10, 78, 273, 275
Nepal 74, 293
Neujahr 37, 41
New Delhi **66–79**
   Im Detail 68f
   Stadtteilkarte 67
New Delhi Bahnhof 294, 295
Nicholson Cemetery **102**
Nicholson, John 102
Nidhivana 163
Niederschlagsdiagramm 40
Nikumbh Mahal 206
Nikumbh Rajputs 206
Nilgau-Antilope 169
Nili Masjid 106
Nizam Gate 221
Nizam von Hyderabad 220
Nizamuddin Auliya 22, 38, 51, 81, 82, 108
Nizamuddin Auliyas Dargah 82, 114
Nizamuddin-Komplex 81, **82**, Karte 81
Nizamuddin bis Purana Qila **80–87**
   Stadtteilkarte 81
Nizamuddin, Bahnhof 294f, 296

Nordindien **132–227**
   Agra & Umgebung 146–177
   Jaipur & östliches Rajasthan 178–227
   Nordindien im Überblick 134f
   Nördlich von Delhi 136–145
Nördlich von Delhi **136–145**
   Hotels 238f
   Regionalkarte 138f
   Restaurants 259f
Norgay, Tenzing 60
Northern Railways Office 101
Northern Ridge 103
North-West Frontier Province (Pakistan) 71, 79
Notrufnummern 284, 285
   bei Kreditkartenverlust 288
Nützliche Telefonnummern 291
Nur Jahan 53, 150, 158

O

Oberoi Group **121**, 231, 272
Oberoi Maidens Hotel **102**
Odissi 120
Odyssee 141
Öffentliche Toiletten 285
Öffnungszeiten **280**
   Banken 288
Okhla Barrage 275
Ökotourismus 274
Old Central Jail 142
Old Delhi **88–97**
   Basare **93**
   Im Detail 90f
   Stadtteilkarte 89
Old Rohilla Fort 143
Old Secretariat 102
Orchha 135, 147 175, **176**
   Grundriss 177
Österreich, Botschaft von 281
Oswal Emporium (Agra) 267
Ottomanen (Türkei) 52
Oudh 55

P

Pachikari 156
Pachisi 171f
Padam Talao 224
Pakistan 17, 19, 22, 59, 74, 292, 293
Palace on Wheels (Zug) 181, 295
Palas von Bengalen 48
Palast der Jodha Bai 172
Palast der Winde (Jaipur) 186
Panch Mahal 171
Pandavas 84, 140, 141, 209
Pandupol 210, 211
Pandupol-Tempel 210
Panipat 54, 103, 137, **140**, 266
Panna Mian ka Kund 203

Panni Gali 151
Paradiesgarten **167**
Paramars 49
Parampara Festival 40
Parken 299
Parliament House 59, 68, 70
Parshuram-Tempel 216
Parsis 23
Parther 43
Parvati 25, 38, 39
Pashmina (Tuch) 118
Patachitra 141
Pataudi 116, **117**
Patil, Prathiba 61
Patna 44
Pauschaltouren **297**
Pfauenthron 95, 150
Pelikane 116
Perron, General 153
Persien 23, 150
Persisches Wasserrad 50
Phad 49
Phool Mahal 215
Phoolwalon Ki Sair (Delhi) 40, 113
Pichhwai 266
Pietra dura 35, 155, 156, 159, 205, 266
Pipalbaum *(Ficus religiosa)* **21**, 104
Pir Ghaib 103
Pishtaq 155
Pizza Hut 248
Plassey-Schlacht 54
Plosso-Baum, »Flamme des Waldes« *(Butea monosperma)* 32, 104
Poddar 213
Polo **195**, 273
Polo Bar (Jaipur) 271
Post 290
Pragati Maidan 40, 81, **85**, 120
Praktische Hinweise **278–291**
Pratap Singh 206, 208
Preise und Rabatte 230
Preise und Trinkgeld 249
Preiswerte Hotels und Lodges 229
Prinsep, James 97
Prinz Philip 195
Prinz Salim 221
Pritam Chowk 188
Private Tourveranstalter 296
Privatunterkünfte (»Paying guests«) **229**, 231
»Project Tiger« 210, 223, 224
Prophet Mohammed 22
Protestantische Missionare 23
Pundarik ki Haveli **198**
Pundarik, Pandit Ratnakar 198
Puppentheater 271
Purana Qila 81, **84**, 85, 107
Purana Qila Museum 84

Purjan Vihar 207
Purnanand Ashram 144
Pushkar **216f**, 273, 278
   Im Detail 216f
Pushkar Fair 37, 40, 180, **217**, 218, 271
Pushkar Lake 216

Q

Qal'a-i-Kuhna-Moschee 84
Qalandar Shah 140
Qawwalis 30, 220, 270
Qila Rai Pithora 99, 107, 110
Qudsia Begum 102
Qudsia Gardens **102**
Queen Mary's Library 153
Qutb Festival (Delhi) 40
Qutb Minar 99, 109, 110, 111, **112**
Qutb-Minar-Komplex 50, 51, **112f**, 218
Qutb Sahib 110
   dargah **113**
Qutbuddin Aibak 48, 50, 51, 107, 110, 112, 218
Qutbuddin Bakhtiyar Kaki 40, 113
Quwwat-ul-Islam-Moschee 50, 112, 218

R

Rabab 30
Rabindra Bhavan 76
Radha 77, 162, 163, 203, 215
Radha-Raman-Tempel 163
Radhakund 163
Radisson Hotel 228, 231
Rafting *siehe* Wildwasser-Rafting
Raga 30f, 51, 75
Raga Todi 31
Ragamala 31, 32, 75, 191
Rahu 140
Rai Pithora 48
Rai Praveen Mahal 176
Rail Yatri Niwas 295
Raisina Hill 61, 64, 68, 70
Raj Mahal 176
Raj Mahal Palace **195**
Raj Mandir (Jaipur) 271
Raj Rewal 85
Raja Indrasal 223
Raja Kedarnath 115
Raja ki Mandi 152
Raja Ravi Varma 71
Raja Sansar Chand 33
Raja Sawant Singh 215
Raja Suraj Mal 163, 164, 166
Raja Ugrasen 76
Rajamal ka Talab 183
Rajasthali (Rajasthan Emporium) 265
   Jaipur 267
Rajasthan Bank (Jaipur) 288

Rajasthan Polo Club 273, 275
Rajasthan-Busse, staatliche 296
Rajasthan State Handloom Dev. Corp. Ltd. (Jaipur) 267
Rajasthan Tourism 181, 275, 279
   Delhi 279
   Jaipur 279
Rajbagh 224
Rajbagh Talao 224
Rajendra Pol 188
Rajgarh **208**
Rajgarh Palace 174
Rajghat **97**
Rajiv Chowk 76
Rajon ki Bain 111
Rajpath 10, 41, 61, 67, 70, **71**
Rajputana 206
Rajputana Museum 218
Rajputen-Bundela-Architektur 176
Rajputen-Bundela-Könige 148
Rajputen-Dynastien **48f**
Rajputen-Kunst 49
Rajputen-Miniaturgemälde 32, 33, 194
   Krishna offenbart sich seinen Eltern als Vishnu 33
Rajwada Library Bar (Jaipur) **271**
Rajya Sabha 70
Raksha Bandhan 39
Ram Niwas Bagh (Jaipur) 271
Ram Niwas Gardens 194
Ram Raja 176
Ram Singh II. 186, 191, 194, 195, 199
Ram Yantra 77, 192
Rama 25, 37, 40, 197
Ramadan oder Ramzan 37
Ramakrishna Mission (Delhi) 229, 231
Ramayana 37, 40, 47, 77, 191, 197, 222
Rambagh **158**
Rambagh Palace **195**
Rambagh Palace Hotel (Jaipur) 248, 273
Ramganj Bazar (Jaipur) 267
Ramgarh **197**
Ramgarh Lake 275
Ramlila 30, 37
Ramnavami 36
Rana Sanga Roof Top Bar (Jaipur) 271
Randiyon ka Mahal 209
Rang Mahal 95
Rangaji-Tempel 217
Ranthambhore Fort 223, 224
Ranthambhore National Park 222, 223, **224f**, 233
Rao, Narasimha 61
Rao Shekha 213
Rarissant 118, 119

Rashid (Jaipur) 267
Rashivalaya Yantra 193
Rashtrapati Bhavan 64, 67, 68, **70**, 72, 78
Raslila 30
Rathore 179, 198, 215
Rauchen und Alkohol 283
Ravana 37, 40, 197
Ravi Shankar 30
Ravindra Manch (Jaipur) 270, 271
Ray, Satyajit 271
Razia, Sultana
   Grabmal 96
Razmnama 191
Rebhühner 211
Rechtsbeistand 285
Red Fort (Delhi)
   siehe Lal Qila
Reiher 116, 168
Reinhardt, Walter 142, 152
Reisebüros **297**
   Ashok Tours and Travels 296
   Sita World Travel 297
Reiseinformationen **292–301**
Reisen mit Kindern 280
Reiseschecks 289
Reisezeit 278
Reiten 273
Religionen **22f**
   Götter und Göttinnen **24f**
   Religiöse Symbole 24
Remembrance Day 104
Republic Day Parade 41, 61, 67, **71**, 264, 280
Restaurants **248–263**
   Coffeeshops/Cafés 249
   Imbissbuden 249
   Preise und Trinkgeld 249
   Spezialitätenrestaurants 248
Rig Veda 44, 45
Rikschas, Tongas und Tempos 301
Rishabhdeva 219
Rishikesh 137, **144**, 145, 230, 274, 275
Roe, Sir Thomas 218
Rolls-Royce 166
Roman Catholic Cemetery (Agra) **152**
Roopangarh Fort **215**
Roorkee 135, 139, **143**
Roshanara 150
Royal Academy's Burlington House 72
Royal Rajasthan on Wheels 295
RTDC (Jaipur) 231
RTDC Tourist Village (Pushkar) 231
Rucksackreisende **280**
Rudraman 46
Russell, Robert Tor 76, 78

S

Sa'adi 206
Sabha Niwas 189, 190, 191
Safdarjung
   Flugplatz 105
   Grabmal 99, **105**
Sagar 203
Sahara Airlines 292
Saharanpur **143**, 266
Sahdev 140, 209
Sahitya Akademi 76
Sal-Baum *(Shorea robusta)* 20
Salar Masa-ud Ghazis Maqbara 142
Salim Mahal 206
Salim's Paper (Sanganer) 267
Samarkand 192
Sambar 20
Sambhar, Salzsee von **214**
Samode **212**
Samode Bagh 212, 230
Samode Palace 28, **232**
Samrat Yantra 77, 193
Samvat 281
Sanganer 180, 181, 190, 196, **204**, 266
Sanganeri-Motive 205
Sangeet Natak Akademi 76
Sanghi-Jutharam-Tempel 203
Sanghiji-Tempel 204
Sangin Burj 172
Sanjay Talkies (Agra) 271
Sanjhi-Kunsthandwerk 163
Sannahit Sarovar 140
Sansad Bhavan 68, 70
Sanskriti Museum **114**
Sarai Kale Khan 296
Saraswati 24
Sardhana 137, 139, **142**
Sariska 209, 274
   Natur 211
Sariska National Park 134, 180, 206, 208, **210f**
Sariska Palace 210
Saroj Handicrafts and Arts (Jaipur) 267
Sarojini Nagar 118
   Fahrkartenreservierung 294
Saruskranich 116, 168
Sas-Bahu ka Mandir 174
Sati Burj 161
Sati-Säulen 176
Sati-Stätten 48
Satpula 109
Sattais Katcheri 202
Savitri 216
Savitri-Tempel 216
Sawai Jai Singh Benevolent Trust 195

Sawai Jai Singh II. (Jaipur) 77, 134, 161, 182, 183, 191, 192, 194, 195, 196, 198, 199
Sawai Madhopur **222f**
Sawai Madhopur Lodge 231, **233**
Sawai Pratap Singh 186
Sayyiden-Dynastie 50, 51, 69, 79
Schah von Persien 191
Schlangenhalsvogel 21
Schlangenweihe 20, 211
Schmuck 118, **187**
Schneekranich 168, 169
Schneesichler 168
Schnitte und Bisse **287**
Schönheitssalons 228
Schweiz, Botschaft der 291
Scindia-Dynastie 147, 152, 174
Scindia Museum 174
Scott, Alfred 102
Scott, Ida 102
Seidenstraße (Chines. Turkistan) 47, 72, 75
Serindian-Sammlung 72
Shah Jahan, Mogul 53, 89, 92, 94, 107, 135, 150, 151, 153, 154, 158, 190, 191, 207, 219, 220, 222
Shah Jahans Hof **53**
Shah Nazar Khan 152
Shah Pirs Maqbara 142
Shah Quli Khan 140
Shahi chirag 151
Shahjahanabad 53, 89, 92, 96, 107
Shahjahani Masjid 220
Shahji-Tempel 163
Shahpur Jat 108
Shahtoosh-Tücher 279
Shakti 48
Shakuntalam 85
Shankaracharya 48
Shankarlal Sangeet Sammelan (Delhi) 38
Shanti Kunj Ashram 144
Sharad 37
Sharan Rani 75
Sheesh Gumbad 79
Sheesh Mahal
   Agra 150
   Alwar 206
   Amber 200, 202
   Rajgarh 208
   Samode 202, 232
Sheikh Hasan Tahir 109
Shekhawat, Kripal Singh 267
Shekhawati 29, 179, 180, **213**, 273
Shekhawati-Fresken 212
Sher Mandal 84
Sher Shah Gate (Lal Darwaza) 84
Sher Shah Sur 84, 97, 107, 140, 160

Sher-Shah-Moschee 84
Shergarh 84, 107
Shergarh Fort 167
Shergill, Amrita 71
Shesh Nag 24
Shiha-bu'd-Din Ahmed Khan 85
Shila Devi 200, 201
Shila-Devi-Tempel 201, 202
Shilpi Handicrafts (Sanganer) 267
Shishir 36
Shitala Ashtami 36
Shitala Devi 36
Shitla Mata 222
Shiva 25, 36, 38, 72, 86
Shiva-Tempel
   Keoladeo Ghana National Park 168
   Moti Doongri (Jaipur) 194
   Shivalik Hills 137
Shivaratri 36, 41
Shivpuri 145
Shoosmith, Arthur Gordon 104
Shopping **264–269**
   Agra 266
   Delhi 118f
   Jaipur 266
   Nördlich von Delhi 266
   Preise aushandeln 264, 283
   Teppiche und *dhurries* 267
Shree (Agra) 271
Shree Ganpati Arts (Jaipur) 267
Shri Aurobindo Ashram (Delhi) 229, 231
Shri Ganesha, Ranthambhore 223
Shriram Bharatiya Kala Kendra 40
Shyam Ahuja 118, 267
Shyam ki Burj 183
Sicherheit und Gesundheit **284**
Siddharth Carpet Mfg Co. (Jaipur) 267
Sikander Lodi 106, 109, 160
   Grabmal 79
Sikandra 27, **160**
Sikar 213
Sikhismus **23**
Sikhs 37
Sikkim 279
Silberklaffschnabel (Storch) 168
Siliserh **208**
Siliserh Lake 208
Silver Mountain (Jaipur) 267
Simla 207
Sind 47
Sindhi Camp 296
Singh, Gobind 23, 38
Singh, Ishwari 184
Singh, Jagat 199
Singh, Kishan 215

TEXTREGISTER

Singh, Maharaja Bakhtawar 206
Singh Manmohan 61
Singh Pol 164
Singh, V. P. 61
Singhania 213
Sireh Deori Bazar 186
Siri Fort 51, 99, 106, 107, **108**
Siri Fort Auditorium 38, 39, 108, 120
Sisganj Gurdwara 90, 92
Sisodia Rani ka Bagh **196**
Sita 37, 197
Sita World Travel Delhi 297
Sivanand 144
Sivananda Yoga Vedanta Nataraja
  Centre 274
Skinner, James 101, 137, 140
Skinner's Horse 101, 140
Skythen 43
Slopka 211
Snacks 254
Solani, Fluss 143
Soldat Spier 104
Soma Shop (Jaipur) 267
Someshwar-Tempel 209
Sommertheaterfestival (Delhi) 39
Sonagiri 175
Sonnenscheindiagramm 39
Souvenirs und Mitbringsel **268f**
  Handarbeiten 269
  Kräuterprodukte 269
  Schmuck 268
Spear, Percival 103
Spechte 211
Sperrgebiete in Indien 279
Spezialitäten **250–253**
Spinal Injuries Centre 114
Sport und Aktivurlaub **272–275**
Sportveranstaltungen 272
Sri-Krishna-Janmabhoomi-Tempel 161
Sri Lanka 292, 293
Sri Ram Centre 76, 120
Sri Ranganathji 162
St John's College **152**
St Stephen's College 103
St Thomas 23, 46
St Thomas's Church 143
Standard Chartered Bank (Delhi) 288
Star TV (Fernsehkanal) 291
State Bank of India
  Agra 288
  Delhi 264, 288
  Jaipur 288
State Tourism Departments 279, 280
Statesman, The 41
Statue Circle **195**
Stein, Joseph Allen 85
Stein, Sir Aurel 72, 75
  Steins Serindian-Sammlung **72**
Steppenadler 168
Steuerbefreiung 293

Steuern 230
Störche 168
Straßenschilder und Straßenkarten
  299
Straßenstände und Marktstände 249
Strom 281
Subhat Niwas 199
Subramanyam, K.G. 71
Subz Burj 81
Südafrika 59
Sufi 22, 51
Sufi Dargah 140
Sufi Qawwali 270
Sugar & Spice (Delhi) 79
Sukh Niwas 201, 202
Sukhi Baoli 111
Sulabh shauchalayas
  (öffentliche Toiletten) 285
Sultan Ghari **114**
Sultan Mahal 212
Sultanat von Delhi, Architektur **26**
Sultanpur Sanctuary **116**, 274
Sundar Horticulture Nursery 81
Sundar Nagar Market 81, 118
Sunehra Makan 172
Sunehri Bagh 69
Sunehri Kothi 222
Sunehri Masjid 90, 92
Sungas 46
  Täfelung 64
Sur-Dynastie 137
Sur Sadan (Agra) 270, 271
Suraj Bhavan 165
Suraj Mahal 182
Suraj Pol 202, 203
Surajkund 41, **117**
Surajkund Kunsthandwerk-Mela **117**
Surajpal 117
Surat 190
Survey of India 299
Surya-Tempel 196
Svarna Nagari Hall 219
Swami Haridas 163
Swami Shraddhanand (Statue) 92
Swimmingpools 228
Swiss 293

T

Tabla 31
Tadolini von Rom 142
Tagore, Rabindranath 33, 58
Tagores 71
Taj Group 231
Taj Mahal 11, 29, 53, 83, 135, 147,
  153, **154–157**, 214, 266
Taj Mahotsav (Agra) 41, 270
Taklamakan-Wüste 72
Talab Shahi 167
Taliqi Darwaza 84
Talkatora (Jaipur) 182, **183**

Talkatora Stadium (Delhi) 39
Talvriksha 210
Tandoori-Speisen 252f
Tanken und Tankstellen 298
Tansen 163, 170, 174
Tansen-Festival 40
Tara 74
Taragarh Fort **218**
Taragram 175
Tasbih Khana 95
Taxila (Pakistan) 17
Taxis 300
Teej (Jaipur) 39
Teen Murti 59, 78
Tegh Bahadur, Guru 90
Telegraph Memorial 101
Teli ka Mandir 26, 174
Temperaturen 41
Tendulkar, Sachin 61
Tennis und Schwimmen 228, **272**
Tetanus 287
Thailand 248
Thana 55
Thar Inc. (Jaipur) 267
Thar-Wüste 20, 134, 179
The Bookworm (Delhi) 119
Thomas Cook 288, 297
Thomas, George 140, 142
Thomson Civil Engineering College
  143
Tibet House 119, 274
Tibetische Buddhisten 23
Tibetisches Essen 248
Tibetischer Markt 77
Tibetische Thangkas 74
Tiger 20, 210, 223, 225
  siehe auch ›Project Tiger‹
Tikamgarh 176
Tilak, B.G. 58
Timeless Book Gallery 119
Timur der Lahme 51, 97
Toiletten 285
Tollwut 287
Tomar-Dynastie 117
Tonk 180, **222**
Touren
  Fahrt durch Brajbhumi **162f**
  Fahrt durch Bundelkhand **175**
  Fahrt durch Shekhawati **213**
  Gangesfahrt **145**
Touristeninformation 280
Touristen-Lodges 229
Touristenpark 102
Traditionelle Häuser **27**
Travel Corporation of India (TCI)
  Agra 297
  Delhi 297
  Jaipur 297
Treppenbrunnen 27, 76
Trinkgeld 231, 283

Tripolia Bazar 184, **186**
Tripolia Gate 186
Trivandrum (Thiruvananthapuram) 292
Triveni Ghat 144
Triveni Kala Sangam 76, 120, 121, 274
Tuberkulose 287
Tudors (von England) 52
Tughlaq-Architektur 115
Tughlaq-Dynastie 50, 137
Tughlaqabad Fort 107, **114f**
Tughra 218
Tulsi 118, 119
Turkman Gate 89, **96**
Tushita Mahayana Meditation Centre (Delhi) 274, 275
Typhus 287

U

Übertragbare Krankheiten 287
Udaipur 196, 197, 295
Ugrasen's Baoli **76**
Ujjain 144, 192
Umtausch 265
Umweltbewusst reisen 281, 292
Unabhängigkeitsbewegung **58f**, 78
United Kingdom (UK) 229, 281, 291
United Parcel Service (UPS) 290
   UPS-Kurierservice
   Agra 291
   Delhi 291
   Jaipur 291
United States Information Centre (Delhi) 290
Unnatansha Yantra 192
Unterhaltung 120f, **270f**
   Kartenvorverkauf 270
   Kinos 120, 271
   Veranstaltungsorte 271
Unterkunft *siehe* Hotels
Unterwegs **294–301**
   In den Städten unterwegs **300f**
   Indrail Pass 294
   Königliche Züge 295
   Metro in Delhi 301
   Mit dem Auto unterwegs 298f
   Mit dem Bus unterwegs 296f
   Mit dem Zug unterwegs **294f**
   Service 295
   Zugauskunft 295
   Zugfahrkarten und Preise 294
UP Handicrafts Complex (Agra) 267
Upanishaden 22, 45, 137
Urs
   Ajmer 37, 40, 218, 220f
   Nizamuddin 38, 82

V

Vadehra Art Gallery (Delhi) 121
Vajpayee, A.B. 61
Valley of Monkeys 196
Vana Vihar Ram Sagar Wildlife Reserve 167
Varanasi 44, 45, 73, 190, 192
Varsha 37
Vasant 36
Vasant Panchami 36, 41
Vasantasena 47
Ved Pal Sharma Banno (Jaipur) 267
Ved Vyas 141
Veden 22, 137
Vegetarisches Essen 249, 250, 254
Verfassung, indische 22, 70
Verkehrsmittel 300f
Verkehrsregeln 299
Veroneo, Geronimo 153
»Verlasst-Indien«-Bewegung 59
Versicherung und Führerschein **279**
Verweigerungsbewegung 58
Victoria, Königin von England 56
Vidyadhar ka Bagh 196
Vijay Chowk 68, 69, **70**
Vijay Mandal 114
Vijay Mandir Palace **207**
Vijay Sagar Lake 207
Vijaya Dashami 37, 40
Vinay Singh 208
Vindhya Hills 224
Vintage Car Rally (Delhi) 41
Vipassana Sadhana Sansthan (Delhi) 274
Viratnagar 209
Visa (Kreditkarte) 288
Vishnu 24, 25, 112, 176, 196, 203, 218
Vishram Ghat 161
Vishwa Yuvak Kendra (Delhi) 280, 281
Visum und Reisepass **278**
Vizekönige von Indien 56
   Residenz 64, 67, 70
Vogelhospital 92

W

Wahlen, allgemeine 60, 61
Währung **289**
Währung und Geldwechsel 288
   Banken und Öffnungszeiten 288
   Geldwechsel 288
   Internationale Banken 288
   Kreditkarten 288
Wajid Ali Shah 55
Wanderfalke 168
Wandern und Campen 275
Wassersport 275
Water Palace Deeg **164f**

Weihnachten 37
Wein und Getränke 249
Welcom Heritage (Delhi) 229, 231
Welcomgroup Maurya Sheraton, Delhi 231
Welcomgroup Rajputana Palace Sheraton (Jaipur) 271
Weltbank 61
Welterbestätten (UNESCO) 147
Weltkrieg, Erster 68, 71, 78
Weltkrieg, Zweiter 58, 104
Wendekreis des Steinbocks 36
Western Court 78
Wildwasser-Rafting 275
Wildwasser-Rafting, Camping 230
Willingdon, Lord 103
Willingdon, Lady 79
Willoughby, Captain 101
Wimbledon-Tennisturnier 272
World Book Fair 85
Worldcup 272
World Expeditions India (Delhi) 275
World Trade Centre 85
World Wide Fund for Nature (WWF) 214, 274, 275

Y

Yagna Stambha 199
Yamuna, Fluss 20, 21, 64, 84, 95, 107, 147, 148, 149, 150, 158, 161, 162
Yashoda 162
Yellow Boys 101
YMCA 230, 280, 281
Yoga (Asana-Yoga) 74, 274
Yoga und Meditation 274
Youth Hostel International 230
Youth Hostels Association of India (YHAI) 280, 281
Yudhishthira 209
YWCA 40

Z

Zabita-Khan-Moschee 143
Zafar Mahal 110
Zakir Hussain 31
Zakir Hussain College 96
Zarathustra 21
Zardozi 266
Zeitgenössische indische Kunst 33
Zeitgenössisches indisches Theater 31
Zeitungen und Zeitschriften 119, **291**
Zeitzone und Kalender 281
Zentralasiatische Antiquitäten 75
Zinat Mahal 96
Zinat-ul-Masjid **97**
Zinat-un-Nisa Begum 97
Zoll **279**, **292**
Züge 294f
   Palace on Wheels 295
   Royal Rajasthan on Wheels 295

Danksagung und Bildnachweis

Dorling Kindersley bedankt sich bei allen, die bei der Herstellung dieses Buches tatkräftig mitgewirkt haben:

Autoren

Anuradha Chaturvedi arbeitet beim Indian National Trust for Art and Cultural Heritage (INTACH) als Denkmalschutzexperte.

Dharmendar Kanwar ist eine bekannte Reiseautorin aus Jaipur. Sie veröffentlichte mehrere Bücher über die Architektur und Kultur der Region.

Partho Datta unterrichtet am College der Delhi University indische Geschichte und hat über moderne Stadtentwicklung veröffentlicht.

Premola Ghose schreibt und illustriert Kinderbücher und organisiert Programme am India International Centre, New Delhi.

Ranjana Sengupta ist Journalistin und Autorin von Büchern über Ajanta und die moderne indische Gesellschaft. Sie schreibt gegenwärtig ein Buch über Delhi nach 1947.

Subhadra Sengupta arbeitet als freier Reisejournalist in Delhi für verschiedene indische Zeitschriften und Tageszeitungen.

Beratung

Ajai Shankar ist Generaldirektor des Archaeological Survey of India (ASI).

Aman Nath hat ausführlich über die Architektur und Kultur Rajasthans publiziert und arbeitet an der Restaurierung historischer Stätten der Region.

Daljeet Kaur ist Kurator der Sammlung indischer Miniaturgemälde im National Museum, New Delhi, und hat zu diesem Thema etliche Bücher und Artikel verfasst.

Ebba Koch hat ganz Indien bereist und ist ein international anerkannter Fachmann für die Kunst und Architektur der indoislamischen und der Mogul-Epoche.

Giles Tillotson ist Privatdozent für südostasiatische Kunst am SOAS (University of London) und Verfasser von Büchern zur indischen Architektur während der Mogul-, Rajputen- und britischen Epoche.

Jyotindra Jain ist der Gründer und Direktor des Crafts Museum, New Delhi, und Autor mehrerer Bücher über indisches Kunsthandwerk.

Kishore Singh ist einer der führenden indischen Reisebuchautoren und Redakteur beim *Business Standard* in Delhi. Er hat mehrere Bücher über Rajasthan verfasst.

Kumkum Roy ist eine viel veröffentlichte außerordentliche Professorin für antike Geschichte an der Jawaharlal Nehru University, New Delhi.

Martand Singh ist einer der bekanntesten Textilexperten Indiens. Er lebt in Delhi und ist Mitbegründer des Indian National Trust for Art and Cultural Heritage (INTACH).

Narayani Gupta ist Professorin für moderne indische Geschichte am Jamia Millia Islamia in New Delhi. Ihr Buch über die Geschichte Delhis gilt als Standardwerk.

R. V. Smith schreibt über die Geschichte und die Sagen Delhis. Seine Kolumne »Quaint Corner« erscheint seit über 25 Jahren in *The Statesman*.

Satish Grover ist Dekan der Architekturfakultät der School of Planning and Architecture, Delhi. Er hat drei Standardwerke zur indischen Architekturgeschichte verfasst.

Sunil Kumar ist außerordentlicher Professor für mittelalterliche indische Geschichte an der Delhi University und auf das Sultanat von Delhi spezialisiert.

Vijayan Kannampilly arbeitet als Journalist und Maler in Delhi und interessiert sich vor allem für indisches Design und moderne Kunst.

Dorling Kindersley London

Publisher Douglas Amrine.
Editorial Director Vivien Crump.
Art Director Gillian Allan.
Senior Managing Editor Louise Bostock Lang.
Produktion Marie Ingledew.

Kartografie

David Pugh.

Layout- und Redaktionsassistenz

Ipshita Barua, Janice Erica Pariat, Kiran Mohan, Nandini Mehta, Priyanka Thakur, Tara Sharma, Vandana Mohindra.

Kartografie-Assistenz

Kishorchand Naorem, Shivanand.

Korrektorat

Abha Kapoor.

Fact-Checking

Ranee Sahaney.

Textregister

Bibhu Mohapatra.

Zusätzliche Mitwirkung

Anirudh Goswami, Rani Kalra, Ira Pande, Ranee Sahaney.

Zusätzliche Illustrationen

Aniket Vardhan, Arun P., Mugdha Sethi.

Zusätzliche Fotos

Anal Shah, Anand Naorem, Benu Joshi, Ipshita Barua, Mugdha Sethi, Rajnish Kashyap.

DTP-Design

Jessica Subramanian, Shailesh Sharma.

Weitere Unterstützung

Dorling Kindersley bedankt sich bei den regionalen und örtlichen Fremdenverkehrsämtern in Delhi, Agra und Jaipur.
Unser besonderer Dank gebührt Ajai Shankar, ASI, New Delhi; Dr. Daljeet, National Museum, New Delhi; Malaynil Singh, TCI; Delhi School of Planning and Architecture; Siraj Qureshi und RVI Singh in Agra.

Genehmigung für Fotografien

Dorling Kindersley dankt folgenden Einrichtungen für die Fotoerlaubnis ihrer Produkte: Abraham & Thakore, Preeti Paul, und folgenden Institutionen für die Fotoerlaubnis in ihren Einrichtungen: Biotique, New Delhi; City Palace Museum, Jaipur; Crafts Museum, New Delhi; Gem Palace, Jaipur; Mathura Museum, Mathura; Maulana Abul Kalam Azad Arabic & Persian Research Institute, Tonk; The Next Shop, New Delhi; Ogaan, New Delhi.

Bildnachweis

a = Ausschnitt; l = links; m = Mitte; o = oben; r = rechts; u = unten.

Dorling Kindersley bedankt sich bei folgenden Personen, Bildarchiven und Unternehmen für die Abdruckgenehmigung ihrer Fotografien:

Alamy Images: D. Delimont/W.r Bibikow 19lor.
Avinash Pasricha: 28mlo/mlu, 28 & 29m, 29ul, 120u, 292m, 293o.
Bobby Kohli: 54 & 55m, 55u, 56 & 57m, 57or.
B. R. Chopra Films: 209u.
British Library, London: 43u.
Crafts Museum, New Delhi, Pankaj Shah: 86or/mo/mu, 87ol/om/mu.
Dean K. Brown: 78o.
DK Classic Asian Cook Book: 254om/mru.
DK Picture Library: Rowan Greenwood Coll. 11ur.
DN Dube: 52ul/u, 53mr, 75um, 170or, 171o, 172or/m.
Fotomedia Picture Library: 9 (Einklinker), 29or, 52om, 54mu, 55or, 56mu, 105u, 120m (4 Fotos), 133 (Einklinker), 295ul; Aditya Arya: 295ur; Akhil Bakshi: 21o, 22umr, 28ur/u, 29u, 32mlu, 195u, 272o, 289o, 294o/u/ul; Amar Talwar: 60ml, 172u, 251mu, 269u, 296o; Amita Prashar Gupta: 266u; Ashim Ghosh: 21ul, 22bml, 50u, 58mu, 173u, 271o, 278u, 280u, 283o, 301o; Ashish Chandola: 168u; Ashish Khokar: 283m, 297o; Ashok Dilwali: 150u, 170ol, 172ol; Ashok Kaul: 61ol, 215u; Bimla Verma: 20ol, 22o, 23mr, 49ul, 93u, 141ul, 163u, 268ur/umr; BN Khazanchi: 36m, 37ur, 272m; BPS Walia: 143ur, 270m; Christine Pemberton: 15m, 40ml; Deepak Budhraja: 40u; Dharmendar Kanwar: 266o; E. Hanumantha Rao: 18ol/mlu/um, 211orm, 225mu/u; François Gautier: 21u; J Saha: 20u; Jatinder Singh: 20or; Jitendra Singh: 22um; Joanna van Gruisen: 18mro/u/ul, 19mro/ul, 48mu, 61mo, 210u, 224ml; M. Balan: 33uml, 169u; Manu Bahuguna: 39u, 71u, 91u, 232u/ul, 273o; Marie D'Souza: 33mr, 180o, 269ur; Mathew Titus: 23or; Mohit Satyanand: 274u; MS Oberoi: 22ur, 254o; Nagaraja: 211o; Neeraj Mishra: 18mlo; Nihal Mathur: 224or; N.P. Singh: 32u, 184ul; NPS Jhalla: 268um; NS Chawla: 27m; Pallava Bagla: 18or, 19ol/or/om/orm, 38o, 210ol; Pankaj Sekhsaria: 169orm; Pradeep Das Gupta: 255om; Pradeep Mandhani: 40ml, 61o, 272u; Prakash Israni: 17ol, 22ml, 37u, 163olm, 173ul, 274o; Prem Kapoor: 37m, 38u, 46o, 60ol, 60 & 61m, 61ur; Raj Salhotra: 32mlo; Ravi Kaimal: 17m; R.K. Wadhwa: 23mro; R.S. Chundawat: 18mm, 116u, 210or, 211u; S. Nayak: 168m; S. Venugopal: 141m; Sanjay Saxena: 32ml, 145m, 185u; Sanjeev Saith: 16u,137u, 275o/u; Sanjiv Misra: 41o; Shalini Saran: 20m, 28or, 30ml, 32 & 33m, 37o, 38m, 46ur, 49ol, 50 & 51m, 52ur, 53ur, 54ur, 57ol, 63 (Einklinker), 73o/u, 88, 107ul, 114o, 147u, 150or, 152ol, 153ul, 173ol, 174o, 216ol, 249u; S.K. Panda: 19mlo; Subhash Bhargava: 17u, 23mo, 36o/u, 39m/ul, 50mu, 54mlo, 58o, 144u, 146o/ml/u, 165mo/u, 184o, 192m/ul, 200u, 225o, 228m, 254o, 268mr, 273m/u, 274or; Sudhir Kasliwal: 48m, 187o/u/ul/ml, 195o, 268or/orm, 276 & 277; T. Chopra: 49ur; Thakur Dalip Singh: 33um; T. Sinclair: 18ur, 19mru/mlu, 33ul, 122, 210mu, 224ol/m/u, 225mo, 270u; T.S. Satyan: 19ur, 76m, 141o, 197u, 228o, 252u (2), 255u; V. Muthuraman: 226 & 227, 251mu.
Frazer & Haws, New Delhi: 118m.
Fredrik & Laurence Arvidsson: 2 & 3, 14, 66, 89o, 98, 132 & 133, 136, 146, 178, 179u.
Ganesh Saili: 101u.
Getty Images: David Levenson 61mru.
Henry Wilson: 212o, 231o, 232m.
Idris Ahmed: 10or, 169mru, 264ul.
ITC Hotel Ltd. Welcomgroup: 121o, 228u, 248u, 249m.
Kamal Sahai: 45or/mlo, 47ol.
Rajnish Kashyap: 11ol.
Lonely Planet Images: A. Bain 10u; P. Horto 118ul.
National Museum, New Delhi: 44o/ml/ul, 45u, 46m, 46mu, 46 & 47m, 47u, 50o, 51o/ul, 53or, 72ol/or/mo/ml/ul/ur, 141ur, 167u; J.C. Arora: 43o, 54ul, 55ul, 64u, 74ol/or, 75o; R.C. Dutta Gupta: 29o, 44mlo/mlu/ur, 44 & 45m, 45olm/ml/mr, 46u, 47or/ml, 48o/u, 52o, 54o, 74u, 75m/ur.
Neemrana Palace Hotels: 48mo, 49or, 230u, 233m, 249o.
The Oberoi Group of Hotels: 229u, 230o.
Otto Pfister: 168o/ul, 169o/m, 211m, 270o; P. Roy: 187mr/mu.
Photolibrary: Gtw Gtw 190 ml; Imagebroker.net/Gtw Gtw 190ur, 190ml.
Press Information Bureau: 58 & 59m, 59mr.
Robert Harding Picture Library: John Wilson 189mru.
Satish Sharma: 22 & 23m, 23ol/om/u, 35ol.
Teen Murti Memorial Library: 56ul/ur, 57u, 58mo, 59om/ul/ur, 60mu.
Textile Art Society: Benoy K. Behl 33om.
Theatre and Television Associates: Gopi Gajwani 29ur.
Tulsi: Hemant Mehta 269ol.
Board of Trustees V & A Museum: 52ml/mo/mu.

Kunstwerke wurden mit Genehmigung folgender Rechteinhaber veröffentlicht: **© National Gallery of Modern Art, New Delhi:** 30f (alle Bilder außer 30ol).

Weitere Fotografien

Ajai Shankar, Director-General, Archaeological Survey of India, New Delhi; Aman Nath; Anjali Sen, Director, National Gallery of Modern Art, New Delhi; Aruna Dhir, The Oberoi Hotel, New Delhi; Dr. Daljeet Kaur, National Museum, New Delhi; J.C. Grover, National Museum, New Delhi; Jyotindra Jain, Crafts Museum, New Delhi; O.P. Jain, Sanskriti Museum; Dr. R.D. Chowdhouri, Director-General, National Museum, New Delhi.

Vordere Umschlaginnenseite: Alles eigene Fotos außer **Shalini Saran:** or.

Umschlag

Vorderseite: **DK Picture Library:** Aditya Patankar um, mu; **Getty Images:** Suzanne & Nick Geary (Hauptbild); **National Museum, New Delhi:** J.C. Arora uml.
Rückseite: **DK Picture Library:** Aditya Patankar o, u. *Buchrücken:* **Getty Images:** Suzanne & Nick Geary.

Dorling Kindersley hat sich bemüht, alle Rechteinhaber zu finden; Auslassungen sind unbeabsichtigt und werden bei Neuauflagen gern korrigiert.

Literatur

Architektur
Das Alte Indien
  H.G. Franz, Gütersloh:
  Bertelsmann 1990.
Das antike Indien
  M. Albanese, Köln: Karl-
  Müller-Verlag 1994.
Delhi and its Neighbourhood
  Y.D. Sharma, Delhi:
  Archaeological Survey
  of India 1982.
Delhi, the City of Monuments
  D.N. Dube und J.
  Ramanathan, New Delhi:
  Timeless Books 1997.
Fatehpur Sikri M. Brand,
  G.D. Lowry (Hrsg.),
  Mombai: Marg Publications
  1987.
Der Hindu-Tempel. Baukunst einer Weltreligion
  G. Mitchell, Köln:
  DuMont Verlag 1991.
Indische Gärten
  M.L. Gothein, Berlin:
  Gebr. Mann Verlag 2000.
Indische Geisterstädte
  F. Bätz, Marktoberdorf: Argo
  Verlag 2002.
Mogularchitektur
  E. Koch, München:
  Prestel Verlag 1991.
Mughal India
  G.H.R. Tillotson,
  London: Penguin 1991.
Stones of Empire
  J. Morris, Oxford University
  Press 1983.
Taj Mahal
  A. Okada, München: Hirmer
  Verlag 1993.
The Architecture of India
  S. Grover, (2 Bde.), New
  Delhi: Vikas Publishing
  House Pvt. Ltd. 1981.
The History of Architecture in India Tadgell, C.,
  London: Phaidon 1990.

Kultur und Kunsthandwerk, Religion und Gegenwart
Buddhismus F.R. Scheck,
  Köln: DuMont Verlag 1999.
Catalogue of the Crafts Museum New Delhi 1982.
Curry and Bugles J. Brennan,
  London: Penguin 1992.
Dance of the Peacock
  U. Bala Krishnan und
  M.S. Kumar, Mumbai:
  India Book House 1999.
Göttinnen und Frauenrechte
  B. Voykowitsch, Wien: Picus
  Verlag 2000.
Der Hinduismus H. von
  Stietencron, München:
  Beck'sche Reihe 2001.
Anmut und Askese M. Yaldiz
  und C.Wessels-Mevissen,
  Mainz: Zabern Verlag 2004.
Indian Art V. Dehejia,
  London: Phaidon 1997.
Indian Painting M.S. Randhawa und J.K. Galbraith,
  Bombay: Vakils, Feffer &
  Simon Limited 1982.
Masterpieces from the National Museum Collection
  S.P. Gupta, New Delhi:
  National Museum 1985.
The Arts of India G.C.M.
  Birdwood, Delhi: Nanda
  Book Service 1997.
The Golden Calm
  M.M. Kaye (Hrsg.), Exeter:
  Webb & Bower 1980.
Kapital und Karma. Aktuelle Positionen indischer Kunst
  A. Fitz, G. Matt, M. Wörgötter (Hrsg.), Ostfildern:
  Hatje-Cantz-Verlag 2002.
Krischna, Rikscha, Internet
  M. Fritz und M. Kämpchen,
  München: Beck 1998.
Heilige Kühe und Computerchips. Indische Gegensätze
  S. Klein, Wien: Picus Verlag
  1999.
Indien. Ein Land im Aufruhr
  V.S. Naipaul, München:
  dtv Verlag 1994.
Das Weltbild der Hindus
  A.J. Gail (Hrsg.), Berlin:
  Reimer Verlag 2003.

Belletristik
Auf der Suche nach Indien
  E.M. Forster, Frankfurt/M.:
  S. Fischer Verlag 1999.
Bhagavadgita J. Hawley (Hrsg.),
  München: Goldmann-
  Taschenbuchverlag 2002.
Buddhistische Märchen aus dem alten Indien
  E. Lüders, München:
  Diederichs Verlag 1990.
Indische Märchen J. Hertel
  (Hrsg.), Frankfurt/M.:
  S. Fischer Verlag 1989.
Der Gott der kleinen Dinge
  A. Roy, Berlin: btb Verlag
  1999.
Mitternachtskinder
  S. Rushdie, München:
  Kindler 1999.
Shiva tanzt
  D. Riemenschneider (Hrsg.),
  Berlin: Unionsverlag 1999.
Train to Pakistan
  K. Singh, Delhi: Ravi Dayal
  Publisher 1988.
Die Hüter der wahren Freundschaft
  A. Desai, München:
  Goldmann Verlag 1989.
Der Mogul
  T. Hoover, Bergisch-Gladbach: Bastei Lübbe-
  Taschenbuch-Verlag, 1987.
Siddharta
  H. Hesse, Frankfurt/M.:
  Suhrkamp Verlag 2004.
Von Liebe und Macht. Das Mahabharata O. Abt
  (Hrsg.), Bad Honnef:
  Horlemann Verlag 2001.

Geschichte
Das alte Indien M. Witzel,
  München: Beck Verlag 2003.
Delhi, 15. August 1947. Das Ende kolonialer Herrschaft
  D. Rothermund, München:
  dtv Verlag 1998.
Die großen Götter Indiens
  H.W. Schumann, München:
  Diederichs 2004.
Geschichte Indiens
  D. Rothermund, München:
  C.H. Beck Verlag 2002.
Indien. Geschichte des Subkontinents von der Induskultur bis zum Beginn der englischen Herrschaft A.T.
  Embree, F. Wilhelm, Frankfurt/M.: Fischer Verlag 1974.
India Britannica
  G. Moorhouse, London:
  Paladin Books 1984.
Jaipur A. Nath, Mumbai: India
  Book House 1993.
Sarovodaya.Wohlfahrt für alle
  M. Gandhi, Gladbeck:
  Hinder & Deelmann Verlag
  1993.
Wege und Mittel
  M. Gandhi, S. Marla, Zürich:
  Elster Verlag 1996.

Flora und Fauna
Auch Elefanten weinen
  M. Shand, München:
  Goldmann Verlag 1999.
Bharatpur: Bird Paradise
  M. Ewans, New Delhi:
  Lustre Press 1992.
In Danger P. Manfredi, New
  Delhi: Ranthambhore
  Foundation 1997.
Im Land der Tiger V. Thapar,
  Köln: VGS 1998.
Nature Watch K. Singh und
  S. Basu, New Delhi: Lustre
  Press 1990.

Glossar

Architektur

ashram: Herberge
bagh: Garten
bangaldar: Runddach nach Vorbild bengalischer Hütten *(siehe S. 28)*
baradari: Pavillon mit zwölf Säulen *(siehe S. 196)*
basti: Siedlung *(siehe S. 81)*
charbagh: Viergeteilter Garten *(siehe S. 167)*
dharamshala: Pilgerherberge
gali: Weg, Spur, Pfad
ghar: Haus, Krypta *(siehe S. 114)*
gurdwara: Tempel der Sikhs
jali: Geschnitztes Gitterwerk *(siehe S. 27)*
katra: Seitenweg *(siehe S. 89)*
khirkee: Fenster
kotla: Festung in einer Stadt
kund: Pool, Becken *(siehe S. 117)*
mahal: Palast
maqbara: Grabstätte, Mausoleum, Schrein *(siehe S. 142)*
mardana: Männerbezirk im Palast
masjid: Moschee
mehmankhana: Gästehaus
minar: Frei stehender Turm
pol: Tor *(siehe S. 183)*
toshakhana: Schatzkammer *(siehe S. 190)*
zenana: Frauengemächer

Kunst und Kultur

bandhini: Knüpfbatik *(siehe S. 86)*
dholak: Trommel *(siehe S. 97)*
Dhrupad: Klassische Musik Nordindiens *(siehe S. 163)*
ganjifa: Spielkartenset *(siehe S. 141)*
gharana: Klassische Musik- oder Tanzrichtung *(siehe S. 30)*
ikat: Knüpfbatikgarn, als Muster gewebt
katha: Epos *(siehe S. 31)*
matka: Steingutschüssel
mela: Markt, Feier
patachitra: Illustrierte Schriftrolle mit Sagen *(siehe S. 141)*
phad: Illustrierte Stoffrolle aus Rajasthan *(siehe S. 266)*
pichhwai: Stoffgemälde mit Krishna-Motiven
raga: Melodie mit fester Notenfolge *(siehe S. 30)*
rasa: Stimmung; Wahrheit *(siehe S. 30)*
shahtoosh: Feines, heute verbotenes Tuch von Daunen der bedrohten Chiru-Antilope
tala: Rhythmischer Schlagzyklus in der klassischen Musik *(siehe S. 30)*
thal-posh: Tellerabdeckung *(siehe S. 191)*

Kleidung

burqa: Schleier muslimischer Frauen
chador: Leichentuch oder Blumenschmuck auf einem islamischen Grab *(siehe S. 82)*
dhoti: Tuchähnliche Unterkleidung für Hindu-Männer
gota: Gold- oder Silberbesatz
jootis: Pantoffeln *(siehe S. 186)*
khadi: Handgewebter Stoff, den Gandhi populär machte *(siehe S. 58f)*
lehenga: Mit Volants besetzter Rock *(siehe S. 93)*
mukut: Krone *(siehe S. 186)*
zari: Goldfaden

Religion

aarti: Hindu-Gebet
ahimsa: Gewaltlosigkeit
amrit: Heiliger Nektar der Götter *(siehe S. 25)*
Balaji: Einer der vielen nordindischen Namen von Hanuman *(siehe S. 197)*
bhajan: Religiöses Lied *(siehe S. 30)*
Chishtiyas: Anhänger des Sufi-Heiligen Moinuddin Chishti *(siehe S. 82)* aus dem 12. Jahrhundert
dharma: Pflicht, Berufung *(siehe S. 141)*
kalasha: Urne *(siehe S. 115)*
lila: Göttliche Feier *(siehe S. 163)*
lingam: Phallussymbol von Gott Shiva *(siehe S. 86)*
madrasa: Islamschule
Mahabharata: Berühmtes Hindu-Epos *(siehe S. 141)*
namaaz: Rituelle islamische Gebete
pir: Islamischer Heiliger *(siehe S. 82)*
puja: Ritualgebet *(siehe S. 24)*
Ramayana: Epos über die Sage von Gott Rama
samadhi: Grabmal über Einäscherungsstätte *(siehe S. 97)*
sati: Praxis der Selbstopferung einer Witwe auf dem Scheiterhaufen ihres Mannes
Shaivite: Shivas Anhänger
tirthankara: Jain-Prophet
Upanishaden: Philosophische, als heilig geltende Schrift aus dem späten Vedischen Zeitalter *(siehe S. 22)*
Vaishnavite: Anhänger Vishnus
Veden: Textsammlung arischen Glaubens und arischer Philosophie nach mündlicher Überlieferung, die in Sanskrit im *Rig Veda*, *Sama Veda*, *Yajur Veda* und *Atharva Veda* *(siehe S. 22)* niedergeschrieben wurde
yagna: Vedischer Ritus

Verschiedenes

badal: Wolke *(siehe S. 182)*
bahi khatha: In Stoff gebundenes Rechnungsbuch *(siehe S. 186)*
charpoy: Feldbett
chowkidar: Wächter
Doctrine of Lapse: Gab den Briten das Recht, Fürstenstaaten ohne klare Herrscherfolge direkt zu regieren *(siehe S. 56)*
haat: Markt
ikka: Pferdedecke *(siehe S. 191)*
jheel: Flacher See
katar: Zweiseitige Klinge
loo: Heißer Westwind, der von April bis Juni in Nordindien weht
machan: Wachturm
mohur: Mogul-Goldmünze
nawab: Islamischer Fürst
pachisi: Würfelspiel *(siehe S. 171)*
Raj: Epoche britischer Herrschaft in Indien *(siehe S. 56f)*
Satyagraha: Gandhis Protestkampagne *(siehe S. 58f)*
thakur: Hindu-Adliger

Sprachführer Hindi

Die indische Nationalsprache ist Hindi. Zwar hat ein Großteil der Bevölkerung andere Muttersprachen, aber Hindi ist in Delhi, Jaipur und Agra weitverbreitet. Alle Nomen sind maskulin oder feminin, das Adjektiv wird entsprechend gebeugt. Männliche Nomen enden mit lang gezogenem –ah, die meisten femininen Nomen mit einem kurzen –i. Alle Nomen im Plural enden mit einem kurzen –e. Verb-Endungen hängen davon ab, ob eine Frau oder ein Mann spricht. Im Präsens enden von Männern gesprochene Verben mit –a, bei Frauen mit –i.

Im Notfall

Hilfe!	Bachao!
Halt!	Roko!
Rufen Sie einen Arzt!	Doctor ko bulao!
Wo ist das nächste Telefon?	Yahan phone kahan hai?

Grundwortschatz

Ja	Haan
Nein	Na/naheen
Danke	Dhanyavad/Shukria
Bitte	Kripaya/Meharbani se
Entschuldigung/Verzeihung	Kshama karen/Maaf karen
Hallo/Tschüss	Namaste
Halt	Rook jao
Gehen wir	Chalo
Geradeaus	Seedha
Groß/klein	Bara/Chhota
Dies/das	Yeh/Voh
Nah/fern	Paas/Door
Weg	Rasta
Straße	Sarak
Gestern	Beeta hua kal
Heute	Aaj
Morgen	Aane wala kal
Hier	Yahaan
Dort	Wahaan
Was?	Kya?
Wo?	Kahaan?
Wann?	Kab?
Warum?	Kyon?
Wie?	Kaise?
Oben	Upar
Unten	Neeche
Mehr	Aur zyada
Ein wenig	Thora
Vor(her)	Pehle
Gegenüber	Saamne
Sehr	Bahut
Wenig	Kam
Lauter/stärker	Zor se
Leiser/sanfter	Dheere se
Gehen	Jao
Komm(en)	Aao

Nützliche Redewendungen

Wie geht es Ihnen?	Aap kaise hain?
Wie heißen Sie?	Aapka naam kya hai?
Mein Name ist …	Mera naam … hai.
Sprechen Sie Englisch?	Angrezi ati hai?
Ich verstehe	Samajh gaya/gayi
Ich verstehe nicht	Nahin samjha/samjhi
Wie spät ist es?	Kya baja hai?
Wo ist …?	… Kahaan hai?
Was ist das?	Yeh kya hai?
Beeilung!	Jaldi karo
Wie weit ist …?	… Kitni door hai?
Ich weiß nicht	Pata nahin
Okay	Achha/Theek hai
Jetzt/sofort	Abhi/Isi waqt
Sehr gut!	Shabash!
Bis später	Phir milenge
Gehen Sie weg!	Hat jao/Hato!
Ich möchte es nicht	Mujhe nahin chahiye
Nicht jetzt	Abhi Nahin

Nützliche Wörter

Welch(es)?	Kaun Sa?
Wer?	Kaun?
Heiß	Garam
Kalt	Thanda
Gut	Achha
Schlecht	Kharaab
Genug	Bus/Kafi hai
Geöffnet	Khula
Geschlossen	Bund
Links	Baayan
Rechts	Daayan
Geradeaus	Seedha
Nahe	Paas/Nazdeek
Schnell	Jaldi
Spät	Der se
Später	Baad mein
Eingang	Pravesh
Ausgang	Nikas
Hinter	Peechhe
Voll	Bhara
Leer	Khali
Toilette	Shauchaalaya
Frei/kostenlos	Nih shulka/muft
Richtung	Disha
Buch	Kitab
Zeitschrift	Patrika
Zeitung	Akhbaar

Shopping

Wie viel kostet das?	Iska kya daam hai?
Ich hätte gern …	Mujhe … chahiye …
Haben Sie …?	Kya aap ke paas … hai?
Ich schaue nur	Abhi dekh rahen hain
Gibt es das in anderen Farben?	Yeh dooserey rangon main bhi aata hai kya?
Dies hier	Yeh wala
Das dort	Voh wala
Schwarz	Kaala
Blau	Neela
Weiß	Safed
Rot	Lal
Gelb	Peela
Grün	Hara
Braun	Bhura
Billig	Sasta
Teuer	Mehanga
Schneider	Darzi

Verhandeln

Wie viel kostet das?	Yeh kitne ka hai?
Wie viel möchten Sie dafür?	Kya loge?
Das ist etwas teuer	Yeh to mehanga hai
Können Sie den Preis senken?	Daam thoda kam kariye?
Was halten Sie von XX Rupien?	XX rupeye lainge?
Ich nehme es für XX Rupien.	XX rupeye mein dena hai to dijiye.

Im Hotel

Haben Sie ein freies Zimmer?	Aapke hotel mein khali kamre hain kya?
Wie teuer ist es pro Nacht?	Ek raat ka kiraya kya hai?
Kann ich das Zimmer erst sehen?	Kya mein pehle kamra dekh sakta hoon?
Schlüssel	Chaabhi
Seife	Sabun
Handtuch	Tauliya
Heißes/kaltes Wasser	Garam/thanda pani

Im Restaurant

Frühstück	Nashta
Essen	Khaana
Wasser	Pani
Eis	Baraf
Tee	Chai
Kaffee	Kaufi
Zucker	Cheeni
Salz	Namak
Milch	Doodh
Joghurt	Dahi
Ei	Anda
Frucht/Obst	Phal
Gemüse	Sabzi
Reis	Chaawal
Hülsenfrüchte (Linsen, Erbsen etc.)	Dal
Festmenü	Ek daam menu
Ist es scharf?	Mirch-masala tez hai kya?
Nicht sehr scharf, ja?	Mirch-masala kam, theek hai?
Messer	Chhuri
Gabel	Kanta
Löffel	Chammach
Fertig	Khatam

Zahlen

Zahl	Hindi
1	Ek
2	Do
3	Teen
4	Char
5	Panch
6	Chhe
7	Saat
8	Aath
9	Nau
10	Dus
11	Gyarah
12	Barah
13	Terah
14	Chaudah
15	Pundrah
16	Solah
17	Satrah
18	Atharah
19	Unnees
20	Bees
30	Tees
40	Chalees
50	Pachaas
60	Saath
70	Sattar
80	Assi
90	Nabbe
100	Sau
1000	Hazar
100000	Lakh

Zeit

Deutsch	Hindi
Eine Minute	Ek minit
Eine Stunde	Ek ghanta
Halbe Stunde	Aadha ghanta
Viertelstunde	Pauna ghanta
Ein Tag	Ek din
Eine Woche	Ek haftah
Montag	Somwar
Dienstag	Mangalwar
Mittwoch	Budhwar
Donnerstag	Veerwar
Freitag	Shukrawar
Samstag	Shaniwar
Sonntag	Raviwar
Morgen	Subah
Nachmittag	Dopahar
Abend	Shaam
Nacht	Raat

Vis-à-Vis-Reiseführer

Ägypten Alaska Amsterdam Apulien Argentinien Australien Bali & Lombok Baltikum Barcelona & Katalonien Beijing & Shanghai Belgien & Luxemburg Berlin Bologna & Emilia-Romagna Brasilien Bretagne Brüssel Budapest Bulgarien Chile Chicago China Costa Rica Dänemark Danzig & Ostpommern Delhi, Agra & Jaipur Deutschland Dresden Dublin Florenz & Toskana Florida Frankreich Genua & Ligurien Griechenland Griechische Inseln Großbritannien Hamburg Hawaii Indien Irland Istanbul Italien Japan Jerusalem Kalifornien Kambodscha & Laos Kanada Kanarische Inseln Karibik Kenia Korsika Krakau Kroatien Kuba Las Vegas Lissabon Loire-Tal London Madrid Mailand Malaysia & Singapur Mallorca, Menorca & Ibiza Marokko Mexiko Moskau München & Südbayern Neapel Neuengland Neuseeland New Orleans New York Niederlande Nordspanien Norwegen Österreich Paris Peru Polen Portugal Prag Provence & Côte d'Azur Rom San Francisco St. Petersburg Sardinien Schottland Schweden Schweiz Sevilla & Andalusien Sizilien Spanien Stockholm Südafrika Südtirol & Trentino Südwestfrankreich Thailand Thailand – Strände & Inseln Tokyo Tschechien & Slowakei Türkei USA USA Nordwesten & Vancouver USA Südwesten & Las Vegas Venedig & Veneto Vietnam & Angkor Washington, DC Wien

DORLING KINDERSLEY
www.traveldk.com

Vis-à-Vis